谁将主宰日本经济的未来？

THE CONTEST FOR JAPAN'S ECONOMIC FUTURE

Entrepreneurs vs. Corporate Giants

瞪羚企业与大象企业之争

[美] 理查德·卡茨（Richard Katz）◎著
郭金兴◎译

中信出版集团 | 北京

图书在版编目（CIP）数据

谁将主宰日本经济的未来？ /（美）理查德·卡茨著；郭金兴译 . -- 北京：中信出版社，2025. 9. -- ISBN 978-7-5217-7913-4

Ⅰ. F131.34

中国国家版本馆 CIP 数据核字第 2025T0H855 号

谁将主宰日本经济的未来？

著者：［美］理查德·卡茨

译者：郭金兴

出版发行：中信出版集团股份有限公司

（北京市朝阳区东三环北路 27 号嘉铭中心　邮编　100020）

承印者：北京通州皇家印刷厂

开本：787mm×1092mm　1/16　　印张：24.75　　字数：310 千字

版次：2025 年 9 月第 1 版　　印次：2025 年 9 月第 1 次印刷

书号：ISBN 978-7-5217-7913-4　　京权图字：01-2025-2955

定价：98.00 元

服务热线：400–600–8099

投稿邮箱：author@citicpub.com

谨以此书献给我所有的老师，在我七年级时，

一位老师曾经对我说过，

“总有一天，你会著书立说”。

目 录

第四篇　克服瞪羚成长的障碍

第五篇　改革的政治学

“新发展译丛”序

编译出版“新发展译丛”的一个重要背景是，在经历了从20世纪70年代末以来三十多年的快速发展之后，中国经济增长出现了明显的减速现象。此前，人们普遍认为，通过改革开放，重新恢复市场机制的作用，利用后发优势并实施出口导向战略是中国取得巨大经济成就的主要原因。随着后发优势的逐步缩小，以及长期实施出口导向战略带来的各种问题，中国经济要维持进一步的发展，就需要谋求发展道路的转变。

然而，中国下一阶段应该选择何种发展道路？这本身就充满争议。争议一方面来自对中国经济成功制度原因的解释。譬如，有学者认为，中国经济的发展得益于既有的考核与晋升机制为地方官员提供了恰当的激励，概而言之，“为晋升而竞争增长绩效、因竞争而产生经济效率”。而怀疑该假说的学者则会指出两个具有挑战性的事实：其一是中国存在广泛妨碍增长的地方官员腐败现象，即晋升机制未必产生为增长而竞争的激励；其二是地方政府的许多投资项目存在无效率现象，即晋升机制产生的竞争也未必带来有利于增长的经济效率。因此，后者并不认为，中国的经济增长可以归因于所谓的“有为政府”——因为经验意义上，中国的官员既未必肯为经济增长而“有为”，他们的“有为”更不必然有利于经济增长。过去的经济增长更多的是在特定条件下，地方官员的某些“有为”为企业家发挥创业创新才能创造了必要条件，这一结果不过是一种巧合。上述争议告诉我们，没有充分证据证明，存在一种能够持续引领中国经济发展的以强势政府为特征的所谓“中国模式”。

另一方面，争议也来自能够推动经济发展的相关政策设计的理论分歧，无论是政府是否要实施产业政策及实施何种产业政策，还是政府应该如何规制信息技术创新催生的互联网平台公司，等等。主张更多政府干预的学者自然会举出各种因信息或市场势力问题导致的市场失灵为自己辩护，而反对者同样有理由强调既不存在一个天然以社会福利最大化为目标的“仁慈政府”，也不存在一个比市场参与者信息更充分的“完全理性政府”。本质上，这些争论依然属于“如何理解政府和市场关系”的经典话题，依然属于所谓的“温加斯特悖论”（Weingast's Dilemma）——有效的市场经济离不开一个强大的政府，而强大的政府往往又是问题本身。也许，合乎“中庸”的阐述是，依法提供公共服务的政府本身是有效市场体制的组成部分，而让政府政策的制定与实施服从法治的制度安排同样重要。正是如此，早在21世纪初，拉詹和津加莱斯（R. Rajan and G. Zingales，2004）才会把市场经济体制比喻为一架“精巧而容易失效的机器”。要找出市场有效运行的条件，这无疑是无止境的理论探索。

这些争议对于未来的中国经济发展无疑是一件好事。它提醒我们，无论是学理上还是政策实践上，经济发展都来之不易。对于学者和政策制定者而言，更加可取的做法是，一方面，跟踪全世界最新的理论进展，为更好地理解人类社会的经济发展现象找到恰当的分析框架，从而为本国经济发展的政策设计提供坚实的理论基础；另一方面，从全球各个国家的发展实践中汲取养分，理解它们可资借鉴的经验和必须避免的教训。随着中国经济发展进入新阶段，这两方面工作的价值不是被削弱了，反而变得愈发突出。因此，从国际上出版的学术著作中，拣选出有利于我们进行理论学习和实践借鉴的部分“他山之石”编译出版“新发展译丛”，便是一项有意义的学术活动。

上海汇智经济学与管理学发展基金会是一家注册在上海的学术公益基金会。近年来，它以资助一系列学术活动推进经济学和管理学在中国的发展，为形成这方面的学术共同体而孜孜以求。它愿意资助“新发展译丛”的出版，自然是“为学术而公益”精神的又一体现。

“新发展译丛”的编译出版工作是开放的，我们欢迎更多的学者加入进来。

黄少卿

张永璟

2019 年 1 月 27 日

导论：一代人的机遇

就像每一次基因突变一样，每一家新企业都是一次新的尝试。大多数企业都会以失败告终，大约一半的企业甚至只能存活四年的时间。就像罕见的有益突变使微生物进化为哺乳动物，经济的进化也是由少数生机勃勃的企业推动的。从 1895 年至 1930 年，美国诞生了 1 300 家汽车企业，数量惊人，有的使用汽油作为动力，有的使用木材，有的使用蒸汽机，具有讽刺意味的是，有的甚至使用了电池。至 20 世纪 30 年代，达到一定规模的企业只剩下三家。总之，99.8%的尝试都失败了。然而，汽车本身不仅存活了下来，而且重塑了我们的生活。我们一次又一次地见证了这种演进模式，最近计算机和互联网的兴起也同样如此。

正是这种勇于尝试的精神推动日本在二战之后实现了举世闻名的经济奇迹，在短短 27 年的时间里（1946—1973 年），日本从一个以农业经济为主的贫困国家转变为一个工业强国。这一速度超过了之前的任何国家，也超过了之后除中国之外的所有国家。这一高速增长时代如此奇妙，25 岁的农村酿酒师之子盛田昭夫（Akio Morita）① 可以创办一家小微企业，并亲眼看着它成长为索尼这样的大企业；在这样的环境中，铁匠之子本田宗一郎（Soichiro Honda）未受过良好教育，却能创办一家生产摩托车的企业，并将

① 在本书中，日本人的名字按照西式的写法，将姓放在最后。

其打造成能够与丰田和日产相抗衡的汽车巨头。实际上，在1989年日本股票市场上市的1 700家非金融企业中，有一半是二战以后创建的（Whittaker，1997，第32页）。

与所有的经济热潮一样，失败者在数量上远远多于成功者。幸运的是，当时的政治经济体制不仅允许成功者乘势而上，还能保障那些由于竞争失败而失去生计的人能够重新找到一份不错的工作，甚至创建另一家企业。每个人都能分享发展的成果，这得益于1953—1973年年均增速高达9%的持续增长、充分就业、平等分配，以及那些拥有更多才干而不是金钱的人能够实现社会流动。经济进步与个人保障相辅相成，这是日本成功的关键所在。由于大多数初创企业会失败，除非一个国家能为失败者提供一定的保障，否则就不会有多少人勇于尝试。失败太少，则成功寥寥。

如果年轻企业能够应用新思维和新技术，那么很多曾经辉煌一时的老牌企业就会黯然失色，因为它们无法抛弃曾造就其成功但目前已经过时的体系。索尼就是一个典型而又可悲的例子，它曾经试图生产具有全球竞争力的个人电脑、智能手机、平板电脑和电子阅读器，但是都以失败告终。即使老牌企业能够调整发展方向，也往往只是迫于新进入者的压力。正是由于特斯拉的迅速崛起，福特、大众和其他巨头才纷纷涉足电动汽车领域。不幸的是，大多数日本汽车制造商，尤其是丰田，仍在抵制向电动汽车转型。

正如自然界中新物种取代旧物种一样，充满活力的经济体也需要领先企业的定期更替。这就是经济学家约瑟夫·熊彼特提出的“创造性破坏”这一著名概念。如果说自然选择推动了生物的进化，那么，推动生活水平提高的就是“经济选择”，即最具创新能力的企业的进步。这种经济选择曾是日本高增长时代的标志。新企业的“出生率”，即新企业占现有企业总数的比例，高达12%，而“死亡率”则为5%（MITI，2018a，第492页）。

如果公众支持创造性破坏，现代资本主义民主国家就必须确保企业生死存亡引发的动荡不会使个人遭遇灭顶之灾。当前美国和欧洲民粹主义抬头的原因，就是没有吸取这一教训（Broz et al.，2021；Anelli et al.，2019）。

不幸的是，对于如何保护那些受创造性破坏伤害的人这一关键问题，日本给出了错误的答案。为了应对两次石油价格冲击之后经济增速突然减半的困境，日本从20世纪70年代末开始发生转变。该国领导人以社会稳定的名义放慢了创造性破坏的速度。私人部门提供的安全网曾使经济选择不至于引发政治动荡，但是现在已非如此。长期执政的自由民主党（以下简称自民党）也拒绝建立一个明确由政府出资的大型安全网。他们把维持工人在当前企业的现有工作作为首要保障。这导致选民向政客施压，哪怕是濒临倒闭的企业，也要政府施以援手。政府甚至提供工资补贴以使企业维持冗员，这使得新挑战者更难取代在位者，哪怕后者效率更低。在所有富裕国家中，只有日本的新企业发现最大的困难在于从外部筹集发展所需的资金。结果，企业的出生率和死亡率急剧下降，目前在27个富裕国家中位居后列。

在一个典型的富裕国家，每年高达一半的生产率增长，即人均GDP（国内生产总值）增长，不仅来自效率更高的新企业的诞生，也来自生产率更低的老企业的退出。然而，在日本，企业更替只贡献了大约10%的生产率增长（Acs et al.，2008；Decker et al.，2014，第12页）。难怪日本GDP的总体增长率如此之低。

人们常常忽视的一点在于，企业出生率之所以如此之低，正是因为企业死亡率保持在很低的水平。新企业无法获得必要的劳动力、资金甚至不动产，因为这些都被老企业占用了。这就是企业死亡率最低的国家，其企业出生率也最低的原因（参见图0.1）。

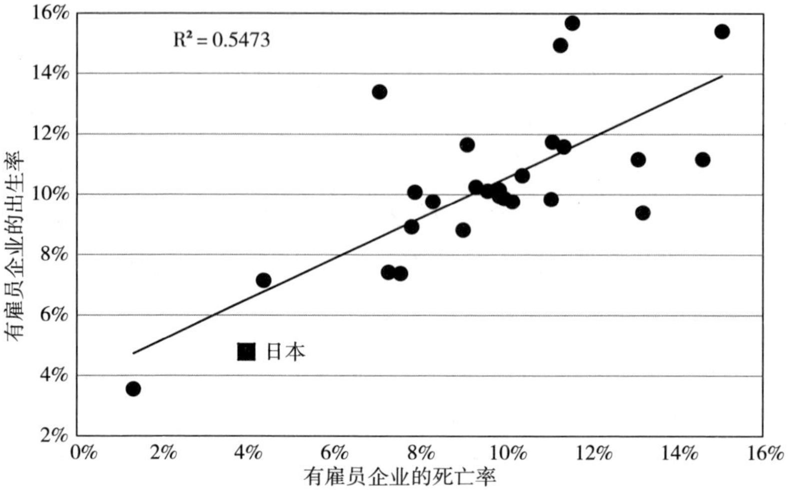

图 0.1　退出的企业太少意味着进入的企业也太少

注：这些数据仅包含雇用员工的企业，不包括自我雇佣者，也不包括只有几个家庭雇员的夫妻店。

资料来源：OECD（2019a）。

日本在政治上崇尚稳定，并谎称这根源于日本古老的价值观，这为商界反对竞争的行为提供了合理的理由。高增长时代最成功的企业在政界盟友的支持下，通过设置障碍打击后起之秀，并巩固自己的主导地位。结果，在日本排名前 26 位的电子硬件企业中，只有一家是在 1959 年以后诞生的。相比之下，在美国排名前 26 位的电子产品制造商中，有三分之二是 1965 年以后成立的，有一半到 1991 年还没有进入《财富》世界 500 强。

日本的问题在于，它的企业巨头与其他经济体中有着几十年历史的企业一样，发现很难改弦易辙。日本的龙头企业诞生于模拟时代，当时引领创新潮流的是资本密集型和纵向一体化的大型企业，它们试图在企业内部完成每项工作。如今，我们生活在数字时代，新的技术体制需要新的企业架构。创新的前沿越来越多地由更具企业家精神的小企业引领。此外，很多创新通过新企业与巨头之间的合作，形成了畅销市场的商品。辉瑞公司名下的新冠疫苗是由一家总部位于德国的初创企业拜恩泰科（BioNTech）发明的，来自土耳其的移民创立了这家企业。这是数字时代商业机构所谓开放式创新的一个典型例子，亨利·切斯布罗教授曾经分析并倡导过这种企业间合作的形式（Henry Chesbrough et al.，2006a）。

诚然，日本在数字技术方面投入了大量资金，但是，就从这类投资中所获的收益而言，日本在63个经济体中令人沮丧地敬陪末座（IMD，2022，第103页）。尽管从2008年至2021年全球电子产品销售额激增40%，但日本前十大电子硬件制造商的全球销售额均出现了下滑，而日本电子企业的总销售额则骤降了大约30%（JEITA，2020，第2页）。

背弃创造性破坏是日本经济增长乏善可陈的根源所在。日本经济在高增长时期年均增长率接近9%，在步入成熟阶段的20世纪70年代中期至80年代年均增长约4%，而在过去30年中，尽管一位又一位的日本首相承诺要实现2%的增长，但是增长速度放缓至仅有0.7%的水平（参见图0.2）。为了恢复增长，商界必须再次为新的挑战者提供安全的环境。这并不要求日本将新自由主义等外国模式嫁接到自己身上，它只需要重拾自己曾经擅长的那些做法。

好消息

好消息是，日本在一代人的时间里第一次拥有了改写历史的可能。从表面上看，日本经济似乎步履维艰，政治反应迟钝，令人失望。但是透过表象，我们有理由对六大趋势抱有希望，这将共同推进公民社会的结构性转变。这些趋势包括各种态度的代际

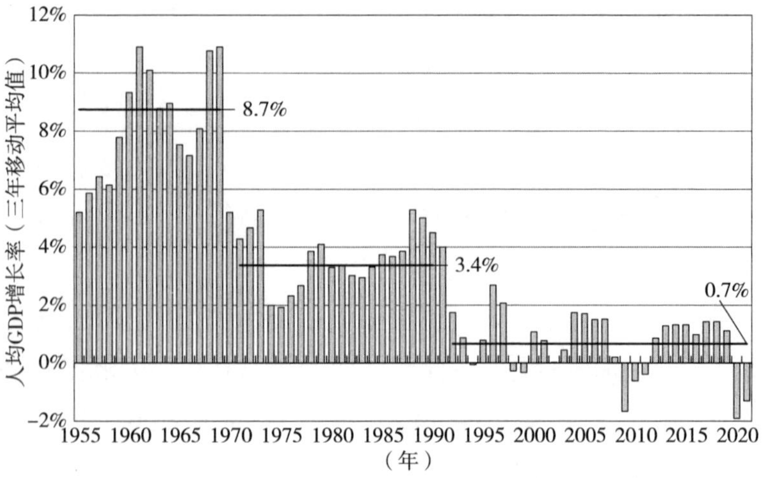

图 0.2　GDP 增长放缓至极低水平

资料来源：Penn World Tables 9.1（2021）；World Bank（2022）。

转变、改变在位者与新进入者之间力量平衡的技术变革、性别关系的转变、人口结构危机的推动作用、全球化的刺激效应以及经济低增长带来的政治压力。

“在我祖父那一代，人们从小就很穷，在大企业获得一份稳定的工作如同涅槃重生，”东京一家主营中小企业①收购和升级改造的私募股权投资公司日本产业推进机构（NSSK）的 CEO（首席执行官）津坂纯（Jun Tsusaka）解释说，“到了我父亲那一代，工薪族的工作枯燥乏味，令人沮丧。但是，如果他们想要过上安稳的生活，就别无选择。如今，人们更愿意离开一家声名显赫的大企业，到一家新企业接受一份新工作，这样他们就能过上更充实的生活”。（2018 年 6 月的采访）

① 制造业小型企业的雇员人数少于 20 人，其他行业小型企业的雇员人数少于 5 人；制造业中型企业的雇员人数为 20~300 人，批发贸易和服务业中型企业的雇员人数为 5~100 人，零售业中型企业的雇员人数为 5~50 人。

日本新近诞生的一位亿万富翁南宗一郎（Soichiro Minami）身上体现了三大趋势，即代际变化、技术变革和全球化。他曾受教于三木谷浩史（Hiroshi Mikitani），后者是大型互联网商城乐天（Rakuten）的创始人。他教导南宗一郎要将商业活动视为解决社会问题的工具。南宗一郎认为日本的终身雇佣制阻碍了经济增长。在这种制度下，知名企业不会雇用处于职业生涯中期的员工。这样一来，一个人如果离开一家大企业，无论是去创办一家新企业还是要为一家新企业工作，都要冒极大的风险。一旦失败，他就不可能再找到一份收入像原来一样丰厚的新工作。这也是日本创新型新企业寥寥无几的主要原因之一。即便如此，还是有越来越多有天赋的员工，尤其是二三十岁的员工，愿意跳槽，也有越来越多的企业愿意招收处于职业生涯中期的员工。问题在于如何让他们能够相互联系上。

因此，2009 年，33 岁的南宗一郎成立了一家名为 Visional 的互联网企业，充当上述媒介。年薪至少 600 万日元（约 4.6 万美元）的求职者在 Visional 公司的 BizReach 网站上发布简历，网站上的 1.7 万家企业会直接与他们联系。2021 年 7 月，该网站吸引了 140 万求职者。2021 年，Visional 公司在股票市场上市，南宗一郎成为亿万富翁。与日本很多其他企业家一样，南宗一郎有着国际化的背景。在童年时，他与家人曾在加拿大生活过几年。他在美国塔夫茨大学获得大学学位，并在摩根士丹利东京分公司工作过（Lee et al.，2021）。

南宗一郎并非孤例。在 2021 年日本的 55 位亿万富翁中，有 11 位在过去 25 年中曾经创办过一家企业。这是数十年来新的高增长企业占比最多的一次。这些新的亿万富翁有何与众不同之处？他们年轻、国际化，思想不拘一格。平均而言，他们在 30 岁时创办企业，在 42 岁时成为亿万富翁。很多人在国外生活过，有海外求学经历，或者曾经在外企工作过。最重要的是，他们拥有独立思想，能够发现市场空白，以及填补这些空白的方法，而现有企业的高管们却对此视而不见。正如其中一位亿万富翁元荣太一郎（Taichiro Motoe）所言，“如果无法摆脱传统思维的局限，你就无法做成这些事”。他出生在美国，创立了一家提供在线法律服务的公司（Glen Royal，2022）。在这些新诞生的亿万富翁中，大多数人并没有在金融科技或人工智能等领域拥有独特的发明，而是利用最新技术为现有的普通业务带来革命性改变，比如通过电子商务使中小企业获得之前无法接触的客户，医生在线提供医疗服务，或者在线为中小企业提供会计服务。最重要的是，上述业务仅是这些新企业的冰山一角。

当然，这些社会变革尚不足以实现经济复兴。如果政府不采取行动以培育和壮大这些积极的趋势，就永远无法实现上述目标。然而，在一代人的时间里，第一次有机会做到这一点。

初创企业如何产生连锁反应

拉克速尔（Raksul）是一家成立仅 11 年的初创企业。一走进公司大门，我就感受到了数十位雄心勃勃、聪明伶俐的年轻人的热情，他们年龄都在二三十岁。这与企业巨头中很多中年经理呆板甚至乏味的形象形成了鲜明对比。同样引人注目的还有大量女性经理，这在传统企业中是很罕见的景象。

没有人比拉克速尔的创始人松本康兼（Yasukane Matsumoto）更能代表新一代了。2009 年，松本刚从素负盛名的庆应义塾大学毕业一年，年仅 23 岁，他突然萌生了一个想法，这使得《福布斯》杂志在十年之后将他评为 2018 年日本最佳企业家。至 2022 年，拉克速尔的销售额达到 300 亿日元（约 2.31 亿美元），员工人数达到440人。松本希望在未来5~10年内达到15亿美元的销售额。

与其他绝妙的想法一样，松本的想法简单而又别致。2009年，作为美国咨询公司科尔尼（A. T. Kearney）的一名员工，年轻的松本正在为一些小型印刷企业提供咨询。他突然想到，印刷企业可以利用互联网作为标售平台，从而降低营销成本。他解释说：“我想找一家已经实现这一想法的企业，这样我就可以去那儿工作了。”令他惊讶的是，这样的企业根本就不存在，“于是，我自己创办了一家企业”（2019年10月的采访）。他将自己的新企业视为印刷行业的“优步”（Uber），尽管这时优步尚未出现。

2015年，他扩展了这一模式，创建了一家快递行业的“优步”。虽然90%的快递市场都由三家企业垄断，仍有另外3万家企业为了其余10%的份额而苦苦挣扎。他们的卡车满载率通常只有40%，在欧洲，这一比例为60%，因此，他们处于非常艰难的境地。通过帮助司机将卡车装满，拉克速尔在没有一辆卡车的情况下，成为快递行业中一支重要的力量。拉克速尔并无任何奇特之处，它只是利用互联网的力量来改善一项非常普通的服务。

花店或者肉铺在拉克速尔的网站上发布他们的送货需求，卡车司机说明他们的收费标准，出价最低的人就能得到这份业务。其中的关键在于，一辆卡车从东京的A点到B点，只需要绕一段路去取一个包裹，成本增加很少，收入却很可观。如果没有网络，肉铺和卡车司机都不会知道存在这样的机会。最令人兴奋的是连锁效应。花店和杂货店可以降低价格，从而可向消费者让利。司机的收入最多可提高30%，因为他们行驶同样的里程却能运送更多的包裹。甚至气候也会从中受益，因为每个包裹的碳排放量减少了。最后，像拉克速尔这样的新生力量刺激了僵化的在位企业，促使它们提高自己的生产率水平。拉克速尔的快速扩张迫使由政府所有的日本邮政不得不与其合作。

用更少的工时和设备获得更多的收益，也就是提高生产率，这样才能提升生产者和消费者的生活水准。目前，拉克速尔已招募1 500辆卡车，主要集中在东京地区。试想一下，如果有更多的企业进入这一领域，并将这一系统扩展至所有的城市和乡镇，将会产生多大的收益。同样，如果有足够多的类似创新者对其他传统行业进行革新改造，将会带来更大的收益。

当我向一所日本商学院的某位美国教授谈起拉克速尔时，她的反应是："在一个产生过本田宗一郎（本田汽车创始人）和松下幸之助（松下电器创始人）等商业巨子的国家里，这一代的代表性人物竟然是一个采用优步模式来送花的人，这似乎有点可悲。"

这种反应是可以理解的，但它忽略了日本未来经济复苏的方式。目前，日本工人工作一小时生产的商品和服务比美国工人少37%，比欧元区工人少28%（OECD，2022a）。经济增长的恢复将主要由普通企业的振兴来完成，在这个过程中，成千上万家现在已经落后的企业将利用最新的科技和管理方法以赶上世界先进水平。看看始于20世纪90年代中期的美国生产率革命。生产率增长的加速有三分之二来自所谓的旧经济，它们不是产生最新技术的部门，而是那些利用这些技术的部门（CEA，2001，第30页）。日本也将如此。比如，运输业占日本GDP的7%。假设日本企业可以将每件货物的运输成本降低20%，将碳排放量减少20%，仅此一项就可以使日本的GDP增加1.4%，这几乎是日本GDP年增速的两倍。

在日本提高效率的过程中，会出现一些新的巨头，但是也需要数以万计像拉克速尔这样的小型创新者。

这位教授还提出了一个更为重要的批评："这样的故事已经存在一段时间。有什么新鲜的？"她说得有道理。在过去几十年间，政策制定者和记者看到几只燕子就宣布春天来了，这种事情屡见不鲜。这种做法确实值得怀疑，我也曾质疑过。那么，为什么今天会有所不同？因为环境发生了变化，比如代际观念、性别关系和技术都发生了巨大变化，人们迫切希望解决老龄化和经济停滞带来的压力。

瞪羚与大象

说起“企业家”这个词，人们会条件反射般地联想到硅谷年轻的怪才，他们挤在堆满空比萨盒和可乐罐的车库里，梦想着成为百万富翁，甚至是举世闻名的亿万富翁。实际上，这种以超高速度实现发展的企业只是美国企业家精神的一小部分。硅谷仅有2 000家高科技企业。相比之下，美国有超过5万家高速增长企业，这些企业每家至少拥有10名员工，并且连续三年每年至少增长20%。在韩国，这一数字是1.6万家，英国是1.3万家，法国是1万家。我们不知道在日本这一数字是多少，因为政府没有对此进行统计（Bureau of the Census，2021；OECD，2021a）。

通常情况下，一家快速成长的企业从10~20名员工起步，发展到60~200名员工。只有一小部分企业属于高科技领域，比如，在英国这一比例为16%（Brown et al.，2017，第13页）。大多数企业只是想出了某种办法，创造一种新产品，改进现有产品，或者比现有企业更高效地提供某种服务。比如位于肯塔基州路易斯维尔的视觉动力实验室（Vision Dynamics Laboratory）。这是一家独立的实验室，生产数码眼镜镜片、玻璃透镜镜面以及相关产品。其竞争优势不仅在于成本低、精度高和周转迅速等具体特征，还在于通过为大型生产商代工生产小批量品种，能够专注于利润更丰厚的领域，从而开辟了一个细分市场。该公司成立于2007年，在短短 10 年间，员工人数达到 75 人，销售额达到 1 100 万美元（Karp，2017）。

快速增长并非企业的常态。绝大多数企业都像街边的杂货铺或理发店一样，满足于小本经营。虽然它们不可或缺，但并不是推动创新或者增长的主要动力。相比之下，少数飞速发展的企业为一国创造新的就业机会、促进创新和提高生产率做出了巨大的贡献。在富裕国家，这类企业通常只占全部企业的 4%～6%。2009—2011 年，美国增长最快的 10 万家企业仅占所有雇主的 2%，但是创造了 420 万个新的工作岗位，占该国新增就业的三分之一以上。在 2011—2017 年增长最快的 1.4 万家企业中，平均每家企业的成立时间仅有 8 年，拥有 200 名员工，年销售额为 3 700 万美元。这些企业一共雇用了大约 300 万人（Hathaway，2018；Clayton et al.，2013）。

其中成立时间不足 5 年的年轻企业，目前已经变得如此举足轻重，以至于在官方统计中拥有了自己独有的绰号。它们被称为“瞪羚”，取名于地球上速度最快、最为敏捷的一种动物。在 20 世纪 80 年代至 90 年代，成立不到 5 年的美国企业对劳均工业产出增长的贡献达到了惊人的 60%（Decker et al.，2014，第 12 页）。

在日本，与其他地方一样，瞪羚企业并不常见。2009—2013 年，在企业进入带来的生产率提升中，有一半源自数量仅占 4% 的新企业。在成立 4 年之后，瞪羚企业平均拥有 27 名员工，人均销售额为 5 800 万日元（约 43 万美元）。相比之下，其他企业仅有 7 名员工，销售额为 1 450 万日元（约 11.1 万美元）（MITI，2017a，第 58 页）。

遗憾的是，与大多数富裕国家不同，日本并没有定期统计高增长企业的数量。如果说政府只统计它们认为重要的东西，而日本政府却从未做过这件事，其中的含义也就不言自明。

如果将快速成长的年轻企业比作瞪羚，那么老牌大企业就可以被称为“大象”，而一直保持小本经营的小微企业则是“老鼠”。这些绰号是由一位美国商业顾问最早提出的（Birch，1987）。就像大象一样，新日铁、三越百货和三菱重工等公司又大又强，在其目前的发展道路上当然驾轻就熟，但是随着企业年龄的增长，它们难以改变自己的发展方向。IBM（国际商业机器公司）赚了很多钱，但是它已不再是计算机行业的领头羊。丰田发明了混合动力汽车，但是如果它的 CEO 总是抨击电动汽车被“过度炒作”（Landers，2020），那么丰田以后的日子还能好过吗？在经历了多年亏损之后，索尼凭借自己在电影、音乐和游戏领域的影响力重新实现了盈利。此外，它还在某些智能手机成像传感器领域占据了45%的全球市场份额，在 2021 年，这是一个规模达到 150 亿美元的市场。但是，这是个例外。在其他电子产品领域，索尼还能为世界带来多少源源不断的革命性产品？尽管日本的几头大象已经重塑了自我，比如日立和富士胶片，但是成功的重塑在任何国家都是罕见的。

日本的大多数“大象”都在萎缩。2009—2014 年，1984 年之前成立的日本企业减少了 250 万名员工，而 2005 年之后成立的企业则增加了 250 万个工作岗位（MITI，2018a，第 45 页）。

当然，任何经济的繁荣都不能只依靠瞪羚企业。健康的大象和老鼠同样不可或缺。最重要的是保持平衡。日本领导人曾经明白这一点，但是如今他们偏爱大象，甚至是奄奄一息的大象，这使瞪羚成为稀有物种。在政府对研发的财政补贴中，只有 8%流向了员工人数少于 250 人的企业，是富裕国家中最低的（OECD，2014，第 83 页）。日本政府没有意识到的是，随着昨日活力四射的瞪羚变成今日步履蹒跚的大象，经济需要新的瞪羚。

请看 2010 年和 2020 年在东京证券交易所市场第一部（以下

简称东证一部）上市的 1 800 家企业。企业的历史越悠久，其增长率就越低。一家成立于 1875—1894 年的代表性企业，其规模仍然很大，年销售额高达 12 亿美元，但是在 2010—2020 年这段时期，其销售额有所下降。成立于 1895—1995 年的代表性企业增长乏力，年增长率仅为 2. 7%。只有 1995 年之后成立的 161 家企业增长迅速，年增长率的中位数为 10%。遗憾的是，这些瞪羚企业在上市公司中是规模最小的，年销售额的中位数仅有区区 2. 8 亿美元，其总收入仅占 1 800 家顶级企业总销售额的 3%（SPEEDA，2021）。

日本的问题并不在于大多数大象失去了活力，其他国家也是如此，而是在于后起之秀很难取而代之。截至 2015 年，在日本最大的 300 家企业中，只有 5%是在 1990 年以后成立的。相比之下，在美国的这类企业中，有近一半是 1990 年之后创建的（OECD，2015a，第 98 页）①。

日本的巨头是一批世界上历史最悠久的企业，在股票市场 1 800 家最大的企业中，有近 600 家的历史超过了一个世纪（Morishita，2022）。截至 2020 年，在构成日经 225 指数的顶尖企业中，只有一家是在 21 世纪成立的。这就是 M3 集团，一个由全球 600 万名医生组成的网络，他们在网上分享医学见解。企业无法进入这个排外的股市俱乐部，也就很难为进一步的扩张筹集足够的资金，企业创始人也无法获得丰厚回报，而丰厚的回报原本可以鼓励其他人进行类似的尝试。上市使 M3 集团的创始人谷村格（Itaru Tanimura）在日本的富豪排行榜上名列第 40 位（M3 Inc.，2020）。

---

① 必须对经合组织（OECD）的原始数据进行调整，因为正如经合组织指出的，2000—2009 年，日本的数据由于对控股公司的规定有所改变而被夸大了，这些控股公司在股票市场上市时被归为新企业，即使上市只是变更它的法律地位而已。

日本不仅缺乏足够多的新巨头，也缺乏瞪羚企业。日本诞生了很多新的中小企业，但是其增长率在经合组织中是最慢的。日本典型的制造业或服务业初创企业的规模与其他国家大致相同，服务业企业的人员规模为3~4人，制造业企业为5~10人。然而，在其他富裕国家，典型的制造业初创企业在10年之后员工人数会增加两倍多，而在日本，员工人数仅增加一倍。在其他国家，一家典型的服务业企业在其第一个10年中员工人数会翻一番，在日本，员工人数只增长约30%（参见图0.3）。在高度数字化的行业，日本的表现甚至更差（OECD，2019b，第151页）。

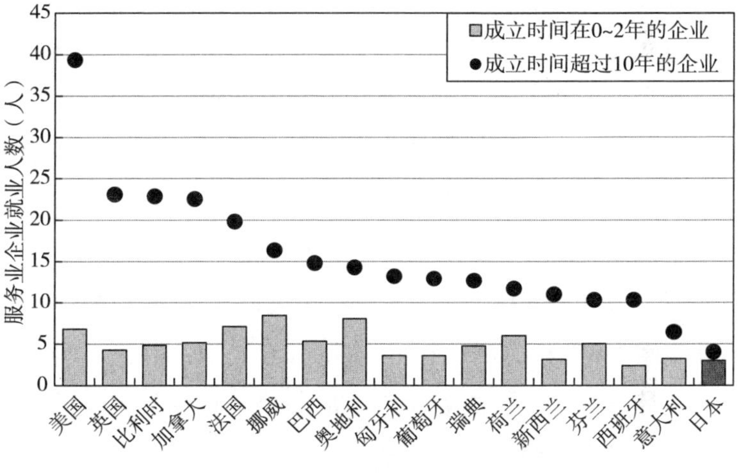

图0.3　日本的初创企业在经合组织中增长最慢

资料来源：Criscuolo et al.（2014，第30页）。

我们为何要关注此事？

为什么人们应该关心瞪羚和大象？因为我们的生活水平取决于此。只有每个工人能够生产更多的产品，人们才能有更多的消费。如果没有持续不断的经济选择，工人就无法生产出更多的产品。

假设每个农民拥有的设施、化肥以及其他生产要素的数量与1910年相同，那么美国目前将需要7 100万农民。假设拨打电话使用的是一个世纪之前的人工电话交换机，这将需要3 000万接线员。如果没有个人电脑，还需要500万名秘书依靠记录、打字和整理文档谋生，情况又会怎样？全部劳动力的三分之二将不得不专门从事这三项工作。那么，谁来制造拖拉机、电话和电脑，谁来建造住房和办公大楼，谁来经营商店，谁来提供医疗服务，谁来救火或者教育孩子？为了提高生活水平，一些工作需要用机器来代替，以便有人可以从事新的工作岗位。

大多数人都意识到，生活水平的提高需要技术进步。但是，将新的创意转化为更优质的产品，或者使一名工人能够生产出过去需要三名工人才能生产的产品，这些都需要企业来完成。新企业之所以重要，就在于它们的想象力不受过时的产品和策略的束缚。生产收音机的美国企业很少能转型去生产电视机，生产电视机的企业也很少仍能活跃于个人电脑和手机行业。

然而，这也有不利之处。尽管一国可以从创造性破坏中获益，但是并非国内每个人都能受益。有些人会受益，但也有很多人失业。不是每个汽车工人或农民都能成为电脑程序员。是的，技术进步创造的就业机会比其摧毁的就业机会更多，而且报酬也更丰厚，但是那些处于转型期的人可能会陷入困境。正如第17章关于弹性保障的讨论所示，有很多方法可以解决这个问题。

无论增长带来的问题有多大，增长乏力带来的问题都会更严重。

日本企业在面对低增长或销售下滑时，越来越多地雇用薪酬更低的非正式员工。后者大多是兼职人员和临时工，而正式员工则是全职雇员，享有工作保障以及各种附带福利。非正式员工在劳动力中的占比从20世纪80年代的15%增至目前的将近40%。正式员工的平均时薪为 2 500 日元（约 19 美元），而临时工仅为 1 660 日元（约 12 美元），兼职人员为 1 050 日元（约 8 美元）（Japan Macro Advisors，2020a）。不难理解，在 30~34 岁有固定工作的日本男性中，59%已婚或结过婚，到 39 岁时，这一比例上升到 70%。在 30~34 岁的非固定职业者中，这一比例仅为 22%（Asahi，2017）。

同样令人痛心的是，目前 65 岁以上独居生活的女性很多身处窘境，其中有 40%处于贫困线以下。在这个以低犯罪率著称的国家，越来越多的人屈辱地以偷窃为生。现在因偷窃入狱的人中，有三分之一年龄在 60 岁以上，而在 1960 年时这一比例仅为 5%（Fukada，2018）。更糟糕的是，由于财务省声称税收收入的低增长使其财力下降，老年人享受的福利受到了限制。至 2019 年，每位老年人享有的社会保障比 1996 年减少了 20%，而每位老年人的医疗保健支出则被削减了 15%（Cabinet Office，2020）。

还有来自贫困家庭的成绩优秀的高中生。由于无力负担学费，近三分之一来自贫困家庭的高中生已经放弃了上大学的希望。在从小学到大学的教育支出方面，政府投入占 GDP 的比例在所有经合组织国家中排名倒数第二。即使公立学校，家长也不得不每年支付数千美元（MEXT，2019）。

这些问题并不局限于一小部分人群。从 1995 年至 2018 年，对于劳动年龄人口而言，经价格调整的实际人均收入的中位数下降了 2%，老年人则下降了 11%（OECD，2022j）①。

如果没有一场生产率革命，日本就无法解决这些问题。让我们看看原因何在。假设工人数量每年增长 1%，每个工人的产量比上一年增加 2%。那么，GDP 每年将增长 3%，即 1%加 2%。另一

① 家庭收入根据每户人口数量进行了调整；经合组织的数据为日元现值，作者根据 CPI（消费者价格指数）进行了调整。

方面，如果工人数量每年下降0.5%将会如何？要使GDP增长率保持在3%，生产率增速就必须大幅提升至3.5%（3%等于3.5%减去0.5%）。这就好比为了在跑步机上保持在原来的位置，必须跑得更快。

日本的困境在于，自1990年以来，总工时——所有工人的全部工时——下降了10%。这使得每工时GDP的提高成为唯一增长来源（参见图0.4）。

不幸的是，就在生产率需要加速提高的时候，它却出现了断崖式下跌，从20世纪80年代的年均增长率大约4%，跌至过去10年的年均增长率0.8%。结果，人均GDP增长率也出现了类似的急剧下降。在过去10年中，其年均增长率仅为0.7%（参见图0.5）。

真是命运的大逆转。从1950年至1991年，日本的人均GDP从仅相当于美国的21%猛增至83%的峰值。随后，所谓的“失去

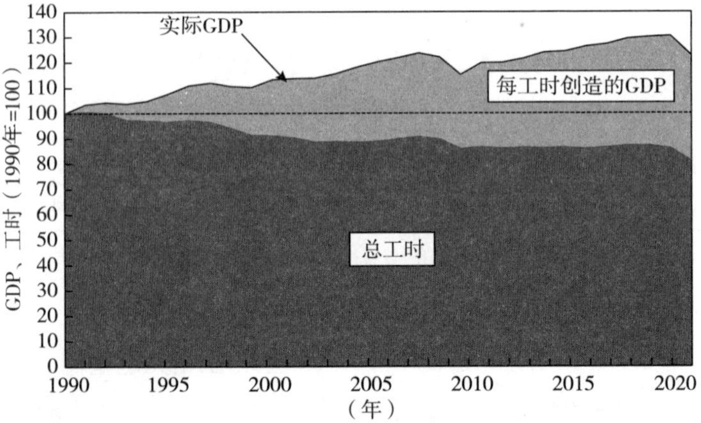

图0.4　自1990年以来，生产率一直是GDP增长的唯一来源

注：术语定义见正文。

资料来源：World Bank（2022）；OECD（2022a）。

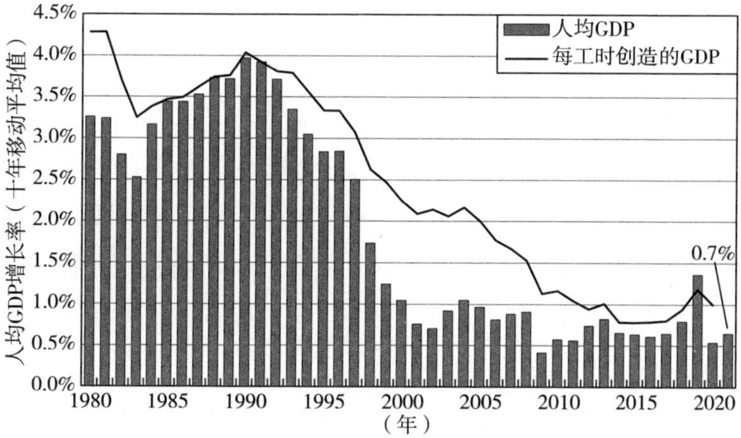

图 0.5 生产率放缓导致人均 GDP 增长缓慢

资料来源：OECD（2019g，2022a）。http：//stats. oecd. org/Index. aspx?DataSetCode = PDB_GR。

的数十年”使其降至2020年的63%（参见图0.6）。相比之下，欧元区与美国保持同步，维持在美国人均 GDP 的 87%（OECD，2022a）。令人震惊的是，曾经沦为日本殖民地的韩国，其实际人均 GDP 在 2018 年超过了日本（Katz，2021a）。

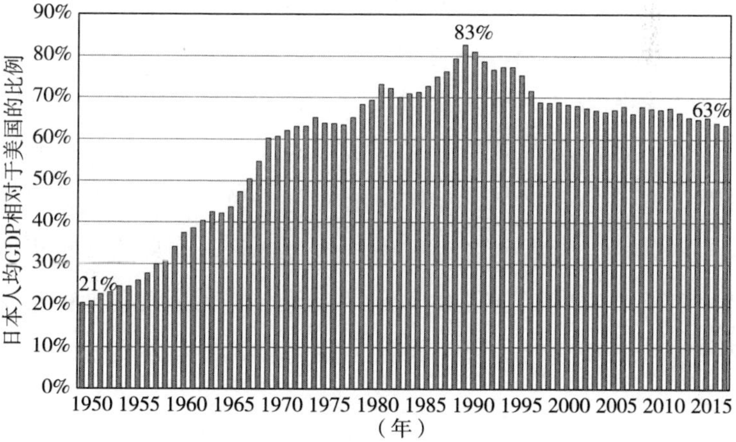

图 0.6 日本人均 GDP 的赶超与退步

资料来源：Penn World Tables（2022）。

日本应该有能力实现自身急需的生产率革命。日本在新的三方专利（即美国、日本和欧盟授予的专利）方面居世界首位（OECD，2022c）。对于自己发明不了的技术，它都可以从别国购买。就23~34岁拥有大学学位的人口占比而言，日本达到了60%，仅次于韩国，位居世界第二位（OECD，2022d）。德国和法国在每工时产出方面与美国不相上下。为什么日本不行？这是因为日本很多企业未能跟上全球进步的步伐。这种症候在那些无须面对国际竞争的行业表现得尤为严重。

日本政策制定者错误地认为，将更多的资金投入最新的机器设备和软件领域，问题就会迎刃而解。但是这并没有奏效。投资是必要的，但是还远远不够。如上所述，在数字技术投资的“性价比”方面，日本企业令人沮丧地排在第63位。

如果不掀起一场生产率革命，日本将很难维持现有的生活水平；如果不诞生一大批新的瞪羚企业，日本就很难掀起一场生产率革命。为此，日本政府需要理解创造性破坏的必要性。

不要归咎于日本文化

有人会告诉你，这是不可能的，因为日本人过于墨守成规，不愿冒险，他们都偏爱在一家有名望的大象企业安稳地工作。其实不然。这又是一个经不起推敲的文化传说，其中一些是日本精英故意传播的，旨在使各种权力结构合理化。如果这些传说确有其事，那么日本就不会在1868年明治维新之后涌现创业的浪潮并实现了自身的现代化，也不会在二战之后凭借经济奇迹实现重新崛起。

这并不是说日本人不再希望成为企业家，而是从20世纪70年代中期开始，环境的变化产生了更多的障碍。在高速增长时期，有 50 万日本人渴望创办一家企业，其中有三分之二的人真正做到了。至 1997 年，日本希望创业的人数翻了一番，然而，只有三分之一的人成功地创办了一家企业（MITI，2002，第 48 页）。结果，日本人创办的雇用非家庭成员的企业比其他任何富裕国家都更少（参见图 0.7）。

环境的变化是指，20 世纪发展起来的各种曾经促进增长的制度，从终身雇佣制到金融体系，都退化为一种僵化的体制，对失败者惩罚过重，对成功者则奖励不足。

有些人误以为这是一种规避风险和墨守成规的文化，其实这是人们为了应对更严酷的环境而采取的适应性行为。如果环境改变了，人的行为也会改变。这一点在劳动力市场上清晰可见。人口减少导致的劳动力短缺增强了拥有专长的工人的议价能力，比如

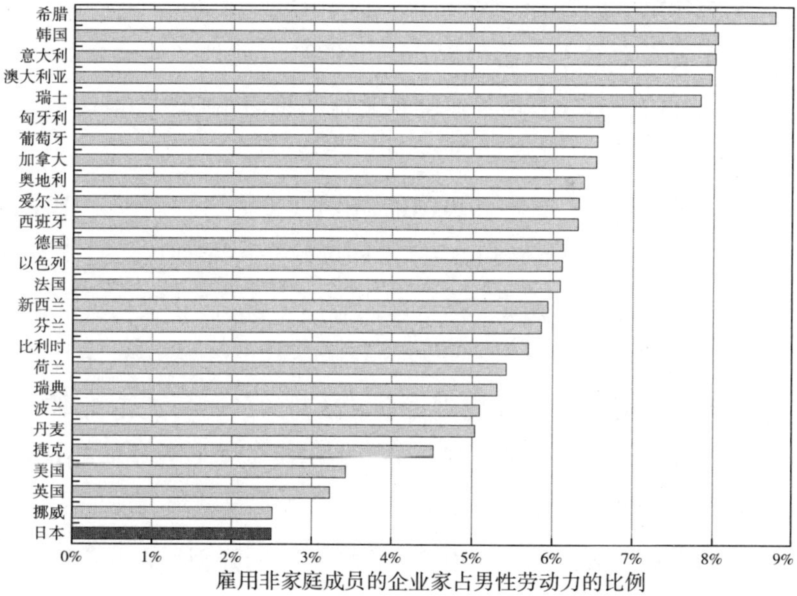

图 0.7　日本成年男性中雇用员工的企业家比例最低

注：之所以使用男性创业率，是因为日本在创业方面的性别差距非常严重。

资料来源：OECD（2020c）。

掌握信息通信技术的专业人员，他们愿意并且可以通过转换工作来改善自己的境遇。

哈里·希尔（Harry Hill）曾是日本欧可隆贸易株式会社（Oak Lawn Marketing）的 CEO，这家公司也是日本著名的直销商。他回忆说，当 2004 年欧可隆第一次尝试招募大学毕业生时，他们收到了 6 份申请。他告诉我，“今年（2017 年），我们收到了 3 000 份申请”。至 2017 年，欧可隆的销售额已达 680 亿日元（约 5.23 亿美元），拥有 450 名员工。除了年轻一代，还有一小部分新员工是大企业四五十岁的老员工，但是人数在不断增加，“他们对自己说，这是我退休之前最后的机会，在职业生涯中做一些有意思的事”（2017 年 10 月的采访）。诚然，这个群体只是少数人，但是已不再是微不足道的，统计数据表明这一群体正在不断壮大。基于三家职业介绍所的抽样调查发现，从 2015 年至 2020 年，40 岁以上的跳槽者人数翻了一番（Suzuki，2022）。此外，从大企业转向初创企业的跳槽者，其增长速度是其他跳槽者的两倍（Suzuki and Nakai，2022）。

令人惊讶的是，日本和美国的 MBA（工商管理硕士）学生之间的相似度，要高于它们与法国或印度学生的相似度。日本人在以下方面的得分最高或第二高，即同意以下说法：“我喜欢提出反对意见；我感到有动力去改变我的社区，甚至改变世界”；“没有什么比看到我的想法变成现实更令人激动的了”；“无论概率有多大，只要我相信某件事情我就会努力去实现”；“我喜欢改变现状”（Paul et al.，2017，第 337 页）。

这些正是高增长时代（1950—1973 年）的开创型企业曾经普遍持有的态度。在 20 世纪 60 年代，夏普开发了一种用于手持计算器的新型 CMOS（互补金属氧化物半导体）芯片，尽管它在该领域缺乏经验。为何要做这种尝试？团队负责人井上浩（Hiroshi Inoue）

解释说，“因为我们富有激情。虽然我们遭遇了挫折，但是一度受挫的年轻工程师成长为支撑起夏普集成电路业务部门的关键人物”（Johnstone，1999，第 78 页）。夏普的芯片后来帮助东芝开发出了世界上第一台商用笔记本电脑。

如今，年轻、富有抱负、不墨守成规的有识之士再次崛起。极为成功的 LINKERS（连接者）创始人、2015 年《日经商业》年度创新人物奖得主前田义弘（Yoshihiro Maeda），就是这一趋势的典范。2012 年，34 岁的前田义弘意识到，在数字时代，大企业顽固坚持“非自己发明不采购综合征”，即拒绝采购非本集团发明的关键部件，会产生消极影响。在如今这个新世界中，他们需要与包括中小企业在内的很多其他企业合作，辉瑞公司的新冠疫苗就是一个很好的例子。LINKERS 依靠互联网和一个由 1 700 个地方政府、商会、银行和个人组成的全国性网络，将大企业和创新型中小企业聚集在一起。LINKERS 称这些组织和个人为“协调人”。

LINKERS 早期成功的一个著名案例，就是为 VIBE 公司提供服务，这家公司隶属于市值达到 70 亿美元的万代南梦宫集团（Bandai Namco）。VIBE 当时正试图开发一种可以折叠起来存放在壁橱中的个人隔音室，可以供音乐家在家中练习时使用。由于自己无法设计出足够好的产品，VIBE 花了一年时间寻找合作伙伴，但是一无所获。最后，它联系了 LINKERS。一周之内，LINKERS 运营的系统就把它介绍给了一家名为神田产业（Kanda Sangyo）的小企业。由此产生的产品被命名为“Danbocchi”，可在网上购买，至 2017 年，销售额已达 1 亿日元（约 77 万美元）。这些现金使神田产业得以扩大工厂规模并雇用更多员工。截至 2019 年，当我与前田义弘会面时，LINKERS 已经成功进行了近 900 次这样的撮合，他预计，到 2030 年，LINKERS 的营业收入将达到 10 亿美元。

前田义弘的抱负远不止于自己的企业和个人财富。他憧憬着一支由 1 000 名创新者组成的新军团，每家企业的年销售额都能达到数亿美元甚至 10 亿美元的规模。根据前田义弘的设想，这些“超级日本 1 000 企业”将以数以万计的中小企业作为供应商、合作伙伴和客户，发挥连接枢纽的作用。他认为，LINKERS 将通过与潜在投资者分享自己有关创新型中小企业的信息，成为“超级日本 1 000 企业”的助产士。无论这一愿景能否实现，重要的是要有这种勇于尝试的精神。

有利的大趋势

如果本书写于数十年前，企业家精神恢复至足够充沛的水平似乎仍是一个遥不可及的梦想。那时的在位企业太过强大。然而，今天的大趋势带来了新的可能性。

有必要先从技术讲起，因为这可以从根本上改变社会的权力结构。摇滚乐和晶体管收音机同时爆发并非巧合。晶体管切断了收音机和电源插座之间的必然联系，从而削弱了父母对子女收听习惯的控制。与此同时，猫王（Elvis Presley，埃尔维斯·普雷斯利）成为“杀手级应用”，使得晶体管收音机成为生活必需品。这也是 10 年之后推动学生举行抗议活动的诱因之一。同样，避孕药也引发了性别关系的剧变（Halberstam，1993）。

如今，电子商务正在打破企业巨头与雄心勃勃的中小企业之间的力量平衡。在此之前，中小企业别无选择，只能借助于多级批发体系，这一体系决定了哪些产品可以摆上货架，而批发商往往会优先考虑现有大企业的利益。电子商务使零售商和顾客可以绕过这些“守门员”。

试想一下日本领先的互联网商城乐天带来的连锁效应。该公司由时年 32 岁的三木谷浩史于 1997 年创立，至 2022 年已帮助 56 000 家普通中小企业向 1.1 亿客户销售了价值 5.6 万亿日元（约 430 亿美元）的产品。其中之一就是家具制造商箪笥的根（Tansu No Gen），其创始人拒绝使用电子商务。在他于 2002 年去世之后，他的子女加入了乐天的网络。短短 17 年间，这家公司的销售额从每年 100 万美元激增至 1.6 亿美元。这也促进了中小型家具制造企业的发展。

三木谷浩史也是全球化大趋势的典范，这一趋势造就了日本大量成功的企业家，所占比例之高令人惊讶。三木谷浩史的父亲曾经在耶鲁大学教过两年书，他本人也在哈佛大学获得了 MBA 学位，并且要求在企业总部必须使用英语。

爱速客乐（Askul）是包括性别关系在内的代际观念发生变化的极佳例证。1993 年，爱速客乐从一家领先办公用品生产商的 4 人邮购部门起步，至 2022 年，销售额猛增至将近 4 300 亿日元（约 33 亿美元）。爱速客乐没有自己的销售团队，而是与当地独立的零售商合作，它称这些零售商为“代理商”，这些零售商也可以自由地与其他供应商合作。爱速客乐 B2B（企业对企业）部门的执行官宫泽典友（Noritomo Miyazawa）谈到了一家零售商，这家企业在 1994 年只有两名员工和 1 亿日元（约 77 万美元）的销售额，而且还在亏损，“自从成为爱速客乐的代理商之后，其销售额增长了 60 倍，员工增至 33 人，这家企业成为我们的十大代理商之一”（2019 年 10 月的采访）。爱速客乐的规模使其有能力与生产商讨价还价，获得高达 30% 的折扣。这提升了传统分销系统的效率，从而使整个经济受益。

这些超级明星般的瞪羚企业的成功，帮助下一代在创办新企业或为新企业工作时，对风险回报比有更清晰的认识。宫泽典友是从伊藤忠商事跳槽到爱速客乐的，前者是一家营业额高达 480 亿美元的巨型商业企业。“我认为，如果我加入一家规模较小的企业，就可以参与更多类型的业务。此外，如果年轻的经理人有好的想法，爱速客乐的高级经理人就会听取他们的意见。”爱速客乐B2B战略规划部副执行官温泉纱织（Saori Onsen）于2002年加入该公司，她是从一家大型连锁便利店跳槽过来的，当时才二十多岁。她说：“我之所以加入爱速客乐，是因为我觉得可以有更多的挑战。”的确如此。她的第一项职责是管理网站，当时在线销售才刚刚起步。

温泉纱织是性别关系转变的典型例子。2003年加入乐天、现在负责该公司旗舰部门乐天市场（Rakuten Ichiba）的高野奈保（Naho Kono）也是如此。传统企业缺乏这样的机会，这使得女性员工涌入瞪羚企业。如果没有代际观念和性别关系转变，即使最有潜力的瞪羚企业也会受制于一个最大的障碍，即无法雇用到富有才华的、处于职业生涯中期的员工。

这种代际观念和性别关系转变拯救了爱速客乐，使它成为包裹运输领域的“优步”。虽然创始人松本康兼是一位有远见的人，但是他缺少各种必要的管理经验。这种情况并不罕见，迈克尔·戴尔（Michael Dell）也是如此。为了避免破产，他不得不聘请一名首席运营官。爱速客乐每年都有40%的员工离职，迫使松本康兼不得不寻找替代者。供不应求的信息通信技术人员认为，跳槽风险较小，通过跳槽可以获得更好的条件。如果不采取补救措施，爱速客乐就无法生存。他说，“于是我聘请了四位高级经理人”（2019年10月的采访）。他们都曾在日本的外资企业工作过。在相当短的时间内，他们就将爱速客乐每年的跳槽率降到了5%~10%。他们的解决办法是不断向员工强调，在爱速客乐工作不仅是为了赚钱，也是为了实现公司的使命——在爱速客乐工作，他们就是在帮助创造一个更美好的日本。

"这些老员工是不是已经五十多岁了?"我问松本康兼。他回答说:"不是,他们只有三十多岁。"他认为,职业生涯大部分时间都在老牌企业度过的经理人过于故步自封,与国外的趋势格格不入。这些年轻的经理人可以获得聘用,也表明了代际更替的力量。

松本康兼解释说:"像我这样的初创企业拥有全球经验,因此我们这一代人对日本文化感到陌生。大多数日本人主要了解的都是日本的信息,但是我每年都有几个月的时间在国外度过。对我们这一代而言,一切都更加自由和开放。我们在国外有很多朋友,有了互联网,我们可以很方便地与他们交流。""你们这一代人都这么认为吗?还是只有5%左右的人像你一样?"我问道。他回答说:"不到5%。"这一比例似乎很小,但是如果日本有5%的成年劳动者创建了雇用非家庭成员的新企业,这就极为接近美国的水平了。

国际视野的力量怎么强调都不为过。在著名的东京大学读大一的时候,出云充(Mitsuru Izumo)访问了孟加拉国。他看到孟加拉人虽然拥有很多大米,但是营养不良,因为他们买不起营养丰富的食物。后来,他听说了裸藻这种微藻类生物,如果有切实可行的方法将其转化为食物,就能解决上述问题。就这样,这位环球旅行者在斯坦福大学度过了他的大二时光,那里的同学和老师自然而然地鼓励他创办自己的企业。他的公司取名为"悠绿那"(Euglena,即裸藻的英文名称),生产一种在日本全家(Family Mart)连锁便利店可以买到的饮料。截至2022年,该公司的年收入已达到440亿日元(约3.4亿美元)。在日本赚取的收入使得悠绿那可以向孟加拉国儿童捐赠数百万块含有裸藻的饼干。如果出云充四年的大学生活都在东京大学度过,那还会有悠绿那吗?

日本改革的政治学

日本的悲剧在于，不需要太多的改变就能促进经济复兴，然而该国的政治领导层却无力做出这些改变。

目前，考虑到上文讨论的这些积极变化，产生大量新企业的最大障碍是外部资金匮乏。日本很少有天使投资人，也就是为初创企业提供种子资金的人。同时，银行也不愿意向那些处于成长期的企业提供贷款，甚至对那些成立 10 年以上的企业也是如此。问题是由于缺乏资金而在起步阶段规模太小的企业，最终只能维持小本经营或彻底失败（Audretsch，2012）。由于想要创业的人不得不依靠自己、家人和朋友的资金，有才华但是不太富裕的年轻人实际上就失去了创业机会。这就是日本实现高增长的初创企业如此之少的主要原因（参见第 15 页图 0.3）。

在税收和政府采购方面，大约有六项政府措施可以发挥重要的作用。多年来，改革派政府官员一直试图实施这些措施。通常情况下，这些措施都会被淡化，以致无法奏效。2021 年，日本首相第一次宣布将复兴企业家精神作为一项对总体复苏至关重要的国家目标，这让人们燃起了希望。岸田文雄在其关于创建日本"资本主义新形式"的讲话中呼吁到 2027 年新建 10 万家创新型高增长初创企业。遗憾的是，岸田文雄提出的一项重要措施，即为投资新企业提供税收激励，设计得很糟糕。然而，只需稍加调整，这项措施就能像美国、英国和法国等国的同类措施一样有效（参见第 19 章）。

但是，这并不是故事的结局。只要日本经济继续停滞不前，类似的提案就会不断涌现。这是因为经济停滞的政治影响给日本政府带来了无尽的压力，迫使其提出解决方案。此外，经济不景气以及技术转换和世代交替正在导致自民党政治权力依靠的各种特殊利益集团之间及其内部出现裂痕。提高消费税为日益扩大的老年人群体提供支持，却引起了中年和年轻家庭的不满。在商界，由于对政府和主要企业联合会（Keidanren，经济团体联合会）的不作为感到失望，大量高科技创新企业于2010年成立了自己的游说组织，即“日本新经济联盟”（Japan Association of New Economy，JANE）。截至2015年，日本新经济联盟已拥有500多家企业成员。它定期与政府官员和国会议员会面。同样的变化也使之前感觉缺乏共同之处的团体结成了新的联盟。在其他问题上，类似的裂痕和新联盟出现得越多，迄今为止一直阻碍结构性改革的社会经济联盟就越有可能被动摇。

如果重振企业家精神的努力仅仅是一场改革派与保守派之间的较量，那么后者将占据上风。惯性的力量是强大的，尤其是在由一个政党统治了几十年的日本。然而，历史经验表明，维持现状是不可能的。如果不推动改革，日本将面临生产率低下和劳动力老龄化的严峻挑战，这必然导致生活水平的不断下降。日本要么复苏，要么进一步衰退，不会一直保持不变。这种状况给政客们带来了难以忽视的政治压力。在过去几十年里，日本领导人一直在努力提出解决方案以应对这种压力，但是都以失败告终。这种压力将会越来越大。

本书不仅将提出必要的改革建议，还将阐述推动改革与抵制改革的两种趋势之间的较量。笔者希望通过展示推动真正的改革的可能性，从而增强对改革的信心，并增加改革成功的机会。

第一篇
日本企业家精神的兴衰

第 1 章　企业家精神：从繁盛到衰败

如果日本从未经历过创业热潮，那么试图将企业家精神移植过来就像是在一片荒芜的土地上嫁接某种外来植物。在现实中，现代日本已经经历过两次企业家精神的大爆发。它有能力重振雄风。目前的制度安排并非日本古老思想的永恒产物；相反，它们是历史、制度和权力的产物，大多数制度安排在当时是合理的，但是现在已经过时。

在 1868 年至 1926 年的第一次创业爆发期，根据当时在位天皇的名字，这一时期也被称为明治时期和大正时期，今天的很多大象企业当时都是作为瞪羚企业起步的。1868 年之前，日本是一个封闭的封建社会。早在 1635 年，为了应对新出现的欧洲殖民主义的威胁，日本统治者切断了几乎所有与外国的联系，禁止所有进出日本的旅行，这种封闭状态一直持续到 19 世纪中叶。日本就像 16 世纪的欧洲，85% 的人口生活在农村地区的市镇和乡村。它没有当时美国和欧洲已经普及的现代机械设备、钢铁厂、蒸汽机、电报、铁路、邮政系统或报纸，也没有现代商业机构，比如现代银行、公营企业或复式簿记制度。

然后，不可思议的事情发生了。从鸦片战争开始，强大的中国被欧洲人打败了。日本的一群年轻人担心遭遇类似的命运，于是推翻了幕府统治，在 1868 年明治维新中接管了日本。在“富国强兵”的口号下，他们将国家统制和大量新兴私人企业结合起来，推动日本实现了快速工业化。经济起飞是突飞猛进式的。至 20 世纪 40 年代，也就是在日本走出中世纪仅仅 75 年之后，它的工业基础已经强大到足以使其军队席卷几乎整个亚洲。日本的飞机和航空母舰一度几乎可以与美国海军抗衡。尽管国家在工业化过程中发挥了重要的作用，但是日本拥有一批重要的私人企业家和家族企业集团，后者也被称为“财阀”。这些企业家和财阀创建的企业制造船舶、钢铁、机械设备，也创建了报社、大学以及其他机构。在这些企业家中，很多人都是初次涉足商界。伴随着经济现代化，政治也逐渐实现了现代化，出现了选举和以政党为基础的政府，在 1925 年还赋予男性普选权。

在 20 世纪 30 年代至 40 年代的军国主义时期，政治现代化被中断。国家加强了对经济的控制，出现了与国家结盟的新企业集团，作为卡车供应商的汽车企业就是如此。在战后过渡时期，占主导地位的企业组织，如三井、三菱和住友等财阀，成为美国占领军摧毁的对象。此外，来自 187 家主要企业的近 2 000 名高管因与日本军国主义者合作而被清除出企业领导层，甚至新企业的领导层也不例外。这为新企业和年轻的商界新领袖开辟了道路，他们都渴望重建国家，赶超西方。这也为那些有发展潜力，但是由于某种原因在战前受到限制的老企业带来了机会。

战后温室

这些创业新秀是在某种温室环境中成长起来的。在战争结束时，日本有三分之一的工厂和住房被摧毁。重建和奋起赶超吸引了新企业的进入。直到 1953 年，日本的产量才恢复至战前水平。随后，在 1953—1973 年高增长时期，日本从一个贫穷的农业国崛起为一个新兴工业化国家。人均 GDP 比 1953 年的水平增长了 5 倍，

1953 年的日本就像今天的一些非洲国家一样贫穷（Penn World Tables，2021）。日本因此被冠以“经济奇迹”的美名，这并非浪得虚名。

截至 1971 年，所有工业产出的 40%是由一些在 1951 年还未出现在日本市场上的产品构成的，从彩电、石化产品到空调，都是如此，有 10%的产出甚至是由五年前尚未发明的产品构成的。日本的造船厂率先生产并销售超级油轮，至 20 世纪 60 年代，它们已成为世界上效率最高的造船厂。日本制造商往往率先采用晶体管电视等新发明，他们学会了如何使用比别人更少的铁矿石、焦煤和能源来炼钢（Katz，1998）。

从晶体管收音机到计算机存储芯片，日本沿着电子产品价值链不断攀升，这使得美国同行开始担心未来将属于日本，这种担心导致了 20 世纪 80 年代至 90 年代严重的贸易摩擦。日本企业发明了一个又一个畅销产品或者将其商业化。有时，这意味着采用尚不具备商业化条件的现有技术，并进行必要的技术改造。日本创造性地开发了各种产品，比如消费者使用的微波炉（由夏普发明）；使用电池的便携计算器（由夏普与美国德州仪器展开开发竞赛）；各种专用电子和计算机芯片，从 CMOS 到 NAND 等闪存（夏普和东芝），这些芯片已成为广泛使用的行业标准；消费类电子手表（由卡西欧和精工实现商业化）；晶体管收音机（由索尼发明）；家用录像机（由索尼和松下各自单独发明）；索尼的特丽珑彩色电视；单反相机以及随后的数码单反相机（由尼康和佳能开发）；光盘（由索尼推出）；随身听（由索尼发明）；摄像机以及作为其基础的 CCD（电荷耦合器件）芯片（由索尼推出）；使用与个人电脑相同的 DOS（磁盘操作系统）的笔记本电脑（由东芝发明）；成功应用于数字手表和计算器、笔记本电脑以及电视机的液晶显示屏（由精工和夏普开发）；用于从手机到电动汽车等所有产品的锂离子电池［由索尼和旭化成（Asahi Kasei）开发］；1G（第一代移动通信技术）手机网络［日本电报电话公司（NTT）］和3G（第三代移动通信技术）手机［都科摩（DOCOMO）］；以及柔性内窥镜（由奥林巴斯开发）。

在这些辉煌成就中，很多发生在美国企业或更成熟的日本企业本来可以率先而为却选择不去开发的领域，这往往是因为它们根本看不到其中的商业潜力。西电公司（Western Electric）发明了晶体管，但除了用在美国的导弹上想不出它有什么商业用途，而索尼的创始人却想到了。

在那个时代，很多人目光短浅，轻蔑地认为日本人只不过是优秀的模仿者而已，因为他们采用的技术大多来自美国的发明家。但是，这种观点忽略了日本人在技术与商业领域拥有极高的天赋，他们采用了一种或多种看似不适合商业用途的技术，对技术变革进行综合开发，批量生产畅销产品。夏普在计算器CMOS芯片和液晶屏领域的研究，以及东芝与夏普在CMOS方面的合作开发，最终使东芝率先成为笔记本电脑市场的领导者。

在1979年的120家大型电子企业中，也就是那些至少拥有300名员工的企业，将近一半在1955年时还是中小企业。换句话说，从1955年至1979年，中小企业仍有可能在短短几十年内成长为大型企业。像精工和夏普这样中等规模的挑战者也有可能成为巨头。我们不知道的是，还有多少电子行业的中小企业曾经尝试过，但是都失败了，要么倒闭，要么被大企业吞并，要么成为大企业无数分包商中的一员。我们知道的是，由于没有人能够预先知道哪种方法会奏效，因此容忍如此之多的失败才会带来更多的成功。富有企业家精神的国家必须能够承受失败（Kawai and Urata，2002，第41页）。

这种情况在整个经济领域是一种普遍现象。截至1996年，在所有经济部门，就至少拥有300名员工的企业而言①，有40%成立于1954—1974年。1962年，日本将近16%的制造业企业成立不到四年时间，超过60%的企业创始人是在二三十岁创立企业的，这种模式与当今全球的经验并无太大差异（Kawai and Urata，2002，第45页；Watanabe，1970，第539页）。

不仅有新企业成立，还有很多企业退出。经济的自然选择即使不完美，大体上也是奏效的。这就是高增长时代之所以实现高速增长的原因。

追求成功的激情

记者鲍勃·约翰斯通（Bob Johnstone，1999）对日本电子巨头的崛起有拟人化的描述，即雄心勃勃、富有想象力的中青年技术人员和企业家，不惜以企业命运作为赌注，押注于革命性产品，并希望借此攀上最高峰。

约翰斯通的故事从佐佐木正（Tadashi Sasaki）和早川德次（Tokuji Hayakawa）的合作开始，前者是一名杰出的电气工程师，后者是默默无闻的早川电气工业（Hayakawa Electric Industry）的创始人。早川德次出身贫寒，小学二年级就辍学了。为了挣钱养家，他去当了一名学徒。1912年，时年29岁的他发明了一种无须在皮革上打孔的皮带扣，获得了专利，并创建了自己的企业。1951年，已经58岁的他抓住机会，抢在日本其他大企业之前制造出了电视机。他的企业在日本率先推出原型机，第二年，该企业从美国无线电公司（RCA）获得了专利授权。

① 每个丰田工厂或销售点都计为一家企业。至少拥有300名员工的企业通常拥有数千名员工。

早期的专利授权并非易事。由于外汇极为稀缺，一家企业想要进口任何东西，包括专利，都必须向当时的通商产业省（MITI，以下简称通产省），也就是后来的经济产业省（METI），提出申请。获得许可并不容易，尤其是在收益不确定的情况下。数年之后，索尼在从西电公司花费2.5万美元购买晶体管许可证时就遇到了困难。幸运的是，早川德次获得了许可，并于1953年推出了日本第一台商用电视机。它的价格相当于一名拥有高中文凭的政府雇员2.7年的工资。因此，大部分电视机被放置在公共场所。随着价格下降，销量开始猛增，早川电气占据了60%的市场份额。至1955年，其他企业在看到早川电气取得的成功之后也纷纷加入，该公司的市场份额骤降至25%。但是，由于市场快速扩张，早川电气的销售额猛增了10倍，达到5 800万美元，员工人数达到6 000人，出口额占营业收入的16%。这使得该公司的规模超过了索尼，利润也更高。然而，正如早川德次感叹的那样，索尼以及规模大得多的松下现在都发展得更快。为了企业的繁荣，甚至仅仅是为了生存，早川电气必须不断推出革命性的新款消费产品，而且要比竞争对手更早推出（Sharp，2020）。

这时就该佐佐木正出场了。从二战战场回来后，佐佐木进入一家小企业工作，这家企业生产出了日本制造的第一支晶体管，比索尼更早。尽管取得了这一技术成就，该企业仍然日渐衰败。1960年，银行坚持要求该企业将自己出售给富士通（Fujitsu）。佐佐木不想为富士通工作。怎么办？当早川德次要求与佐佐木会面时，命运之神降临了。早川德次急需一个好点子，而佐佐木恰好想到了一个。美国军事承包商利顿工业（Litton Industries）开发了一种适用于微波炉的磁控管。利顿工业从未生产过消费品。佐佐木向早川德次介绍了这个想法。1961年，早川电气造出了日本第一台微波炉，并于1962年开始量产，供餐馆使用。尽管该企业的资产负债表非常脆弱，面临银行要求将其出售给更大企业的压力，但是它仍然冒险投入了巨额资本。早川德次再次押注于自己的公司，并且再次大获全胜。

佐佐木考虑以更具革命性的产品来促进企业的发展壮大，他倾向于为消费者提供小巧、便携的产品。他的梦想是制造一种小到可以拿在手上、可以使用电池（这需要一种新型半导体芯片）、从杂货店老板到家庭主妇都可以使用的电子计算器。最终，它与另一家新成立的企业卡西欧展开了竞争。包括索尼和德州仪器在内的很多企业本可以抢占先机，但是都放弃了。这件事证明了精工爱普生公司的一位总裁的观点是非常明智的，正是这家企业后来发明了电子数码手表和串行点阵打印机，他说，“技术本身没有内在价值。只有像我们这样的制造商将技术应用于我们生产的产品时，它才具有价值”（Johnstone，1999，第 61 页）。

1964 年，早川电气推出了世界上第一台基于晶体管的商用计算器，正好赶上了纽约世界博览会。但是它重达 55 磅，售价将近 1 500 美元。无论是早川电气还是卡西欧，销售和技术人员都对该产品能否取得商业成功持怀疑态度。然而，佐佐木对如今所讲的学习曲线深信不疑。随着时间的推移，企业生产的产品越多，就能掌握更多的知识，从而以较低的成本进行生产。这反过来又会使人们买得起这种产品，从而增加销售量，使企业在学习曲线上更上一层楼。后来，德州仪器声称自己是唯一一家了解学习曲线的非日本企业。

佐佐木认为，由电池供电的手持计算器只是一个电子算盘。一旦价格合适，市场自然就会打开。要做到这一点，就需要一种新型芯片，即 CMOS 的一种变体。早川德次下定决心，必须自己来生产这种芯片，因为现有的生产商都无法满足早川电气的需求，尽管该公司在这一领域毫无经验。但是，正如 CMOS 团队的领导者所言，他们对此充满激情。1969 年，企业推出了一款重 4 磅（约 1.81 千克）、售价为277美元的台式计算器。一年之内，这种计算器的销售量达到了百万台。早川电气的成功吸引了60家企业进入这一领域。

1970年，冉冉升起的早川电气换了一个现在已为人所熟知的名字，即夏普。此时夏普的销售额已超4亿美元，拥有14 000名员工，40%的产品用于出口。在电视液晶显示屏等一系列新领域，夏普一直是一名开拓者，拥有的市场份额也一直处于领先地位。

故事的结局令人不胜唏嘘。夏普最终不仅变成了一头大象，而且是一头瘸腿的大象，其销售额在2007年达到9.56万亿日元（约740亿美元）的峰值之后一路下滑。与其他大象企业一样，夏普依仗以往的辉煌成就裹足不前，比如，它固执地坚持生产液晶电视，即使市场已经萎缩，并且其他国家能够以更低的价格生产。索尼和其他大象企业也是如此。最终，为了避免倒闭的命运，夏普不得不在2016年求助于中国台湾富士康的收购。

夏普的兴衰不是孤例。真正的谜团是，为何日本不再产生像夏普这样的新企业。主要原因是体制陈旧。当环境发生变化时，制度和行为方式也必须随之改变。但是，制度会催生利益集团，这些集团会从制度的延续中获益，即使这会对整个社会造成损害。此外，附着在这些制度上的思维模式也会僵化，成为意识形态的桎梏。然而，即使经过一段合理的滞后期之后，如果一个社会仍然无法实现必要的转变，那么制度的落后就会越来越明显。

昨天的优势变成了今天的劣势，这就是日本的悲剧。正因为其经济表现如此蔚为壮观，创造了经济奇迹的制度和行为方式才一直为人们所信赖，尽管它们早就应该被超越了。

体制的成功

在20世纪70年代中期的追赶时代，日本是一个新兴工业化国家。它成功地实施了与该发展阶段相适应的产业政策。即使没有这一政策，日本也会发展，但不会在接近四分之一个世纪的时间里（1950—1973 年）以每年 9%的速度发展。“奇迹”之处在于，在极短的时间内加速完成了经济赶超这一自然进程（Katz，1998，第 107—164 页）。

在刚开始创造经济奇迹时，日本是一个贫穷的国家，农民比工厂工人更多。它主要出口的产品是丝绸、玩具和纺织品。但是，日本决心追赶美国和欧洲，这意味着要促进资本密集型重工业部门的发展，包括造船、钢铁、汽车、电子等。这一发展战略与世界银行的建议正好相反。但由于资本非常匮乏，劳动生产率很低，比较一下农民使用拖拉机与不使用拖拉机时的生产效率就能明白这一点。在当时，实现经济增长的经典策略是促进高储蓄率和高投资率，使用进口或自己研发的新技术，以及由规模足够大的企业来承担大额投资。至 1970 年，日本制造业的大部分产出和三分之二的出口来自七个主要的现代部门，包括合成纺织品、化工、金属和各种机械制造。

随着日本产业结构的升级，龙头企业的规模越来越大。传统上，制造业一直由雇员少于 300 人的企业主导。至 1970 年，工业总产出的 34%和出口总值的 60%是由区区 200 家企业生产的，其中大部分都属于这七个现代部门（Rapp，1976）。

为了在这些现代部门建立大型企业，政府对利率进行了管制，以降低资金成本。① 由于在最初的 20 年中，对投资资金的需求超过了日本储蓄的供给能力，政府挑选优先发展的行业，日本银行（Bank of Japan，BOJ）与主银行合作，将稀缺的资本分配给这些行业以及这些行业中受到青睐的企业。至 1964 年，受益于全球需求

① 日本在 20 世纪 80 年代利率管制开始逐步放松。

的快速增长，日本现代工业在全球的出口占比仅次于美国、联邦德国和英国，排名第四。

日本经济增长的四分之一来自规模经济，比如年产100万辆汽车的车企比年产只有10万辆的车企生产每辆汽车的成本更低。在工厂层面，对于钢铁和汽车等资本极为密集的产业，工厂需要达到一定的规模才能有效率。在行业层面，市场规模需要大到足以维持几家主要企业，才能产生竞争压力，迫使企业不断提高效率。

然而，政策制定者面临一个无法逾越的障碍。企业要想做大，就必须有足够的竞争力以获得销售额，但是企业要想有竞争力，就必须规模足够大以实现规模经济。如何解决这个问题？政府采用了传统的幼稚产业政策，对受青睐的部门提供补贴和进口保护。比如，在1953年短暂的自由贸易时期，欧洲进口产品的涌入几乎摧毁了日本的汽车产业。为了应对欧洲的威胁，通产省干脆急踩刹车。利用1949年《外汇法》赋予的权力，通产省直接拒绝为超出最低配额的外国汽车进口提供外汇。① 直至1965年，在这一行业已经具备了竞争能力之后，才开始允许汽车自由进口。该行业还获得了巨额补贴，帮助其进行必要的投资。这些补贴不仅包括对汽车制造商本身提供巨额税收减免和优惠贷款，还包括对关键的上游产业提供重要的援助，如汽车零部件、机床和钢铁等行业。从1956年至1972年，对汽车零部件行业的所有贷款中，有15%来自政府，对于一些优先发展的零部件生产商，这一数字有时甚至高达50%。

该计划的效果如此显著，以至于某些只有在赶超年代才有效

① 虽然这项法律直到1980年才被废除，但是在20世纪60年代中期日本开始经常出现贸易顺差之后，外汇配给就名存实亡了。

的观念被奉为圭臬，比如，认为规模经济永远是决定竞争力的关键因素。实际上，规模过大或者过于多样化与规模过小或者过于专业化一样，都是有害的。合并两家并不健康的巨头，并不能创造出一家健康的企业。在一个成熟经济体中，竞争的力量对生产率的作用要比规模经济更大。日本低估了激发新的企业家精神对适应数字时代的作用，一个重要的原因就是对经济奇迹时代的经验存在错误认知。

体制的衰败

高增长不可能永远持续。随着经济体变得更加成熟，增长必然会放缓。随着 1973 年石油危机使全球经济陷入严重衰退，日本的经济增长也突然放缓。1975—1985 年的增长速度骤降至 2.7%，降幅远超仅仅因经济趋向成熟而导致的增速下降。其中的原因在于，一旦经济进入成熟期，产业政策不仅是多余的，而且会产生有害的影响（Katz，1998，第 165—196 页）。

不幸的是，为了应对增长放缓，政府不仅继续使用产业政策的各项工具，而且还将它们用于有害的目的。政府不是扶持未来的获胜者，而是转而保护失败者。政府以保护企业和就业岗位的名义，特别是为了支持自民党执政的产业部门和社会群体，积极致力于延缓创造性破坏这一过程。在很多行业，通产省创建了合法的“衰退卡特尔”，以确保处于数十个所谓夕阳产业中业绩糟糕的企业不会遭遇创造性破坏的冲击，比如纺织、铝业、石化甚至钢铁等行业。①

日本政府打着防止出现“过度竞争”的旗号，对各类有悖竞

① 衰退卡特尔曾是美日贸易摩擦的根源，现已不再使用。

争的行为视而不见，包括违背《反垄断法》中对一些贸易条款的限制，比如在位企业成功地向零售商施压，不让竞争者的产品摆上货架，或者向批发商施压，限制它们为国内外的竞争者提供帮助。日本公正交易委员会（Japan Fair Trade Commission，JFTC）的报告详细记录了这类做法，但没有采取行动（Katz，1998，第45、176—177页）。

现在保留这种权力的行业越来越少。在日本国内竞争激烈的行业中，这种权力总是最弱的。在1992年的"康柏冲击"（Compaq shock）中，康柏发起了一场成功的运动，出售基于Windows（视窗）操作系统的个人电脑，其价格远低于使用专有操作系统的日本电气公司（NEC）电脑的价格。日本零售商毫不畏惧地为客户提供康柏个人电脑，与日本电气的个人电脑竞争。日本电气损失了大量的市场份额，失去了主导地位。但是，如果日本买家面对的是一个集中度很高的产业，并且历史上曾由通产省授权建立衰退卡特尔，其反竞争行为仍然会长期存在。1997年，日本最大的一家报纸的编辑回忆说，他曾要求采购经理进口价格较低的外国新闻纸。这位经理回答说，如果本公司进口纸张，其主要供应商可能在未来纸张短缺时不那么愿意保证供应。

1973年，日本自民党通过了《关于调整大型零售商店零售业务活动的法律》（以下简称《大店法》），规定小型零售店可以否决在其社区内开设面积超过5 400平方英尺（约501.48平方米）的商店，以免效率更高的商业巨头消灭这些"小鱼小虾"。直到这些问题成为美日贸易摩擦的原因之一，日本才在20世纪90年代初期修改了这部法律。

简而言之，创造性破坏被破坏性保护主义取代。最糟糕的企业受到了保护，那些业绩尚可的企业反而被淘汰出局。平均而言，倒闭的企业实际上比保留下来的企业更有效率，这与正常的模式恰好相反（Fukao and Kwon，2005）。

所有这一切的结果是形成了一种二元经济，即出口部门超级强健的企业和国内部门超级脆弱的企业组成了一个功能失调的混合体，前者面临着激烈的竞争，后者面临的竞争则要小得多。所有经济体都存在一定程度的二元性质，但是在日本，出口部门和国内部门之间的生产率差距要比其他国家大得多。20 世纪 90 年代，在汽车制造领域，日本每工时的产出要比美国高出 24%，在消费电子领域要高出 15%。但是，大多数日本人都在日本的其他部门工作，即面向国内的商品和服务部门，这些部门的生产率要比美国低 30%~40%。

国际化产业的出色表现掩盖了其背后的弱点，无论是其他国家还是日本自己都没有认识到这一点。但是，这种情况不可能永远持续。正如灯泡在熄灭之前最为明亮一样，股票和房地产泡沫导致了 1990 年的崩盘，经济基础受到的潜在腐蚀暴露无遗。20 世纪 90 年代和 21 世纪初期“失去的数十年”开始了（Katz，2022a）。

没有竞争就没有竞争力

一些应对“失去的数十年”的措施反而起到了适得其反的作用，包括过度依赖近乎零的利率，其副作用是以牺牲更健康的企业为代价来支撑僵尸企业。

更糟的是，当重要领域的企业或产品似乎面临失败的威胁时，日本给出的解决办法往往是兼并，有时还会得到政府资金的帮助。虽然政府大谈过度竞争的危害和规模经济的魔力，但是实际上在世界舞台上表现最好的是内部竞争最激烈的那些日本产业（Sakakibara and Porter，2001）。由少数几家居于领先地位的企业年复一年地占据相同的市场排名，这看上去是一种轻松惬意的状态，实际上则是由于建立了隐性的卡特尔，而这些行业也往往是落后者。正如韩国秉承改革理念的金大中政府的一位部长在 1999 年的一次会议上告诉与会者的："没有竞争，就没有竞争力。"

受制于陈旧的观念，经济产业省甚至声称三星电子的崛起是由于其在国内市场的主导地位，"韩国企业以国内市场作为'大本营'，在全球市场实施大胆而迅速的战略投资"（METI，2010，第 21 页）。顺便提一下，这与 20 世纪八九十年代美国贸易鹰派针对日本的论点如出一辙。经济产业省将同样的逻辑应用于钢铁、汽车、电力和炼油产业。实际上，三星击败索尼、松下和其他企业的原因在于拥有更出色的战略和执行力（Chang，2011）。

2011 年，日本通过了一部新的法律，使兼并更容易通过反托拉斯审查。该法律规定，日本公正交易委员会不再审查该企业在日本的市场份额，而是要审查其在全球市场的份额。这对那些进口量大到足以影响价格和产量的行业可能是有意义的，但是经济产业省也利用它来促进进口量很小的行业的兼并，比如钢铁行业（2019 年进口量仅占其销售额的 7%）。2012 年，借助这部法律，经济产业省推动日本第一大钢铁企业新日铁和第三大钢铁企业住友金属的合并，创建了世界第二大钢铁制造企业。尽管这给合并后的企业带来了更大的定价权，但是牺牲了汽车等钢铁消费行业的利益，这些行业实际上雇用了更多的日本工人，而且合并是否提高了效率也是值得怀疑的。情况可能恰恰相反，2020 年新日铁宣布将关闭一家十年前耗资近 5 亿美元才建成的工厂。就效率低下的炼油产业而言，经济产业省于 2009 年颁布了相关法规，规定由该行业而非市场来决定每家炼油厂减少多少产能，以实现供需的重新平衡，进而提高价格。在正常的市场经济条件下，效率最低的工厂应当承受最大的压力。

日本政府和企业曾在电子产品等更具活力的领域尝试过同样的方法，但是往往既浪费资金，又浪费人力。1999 年，日本电气和日立通过合并各自的存储芯片（DRAM）部门成立了一家名为尔必达（Elpida）的企业，后来三菱的存储芯片部门也加入进来。仅用了 13 年时间，尔必达就以破产告终，56 亿美元的破产额也使其成为截至当时日本历史上第二大破产案件。最终，美国企业美光科技将其收购。在尔必达倒闭的同一年，政府所有的日本创新网络公司（Innovation Network Corporation of Japan，INCJ）斥资 20 亿美元，策划了索尼、东芝和日立液晶显示器部门的合并，成立了一个名为 JDI（Japan Display，日本显示器）的新实体，并为这次合并提供了资金支持。除了通常提到的规模经济，日本政府还以技术民族主义理念作为补充，即液晶显示器技术必须掌握在日本人手中。这似乎是一个奇怪的理由，因为造成 JDI 亏损的原因之一是在韩国竞争对手转向 OLED（有机发光二极管）产品时，JDI 仍在强调 LCD（液晶显示器）产品。在随后的八年中，日本的银行和纳税人多次被要求花费数十亿美元来维持这家僵尸企业的生存，而日本创新网络公司也多次拒绝引入中国和外国投资者的各种努力，它对夏普和东芝的存储芯片部门也做过同样徒劳无益的尝试。最后，资金捉襟见肘的 JDI 出售了部分生产设施，后又将控股权卖给了由美国人斯科特·卡隆（Scott Callon）领导的投资公司，即一期一会资产管理公司（Ichigo Asset Management），斯科特·卡隆也成为 JDI 的董事长（Fukase et al.，2016）。

保护大象企业的理由是这可以保护就业。但是，它的实际作用是保护现有不健康企业的全职正规就业，同时抑制现有企业或新进入企业创造新的就业岗位。在一个充满活力的经济体中，每年都会有大量的就业岗位消失，但是也会创造出更多新的就业机会。比如，2015 年，美国有 1 370 万个就业岗位消失了，同时也创造了 1 680 万个新的就业岗位，净增 310 万个。实际上，有证据表明，企业的退出和进入有助于增加更多的就业机会。这是因为这一过程会产生更多不断成长的成功企业，而这些企业需要雇用更多的员工（Henrekson and Johannson，2010，第 241 页）。

为什么这些适得其反的政策和做法仍然占据主导地位？实际上，束缚日本经济的这些错误做法，也正是日本试图避免社会失序的方法。如果缺乏由政府建立的健全的社会安全网，个人目前拥有的工作就是他主要的“社会安全网”。如果企业倒闭，员工也会面临困境。其结果就是可以让僵尸企业继续苟且偷生的巨大政治压力。如果政府提供了足够强大的社会安全网，那么即使企业倒闭，其工人也可以更容易地过渡到新企业。第 17 章将详细介绍弹性保障如何克服这一困境。

第 2 章　数字世界中的模拟思维

几十年前，经济学家约瑟夫·熊彼特发明了“创造性破坏”一词，他自问，什么样的企业最能促进创新？是不是不拘泥于过去的传统智慧并将取代在位企业的新进入者？想想开发了晶体管收音机的索尼，或者在各自的车库里埋头苦干的史蒂夫·乔布斯和比尔·盖茨。也有可能情况正好相反，那些巨型企业拥有数万名员工，可以在研发上投入不计其数的资金，并且有能力通过制造和营销过程中的规模经济来利用创新成果，比如丰田和日立等企业巨头。在 20 世纪 80 年代的美日贸易战中，美国计算机芯片生产商认为，它们的日本竞争对手能够率先推出升级的产品，是因为他们属于庞大的产业集团，即“经连会”（Keiretsu），从而可以获得大量廉价资金。①

熊彼特将第一种模式称为“创造性破坏”，即由企业家主导的创新，将第二种模式称为“创造性积累”，即由企业主导的创新。由于熊彼特在其职业生涯早期强调创造性破坏，而在后期强调创造性积累，因此一些作者将这两种模式分别称为熊彼特模式 I 和熊彼特模式 II （Castellacci and Zheng，2010）。

在现实世界中，这两种模式在商界都可以看到。就某种特定情况而言，哪种模式最为适宜，这取决于特定行业的生命周期、

① 战前的财阀以经连会的名义获得了重生。

该行业的特点以及特定时期领先的技术。当新行业或新技术刚刚起步时，会有大量新企业跃跃欲试，接着该领域会被少数几个继任者占据，就像从1895年开始的美国汽车产业一样。只有在这一领域逐渐定型之后，不同创新来源之间长期存在的差异才会显现。

现在的情况与1895年大不相同。为了顺利起步，特斯拉需要投资者在2010—2018年进行190亿美元的债权投资和股权投资。正是因为现有车企在这场电动汽车竞赛中姗姗来迟，特斯拉才得以成功。对于除豪华车这一小众市场以外的车企来说，要想盈利，任何车型的销量都必须达到10万辆以上。它无法从小规模做起，也不能一点一滴地发展壮大。

可以比较一下，乐天的在线商城起步时只有6名员工、1台服务器和13个在其网络上销售的商家；拉克速尔也曾苦苦挣扎了3年，年收入仅为50万美元，然后依靠区区200万美元的风险资本就起步了。在资金需求和规模壁垒较低的行业，不仅市场竞争更加激烈，而且市场变幻莫测。看一下新的在线零售商如何迫使历史悠久的实体零售商缩小规模，就不难明白这一点。

很多行业在起步时可能采用企业家主导模式，成熟之后才转向企业主导模式。有时，这两种模式会结合在一起，比如下文将会讨论的制药巨头与新兴生物科技企业之间的合作。

在二战之后日本以火箭般速度崛起的年代，富裕国家的大多数创新领导者往往是资本密集型大企业，它们拥有规模经济，并试图自己发明所有需要的部件，这种做法被称为纵向一体化。这样做在模拟时代是理所当然的。随着这些产业在日本发展，日本也诞生了资金雄厚、纵向一体化并且有全球竞争力的巨型企业。

在数字时代，技术进步和产品更新日新月异，小企业也可以参与竞争，而且有些产品依赖的技术如此之多，以至于没有任何一家企业可以掌握所有技术。这时，那些令日本企业巨头在模拟时代如此具有竞争力的特征，在数字时代却完全失效了。在这种情况下，企业需要加入协作网络才具有竞争力。除了少数例外，在模拟时代呼风唤雨的巨头们未能适应数字化。实际上，正如下文将详细介绍的那样，在64个国家中，日本企业运用数字技术的能力排名垫底。对于大象企业来说，要改变自己的思维模式和运营方式并非易事。日本使那些更擅长新技术体制的新企业难以取代这些大象企业，从而令这一问题更为严峻。

战后的1940年体制

尽管巨型企业在模拟时代是一种适宜的模式，但无论是这类企业还是其他一些经济制度，在日本的出现都不是一个纯粹自然的发展过程。恰恰相反，它是决策者根据当时的需要做出一系列决策的结果。由于其中很多措施是在1940年前后作为战时动员的一部分而实施的，经济学家野口悠纪雄（Yukio Noguchi，1994）将日本战后的制度称为“1940年体制”。如果说这些制度和做法是由当时的领导人确立的，那么现在的领导人也可以对它们进行修改，以适应当今的需求。

其中一个方面是不仅鼓励巨型企业，而且鼓励巨型企业集团。20世纪60年代，战前著名的财阀，比如三井、三菱、住友等，在政府的支持下获得了重生，并且自称“经连会”。经连会以银行为中心，由数十家企业组成，横跨保险、机械和啤酒等多个通常互不相关的行业。因此，它们被称为“横向经连会”。在其巅峰时期，它们不仅占据了所有商业销售额的六分之一，而且凭借其在银行和商业领域的主导地位以及购买和销售能力，它们还能够影响非经连会企业所能获得的商业机会。此外，由于通产省为其加油助威，大企业及其盟友、客户、供应商和银行相互持有彼此的股份，又被称为交叉持股。这不仅避免了外国投资者的恶意收购，还意味着企业可以在经济衰退或需要注入大量资金时相互支持。在一些寡头垄断行业，比如尿素、轴承钢、钢轨和橡胶等，当领先企业购买自己竞争对手的股票时，合谋就会进一步得到巩固。

分包是指由很多小供应商为一两个大客户供应商品。根据若干项战争动员法案，政府也促进了分包，这在战后形成了所谓的“纵向经连会”。比如，在 20 世纪 60 年代，丰田 40%的分包商在战争动员时期就与丰田建立了合作关系。二战以后，制造业中的中小企业有一半成为企业巨头的分包商，其他行业的分包商数量较少。丰田本身则与三井物产的横向经连会有密切联系。

在日本目前以银行为中心的金融体系中，债券和股票市场发挥的作用较为有限，这也是 1940 年体制的产物。早在 20 世纪 20 年代，日本的金融体系与西方国家更为相似。银行、股票市场和债券市场共同决定了哪些企业可以获得多少资金，进而生产哪些产品。1931 年，日本侵占中国东北地区，并且开始尝试征服整个亚洲，直到这一年，87%的新资金都来自股票和债券市场，银行贷款只占很小的份额。股东对企业决策有重要影响，董事会的外部董事也很常见。1940 年，作为战争动员的一部分，日本在日本银行的领导下实行金融集中化，推动大型银行成为资金分配的主导力量，在一定程度上削弱了股票和债券市场的作用。日本银行获得了规定私人银行贷款优先次序的权力（Noguchi，1998）。

战后，以银行为中心的金融体系保留了下来，银行在重塑之后的经连会中发挥枢纽作用。这意味着金融体系将大量资金投向了经连会中的企业巨头或者独立的企业巨头，比如新日铁或松下。相比之下，那些本想挑战现有巨头的企业就更难获得贷款了。新兴的川崎制铁（Kawasaki Steel）需要经过一场激烈的政治斗争才能获得资金（Katz，1998，第86—88页）。

1940年体制的最后一个特征是终生雇佣制，这一制度早在数十年前就开始实行，并在战前得到了巩固，以确保生产军需品的企业能够获得充足的劳动力，同时也防止任何劳资冲突扰乱发动战争的节奏。战后，这一制度得到了进一步巩固，成为日本政治经济体制的核心要素。

几十年前，一部分研究日本的学者对日本的这种体制倍加推崇，认为它从整体上合理地推动了战略性产业的发展（Katz，1998，第301—303页），然而在现实中，日本一直处于某种分裂状态。一些做法促进了产业的活力，而另外一些做法则促使这些产业采取行动，以便让行业中更为弱小的企业能够继续生存。

正如野口悠纪雄指出的，该体制的很多特征都是将收入从效率较高的大规模出口产业转移到效率较低的以国内市场为主的小企业（转引自Katz，1998，第50页）。此外，多年以来，效率较低的产业由于进口限制、市场准入限制和价格控制而受到了保护，使其免于竞争的压力。如今，政府的信贷担保和其他金融措施也实现了同样的目标，即让效率低下的企业继续经营，以避免社会出现动荡。

尽管1940年体制的支持者声称，它是日本悠久历史文化的产物，因此非常难以改变，但是野口认为，这些做法并非日本文化固有的。相反，这一体制是凭借战时政策人为创造出来的，因而也可以通过政策来改变。另外，野口颇有预见性地指出，新技术的出现也可能“摧毁”这种制度，就像我们现在看到的数字化带来的影响一样。不过，他警告说，如果这种体制继续维持下去，那么“日本的未来将岌岌可危”（Noguchi，1994，第407页）。

技术体制变革需要制度变革

不同的技术体制既可以催生不同的经济制度，也以不同的经济制度作为前提条件。无论大企业资本主义在模拟时代发挥的作用多么出色，在当今的数字时代都已风光不再。在数字化体制下，经济增长的主导力量是研发和软件，而不是重型机械；是知识密集型产业，而不是资本密集型产业。实际上，即使大型资本密集型产业，比如汽车，也依赖于软件。在汽车还只是汽车的年代，无论发动机技术如何变化，收音机也不会成为一部手机或者与云端联系在一起。在数字体制下，技术进步如此之快，因而更需要企业更替，瞪羚企业的机会也更多。反过来，这也意味着需要更加灵活的资本市场，包括天使投资、风险投资、私募股权投资，以及专门为新企业提供上市机会的股票市场，比如美国的纳斯达克。在日本，人们早就认识到需要摆脱银行主导的融资方式，但是天使投资、风险投资和私募股权投资的规模仍然很小（Whittaker and Cole，2006）。

如果日本在数字技术方面继续落后，其增长潜力将受到极大的限制，因为数字技术已成为推动经济增长的关键因素。在美国，从1998年至2017年，从计算机软硬件、互联网和其他数字通信服务到电子商务等，数字经济的增长速度是美国经济整体增速的4倍；数字经济的90%是软件和服务，而不是硬件（Bureau of Economic Analysis，2019）。

在战后的前几十年，投资于昂贵的有形资本是基本的游戏规则。如今，软件、研发、员工培训、市场营销和组织改进等无形资产已成为关键所在。现在，在无形资产上每花一美元对全要素生产率提高和经济增长的促进作用，要超过对有形资产的投资（参见图2.1）。

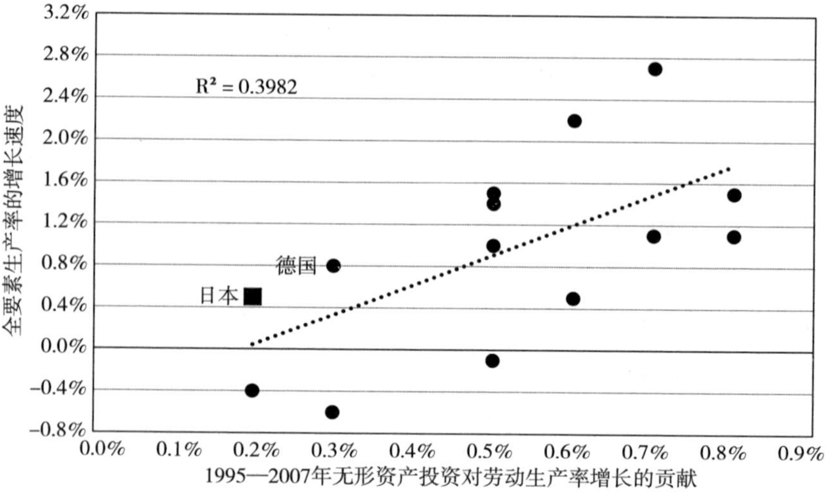

图 2.1　无形资产的低投资率减缓了日本生产率的增长

资料来源：Corrado et al.（2013，第 280 页）。

因此，在美国、荷兰、法国、英国、奥地利和比利时等国家，企业对无形资产的投资与对建筑物和设备的投资一样多，甚至更多，而日本的无形资产投资只占企业投资的 22%。

软件投资是无形资产投资的重要组成部分。然而，部分由于其商业惯例（Cole and Nakata，2014），日本在位企业在软件方面并不擅长。除此之外，日本还受制于软件编程人员和系统集成商越来越严重的短缺。这已成为制约日本经济增长的一个重要因素。比如，到 2030 年，软件和相关硬件在汽车价值中所占比例将从目前的 10%增至 30%（McKinsey，2018），丰田、本田和日产该如何应对?

有趣的是，德国的大型企业集团和以银行为中心的金融体系与日本相似，其无形资产投资率也很低，只有 30%。这表明，对企业战略和能力而言，更重要的因素是经济制度，而非一国的文化（Corrado et al.，2013）。

开放式创新

开放式创新是指非关联企业之间的合作，比如前文所讲的辉瑞新冠疫苗的发明，这是数字时代制度变革的主要特征之一。制药业是开放式创新的典型代表，但是这一模式也适用于很多行业，包括家用清洁用品等普通产品领域。

这些变化不仅使得依靠企业家来推动创新的模式变得更为重要，而且在某些领域还催生了企业家创新与企业创新相互融合的新模式。亨利·切斯布罗创造了“开放式创新”这一术语，并成为这一概念的主要倡导者（Chesbrough，2006a）。他与在硅谷工作的日本企业巨头合作，开展自己的研究，本书第14章将对此进行讨论。

开放式创新与曾经在富裕国家盛行并且至今仍在日本企业巨头中盛行的创新模式截然相反，后者就是所谓的“非自己发明不采购综合征”。在这种模式下，企业自己或者与所属供应商合作生产产品的所有部件，而摒弃那些“非自己发明”的部件，据说这样可以保持产品的独特性。本田汽车的创始人本田宗一郎在20世纪60年代曾有一句名言，“我们不依赖任何人”。在一个拥有雄厚资金的企业巨头负责大部分研发工作并且不需要那么多软件的世界里，这种想法是有道理的。但是，现在已经过时了。

本田在这方面有惨痛的教训。它试图开发自己汽车中能够避免碰撞的传感器。在使用一个儿童模型测试传感器时，本田的SUV（运动型多用途汽车）把模型撞倒了。在满分25分的测试中，它只得了0.2分，是所有测试车辆中表现最差的。即使本田最终取得了成功，这项工作也让本田付出大量的时间和金钱，并对其销售产生了严重的负面影响。本田最终放弃了自己研发，改为从德国博世购买现成的传感器技术。车辆的测试得分飙升至几近完美的 24.4 分。虽然本田的 CEO 曾经表示，该企业现在对从其他企业购买技术持更为开放的态度，但是其研发部门的资深人士抵制这种做法，理由是只使用自己的零部件是“本田的灵魂”（McLain，2018）。

到目前为止，抵制的力量大获全胜。2017 年的一项政府调查发现，在所有大型企业的创新中，70%以上都是自主完成的。当企业进行合作时，都是与其他大象企业合作；只有 0.7%的大企业创新涉及与初创企业的合作。乌尔丽克·舍德（Ulrike Schaede，2020，第 168 页）评论说，“在大多数企业，员工更关心的是保护自己的职业生涯，而不是创造新的东西”。

数字时代制度变革的最大驱动力之一就是研发的规模经济效应有所减弱。过去，研发是由规模最大的企业主导的，因为研发成本高昂，而且研发具有规模经济和范围经济①的特征。比如，昂贵的设备成本可以分摊到大量产品中。然而，随着更廉价的计算机算力、软件、互联网和人工智能的出现，大企业在开展研发进而创新新产品和新工艺方面的成本优势要小得多。

1981 年，美国 71%的企业研发活动是由至少拥有 2.5 万名员工的巨头实施的；到 2014 年，这一比例降至 36%。相反，员工人数不足 1 000 人的企业所占的比例却上升到惊人的 20%（参见图 2.2）。欧洲也发生了类似的变化，但是日本的变化较小。2015 年，日本只有 7%的企业研发是由员工少于 500 人的企业实施的，而在美国，这一比例为 17%，法国和英国则为 33%。

2018 年，日本的企业研发活动有将近一半是由区区 10 家巨头实施的，占比为 43%（Oikawa，2019）。更糟糕的是，日本政府实

① 范围经济是指企业生产的产品关联度越高，每种产品的成本就越低。佳能以光学技术为基础，生产照相机、复印机和其他办公设备，从而降低生产成本。

际上阻碍了类似于其他国家的那种研发模式的转换；日本政府为研发提供的所有补贴和税收减免中有92%提供给了大型企业，在经合组织国家中是最高的（参见图2.3）。这是日本瞪羚企业如此之少的另一个原因。

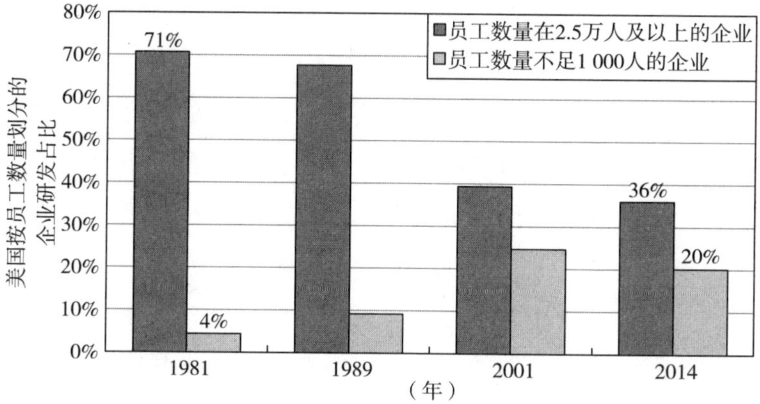

图2.2 美国研发支出从巨头企业转向中型企业

资料来源：Chesbrough（2006a，第16页）；Wolfe（2016，第2页）。

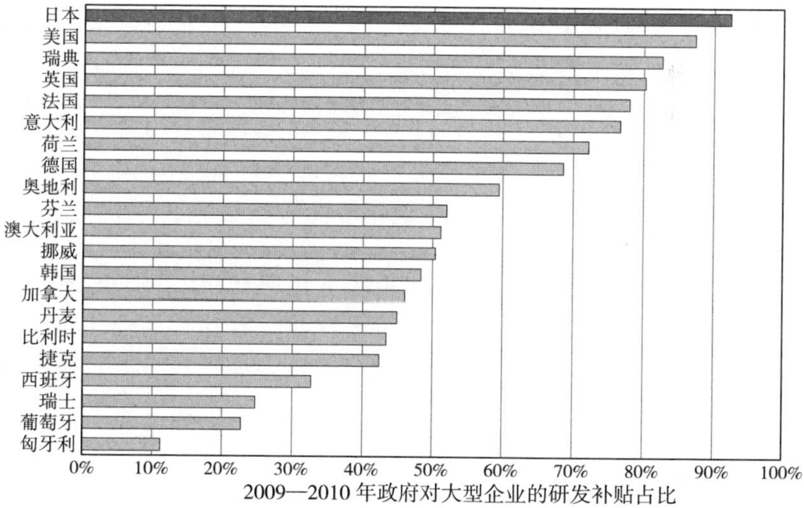

图2.3 日本92%的政府研发补贴用于大企业

资料来源：OECD（2014，第83页）。

卓有成效地开展研发活动所需的企业规模发生了变化，计算机算力成本的降低并非唯一原因。同样重要的是大企业与瞪羚企业思维方式有所不同。正如将在第4章详细介绍的那样，即使大企业试图超越当初使其成为巨头的那种思维模式和做法，它们也很难做到这一点。而瞪羚企业的天然特性则会让它们质疑传统智慧，并进行一些颠覆性的尝试。毕竟，它们飞黄腾达的唯一途径就是推出新产品，或者找到更好的方法来制造现有的产品。在大多数情况下，这些想要成为瞪羚的企业都会犯错。在位企业深知这一点，因此不愿意接受彻底的变革，这也是可以理解的。然而，在否决很多糟糕想法的过程中，它们不可避免地会错过一些好主意。此外，大象企业往往会错过有潜力的新产品和新技术，因为这些产品和技术不符合它们的理念和组织范式。通常只有新企业才能发现一个激进但未经证实的想法的潜力，这就进一步说明，一个经济体必须为大量失败的尝试提供安全保障。

切斯布罗将这些错失的机会称为“假阴性”，即认为一个想法毫无用处，但实际上它非常棒。比如，令英特尔成为巨头的微处理器几乎胎死腹中。英特尔与日本一家生产计算器的企业 Busicom（日本商业计算机公司）签订合同，与其工程师合作开发了第一款微处理器 4004，其中一名工程师当时常驻英特尔。在 1971 年的经济衰退中，Busicom 希望重新谈判以获得更低的价格，作为回报，英特尔的谈判代表获得了向其他企业销售该设备的权利。英特尔公司自己的大多数营销人员都认为该设备没有什么商业价值。董事会意见不一，毕竟该企业的主要产品是存储芯片，而且当时它还只是一家举步维艰的新企业，资源有限，但最终还是决定放手一搏。后来的故事大家就都知道了。

切斯布罗指出，大多数企业都有意识地限制“假阳性”，即一些想法看起来不错，但最终不可行。然而，他认为很少有企业采取措施管理假阴性的风险。他建议，企业可以将那些自认为没有什么用处的专利授权给其他企业，看看其他企业是如何利用这些专利的，从而应对假阴性的问题。同时，通过开放式创新进行积极合作，有助于企业从自己没有能力利用但是合作伙伴可能有能力利用的专利中获得收益（Chesbrough，2006b，第 129 页）。

一些大象企业已经意识到，某些瞪羚企业拥有相当多的好点子，因此它们需要与后者展开合作。在美国，大约一半的创新药是由规模不大的生物技术企业或者大学与生物技术企业合作开发的。这些生物技术企业有能力发明药物，但没有足够的时间和资金获得监管部门的批准，也缺乏生产、推广和分销药物的能力。在这些方面，大型制药企业优势明显。因此，实施开放式创新的制药巨头比那些较少这样做的企业表现得更好（Rothaermel，2001）。欧洲也存在类似的合作关系，只是规模较小。尽管日本政府已经修改了相关法规，以帮助生物技术企业发展壮大，但是日本制药企业在合作方面还称不上成功（Kneller，2010，2013）。

这种趋势并不局限于高科技领域。2000 年，家居用品巨头宝洁公司面临的现实问题是，该公司传统的封闭式内部产品开发系统日渐失去动力。只有 35% 的新产品实现了盈利目标。为此，宝洁制定了一项名为“连接与开发”的新战略，并提出了一个激进的目标，即要有一半的创新来自宝洁与外部合作伙伴的协作。宝洁在短短五年内就实现了这一目标。在 10 年内，宝洁在全球范围内建立了 2 000 多个合作伙伴关系，每年获得 4 000 多个值得进一步研究的好点子。随后，宝洁又制定了一个新目标，来自此类合作的收入要达到 300 亿美元，这相当于其 2006 年总收入的 40%（Huston and Sabab，2006）。

对落后的恐惧已经开始瓦解日本国内的一些阻力。丰田是日本投入研发经费最多的企业，它现在将 40% 的研发预算用于所谓的 CASE（互联、自动化、共享和电动化）技术。由于这些技术超出了丰田自身的研发能力，因此该企业正在和其他企业结成联盟以开展联合开发。丰田章男社长表示，“结交合作伙伴非常重要”（*Nikkei*，2018）。

在通信系统受到严格管制并被割裂为不同市场的年代，KDDI（凯迪迪爱）曾经是日本的长途电话运营商。为了生存，它不得不涉足移动电话服务领域。由于优质的应用程序是手机竞争力的关键因素，KDDI 成立了一个特别小组，名为“初创企业关系小组”，专门负责与应用程序初创企业合作。当我拜访 KDDI 全球业务发展部总监江幡智广（Tomohiro Ebata）和该部门初创企业关系小组组长丰川荣二（Eiji Toyokawa）时，首先给我留下深刻印象的是他们身穿卡其裤和开领衬衫的着装以及讨论业务的方式。我仿佛置身于硅谷或柏林的孵化器。实际上，江幡智广告诉我，这个小组特意远离企业总部，选址在很多初创企业聚集的东京涩谷，目的是创建和维护自己的协作文化，这与“西装革履”的文化有所不同。KDDI 认识到，传统的企业文化可能会摧毁它推崇的初创企业的特性，因此它选择与应用程序开发商合作，而不是收购它们。

遗憾的是，日本开放式创新取得的进展要比其他国家更为缓慢。很多企业认为，开放式创新不过是许可他人使用自己的技术，而不是真正的合作。具有讽刺意味的是，纵向经连会长期以来一直在内部实行某种形式的开放式创新，但是很多母公司不知道如何在集团外部做到这一点。其中一个原因在于，在纵向经连会内部，普遍存在着主从关系，而真正的开放式创新则不然。

很多时候，中层管理人员会直接予以抵制。旭硝子玻璃派驻硅谷的上野正敏（Masatoshi Ueno）负责寻找一些可以与旭硝子玻璃合作的美国初创企业。一个成功的例子是手机显示屏，由一家初创企业提供嵌入电子元件的玻璃薄层，而旭硝子玻璃提供玻璃基板，并负责制造和营销。如果没有总部业务部门的支持，上野正敏就无法启动任何项目。他经常发现，当他提出一个合作项目时，研发部门或业务部门的某个人就会说：“你为什么要到企业外面找人来做？我们自己就可以干这件事。”他们害怕自己不再是不可或缺的，即使 CEO 希望有更多的开放式创新，他们也会进行抵制。

上野正敏告诉我，“每次我都必须在旭硝子玻璃内部找到合适的人选，才能获得继续推进的授权”（2018 年 3 月的采访）。世界各地差不多都有职场“宫斗”，不独日本如此，但是对于日本而言，像上野正敏这样的人拥有的自主权似乎比其他地方要更少一些。

经济产业省对促进开放式创新有浓厚的兴趣。因此，部分地为了促进更多初创企业的发展，岸田文雄政府的五年计划谈到了为开放式创新提供一些税收激励（Cabinet Office，2022c，第 24—25 页）。其中一项激励措施就是为收购创新型初创企业的公司提供税收减免，在美国和欧洲这是高增长初创企业一项重要的退出战略。另一项激励措施是为与初创企业开展合作研发的大公司提供税收减免。最终，在 2022 年提交给国会的各项措施中没有包含任何相关内容。改革者希望能在未来几年内设法实施这些举措。

创造性破坏与创造性积累

有很多行业的创新仍将由企业巨头主导，也就是遵循熊彼特的创造性积累模式，或者说熊彼特模式Ⅱ。在其中一些行业，如汽车业，日本表现出色，甚至扩大了自己的全球市场份额。在其他一些行业，企业家创造性破坏或者说熊彼特模式Ⅰ将更具优势。

日本的电子企业一直在苦苦挣扎，因为总体而言，该行业更多的创新已转向熊彼特模式Ⅰ或者开放式创新，以及某种混合模式。确实，日本企业仍然主导着电子和机械行业中的某些子行业，但是这些都是例外。日本的大象企业普遍忽略了一个关键趋势，即有如此多的信息通信技术和电子产品行业已从拥有广泛产品线的大型纵向一体化企业占有主导地位，转变为由规模较小的专精企业组成的紧密合作网络，有时还与一两家巨头企业合作（Cole and Whittaker，2006，第 8 页）。

实际上，信息通信技术不仅具有企业间需要建立长期合作关系的特点，而且合作的企业遍布很多不同行业或子行业。在一个包含 149 种不同信息通信技术的样本中，申请的专利涉及最常用技术的企业数量，平均而言达到了惊人的 219 家。此外，由排名前三位的主要创新者提供的创新占比也很低（Corrocher et al.，2003，第 15 页）。

乍看起来，很多人可能会认为亚马逊和谷歌是典型的企业案例，它们从遵循熊彼特模式 I 的创业者起步，然后成为典型的遵循熊彼特模式 Ⅱ 的巨头企业。实际上，这两家企业都通过开放式创新与众多合作伙伴展开协作。比如亚马逊的智能音箱 Alexa（亚历克萨），截至 2022 年初，已有 7 200 万用户在使用这款产品。外部开发者创造了 3 万多项“技能”（这是亚马逊对与 Alexa 配合使用的应用程序的称呼）。通过这些技能，用户可以控制 4 000 多个智能家居设备，而这些设备是由 1 200 个不同品牌提供的。由于可用设备和可用技能数量众多，亚马逊必须依靠开放式创新来确保 Alexa 既能得到广泛应用，又可以持续改进（Thierry and Lescop，2009）。在谷歌，安卓和谷歌浏览器（Chrome）在一定程度上都是开放式创新的产物（Arcese et al.，2015）。

1996 年，索尼、日本电气、日立、富士通和东芝试图重新进军美国台式机市场，并且东芝之前还在笔记本电脑领域取得了成功，但是这些尝试仍以失败告终，一个重要的原因就是这些企业不了解开放式创新。美国国际市场调查公司迪迅（Dataquest）的达里尔·布朗（Darryl Brown）颇有先见之明地质疑过它们是否能够取得成功，他告诉我，“合作生产个人电脑的企业之间的关系更像是蜘蛛网，而不是金字塔。它需要与无数的企业合作开发产品，这些企业之间的关系是平等的，而不是从属的”（1996 年 12 月的采访）。当我向索尼信息技术公司（美国）负责销售和市场营销的高级副总裁蒂姆·埃林顿（Tim Errington）提出这个问题时，他自信地表示，个人电脑风险投资将使索尼公司完全掌握“未来 50 年我们需要了解的第三方合作的商业文化”（1996 年 12 月的采访）。遗憾的是，这一切并没有发生。

由于未能掌握数字时代的思维方式，日本的机械行业受到了重创。这一行业涵盖从机床到推土机、从洗碗机到计算机芯片的大量子行业。20 世纪 90 年代至 21 世纪初，这些机械占日本出口总额的一半，小松、三菱重工和日立等巨头企业的创造性积累在这些行业中发挥了主导作用。日本在某些细分领域仍具有竞争力。比如，2015 年，发那科（Fanuc）在数控机床领域占据 65% 的市场份额。奥林巴斯在 2012 年占据全球内窥镜市场大约 70% 的份额，这一市场的规模估计约为 25 亿美元。尼得科（Nidec）在硬盘驱动器电机市场的全球份额为 80%，在冰箱、复印机和电饭煲等产品中使用的各类电机领域，其全球市场份额位居第一。

然而，各种机器使用的软件越来越复杂，包括物联网（IoT），这并非日本的强项。随着这种情况的出现以及其他生产商进入市场，日本在全球出口中所占的份额急剧下降。1991 年，日本的出口份额超过了美国和德国；至 2018 年，日本已被美国和德国超越。如果不是日元贬值了 20%，使日本企业能够以更低的价格提供产品，其出口份额还会下降得更多。尽管有价格优势，在全球需求扩张的情况下，日本的机械产品出口量仍下降了 6%。由于该行业如此依赖出口，国内的生产也随之出现了下降（World Bank，2000，以及其他若干年份）。

为了检验上述逻辑，汽车业将是一个非常有趣的案例。近一个世纪以来，汽车一直是典型的遵循熊彼特模式Ⅱ的产业。随着软件在汽车成本中所占份额的增加，以及电动汽车市场份额的增长，情况是否仍将如此，或者说汽车是否会像制药或电子产品一样，成为开放式创新的混合体？如果是这样的话，日本汽车制造商的适应能力如何？

适应体制变革

随着企业家主导的创新和开放式创新的趋势在一些日本企业过去一直占据主导地位的行业兴起，日本的企业陷入了困境。无论是哪个国家，同一类行业往往处于同一阵营，即要么遵循熊彼特模式Ⅰ，要么遵循熊彼特模式Ⅱ，要么是开放式创新的混合模式。至少在富裕国家中，这一趋势非常明显。

在巨头占据主导地位的行业，生产和研发都具有显著的规模经济和范围经济效应，因此，前四五家企业产出和拥有专利的份额都很高。能够盈利的企业数量相对较少，新企业很难挑战在位企业（Malerba and Orsenigo，1996）。

因此，各国倾向于侧重自身制度能够使其出类拔萃的产业。由于德国和日本侧重于巨型企业和以银行为中心的金融业，它们往往在很多遵循熊彼特模式Ⅱ（创造性积累）的产业中具有比较优势。相比之下，意大利则专注于遵循熊彼特模式Ⅰ的领域（创造性破坏）。像美国和英国这样的国家则幸运地在这两类领域都做得很好。

重要的是，随着颠覆性新技术引入现有行业，一些遵循熊彼特模式Ⅱ的行业会变成遵循熊彼特模式Ⅰ的行业，比如电子行业和制药业，反之亦然。

如果一个国家足够灵活，能够同时产生遵循熊彼特模式Ⅰ和熊彼特模式Ⅱ的企业，那么，随着整个经济中创新主导权的转移，该国的模式也可以随之转变。但是，如果一个国家的制度更偏向于某种模式而不是另外一种，那么随着全球发展趋势与该国的专长发生背离，这个国家在世界经济增长中的作用就会减弱。日本的情况就是如此。当熊彼特模式Ⅱ引领潮流时，日本在全球高端产业中的排名上升。随着数字化和互联网推动遵循熊彼特模式Ⅰ的产业兴起，日本的排名也随之下滑。日本难以适应技术体制变革，它对夕阳产业中僵尸企业的支持更使这种不利的局面雪上加霜。

从企业巨头主导创新向企业家主导创新的体制转变，通常是由一些颠覆性的新技术引发的，这些技术使某个行业中的主流产品或方法变得陈旧过时。技术变革对现有方法的破坏性越大，在位者的适应能力越差，挑战者对在位者的冲击就会越剧烈，由创造性积累转变为创造性破坏的可能性就越大（Landini et al.，2017）。

在行为高度锁定或者落入“在位者陷阱”时，也就是说在企业没有意识到变革的必要性，或者即使意识到有必要变革也很难实施时，领先企业就更有可能轰然倒塌。手机的发展历程就是一个典型案例。摩托罗拉是该领域的先驱，它发明了一种基于模拟信号的手机。然而，当20世纪90年代数字移动电话出现时，摩托罗拉因长期使用模拟技术而停滞不前，诺基亚则通过转向数字技术抢占了先机。在智能手机问世之后，这两家企业的表现都不理想。相反，三星和苹果处于领先地位，而这两家企业之前都不以生产手机而闻名（Landini et al.，2017，第10页）。

尽管日本电报电话公司发明了世界上第一款智能手机的操作系统，但是由于法律所限，日本是其唯一的市场。日本硬件供应商按照该公司的规格生产手机，但这不符合全球客户的喜好。因此，这些电子产品制造商错失了成为全球供应商的机会。

造成锁定行为的一个重要原因是，在位者在传统设备和员工培训方法方面投入了大量的沉没成本。如果转变成本过高，而新方法的收益又不确定，在位者就很容易不自觉地低估变革的必要性。这并不总是无意识的。IBM 因收购其他企业创造的专利而闻名，这只是为了阻止专利被他人使用，以免因此削弱 IBM 现有技术的优势。

另一方面，在目前已经过时的技术、设备和做事方法方面，新企业没有沉没成本，因此更愿意放手一搏，尝试前景良好的技术，即使结果尚未可知。这也是新技术往往产生于新企业的另一个原因（OECD，2001，第 10 页）。

克莱顿・克里斯坦森（Clayton Christensen）以创作《创新者的窘境》一书而闻名，他详细记录了在磁盘驱动器、拖拉机和照相机等不同领域，貌似安全的市场领导者如何一次又一次地被新进入者取代。这一趋势源于创新与其当前的商业模式不相容。克里斯坦森提出了目前流行的一个概念，即“颠覆性创新”（Christensen，1997）。

在频繁发生激进式技术变革的行业中，领导地位由在位者转向挑战者是很常见的事情。但是，当一种主导产品或者设计已经脱颖而出，产品更为标准化，颠覆性技术较少出现时，通常就会出现少数几个大型领导企业，行业也会从熊彼特模式Ⅰ转向熊彼特模式Ⅱ。另一方面，观察周期越长，就越有可能出现一些颠覆性的新技术，将现有巨头赶下台，即便是一些传统上由巨头企业主导的行业也是如此。一些成功的挑战者来自瞪羚企业，另一些则是相关行业的巨头企业。电动汽车的崛起，包括与20世纪70年代日本车企兴起类似的来自中国企业的新竞争，是否会引发汽车行业的动荡，让我们拭目以待。当油价急剧上涨导致人们开始要求汽车拥有更高的燃油效率时，日本企业获得了机会。

二战后，日本培养了一大批企业家，他们创建的公司成长为大企业，在遵循熊彼特模式Ⅱ的世界中，这些资本密集型的巨头企业蓬勃发展，但是，在由知识密集型企业家主导的熊彼特模式Ⅰ的世界中，它们表现不佳。当世界已经发生变化时，日本却难以随之转变。因此，尽管日本可以在个别特定的产品领域或子行业保持领导地位，甚至是主导地位，但是日本能够引领商业潮流的领域在不断减少。认识到存在这一问题，是促使日本精英群体对创业的态度比几十年前更为开放的原因之一。

第二篇
日本经济复兴需要更多瞪羚企业

第 3 章　亟须一场生产率革命

想象一下越来越多三十多岁的日本男性面临的困境。尽管在课外补习学校学习了几年，然后又从名牌大学毕业，但是很多人还是无法在一家名企找到一份全职工作。由于日本僵化的劳动法规，企业在经济衰退或产品需求发生变化时很难解雇正式员工，因此企业现在倾向于使用兼职人员或者临时工，也就是非正式员工，来填补职位空缺。更糟糕的是，临时工的时薪通常要比正式工低三分之一，兼职人员则要低 60%。男性非正式员工的比例从 1984 年的 7%上升到 22%，女性非正式员工的比例从 32%上升到 54%（Statistics Bureau，2022b）。对于一个几十年前还自豪地宣称“我们都是中产阶级”的社会来说，这些数字令人震惊。

这对每个工人来说都是悲剧，对整个日本经济更是一种侵蚀。越来越多地使用非正式员工，这将侵蚀日本的主要资源，即人力资本。这些技能使工人能够最大限度地利用最新技术，对工作程序和机器运转提出改进建议，并且能够修复设备故障。

遗憾的是，企业不愿意花钱培训那些几年后可能在别处工作的工人。在 1 066 家企业中，92%的企业为正式员工提供培训，但是只有 42%的企业为非正式员工提供培训。企业这样做是捡了芝麻，丢了西瓜。正如国际货币基金组织指出的，接受培训较少的日本工人生产率较低（Aoyagi and Ganelli，2016，第 6—7 页）。与此同时，自 1991 年以来，企业为所有正式或非正式员工提供的脱产培训支出下降了40%（JPC，2020）。过去，日本企业提供的培训比其他国家更多，这是形成其竞争优势的一个重要因素。如今，日本正在失去这一优势。在22个经合组织国家中，日本在职和脱产培训投资占企业增加值的比例排在第19位，接受某种形式培训的劳动力占比排在第18位（OECD，2015e，第110页）。

2014年，丰田汽车和其他汽车制造商的主要供应商新日铁与住友金属的名古屋钢铁厂因电力故障不得不停产一天多。几周之后，该厂的运营状况仍比实际产能低10%~20%。如果员工们正在做以前没有做过的工作，必然会出现各种问题，因为必要的维护经验并没有传授给现在的员工。在化工厂，因培训不足导致的事故已造成严重的人员伤害，甚至出现了人员死亡（Nakamura et al.，2014）。

在自己成长的过程中，目光短浅的管理者始终以为培训和终身雇佣是相辅相成的，他们可能认为不培训非正式员工就能省钱。从长远来看，情况恰好相反，因为他们将来雇用的非正式员工没有经过前雇主的培训，因而在从事这份工作时技能水平也会更低。在丹麦，跳槽很普遍，我曾问过一位CEO，花钱培训的员工如果离职的话风险有多大。他的回答是："如果我们不培训员工，而他又留下来了该怎么办?"更不用说，受过前雇主培训的新员工也会来到他的企业。

这一趋势也造成了实际工资下降的压力，不仅是对非正式员工，对所有人都是如此。在战后的大部分时间里，员工包括工资和福利在内的实际人均报酬一路飙升，但是自20世纪90年代以来却停滞不前。从1997年至2019年，尽管每工时的产出增长了30%，但是实际时薪仅增长了微不足道的1%（参见图3.1）。

吹嘘净资产收益率（ROE）提高的企业从未提及生产率与工资之间的差距。从1996年至2021年，5 000家规模最大的企业员工人均利润确实飙升了66%，然而员工人均销售额却下降了2%。

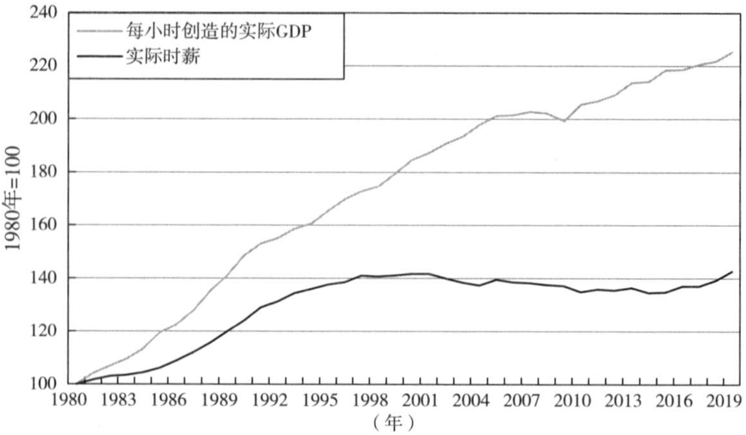

图 3.1　尽管劳均产出增加，但是实际报酬停滞不前

资料来源：OECD（2022a，2022b）。

原因是员工人均工资降低了 4%（MOF，2022a）。由此产生的净资产收益率并非真正的效率提升，也不是一种可持续的模式，归根到底，谁来购买他们的产品呢？

最后，非正式员工的低结婚率加速了日本人口结构的转型，进而减少了能够养活日益增多的退休人员的工人数量。这促使政府提高消费税，从而进一步削弱了本已疲软的国内需求。

低增长的后果对老年人的影响尤为严重。想象一下，你已经储蓄了几十年，希望利息收入能帮你支付日常开销。然而，你却遭受了四分之一世纪的接近于零的利率水平。截至 2020 年初，日本定期存款的平均利率仅为 0.055%。因此，如果你和普通的老年家庭一样，你将拥有 1 490 万日元（约 11.4 万美元）的银行存款（Statistics Bureau，2020b），但是这些存款每年只能为你带来 8 211 日元（约 63 美元）！这简直毫无意义。

你可以花光你的积蓄，但是如果像一位典型的 65 岁老人一样，作为一名男性，预计还能再活 20 年，如果是女性的话，预计还能再活 25 年，你将如何应付晚年的生活？你可能不得不以非正式工的身份重返工作岗位，65～69 岁的老人中有一半都是这样的。有些人可能因为精力仍然充沛而重返工作岗位，然而也有太多人是因为没有钱而无法退休。

低利率不仅仅是日本央行货币刺激政策的结果。低利率的另一个原因是资本生产率低下。资本生产率是指在建筑物、机械、软件和研发方面每增加 1 美元的资本存量，GDP 可以增加多少。就这一指标而言，在 21 个富裕经济体中，日本排名倒数第四（参见图 3.2）。如果资本生产率低，那么银行、养老基金或人寿保险年金给受益人带来的财务回报也会很低。

如果没有政府的资助，日本 65%的老年人口将陷入贫困。正是公共养老金和其他福利将 65～74 岁老人的贫困率降至 17%，75

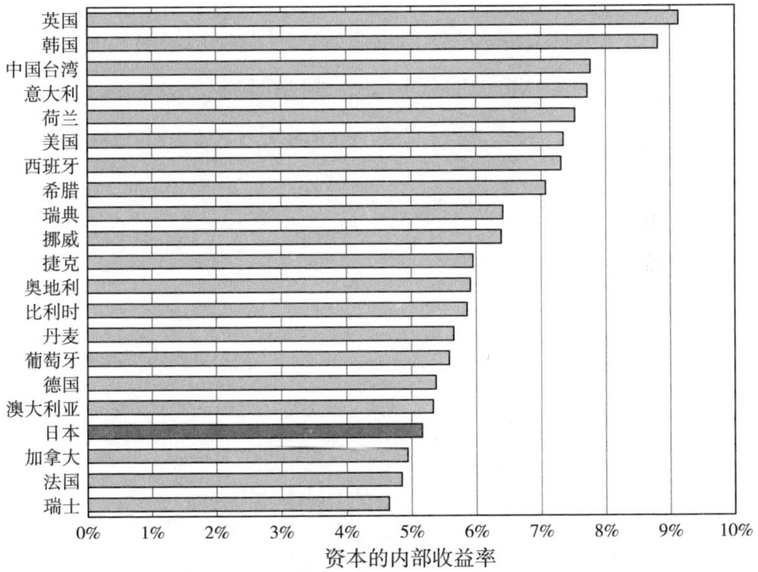

图 3.2　日本的资本生产率低下

注：在 Penn World Tables 9.1 中，资本生产率的衡量指标被称为内部收益率（IRR）。

资料来源：Penn World Tables 9.1（2021）。

岁及以上老人的贫困率降至 23%（OECD，2019f）。遗憾的是，随着老年人口数量从 1990 年占总人口的 12%上升到 2020 年的 29%，并且到 2040 年时将达到 35%，弥补这一缺口将变得越来越困难。

由于只有越来越少的劳动年龄人口供养越来越多的退休人员，除非每个劳动年龄人口都能创造出远比现在更多的收入，否则就无法维持老年人收入的上涨（参见图 3.3）。确实，日本政府可以提高税率，但是税基的增长取决于人均 GDP 的增长。如果不加快生产率的增长，日本就不得不在两个糟糕的选项中做出选择，即削减老年人的福利或者提高劳动者的税率。日本政府选择双管齐下。它将消费税翻了一番，从 2014 年的 5%提高到 2019 年的 10%。与此同时，政府将每位老人的社会保障支出从 1996 年的峰值 192 万日元（约 1.48 万美元）削减了约五分之一，至 2019 年仅为 149 万日元（约 1.14 万美元）。医疗保健支出削减了 15%，从 1999 年的 52 万日元（约 4 000 美元）降至 44 万日元（约 3 400 美元）（Cabinet Office，2020）。

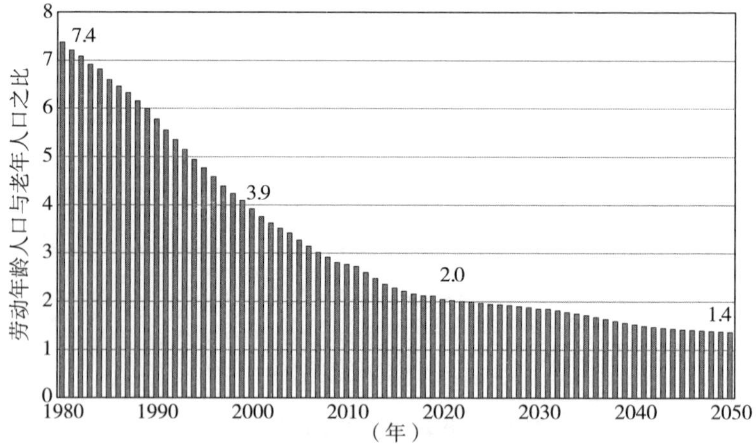

图 3.3　抚养每位老年人的劳动者数量减少

资料来源：Japan Macro Advisors（2020b）。

更快的经济增长不会解决所有这些问题，但是会使其变得更容易应对。从日本的人口结构来看，它需要一场生产率革命（参见第 18 页图 0.4）。

那些认为日本干得很棒的人

有些经济学家可能坚持认为，本书不过是鸡蛋里挑骨头。他们声称，日本的情况并不比其他富裕国家更糟糕。具有讽刺意味的是，这种观点最著名的支持者是保罗·克鲁格曼（Paul Krugman），因为多年来他总在哀叹，日本如果无法将通胀率维持在 2% 的水平，就注定要失败，而日本银行承认它仍然未能做到这一点。他似乎没有说过应当如何解释这种相互矛盾的观点。重要的是要明白为什么这一观点是错误的，因为它似乎为改革失败提供了一个合理的理由。

克鲁格曼认为，老龄化几乎是日本在国际比较中表现不佳的唯一原因。他说，我们不应该看人均 GDP，而应该看每个劳动年龄人口（15~64 岁）的 GDP。根据这一标准，日本在 1993—2013 年的表现几乎与美国一样好，比欧洲还略胜一筹（Krugman, 2014）。

如果克鲁格曼是对的，日本的生产率就不存在问题。但是，事实并非如此。使用不同年份的数据，会得到截然不同的结果，这取决于短期事件的影响。如果一个国家的失业率上升 5 个百分点，比如 2007—2013 年欧洲为应对 2008—2009 年金融风暴而采取了紧缩政策，失业率就出现类似的变化，此时克鲁格曼使用的指标就会出现急剧下降。接着，当欧洲经济复苏，失业率下降 4 个百分点时，克鲁格曼使用的指标又反弹了。这种悠悠球效应与真正的效率和生产率毫无关系。如果像日本那样，妇女和老年人突然加入劳动力队伍，同样会出现暂时的统计错觉。距离欧债危机时间越久，以克鲁格曼的指标来衡量，日本落后得就会越多。

生产率落后

与其说日本经历了一场生产率革命，不如说是遭遇了一场生产率退化。生产率增速的严重下滑使战后数十年日本追赶美国生活水平的努力付诸东流（参见第 19 页图 0.6）。

更糟糕的是，日本在一些曾经领先世界的领域，现在也落后于美国和德国。麦肯锡全球研究院（Desvaux et al.，2015，第 9 页）的报告称，在电子和光学设备、工业机械和运输设备等先进制造业方面，“日本的先进制造商曾经在效率和质量方面为世界其他国家树立了标杆，但如今它们的劳动生产率比美国低 29%，比德国低 32%”。比如，在占劳动力数量 9%的零售业，劳动生产率比美国低 35%。自 1991 年《大店法》改革放松了对效率更高的大型零售商店扩张的限制，情况有所改善。尽管如此，零售业的生产率增长速度仅为美国零售业的一半。

1997 年，日本实际人均 GDP 在经合组织 29 个国家中排名第 10 位；至新冠疫情之前的 2019 年，日本已降至第 16 位。1997 年，日本的人均 GDP 仅比由美国、日本、英国、法国、德国、意大利和加拿大组成的七国集团的平均水平低 7%；至 2019 年，已经比七国集团平均水平低了 17%（OECD，2022a）。

后发优势

漫天乌云中仍有一线光明。日本在很多领域都远远落后于全球水平，因而只要用 20 年时间赶上七国集团的其他六个成员国，就能实现爆发式增长。为了便于计算，假设其他六个国家每小时的产出每年增长1%，那么20年后将达到75美元。要同样达到75美元，日本的生产率必须在20年内保持年均2.5%的增速。按照这个速度，父母将看到子女的生活水平比自己高出一倍。税基将快速扩大，足以在税率不用大幅提高的情况下为老年人口提供支持。

日本能做到这一点吗？可以。实际上，这将使日本的增长速度恢复至略高于20世纪90年代2.2%的水平。日本拥有高素质人才群体，又有大量储蓄可以用于投资，并且能够利用全世界的技术，因此没有任何根本性的经济因素会阻碍日本达到与其他富裕国家相同的产出水平。

主要障碍是私人经济的结构性缺陷，这也是本书的主要论点。其中一些缺陷源于旨在保护低效率者的规制。2015年圣诞节，日本消费者就尝到了这种滋味，当时他们在货架上找不到足够的黄油来制作传统的圣诞蛋糕。①

一个富裕的国家怎么会缺少像黄油这样的基本生活品呢？农林水产省声称，由于受到那年夏天热浪的侵袭，日本的奶牛无法生产出足够多的牛奶。再深入了解一下，你就会发现这是因为农业合作社巨头"日本农业协同工会"（Japan Agriculture，以下简称日本农协）的束缚。它历来就是执政党自民党的主要票仓，这也是它不受日本《反垄断法》约束的原因。80%的日本人生活在人口稠密的本州岛上，这里的奶农依靠小型牧场度日，效率低下。为了保护他们，日本农协禁止从本国北部人烟稀少的北海道引进乳制品。那里的大型牧场的效率要高得多。日本农协在圣诞节期间兴风作浪，而自民党则袖手旁观。难怪日本家庭在食品上的花费要高于其他任何地方的家庭（参见图3.4）。试想一下，如果有

---

① 在日本，圣诞节是一个民间的节日。

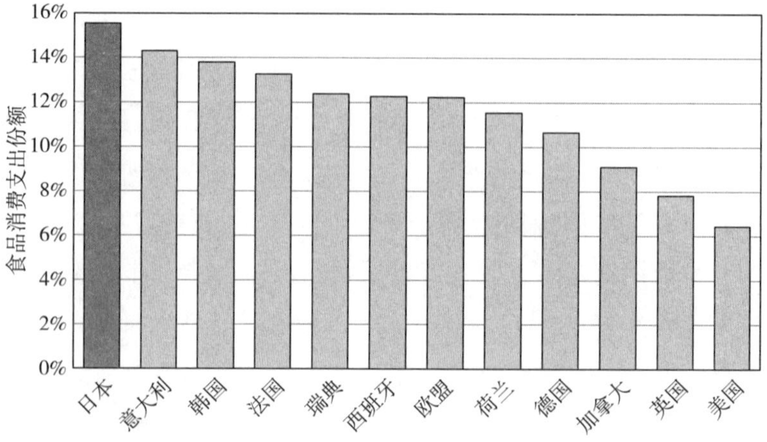

图 3.4　由于对农民的保护，日本消费者要为食品支付高昂的价格

注：仅计算在家中消耗的食物。

资料来源：OECD（2020d）。

一点创造性破坏，就能提高食品生产的效率，降低消费品的价格，而节省下来的花费也可以用于购买其他商品。

知识资本

日本的政策制定者在思考经济增长的动力时犯了两大战略错误。其一，如前所述，他们受到了人工智能和纳米技术等尖端技术的迷惑。实际上恰好相反，就像美国的生产率革命一样，决定日本经济将会继续低迷还是有所复苏的，是那些目前落后的部门。

其二，日本政府还认为，提高生产率的王道是增加资本投资。但是日本企业已经投资了很多，近些年来投资占 GDP 的 16%，而美国企业的投资只占其 GDP 的 13.5%。最终，这类投资都出现了边际收益递减。① 早在20世纪60年代中期，日本每新增1美元投资，其GDP就能增加近13美分，相比之下，其他6个七国集团国家仅能增加10美分。随着这些国家变得越来越富裕，从而出现边际收益递减现象，每1美元新增投资带来的收益会不可避免地下降。但是，日本的资本边际收益下降幅度要大得多，它现在是21个富裕经济体中投资收益率较低的经济体（参见第73页图3.2）。

如上所述，如今大部分新投资都投向了无形的生产要素，比如知识资本。知识资本不仅包括更好的技术，还包括提高企业及其员工充分利用技术的能力。它包括三大要素，即研发、计算机软件和经济能力，后者包括培训工人、提高管理技能以及制定更好的企业战略。

同样，问题不在于投资太少，而在于效益太低。在21个经合组织国家中，日本的知识资本投资在GDP中的占比为8.1%，而经合组织国家的平均值为6.7%。在研发方面，日本的投资占GDP的2.4%，远高于经合组织国家1.5%的平均水平。日本的不足之处在于对经济能力的投资。日本的这类投资仅占GDP的1.8%，远低于经合组织国家3.2%的平均水平，排名倒数第一。这很重要，因为经济能力意味着可以将好的技术想法以及物力和人力资源转化为卓越的商业活动。经济能力包含的范围很广，比如工人培训、管理战略、企业组织和其他商业技能等。重要的不是一个国家投资了多少，而是它从这些投资中获得了多少回报。在这方面，就每1美元知识资本投资对劳动生产率的促进作用而言，日本在经合组织国家中再次敬陪末座。1995—2007年，经合组织国家知识资本对劳动生产率年均增速的贡献为0.5个百分点，但在日本，它的贡献率仅为0.3个百分点（OECD，2015a，第65页）。

---

① 一个村子的农民得到的第一台拖拉机会使他们的产量提高很多，第二台拖拉机也能提高产量，但是增幅没有这么大。一个农民每增加一台拖拉机，增加的收益就会减少，最后变成负值。

比如，考虑一下芬兰的便利店是如何利用信息通信技术来提高销售额和利润的。顾客每买一次东西，电子扫描仪就会记录一次，店里货架上存货的减少就会计算出来，然后通过互联网自动订购补货。起初，这只是降低了他们一直在做的一项工作的成本，即控制库存。除此之外，它还利用所谓的大数据，实现了以前商店无论如何也无法实现的目标。它告诉芬兰的便利店店主，只要把啤酒和婴儿纸尿裤放在一起，就能提高销售额！在东京工业大学获得博士学位的芬兰人约尼·莱蒂宁（Jouni Laitinen）解释说："关键在于数据挖掘。你看一下周五晚上的销售情况，就会发现纸尿裤和啤酒的销量同时大增。原因是那些由于有孩子而不能出门的年轻夫妇决定在家看一场电影。他们去商店本来是要买纸尿裤。但是，如果他们看到附近有啤酒，他们就会说，'哦，周末到了，我要去买点啤酒'。好了，我曾经在一家超市工作，我们从来不会把啤酒放在纸尿裤附近。酒类对孩子有害，这是一种糟糕的联系。但是，如果你使用新软件来分析数据，你就能发现这种模式，了解它的含义，然后就能提高销售额了。"（2019年10月的采访）购买某种产品的客户可以收到相关产品的促销信息。

美国联合包裹运送服务公司（United Parcel Service，UPS）通过在每辆送货卡车上安装传感器，以监控通常会导致零部件发生故障的状况，比如温度或金属部件承受的压力，从而利用大数据避免了装满包裹的卡车发生成本高昂的故障。日产也在其聆风系列汽车中安装了类似的传感器。

日本企业往往像使用软件一样使用知识资本，主要用于降低现有业务的成本，而不是创造战略价值。在2013年的一项调查中，将近一半的日本人表示，信息技术的首要用途是提高运营效率，比如削减成本；只有22%的人谈到开发更好的产品和服务。美国经理人的情况恰恰相反，41%的美国经理人表示信息技术的首要用途是开发更好的产品和服务，30%的美国经理人认为是改进业务模式（Cole and Nakata，2014）。

更智能的工具需要更智能的工人。与几十年前相比，今天的汽车技工需要懂得如何修理安装了各种软件的汽车。幸运的是，日本拥有一项优势。世界银行衡量人力资本的标准不仅包括受教育年限，当然日本在这一方面表现非常出色，还包括学生学到了多少知识，比如在关于阅读、数学和科学的国际测试中取得成绩。在这方面，日本的表现也非常出色。在从0到1的指数中，日本的得分是0.84，高于其他任何七国集团国家。美国的得分是七国集团中最低的，仅为0.76，这主要是由于社会经济地位的不同，学生在教育成就和知识学习方面存在巨大的不平等（World Bank，2022）。美国在这方面的问题可能比日本更难解决。

世界银行的指数不包括在校教育对GDP增长的影响。如果将人力资本的这个方面包括在内，日本并没有充分利用民众的技能。在富裕经济体中，日本在这方面仅排在第13位（Penn World Tables，2021）。

糟糕的全要素生产率

预测一个国家长期增长的最佳指标是全要素生产率。它将劳动生产率和资本生产率结合在一起。劳动生产率的例子是一个工人一小时能生产多少吨钢。资本生产率衡量的是，一个人使用一台最新电脑而不是一台处理器速度慢且无法连接互联网的旧电脑，能够生产多少产出。

如果一个国家投入的总工时和资本存量每年都增加2%，而其GDP增长3%，那么这1个百分点的产出差异就说明全要素生产率提高了1%。在最基本的层面上，全要素生产率的提高得益于更好的技术，狭义上讲就像是把个人电脑接上了互联网。从更广泛的意义上讲，任何能让企业在相同的投入下创造更多产出的事情，都能够促进全要素生产率的提高，比如更好地利用知识资本。

虽然一个国家可以通过为每个工人提供更多的工具来提高劳动生产率，但是这一过程最终会遇到收益递减的问题，因而增长相比速度最终会放缓。日本的情况就是如此。要想长期保持增长，唯一的办法就是不断提高全要素生产率。1985—2017 年，在一个典型的富裕国家，劳动生产率的提高只有 55%来自资本劳动比的提高，剩下的 45%则来自全要素生产率的提高（OECD，2022e）。

相比之下，全要素生产率对日本经济增长的贡献要小得多。过去并非如此。在高增长时期，日本的全要素生产率飞速增长，一共增加了 73%，而美国、英国、加拿大、法国和德国在同一时期平均只增加了 44%。部分原因是日本在技术上正在追赶这些更富裕的国家。相较而言，1990—2017 年，日本的全要素生产率总共只增长了 3%，其他五个国家 16%的增长令日本相形见绌（参见图 3.5）。

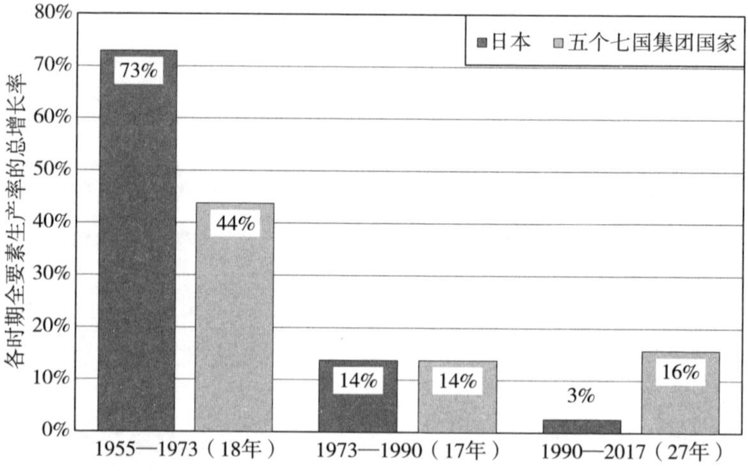

图 3.5　日本的全要素生产率：从领先到落后

资料来源：Penn World Tables 9.1（2021）。

比如，至 1992 年，就人均值而言，日本的资本使用量比美国多 22%，劳动力使用量比美国多 40%，但是产出却比美国少 23%（MGI，1996）。投入更多，产出却更少，这正说明了日本的全要素生产率表现很糟糕。

一些人将全要素生产率低下的原因归咎于日本向服务经济的转型。他们指出，从 1970 年至 2010 年，尽管制造业的全要素生产率增长了近两倍，但是服务业的全要素生产率仅增长了 20%。实际上，在失去的数十年里，服务业的全要素生产率从 1990 年的峰值有所回落（参见图 3.6）。

然而，在其他经历了类似转型的国家，全要素生产率的降幅并没有日本那么大。日本的关键问题不是去工业化，而是服务业部门的全要素生产率增长乏力。这部分反映了服务业研发水平较低，2011 年服务业研发仅占企业研发的 9%，远低于经合组织国家 38%的平均水平。其他因素包括企业盈利能力偏低，以及企业囤积现金而不是投资于现代化升级。

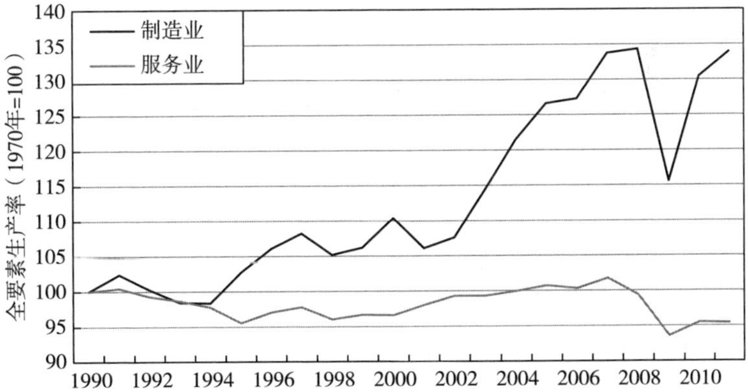

图 3.6　制造业与服务业全要素生产率的比较

资料来源：OECD（2015a，第 63 页）。

有一种说法认为，服务业的生产率原本就比制造业低，只能提供一些低技能工作，而且不能出口到国外。一些为个人服务的服务业确实如此，比如理发或者开出租车。然而，在1996—2006年，成熟经济体新创造的4 600万个服务业工作岗位中，有三分之一是技能最高且薪酬最高的工作岗位，比如专业类、技术类、管理类和行政类等岗位。如果考虑制造业中的服务业投入，比如信息通信技术服务，目前德国的服务出口几乎与制成品出口相当。麦肯锡全球研究院预测，到2030年，服务出口将占富裕国家出口总额的三分之一。

想想音乐表演中生产率的增长吧。两个世纪之前，如果你想聆听贝多芬的《英雄交响曲》，你必须是被邀请到洛布科维茨王子（Prince Lobkowitz）家中做客的几十位贵宾之一，或者是少数几个参加某场罕见的公开音乐会的幸运儿中的一个。如今，你可以把它下载下来。音乐家们仍然需要60秒钟来演奏一分钟的华尔兹，但是如今只需每位听众花费微不足道的费用，就可以使数以亿计的人听到他们的音乐。

企业管理者决定生产率

归根结底，是企业决定了生产率。这在很大程度上涉及高管们就战略和产品开发、放弃哪些产品、在哪些领域投资多少、人力资源管理以及所有其他平淡无奇的管理细节的决策。

1984年，丰田和通用汽车成立了一家名为NUMMI（新联合汽车制造公司）的合资企业，生产丰田花冠轿车。这家企业成为改善管理状况可以产生显著影响的典型案例。NUMMI接管了通用汽车在加利福尼亚州（以下简称加州）的一家工厂，这家工厂的劳资关系极为糟糕，以致通用汽车不得不将其关闭。该工厂缺勤率很高，工人酗酒甚至蓄意搞破坏。主要由丰田管理人员管理的NUMMI接管这家工厂之后，重新雇用了原来那些工会工人，重新设计了流水线，改善了照明，最重要的是与工会和工人并肩工作。缺勤率、蓄意破坏率和缺陷率大幅下降。他们用同样数量的工人生产了两倍的汽车。在通用汽车的所有工厂中，NUMMI生产的汽车质量是最好的。据说，在NUMMI工作过的通用汽车经理都成了“NUMMI模式的传教士”，但是通用汽车的其他人却没有因此而改变。通用汽车于2009年退出了该合资企业。如今，这家工厂正在生产特斯拉。

然而，管理者并不是在真空中进行决策的。他们是在商业生态系统的背景下做出决策的，而这些生态系统在竞争的激烈程度、劳动力市场的灵活性以及金融市场的质量等方面各不相同。同样一个人，如果是在不同的商业生态系统中培养出来的，他们采取的行动也会有所不同。然而，改变生态系统可能无法改变现有企业的心态，因为企业有自己的文化，这种集体心态往往难以改变。这就是一些日本人所说的“大企业病”，也是下一章的主题。

第 4 章　大企业病：它们看不到大猩猩

这是最令人惊叹的心理学实验之一，只有那些参与过的人才能完全理解。数百位观众正在观看一部影片。一黑一白两支队伍将几个篮球传给他们的队友。任务是计算白衣队传球的次数。人们不可以说话，只能偶尔听到几声偷笑。最后，大多数人都给出了正确的答案。当教授接着问谁看到了大猩猩时，只有一半的人举起了手，其他人都茫然地坐着。当影片重新放映时，大厅里到处都是哄笑声。没有人敢相信他们竟然没有看到那个穿着大猩猩衣服的人，他走进比赛场地，击打自己的胸膛，然后走开（Simons，2010）。然而，这种事情在日常生活中总会发生，尽管可能不这么令人震惊。

这项实验的发起者丹尼尔·西蒙斯（Daniel Simons）说，当被告知这件事时，90%的人都确信他们会看到大猩猩，但在实验中，只有一半的人看到了。人们发现很难注意到与自己预想相悖的东西。同样，认为世界是以某种方式运转的人，也很难接受与之冲突的证据，这种倾向被称为证真偏差。

企业盲点

大型组织容易受到证真偏差和传统思维的系统性影响。实际上，这种弊病在组织中往往比在个人身上更为严重。这源于群体思维、难以放弃长期持有的观点，尤其是曾经取得过成功的观点，以及这些组织倾向于雇用那些最有可能被其思维模式同化而不去挑战它的人。最危险的后果不是人们害怕发声，而是他们无法从一开始就发现问题。更糟糕的是，与大猩猩实验不同，即使有外人指出了问题所在，组织也无法意识到这一点。

即使老牌企业中最开明的领导者，也常常因为没有关注到大猩猩的存在而遭受损失。这对日本来说是个问题，因为当日本政府谈到企业改革时，主要关注的是针对几千家上市公司的治理措施。但是，由于存在这些观念盲区，改进治理规则并不一定会带来更好的战略和更有力的执行。此外，尽管公司治理改革势在必行，但是只有10%的劳动力为大企业工作。要实现经济复苏，就必须解决雇用其他90%员工的企业面临的问题。

最成功的企业往往对新需求和新机遇视而不见。罗伯特·科尔（Robert Cole）和休·惠特克（Hugh Whittaker）强调，越是成功的企业，就越会强化其成功之路，比如他关注的市场、培训员工的方式以及与供应商的关系等。在这一过程中，企业必然会忽视那些可以使它理解新状况和执行其他选项的能力，并任由这种能力逐渐萎缩。因此，当企业遇到陌生的竞争威胁时，它可能根本意识不到这是一种威胁。即使意识到了，也往往会依赖熟悉的解决方案，而这些方案在新的环境中难以奏效（Cole and Whittaker，2006，第13页）。

很多时候，官僚机构即使在寻找解决方案，也无法看到出路就在眼前。一些日本企业巨头为了解最新趋势，在硅谷设立了前哨站。栉田健儿（Kenji Kushida）称："如果硅谷员工向总部传送的信息过于前沿，以致战略和管理部门无法很好地了解其潜力所在，那么这些硅谷的报告就不会被采纳。"结果，员工们开始向总部发回一些已经是常识的稍微陈旧的信息。这些信息更容易被日本总部接受，因为他们似乎更熟悉这些信息。当然，这违背了设立前哨站的初衷（Kushida，2015，第 49 页）。

曾经获得诺贝尔经济学奖的心理学家丹尼尔·卡尼曼（Daniel Kahneman，2011，第 345—346 页）解释说，更糟糕的是，高管们经常像输了钱的赌徒一样，在回本之前是不会离开赌桌的。他们不断往已经过气的明星产品上砸钱，让自己相信相关产品只不过暂时处于低潮期，从而导致缺乏足够的人力资源和资金用于迎接新的机遇。不难理解，索尼和松下等企业在最终缩小电视机生产规模或者干脆放弃生产之前，曾经损失了数十亿美元。据报道，2005—2012 年，索尼生产电视机的部门连续八年出现了亏损。

有时，情感方面的利害关系更容易使人产生盲点。也许，帮助某位经理人晋升的上级就是开创了这一产品市场的人。因此，放弃该产品会让人觉得是对上级的背叛。如果被特定思维方式束缚的高管提拔那些与其思维方式相同的人，观念僵化就会进一步增强。在日本，由于终身雇佣制，这一问题尤为严重。截至 2001 年，在日本的大型企业中，包括高管在内的管理人员有 82% 在本企业度过了自己的整个职业生涯。而在美国，这一比例仅为 18%。近年来，这种情况有所改变，因为一些日本企业开始聘用一些处于职业生涯中期的管理人员。即便如此，长期在一家企业工作的做法仍占主导地位（Takenoshita，2008）。

20 世纪 80 年代初期，欧姆龙的 CEO 立石一真（Kazuma Tateishi）在一篇引起轰动的文章中将这种综合征戏称为“大企业病”（Hoefle，2017）。他对这些问题的认识帮助欧姆龙更好地找到了应对之策。欧姆龙公司成立于 1933 年，尽管企业规模庞大，2019 年的销售额达到了 83 亿美元，但是始终保持着创新精神。除其他创新外，该公司还开发了世界上第一台电子检票机，于 2007

年被评为 IEEE（电气电子工程师学会）的里程碑。它还是第一家生产带有磁卡读卡器的自动柜员机的制造商。2013 年，汤森路透将它列为全球百大创新企业之一。

案例研究：富士通的斗争

对利润丰厚的客户群的依赖是造成企业盲点的另一个原因。富士通的情况就是如此，该企业的两个部门就互联网路由器的最佳技术发生了冲突。每个部门与各自客户群建立的关系，使两个部门对技术的最终发展方向产生了不同的认识（Cole，2005，2006）。

20 世纪 90 年代中后期，富士通有两个小组从事互联网相关技术的研究。一个是通信系统小组，一直专注于电信行业的销售，特别是日本电报电话公司，该公司是一家国有垄断企业，其本地电话服务正在实施部分私有化。富士通是日本电报电话公司的四大供应商之一，习惯于按照日本电报电话公司的规格生产设备。由于在 1999 年之前法律禁止日本电报电话公司开展海外业务，因此无论是日本电报电话公司还是富士通的通信系统小组都没有考虑全球市场问题。相比之下，富士通的计算机与信息处理小组则专注于向金融业和制造业等各类运营企业销售计算机设备。

随着技术的进步，尤其是互联网的出现，电信和计算机开始融合，两个部门不同的观点也随之发生了冲突。其中一个原因是，为日本电报电话公司所需的设备设定技术路线是它自己而非它的供应商，因此对富士通的通信系统小组产生了极为重要的影响。在联网设备、互联网的物理骨干网以及宽带传输的最佳软件等方面，该公司将所有赌注分别押于 ATM（异步传输模式）和 ISDN

（综合业务数字网）的组合。评论家开玩笑说，ISDN代表着“我仍然不需要它”（I Still Don't Need It）。1991年，富士通成为全球首家提供ATM交换系统的企业，该系统可同时进行语音、视频和数据的高速双向传输和路由选择。

还存在另外一种与之竞争的技术，这种技术最终征服了世界，即TCP（传输控制协议）和IP（互联网协议）。日本电报电话公司对其不屑一顾，因为在某些方面，这种技术似乎更为低端。比如，早在21世纪初，3%的互联网数据包在传输中丢失，系统必须重新传输才能成功地进行通信。拥有99.999%可靠性的日本电报电话公司看不上这种方法。克莱顿·克里斯坦森指出，这种情形是颠覆性技术的典型特征。起初，这些技术会有一些弊端，导致现有技术人员弃而不用，但是它们也有一些吸引客户的功能。随着时间的推移，弊端逐渐被克服，这种技术最终会取代原有的技术。

ATM/ISDN对日本电报电话公司的真正吸引力在于，它增强了该公司现有的技术，而且以硬件为中心，符合日本电报电话公司及其供应商的技能组合。相比之下，TCP/IP以软件为中心，将使日本电报电话公司的现有技术变得一钱不值。

这里的问题无关技术能力，而是思维盲点。实际上，日本电报电话公司研究实验室的一个团队在高级管理层不知情的情况下，一直在从事TCP/IP的开发。其中一名团队成员村上健（Ken Murakami）为IP开发了一种高速协议，并在京都和东京之间建立一个系统，证明了这一协议的有效性。日本电报电话公司高层对此不予理睬，因为它“不是ATM”。于是，村上健将其提供给了思科公司，后者将该协议的某个版本用在了自己的路由器上。

考虑到日本电报电话公司的采购对富士通的重要性，富士通的高层将资金投入为电信运营商提供的路由器上，而不是为那些希望使用互联网的企业提供路由器。当 TCP/IP 最终击败 ATM/ISDN 时，思科和一家名为瞻博网络的企业竞相制造网络设备，而富士通则在 2004 年沦为它们的分销商。富士通的总收入在 2007 年达到 5.3 万亿日元（约 410 亿美元），至 2019 年时下降了约三分之一，只有 3.8 万亿日元（约 290 亿美元）。当然，富士通仍然规模庞大，利润丰厚，但是这家曾经有能力在大型计算机领域挑战 IBM 的公司，如今已沦为庸常之辈。

每当一项新技术出现时，只有不断试错才能知道哪种技术更胜一筹。正因为如此，要取得进步，就必须有一个能让很多企业尝试不同路径的环境。问题并不在于日本电报电话公司及其供应商的企业领导者判断失误，而在于他们未能客观地看待各种机遇和风险。

日本电报电话公司并不是唯一一家受大企业病困扰的巨头。贝尔实验室在开发与思科竞争的产品时遇到了困难。美国电话电报公司（AT&T）也迟迟没有认识到互联网的重要性。在日本，这一点更为重要，因为日本电报电话公司及其众多供应商是该国在这一领域仅有的玩家。在美国，像思科这样的全新企业则拥有迅速成长并占据主导地位的空间。思科由斯坦福大学的两名学生于 1984 年创立。至 2019 年，思科的营业收入已激增至 520 亿美元。如果日本的新企业能像思科在美国那样进入这一领域，或者早些时候日本电信市场对外国企业更加开放，那么日本电报电话公司的战略失误就不会产生这么严重的后果（Cole，2005，第 15 页）。

按照一种老生常谈的说法，美国企业擅长激进式变革，而日本企业更擅长渐进式变革。这种说法没有抓住重点。只要这些变革不会破坏使其成功的那种商业模式，日本巨头企业就会和其他地方的巨头一样，对激进式技术变革持非常开放的态度。丰田是世界上第一家推出混合动力汽车的车企，但是一直抵制电动汽车。同样是日本企业制造出了世界上第一艘超级油轮。日本电子企业率先推出了面向消费者的录像机、随身听以及很多其他产品。所有这些产品在当时都是激进的，但是都没有颠覆其商业模式。克里斯坦森认为，在任何国家，在位者和挑战者之间的真正区别不在于激进式变革和渐进式变革，而在于维持企业商业模式的变革和破坏商业模式的变革。科尔强调，“更优越的商业模式胜过更先进的技术”（Cole，2004，第8页）。

富士通的故事使人们对现在流行的一种说法产生了进一步的怀疑，即“改善日本公司治理是提高企业绩效的必由之路”。很难看出设定资本回报率达到8%的目标或在日本电报电话公司董事会中增加几名外部董事能够改变什么。这并不意味着日本电报电话公司勾销因选择错误技术而导致的数十亿美元损失，就能够解决问题。它的领导者真心相信，他们正朝着成为商业霸主的目标迈进。难道几位外部董事就能同时拥有技术专长和影响力来压倒日本电报电话公司自己的技术专家吗？竞争才是提高企业绩效的更强大力量，而其中一些竞争需要新企业的进入才能产生。

竞争：改善企业管理之路

在1993年的一份报告中，麦肯锡全球研究院比较了日本、美国和德国9个制造业部门的劳动生产率，涵盖从汽车到啤酒等不同行业。在钢铁行业，日本的生产率比美国高50%；在食品加工行业，日本的生产率比美国低40%。而且，日本在食品加工行业的就业人数超过了汽车、汽车零部件、钢铁和金属加工领域的总和（MGI，1993）。

生产率差距主要不是由有形因素决定的，比如工人的受教育水平、机器的使用年限或资本劳动比等，而是由高层管理者的远见和效能决定的。后者在很大程度上取决于竞争程度。麦肯锡全球研究院的一项研究表明，管理者并不会因为他们更聪明、工作更努力或上过更好的商学院而提出更好的解决方案。相反，当创新和效率决定生死存亡时，他们会表现得更好。“全球竞争力有点像网球，你通过与比你更强的人对抗而提高自己。”（Lewis et al.，1993）

所有国家都存在一定程度的二元结构，即领先部门和落后部门同时并存。但是，在美国和德国，生产率差距或者各部门对外开放程度的差距，远没有日本那么严重。

日本生产率低下的现象并不局限于纺织或食品加工等低技术行业。它甚至影响到电信业，尤其是在过去，由于日本电报电话公司垄断了本地电话服务，它雇用了电信业 95% 的工人。日本电信业的全要素生产率比美国同行低 23%（MGI，1992，第 192 页）。

对于这一观点在多大程度适用于日本，最好的研究来自榊原磨理子和迈克尔·波特的一篇论文（Sakakibara and Porter，2001），前者之前是经济产业省的一名官员，后者则是著名的商业战略专家。他们用一个行业内市场份额变化的大小来衡量市场竞争的激烈程度。市场份额和市场排名持续大幅变化，表明竞争激烈。市场份额太过稳定，则表明存在公开的合谋行为或者达成了隐性的互不侵犯条约。一个极端的例子是日本的平板玻璃行业，3 家企业 30 年来一直按照 50∶30∶20 的比例瓜分市场。

这两位学者考察了 1973 年至 1990 年的 77 种产品，以衡量企业在出口市场上与世界一流企业竞争时的表现。在预测这些企业的全球出口市场份额方面，国内市场份额的变动幅度要比规模经济、研发支出或任何其他指标都更有效。低竞争行业的高管在业绩不佳时几乎不会受到惩罚。与此相反，当面临国内激烈竞争的企业失去一大块市场份额或利润急剧下降时，CEO 就会被撤换，而且往往是在银行的坚持下撤换的，因为银行的权力要比股东大得多。

日本的银行和资本市场会对企业施加约束吗?

著名经济学家约翰·希克斯写道，“在所有的垄断利润中，最好的一种就是（高管们）享受的平静生活”（Hicks，1935，第 8 页）。在全世界范围内，竞争压力较小的企业高管不用为了生存而苦苦挣扎，肩上的重担减轻了不少。他们的预期寿命甚至比普通人还要高。远离激烈的市场竞争和/或金融市场纪律约束的企业，其高管和经理人更倾向于规避风险，也更缺乏想象力。很多离退休还有 5~10 年的高管和经理人都会问自己：“如果对于任何失败我都要承担责任，而且成功的果实可能要等到我离开之后才会显现，那我为什么还要去改变现状呢?”即使 CEO 试图改变企业的现状，他们也经常会遇到下属背地里主动或者被动的抵制。

研究证实，希克斯的理论同样适用于股东权力不够强大的日本。高管们不需要担心因为股东质疑而被赶下台，因此他们在投资时会更加保守，在产品线出现问题时不太可能退出，也不太可能进行企业重组。相比之下，当管理者受到机构投资者和独立董事的密切监督时，他们更有可能果断行事。这项研究使用的衡量标准是交叉持股和稳定持股的程度。前者指的是 A 企业和 B 企业相互持有对方的股份；后者指的是作为联盟的一部分，无论业绩如何，股东都会无限期地持有股份。这些股东包括企业的银行、经连会同盟企业、供应商、客户，有时甚至包括竞争对手。交叉持股和稳定持股的程度越高，高管就越谨慎（Ikeda et al.，

2017，第1页）。

股东的权力一直很弱小，因为当企业需要外部资金时，它们求助的是自己的银行，而不是股权市场。因此，在过去，银行可以代替股东施加约束。现在这种做法已无法奏效。银行已经失去大部分权力，难以将表现不佳的高管赶下台，或者派一些自己的员工去帮助这家陷入困境的企业改善经营状况。这是因为，一般而言，非金融企业的账面上有的是现金。在日本规模最大的5 000家企业中，现金流超过了对新工厂、设备和研发的投资，这些投资仅占GDP的3%，而在所有企业中，过剩的现金流相当于GDP的5%~6%（参见图4.1）。由于不需要从外部筹集现金，高管们可以按照自己的意愿选择成为帝国缔造者还是“安享生活者”，而不用担心金融市场会有过多的干扰或约束。

有人说股东权力有所扩张，因为交叉持股的比例从1990年的35%大幅降至2018年的10%。然而，实际上仍有60%的上市公司表示其稳定股东占股东总数的40%~60%，这些股东是管理层坚定

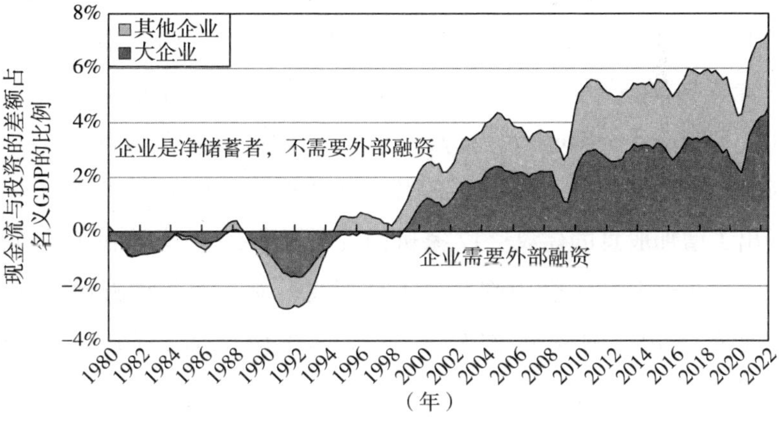

图4.1 企业过剩的现金流相当于GDP的5%~6%

资料来源：MOF（2023a）。

的盟友（Usami et al.，2019）。

到目前为止，外国投资者的涌入对企业行为的影响远远低于包括我在内的很多人的预期，尽管按照市值计算，外国投资者合计持有30%的股份，而在20年前几乎为零。2021—2022年，由外国股东领导的对东芝公司的抗议成为全球头条新闻，部分原因在于这种情形极为罕见，即便如此，截至2023年2月，该公司的重组行动仍然受挫。

如果你想测度股东的权力，可以看看股息支付率，即股息占净利润的比例。如果企业将利润进行再投资无法获得合理的回报，就应该将大部分利润分给股东。因此，多年以来，一些积极分子和外国投资者一直要求企业提高股息。然而，平均而言，日本公司当前的派息率并没有比20世纪八九十年代高出很多，仍然在20%~30%，而美国大约为50%（Japan Exchange Group，2021a）。如果很多企业的派息率开始大幅上升，这将标志着股东的权力有明显提升。①

机构投资者情况如何？日兴研究中心（Nikko Research）整理了17家日本领先的机构投资者在2017年年会上的投票情况。这17家机构都签署了“负责任投资原则”协议，该原则由日本金融厅（Financial Services Agency，FSA）于2014年发布的备受赞誉的新管理准则所倡导。在当年的几千场年会中，仅七场年会有股东提出了增加股息的建议。17家机构投资者中有12家站在了管理层一边，在这七场年会中都反对上调股息。有一家机构五次站在了请愿者一边，两家机构只有一次站在请愿者一边（Okasen，2017）。

---

① 相反，企业不断增加股票回购，但是这并不意味着企业将来一定会分红，只是会抬高股价。这超出了本书的讨论范围，然而就日本而言，可靠的分红比临时性的股票回购更有利于经济发展。

另一方面，一些专家看到了某种对抗性较弱的劝说方式的迹象。在2019年6月的年会上，有创纪录的54家企业收到了股东的提案，其中有12份提案来自机构投资者。没有一项提案获得批准。但是，在会议之前企业可能就已经采取了一些实际行动，管理层做出了一些让步，防止出现令人尴尬的投票结果。管理层可以依仗的支持力量在不断下降，这可能导致问题越来越多地在通过年会投票公之于众之前得到解决（Usami et al.，2019）。

相互矛盾的故事

本书的主人公是瞪羚企业，而在另一个版本的日本故事中，主人公则是大象企业。乌尔丽克·舍德在其获奖著作《日本的商业重塑》（*The Business Reinvention of Japan*，2020）中讲述了这个故事。在她看来，失去的数十年与其说是失去的年代，不如说是一个过渡时期，在这一时期，日本的企业巨头们进行了自我改造，专注于核心竞争力，并采取了她所谓的总量利基战略（aggregate niche strategy）。

她认为，索尼和松下的产品不再统治零售店货架，这并不重要。如今重要的是产品里面日本制造的部件是不可或缺的。这不仅仅是指一些众所周知的案例，比如手机芯片是由日本制造的。她举例说，日本企业生产的汽车零部件在全球市场份额中占据主导地位，比如估计占座椅、车窗和雨刷等小型电机的80%，汽车动力转向系统的40%，碳纤维织物的66%以及各类高端传感器的40%~70%。在医疗和办公自动化设备的某些领域，日本总体的全球份额超过了70%。舍德援引日本政府机构新能源与产业技术发展研究所（NEDO）编制的一份“日本亮点产品清单”，指出在2017年涉及各行各业的931种产品中，日本企业有309种产品的全球市场份额超过了 50%，其中 112 种产品超过 75%，57 种产品达到 100%。她认为，虽然每个细分市场的销售量看起来很小，但是如果把它们加在一起，总量就相当大了（Schaede，2020，第 78 页）。

不幸的是，这些数字似乎并不足以支持她的结论。① 是的，日本企业确实在很多利基产品市场居于主导地位，美国或欧洲的生产商也同样如此。不过，总量加在一起并没有多少。删掉重复的产品之后，剩下的 893 种产品的全球销售总额为 10.8 万亿美元，相当可观（NEDO，2018）。然而，在所有这些产品中，日本的市场份额仅为 16%，远远落后于美国和欧洲的 23%以及中国 22%的市场份额（参见图 4.2）。

对于日本企业占有多数份额的产品，销售额的中位数仅为 2.06 亿美元。实际上，日本在销售额最小的利基市场中最具优势。因此，日本这些产品的全球销售总额仅占全部 893 种产品全球销

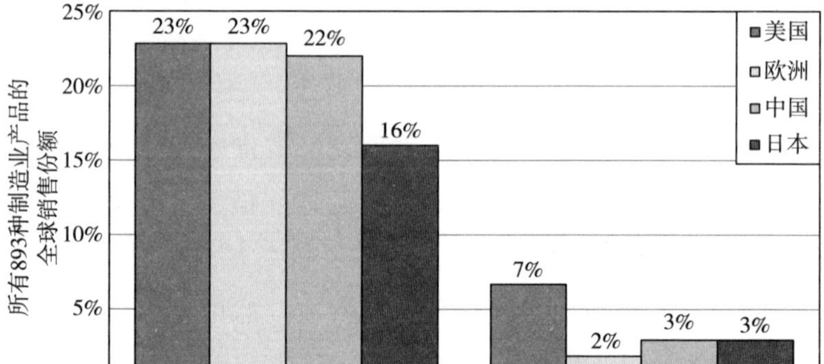

图 4.2　对于总量利基战略来说，利基市场太小了

资料来源：NEDO（2018）。

---

① 尽管舍德和我意见不一，她还是很友善地把自己根据 NEDO 数据编制的 Excel（电子表格）文件发给了我，以便我能够自己进行分析。

售总额的3%。

值得注意的是，在这份展示日本优势的榜单中，美国占统治地位的代表性产品却享有更大规模的全球销售额。结果，在全部893种产品的全球销售总额中，美国企业主导的产品的销售额约占7%，是日本的两倍多（参见图4.2）。

第 5 章　瞪羚：提高生产率的关键物种

关键物种是指一旦消失就会导致整个生态系统衰败的物种。以美国黄石国家公园的狼为例（Farquhar，2019）。1925 年，在公园禁止狼进入之后，鹿和麋鹿的数量激增，吃掉了大量树叶，导致树木枯萎。由于缺乏这些树木强有力的根系防风固土，河岸受到侵蚀，整个生态系统陷入衰败。1995 年，狼群终于回来了，它们恢复了猎物和捕食者之间的平衡，不仅树木、秃鹰和河狸等其他关键物种重新繁盛起来，还通过一种特殊的连锁反应，使土壤不再受到侵蚀，河岸也得到了加固。

瞪羚企业是发挥关键作用的企业。如果没有它们的新创意、新产品和生产原有产品的更好方法，更不用说它们如何把奄奄一息的企业赶出市场，生产率的提升就会像狼群消失之后黄石国家公园的河岸一样软弱无力。

瞪羚企业的生产率高于被它们取代的企业，这只是部分原因。确如导论所述，在 20 世纪 80 年代至 90 年代，成立不到五年的美国企业对工厂人均产出增长的贡献达到了惊人的 60%。但是，至少同样重要的是，瞪羚企业可以提高其客户和供应商的生产率，以及至关重要的是，它们还可以提高那些遭到其挑战的大象企业的生产率。回想一下像优步一样的拉克速尔的包裹寄送系统是如何在减少碳排放的同时，提高卡车运输的生产率和收益的，以及它的崛起是如何迫使日本邮政与其合作的。

瞪羚企业的出现往往是因为它们发现了市场空白，而在位企业甚至都没有注意到这一点，于是它们发挥想象力，想方设法来填补这一空白。这些瞪羚企业越是成功，其他创业者就越愿意进入这个市场，或者与它们合作，或者用“以彼之道还施彼身”的方式击败它们。由于自身的成功，瞪羚企业成为推动其合作伙伴、衍生产品和竞争对手发生变革的催化剂。像谷歌这样的超级巨头崛起后，会有数不清的卫星企业利用谷歌实现这样或那样的用途。同样，大象企业也会受到吸引，进入之前被它们忽略的市场，汽车巨头为了应对特斯拉的崛起就采取了这种做法。这类事情每天都在发生，只是没有那么引人注目。到目前为止，本书一直在强调瞪羚企业对大象企业的替代作用。同样至关重要的是，瞪羚企业也能改变技术体制，因为至少有一部分在位企业会觉得不得不效仿它们，甚至与它们合作。

正如经合组织指出的，新进入企业占比更大的行业，其平均生产率也更高。其中的原因在于，新进入者通过增加对在位企业的竞争压力，间接地刺激了技术进步，尽管效率的提升似乎发生在在位企业的内部（Baily，2003，第 128、138—139 页）。

虽然这种溢出效应的规模难以衡量，但是我们确实有一个对美国的估计，同样的逻辑也适用于日本。自 1980 年以来，美国新企业的出生率急剧下降，详情请见下文。因此，如果能够将企业出生率保持在 1980 年的水平，2015 年的劳动生产率可以提高 3. 1%，而家庭实际收入的中位数也可以提高 1 600 美元。35 年间累计的收入损失则高出这一数值数倍（Alon et al. ，2017，第 1、13 页）。

瞪羚企业的主要作用：转换而非创造就业岗位

让我们更深入地研究一下高速增长的新企业促进劳动生产率

提升的机制。虽然它们创造的净新增就业岗位占比很高，但是真正提高生产率的是它们创造的就业岗位类型。瞪羚企业的劳动生产率要远高于被市场淘汰的后进企业或者大多数仍在经营的企业。因此，瞪羚企业的真正贡献不在于就业岗位的创造，而在于就业岗位的转换，即把工人从生产率低的企业和工作岗位转移至生产率高的企业和工作岗位。

在美国，每年只有8%~10%的劳动力由于企业的诞生和消亡而发生转移。然而，各种研究表明，企业的进入和退出对美国和欧洲全要素生产率增长的贡献高达30%~40%（Bureau of the Census，2016；Foster et al.，2005，第45页；Katz，2002，第226页）。相比之下，在日本，1980—2000年企业更替仅贡献了全要素生产率增长的约17%（参见图5.1），2000—2005年的贡献则几乎为零（Fukao et al.，2019）。这也是日本全要素生产率总体增长速度远低于美国和欧洲的主要原因。

要了解这种情况是如何发生的，我们必须首先区分新创造的总

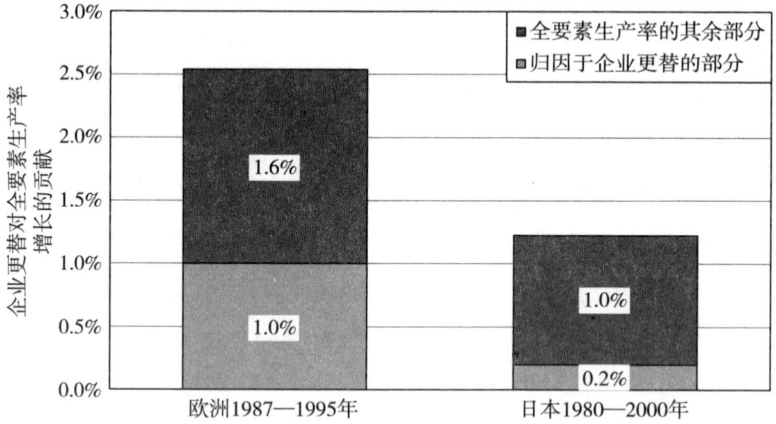

图5.1 企业更替率较低导致全要素生产率增长较慢

资料来源：Fukao（2019）。

就业岗位和净新增就业岗位。就经合组织国家而言，每年有 25%~45%的劳动力自愿或非自愿离职，并且找到新的工作。因此，新创造的净就业岗位仅占总就业岗位的很小一部分。在新创造的净就业岗位中，极少数企业所占比例之大令人吃惊。在美国各年龄段的企业中，增长最快的 1%企业在 21 世纪头 10 年创造了净增就业岗位的 40%。在创建 3~5 年的新企业中，有 42 000 家瞪羚企业。它们占所有企业的 0.8%，但是创造了 10%的净增就业岗位。在这 42 000 家新企业中，大多数是中小企业。将近 80%的企业拥有 20~99 名员工，另有 16%的企业拥有 100~250 名员工。然而，这些充满活力的企业雇用的员工总数已达数百万人。有关加拿大和欧洲的研究也发现了类似的结果（参见图 5.2；Stangler，2010，第 5—7 页；Henrekson and Johansson，2010，第 230 页；Bureau of Labor Statistics，2020；OECD，2009，第 119 页）。

在大多数经合组织国家，但不包括日本，裁员幅度最大的是效

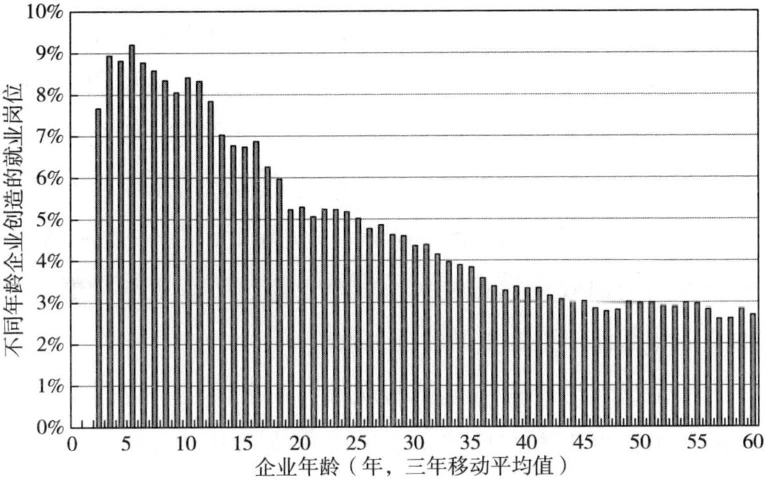

图 5.2　较年轻的企业创造的就业岗位更多

资料来源：OECD（2009，第 142—144 页）。

率最低的企业，其中只有部分企业倒闭。由此可见，劳动力市场的流动性和企业进入与退出的便利性有助于生产率的提高。同样重要的是，投资于最新设备的企业，就业岗位增加速度最快，因为这些企业的现代化促进了其销售额的增长。因此，技术进步在摧毁一些就业岗位的同时，也创造了甚至更多的新就业岗位（OECD，2009，第 120、142—144 页；Fukao and Kwon，2005）。

即使反应迟钝的大象企业继续经营，更新、更有效率的领导企业抢占市场份额也是正常现象。以亚马逊为例，2015 年其员工年人均营业收入为 49.1 万美元，而巴诺书店（Barnes & Nobel）仅为 15.5 万美元。开市客的员工人均营业收入为 21 万美元，远高于西尔斯公司的 14 万美元。工人从效率较低的企业重新配置到效率较高的企业，为劳动生产率的提升提供了另外一种方式。在一个日益改善的世界里，生产率提高将会自动转化为工资提高，就像 19 世纪以来的大部分时期一样。如下文所述，自 20 世纪 80 年代以来，这种关联在几乎所有的富裕国家都遭到了破坏。①

在以这种方式提高生产率方面，日本相对落后。日本不仅企业进入率和退出率较低，而且还存在逆向选择问题。平均而言，被迫退出企业的全要素生产率要高于继续经营的一般企业。企业退出反而会降低全要素生产率，而不是像其他国家那样起到促进作用（METI，2017a，第 45—47 页）。实际上，在 1995—2005 年，这种负面的退出效应如此之大，以至于超过了因更新、更具创新性的企业崛起而产生的正面的进入效应。

为何会出现这种逆向选择的现象？如上所述，薄弱的政府社会保障体系使得工人在目前企业的工作成为其首要保障。这就给

① 然而，公众的愤怒迫使其中一些美国巨头提高工资，比如，最低工资提高至每小时 15 美元。

政府施加了巨大的压力，迫使其保护落后企业，甚至是彻头彻尾的僵尸企业。这往往会导致某一产品领域的企业过多，造成价格下跌的压力，从而使一些企业由盈利变为亏损。除此之外，僵尸企业还能比表现尚可的企业获得更多直接和间接的支持。比如，生产率较低的僵尸企业即使陷入困境，也能比普通的盈利企业获得更多的银行贷款。结果就是僵尸企业可以在市场竞争中存活下来，而表现尚可的企业则被迫退出市场。有学者指出，这个问题已经存在了至少 40 年（Fukao and Kwon，2005，第 12—16 页）。①

范围不限于高科技和风险投资

对瞪羚企业的普遍印象来自想象中的硅谷，但是，如前所述，高科技企业只占瞪羚企业的一小部分。奈飞（Netflix）是一个新企业取代现有巨头的杰出范例，它利用的是一项已有近 250 年历史的技术，即美国邮政服务。不久之前，人们要去当地的音像店租录像带，后来则是去租 DVD。1998 年，奈飞横空出世。这家企业以 250 万美元起家，其中大部分来自一位联合创始人的母亲。其中一位创始人在归还租借的《阿波罗 13 号》时，因逾期而被迫支付了 40 美元的罚款，于是他萌生了这个想法。一开始，奈飞与当时美国最大的视频租赁连锁店百视达（Blockbuster）之间最大的区别是，奈飞通过邮件方式寄送 DVD，而不是开设实体店。奈飞的优势在于选择更多，成本更低。顾客只需支付月租费，一次租一部电影，想租多长时间就租多长时间，不用缴纳逾期归还的罚金。2007 年在线流媒体兴起以后，百视达在短短几年之内就倒闭了。具有讽刺意味的是，2000 年在奈飞急需资金时，它的高管曾三次

① 两位作者慷慨地提供了有关论文的最新数据。

访问百视达，向他们兜售奈飞 49%的股份，价格仅为 4 900 万美元，并建议百视达以后将奈飞作为其流媒体部门。百视达直截了当地拒绝了。20 年之后，奈飞 49%的股份价值高达 920 亿美元。

送餐企业德岛丸（Tokushimaru）的技术含量很低。它的创始人是一位 42 岁的社区组织者，名叫住友达也（Tatsuya Sumitomo），他看到了日本人口缩减的大趋势带来的需求。人口老龄化催生了很多旨在满足日益增长的老年人口各种需求的企业，而这些需求往往被在位企业忽视。就德岛丸而言，它满足的需求是在被称为“食物荒漠”的社区里提供移动食品配送服务。将近 400 万老年人口生活在人口不断减少的小镇上，这些小镇现在太小了，连一家杂货店也无法维持。至 2025 年，生活在“食物荒漠”的人口将达到 600 万（*Yomiuri*，2014）。

2012 年，住友达也创建了德岛丸，向这些城镇派送卡车，每辆卡车装着 1 500 件商品。德岛丸通过与当地杂货店进行合作来经营。他设计了卡车并培训司机，后者则成为当地商店的销售代理。司机从这些商店购买商品，并且商定他们可以退还未售出的产品，对于易腐烂的商品，商店则以折扣价出售。其中一个特点体现了典型的日本特色，即由于代理人了解年迈的顾客，如果一位独居的熟客没有出现，他们就会提醒当地政府注意可能出现了问题。

截至 2020 年初，德岛丸已与 120 家超市企业结盟，这些企业一共有 1 700 家门店。它在全日本拥有 500 辆卡车，并且希望到 2022 年数量可以翻一番。2017 年，德岛丸被爱宜食大地（Oisix ra Daichi）收购，后者创建于 2012 年，是一家在线蔬菜配送服务企业，2022 年营业收入达到 1 150 亿日元（约 8.84 亿美元）。现在，德岛丸与伊藤洋华堂的 7-11 建立了合作关系，后者是日本最大的连锁便利店。

像德岛丸这样的初创企业一旦做了这样的事情，就会让人不禁要问，为什么大企业自己没有想到这些显而易见的点子。实际上，这种短视现象很常见。这不仅说明了为何新企业是不可或缺的，也说明了它们的到来如何促使老企业与时俱进。

提到创新，人们首先想到的是汽车或互联网这样的新产品。然而，很多最有影响力的创新关注的都是更有效率的生产流程，而不是新产品。其中最有名的就是亨利·福特开发的流水线和丰田的准时制生产。在最近的中小企业流程创新者中，最有趣的是一家瑞典企业。我在2007年访问这家企业时，它的名字是人因工程设计公司（Ergonomidesign）。2016年，它被麦肯锡收购，现在的名称是麦肯锡设计公司（McKinsey Design）。麦肯锡收购它时，该企业约有90名员工，并在其他几个国家设有分支机构。

1988年，斯堪的纳维亚航空公司（Scandinavian Airline，SAS）向人因工程设计公司寻求帮助。简单的咖啡壶让该航空公司非常头疼，而且成本高昂。该公司的空乘人员经常因为用传统设计的咖啡壶倒咖啡而弄伤手腕，有些甚至需要动手术。大多数航空公司都会让人因工程设计公司与他们的工程师合作。该公司的创新之处是与空乘人员合作，派了三名人体工程学工程师观察空乘人员一遍又一遍地倒水。他们注意到，传统的设计迫使服务员每次倒水时都要弯曲手腕。玛丽亚·本克顿（Maria Benkzton）是该公司的联合创始人，也是这款咖啡壶的共同设计者，她自豪地解释说："我们将手柄移到了重心位置，这样只要转动手臂，就能用伸直的手腕倒水。"受伤人数迅速减少，医疗费用和缺勤率也随之下降。此外，空乘人员可以在更短的时间内安全地倒更多杯咖啡。纽约现代艺术博物馆将这款设计简洁的咖啡壶作为永久藏品。在过去30年里，有30多家航空公司使用了这款咖啡壶，使用量达到了50万个。当我把这个故事告诉美国一家大型航空公司的空乘人员时，她说她的雇主公司那些西装革履的高管们，绝不会让其空乘人员参与这样的事情。

虽然风险投资是硅谷非凡魅力的一部分，但是绝大多数美国初创企业并不依赖风险投资资金，甚至也不依赖专业的天使投资人，即为企业创建提供种子资金的投资人。考夫曼基金会企业调查（Kauffman Foundation Firm Survey）是迄今为止对创业者进行的时间最长、范围最广的研究，该调查显示，在 5 000 家初创企业中，仅有 4.4%的初创企业资金来自风险投资，仅有 5.8%来自天使投资（Morelix，2013）。大部分资金来自创业者的个人储蓄、信用卡透支以及向家人和朋友借款。即使是这 5 000 家中那些具有高成长性的企业，也只有 6.5%获得了风险投资，仅有 7.7%获得了天使投资。风险投资支持的企业仅是一些例外。风险投资人关注那些想上市或想被大公司收购的企业，在这些企业中，创始人更关注财务回报，而不是保留控制权。1980 年至 2015 年，在美国股市上市的企业中，有 37%是由风险投资人投资的（McSparron-Edwards，2016）。杰弗里·查尔（Jeffrey Char）解释说，对于永远不会上市的普通瞪羚企业而言，“使用风险投资就像给你的丰田花冠加火箭燃料一样”（2016 年 4 月的采访）。

瞪羚：日本的稀有物种

有些人认为，日本不需要任何改革来促进瞪羚企业的发展，这里的瞪羚企业足够多了。问题是，他们总是引用同样的 10 个或 20 个案例，即少数著名的由风险投资资助的超级明星企业。这些企业包括，被称为日本“eBay”（易贝）的 Mercari，为移动和电子商务网站提供主机的 DeNA、Mixi 和 Gree 等游戏开发商，提供数字钱包服务的 Line（连世），大型在线时尚零售商 Zozo（走走），新闻聚合商 Smart News，人工智能系统开发商 Preferred Networks，以及经营加密货币交易所的 Liquid Group。它们是日本为数不多的独角兽企业或前独角兽企业，即在上市或被大公司收购之前，私人投资者曾经估价至少达到 10 亿美元的企业。

这些企业繁荣发展是一个好的迹象。然而，其他地方的独角兽企业的数量让它们的数量相形见绌。2022 年 4 月，在全球 1 000 多家独角兽企业中，只有 5 家位于日本。相比之下，美国有 562 家，中国有 173 家，印度有 65 家，英国有 43 家，德国有 26 家，韩国有 12 家，以色列有 7 家，排名在日本之前的其他 11 个国家则拥有另外的 114 家（CB Insights，2022）。

然而，那些数量众多、默默无闻、资金来自创始人、家人和朋友积蓄的企业在哪里？在其他国家，每年都有数以千计的新瞪羚企业诞生。相比之下，日本从未向经合组织提交过相关的数字。2019 年，经济产业省的官员告诉我，目前还没有追踪这一数字的计划。在阅读经济产业省每年发布的《中小企业白皮书》时，在我印象里从未见过“瞪羚”一词。现有证据也表明，这种企业的数量很少。日本政府关注的重点不是瞪羚企业的需求，而是再次追逐引人注目的目标，它在 2018 年宣布，到 2023 年要使独角兽企业达到 20 家，但是没有制定实现这一目标的战略。

日本的问题不在于创建一家新企业，而在于如何使其成长。当然，大多数中小企业都是小老鼠，并希望一直如此，但是也有很多中小企业想成为瞪羚，却做不到。日本有 400 多万家企业，其中 86%的企业员工人数少于 10 人，其雇用的员工占企业员工总数的五分之一。在另一端，仅有 14%的员工为 567 家拥有至少 5 000 名雇员的企业工作（Economic Censusfor Business Frame，2014）。

经合组织对小微企业进行了追踪，并记录了它们的命运。小微企业是指起步时员工人数少于 10 人的企业。在一个典型的经合组织国家中，那些存活下来并成长为拥有 10~49 名员工的“小企业”，在其最初三年中贡献了 40%的新增就业；而在日本，这一比例仅为 23%，是这些国家中排名最低的（Criscuolo et al.，2014，第 32 页）。

毫无疑问，与过去相比，日本瞪羚企业面临的处境有所改善，然而，依然称不上安全。2012 年，安倍晋三就任首相，他承诺启动一项结构性改革计划，以大大改善这种状况。不幸的是，我们将在下一章看到，他甚至没有真正尝试过实施这一计划。

第 6 章　错失机会的安倍经济学

安倍晋三要做的就是实施著名的安倍经济学三支箭，即货币刺激、财政刺激和结构性改革。如果他这样做了，日本就会走上复苏之路。但是，他没有这样做，因而错失了机会。

三支箭缺一不可。然而，安倍真正付诸实施的只有一支箭，也就是货币刺激。他推销“三支箭”的技巧使其执政的时间超过了以往任何的首相。但是，他是一个不信任自己产品的推销员（Katz，2014）。

评判安倍执政的成效，应基于他自己设定的目标：将日本的年均实际增速恢复至 2%。实际上，安倍在任期间日本的年均增长率仅为 0.8%，其中大部分还是由于在 2008—2009 年全球金融风暴之后，日本有五年时间年均增速为负值，而安倍上台之后恰好赶上了经济复苏期（参见图 6.1）。

第一支箭：信心博弈

归根结底，安倍经济学是一场关于信心的博弈，这是就字面意义而言的，因为一种错误的理论认为，缺乏信心是日本经济长期萎靡不振的根本原因。他的顾问告诉他，只要物价开始回升，日本人就会对未来更有信心。消费者会增加消费，企业会增加投资，雇用更多员工，并提高工资。

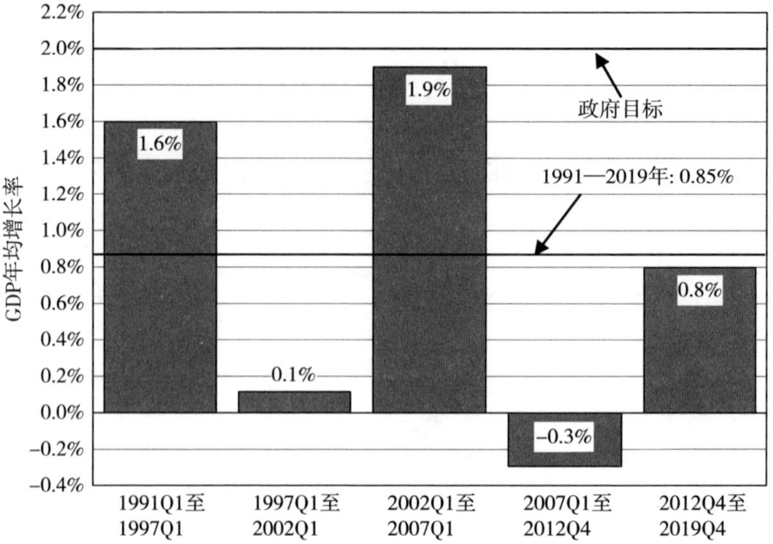

图 6.1　走走停停的经济增长

注：时间截至新冠疫情之前。Q1 为一季度，Q4 为四季度。

资料来源：Cabinet Office（2022a）。

这种信念使安倍晋三将所有赌注都押在了日本央行行长黑田东彦 2013 年做出的承诺上，即他可以在短短两年内实现 2%的通胀率。他甚至从未接近过这一目标（参见图 6.2）。

安倍否认遭遇了明显的失败，继续几乎完全依赖货币之箭，而忽视了另外两支箭。就财政刺激而言，安倍一只脚踩油门，另一只脚则以更大的力度踩刹车。至于结构性改革，安倍长于提出很多高远的目标，但是缺乏实现这些目标的战略。相反，他一次又一次地站在既得利益者一边，阻挠改革。

黑田东彦在两年内实现 2%通胀率的承诺，基于一个不切实际的前提条件，即“自我实现的预言”，其正式的名称是“理性预期”。不仅日本国内的顾问，国外的一些专家也敦促他这样做，其中最引人注目的就是诺贝尔经济学奖得主保罗·克鲁格曼。这种

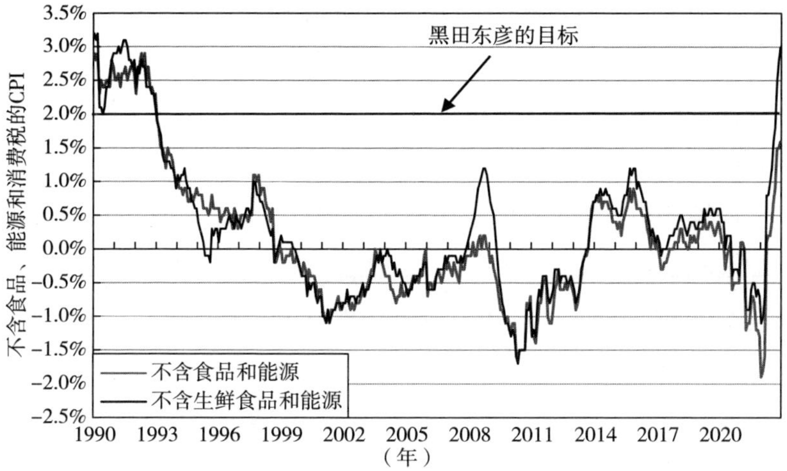

图 6.2　日本通胀率从未接近过由内需拉动的 2%的目标

注：不包括食品、能源和消费税的 CPI；参见本章有关 2021—2022 年物价猛涨的内容。

资料来源：Statistics Bureau（2022a）。

理论认为，如果日本央行承诺实现 2%的通胀率，并发誓为此发行大量货币，那么公众就会相信实现 2%的通胀率指日可待。消费者会赶在物价上涨之前购买更多的商品，企业会赶在物价和利率上涨之前进行投资并招聘员工。根据供求法则，这些行为将推动价格上涨。简而言之：只要人们相信，这一切就会发生。2015 年，黑田东彦用一种小飞侠理论解释了他的策略："在你怀疑自己是否能够飞翔的那一刻，你就永远失去了飞翔的能力。"唉，在梦幻岛之外，乐观的想法既不能拯救迷失的男孩，也不能拯救失去的数十年。

最初几年，通胀曾一度飙升，但是随后便逐渐消失。从 2015 年 4 月至 2019 年底，平均每年通胀率仅为微不足道的 0.3%。就剔除掉消费税上调因素的 CPI 而言，在其全部上涨中，90%以上是由严重依赖进口的商品推动的。这意味着日本家庭的收入转移给了外国生产者。这与 OPEC（石油输出国组织）提高石油价格一样，对日本没有任何帮助。在 2021—2023 年的物价飞涨中，同样出现了输入型通胀。这并非黑田东彦曾经承诺的由国内需求拉动的 2%的健康通胀。

通缩从来不是日本问题的根源，相反，它是需求不足的表现。预测通胀或者通缩起伏变化的最佳指标是 6~9 个月前潜在 GDP 与实际 GDP 之间的差距。如果实际 GDP 达到或略高于潜在 GDP，这可以用所谓的产出缺口来衡量，那么通胀率就会上升。当实际 GDP 低于潜在 GDP 时，通胀率就会回落（参见图 6.3）。试图通过提高价格来解决日本的增长乏力问题，就像在温度计上敷冰块来治疗发烧一样。

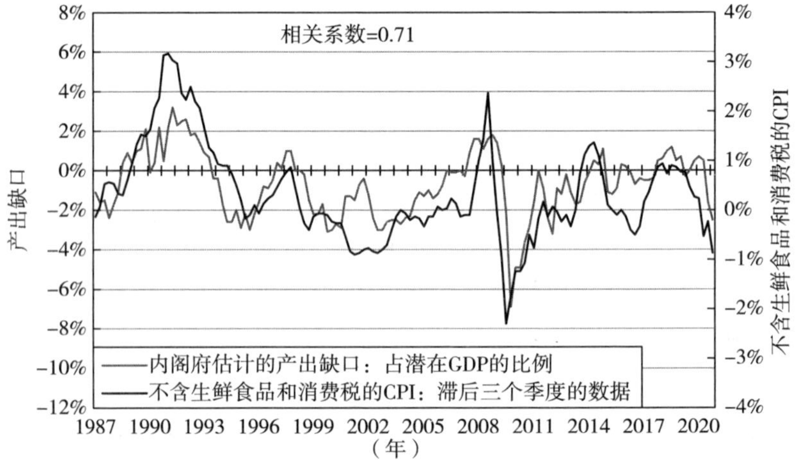

图 6.3　影响通胀或通缩变化的是产出缺口，而非日本央行的货币

注：时间截至新冠疫情和俄乌冲突之前，这些事件通过全球供应链扭曲了产量和价格。

资料来源：Cabinet Office（2022b）；Statistics Bureau（2022a）。

货币刺激政策带来的收益可能超过了由此产生的代价，但是，只依赖于货币政策而忽略其他政策选择，可能会得不偿失。

日本近四分之一个世纪以来，利率一直接近于零，这对依赖利息收入的老年人口造成了伤害。日本央行的政策造成了收入从数千万家庭储蓄者向企业借款人的巨大转移，从而损害了消费者的购买力。与此同时，大量僵尸企业因利率接近零而得以苟延残喘。货币刺激本应用于为更强力的财政刺激政策提供资金，并缓解结构性改革的负面影响，比如允许僵尸企业退出，并帮助其工人转向新的就业岗位。货币刺激本应只是三支箭中的一支。

与世界其他国家一样，日本在新冠疫情暴发和俄乌冲突之后也经历了一阵通胀。整体通胀率达到了略高于4%的峰值，然后截至2023年夏季，回落到略高于3%的水平。但这并非日本央行希望看到的那种健康的通胀。相反，2022—2023年价格上涨的90%来自对进口商品敏感的食品和能源行业。这是由于全球大宗商品价格上涨和日元贬值造成的输入型通胀，日元贬值使得进口商品变得更加昂贵。这种通胀会进一步削弱经济（Katz，2023a）。

第二支箭：财政刺激政策的反转

第二支箭的最初构想是在日本经济复苏之前采取财政刺激政策，然后再逐步收紧，以降低日本长期存在的预算赤字。实际上，从财务省实施的政策来看，安倍几乎立即实施了财政紧缩政策。安倍通过货币政策给经济带来的刺激，又被财政紧缩冲销了。

衡量财政刺激政策的标准主要是结构性赤字，即在经济充分发挥其潜力时的赤字水平。在安倍再次执政时，结构性赤字占潜在GDP的6.6%，安倍将其降至2.8%。为此，安倍削减了一些政府支出，但是主要是通过将消费税从5%提高至10%。在经济增长率仅为0.9%的情况下，平均每年的财政紧缩使GDP减少了0.6%

（OECD，2021b）。

自 20 世纪 70 年代末以来的近 50 年间，大藏省（2001 年改制为财务省和金融厅）不断发出警告，声称日本政府债台高筑，将会引发财政崩盘的风险，以此吓唬各位首相，促使其实施财政紧缩政策。2010 年，它们将欧债危机视为日本未来可能发生的情形。这是无稽之谈。2010 年，只有那些不仅国内有巨额政府赤字，而且还大量举借外债的欧洲国家才出现了经济崩溃。像日本这样无须向海外借款就能为本国债务融资的国家，并没有发生危机（Katz，2022b）。

即使日本的财政状况曾经很脆弱，日本央行大举购买日本政府债券也降低了这种脆弱性。私人投资者持有的政府债务净额是决定财政崩盘风险的关键因素，这一指标从安倍晋三上台之前占 GDP 148%的峰值，下降至 2022 年底的 98%，而日本央行持有的债务净额仅略高于之前的峰值（参见图 6.4）。政府向日本央行借款，实质上是在向自己借款。截至 2022 年，尽管政府债券利率有所上升，但是政府对私人投资者的利息支出占 GDP 的比例已降至微不足道的 0.5%，2022 年底的预测估计，2024 年这一比例仅为 0.4%（OECD，2023a）。

对于日本而言，货币政策和财政政策两者缺一不可。当企业生产的产品卖不出去时，它们不会仅仅因为日本央行承诺通胀或者将利率降至最低点就去投资新设备。促使它们投资的是对其产品的更多需求。这就是财政刺激政策发挥的作用，意味着更多的政府支出或减税。从另外一个角度来看，随着财政刺激措施使经济规模不断扩大，并且企业决定投资更多的设备，那么货币供给也必须相应增加。否则，利率就会上升，这反过来又会部分抵消财政政策预期的刺激效果。因此，财政刺激政策要想取得良好效果，就必须辅之以充分的货币宽松政策。

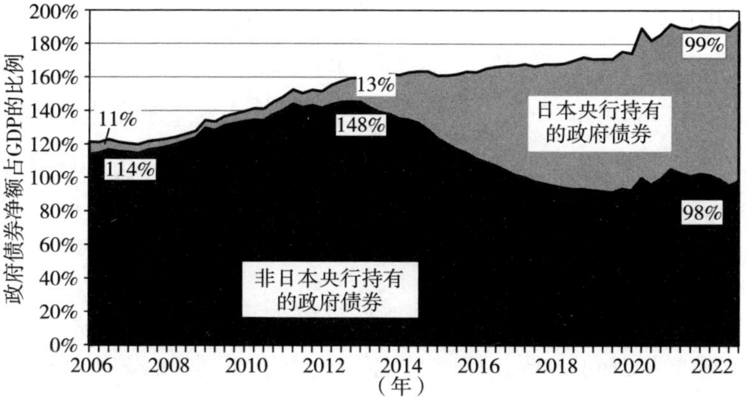

图 6.4　日本央行购买日本国债减少政府债务净额

资料来源：MOF（2023b）；BOJ（2023a）。

不可否认，过去的经济刺激政策有太多被用于铺张浪费，比如臭名昭著的“绝路桥”（bridges to nowhere），它为兼业农民提供建筑工作，因为他们是重要的票仓。然而，没有理由不把钱花在能够产生更多收益的地方，比如用于真正免费的公共教育（参见第 18 章）。

财政货币刺激：止痛药还是麻醉剂？

如果单靠宏观经济刺激政策，即财政刺激加货币刺激，就足以治愈疲软的日本经济，那么它早就已经成功了。日本将利率维持在接近于零的水平已经超过四分之一个世纪，长期预算赤字维持的时间则更长。

日本是如何对刺激政策上瘾的？根本原因在于国内私人需求长期不足。几十年来，教科书一直教导我们，为了使市场经济长期保持稳定，工资增速必须与产出增速大致同步。如果人们买不起生产者摆在货架上的产品，那么生产者就会停止生产，企业就会停止扩大产能，经济就会陷入衰退。因此，从长期来看，甚至自19世纪中期以来，整个工业世界的工资一直与GDP同步增长。从20世纪80年代开始，富裕国家的情况普遍发生了变化，1997—2019年，工资的增长速度仅为GDP的一半（Katz，2021c）。在日本，这两者的差距最大，在这一时期的实际劳动报酬几乎没有增长（参见第72页图3.1）。

如果消费者和企业的支出都不足以购买日本在充分就业的情况下所能生产的产品，那么就必须由其他人来充当“最后的买家”。过去几十年，要么是政府通过长期赤字，要么是外国人通过日本的长期贸易顺差，来充当这个角色。与通缩一样，日本的长期预算赤字是其问题的表现，而不是其根源。

为了纠正私人需求结构性不足的问题，按照国际货币基金组织的建议，日本必须让雇主支付更高的工资（Aoyagi et al.，2016）。安倍在一定程度上做到了这一点。比如，他推动最低工资定期增长3%，并且希望以更快的速度增长，直至达到每小时1 000日元（约7.7美元）。至2019年，最低工资已达到961日元（约7.4美元）。实际上，提高最低工资不仅能提高低于最低工资标准的工人的工资，还能提高高于最低工资标准10%~15%的低薪工人的工资。根据国际货币基金组织2016年的估算，在日本全职工人中，约有10%的男性和29%的女性每小时工资低于1 000日元。在兼职工人中，男性的这一比例约为54%，女性约为66%（Aoyagi et al.，2016，第7页）。

安倍晋三和黑田东彦以及后来的岸田文雄确实曾敦促大企业每年将工资提高2%，但是企业不会仅仅因为首相的讲话就提高工资。尽管安倍和岸田要求采取的措施超出了他们的权力范围，但是他们没有去做自己有权力做的事情，即执行禁止对妇女和非正式员工实行工资歧视的法律。

日本政府提高了针对民众的消费税，同时削减了企业所得税（从2010年的39.5%降至2020年的30.6%），这使得收入从家庭转移到企业，进一步抑制了需求。政府声称这将促使企业进行更多的投资，从而促进需求。但是，事实证明这种说法是错误的，因为企业甚至没有将已经吸纳的巨额现金流用于投资。近年来，这一缺口相当于GDP的5%~6%（参见第95页图4.1）。它们也没有通过分红将现金发放给股东或者大幅提高工资。减税只是增加了它们账面上的闲置资金。

2021年，岸田文雄在竞选自民党总裁和首相时承诺逆转这种收入转移的方向。他正确地指出，“如果不把经济增长的成果重新分配（给家庭），消费和需求就不会增加”，他认为这种综合征是日本经济增长如此低迷的主要原因。他使用了日本首相们最喜欢的夸张手法，声称自己是在呼吁“一种资本主义新形式”，在这种资本主义中，增长与包括工资上涨在内的分配之间存在“良性循环”（Katz，2022d）。实际上，这并不是什么资本主义新形式，而是回到了19世纪中期以来资本主义的标准形态，即工资和GDP同步增长。事实上，20世纪60年代以来的经济教科书已经证明，如果工资跟不上GDP的增长步伐，宏观经济就无法稳定，经济增长也会受到损害（Katz，2021c）。

日本首相终于指出了影响经济的这一根本缺陷，这固然令人欣慰，但是岸田最终没有采取什么实质性措施来纠正这一问题。要求企业提高工资，或重复过去无效的税收激励政策，与采取必要措施促使企业提高工资是两码事。后者包括执行同工同酬的法律以及加快提高最低工资等措施。最终，日本政府在2023年决定从2024年起将最低工资提高到每小时1 000日元，这距离首次提出这一目标已经过去了13年。

在日本，宏观经济刺激和结构性改革需要相互配合。刺激政策已经尝试过了，如果不进行改革，经济需要的药量会越来越大。与此同时，停止支持僵尸企业等结构性改革在实施初期的抑制效应非常严重，以致没有宏观经济保障体系就无法实施。正如经济产业省官员寺泽达也（Tatsuya Terazawa）所写的，宏观经济刺激政策既可以作为结构性改革的“止痛药”，也可以作为掩盖痛苦、逃避改革的“麻醉剂”（Terazawa，2001）。安倍与其前任一样，选择的是后者。

没有羽毛的第三支箭

如果说有哪位首相有足够的影响力冲破重重政治阻力来推动第三支箭，即旨在提高日本经济增长率的结构性改革，那一定是安倍晋三。他获得了选民前所未有的拥戴，在掌握实权的国会众议院连续三次选举中赢得了超过三分之二的议席。他无须应付任何活跃的反对党的挑战，在其自民党内部也没有遇到严重的分歧。他加强了首相对高级官员的掌控，实际上规定600名高级官员的任命必须经过首相批准；而在此之前，所有的晋升都是由各省厅自己决定的（Mulgan，2018，第43—48页）。因此，当他宣誓要成为“钻头”，钻透特殊利益集团的基石，并且发誓“没有不可触碰的禁区”时，人们信以为真。

所有这些都让人不解，为什么他一次又一次地向特殊利益集团让步。请看以下例证：

2013年，乐天公司董事长三木谷浩史向安倍晋三的一个蓝带咨询委员会建议，日本政府应像其他一些富裕国家一样，允许在线销售处方药以降低价格。早在2009年，乐天就在最高法院赢得了针对政府的一项裁决，允许在线销售非处方药。当安倍政府在拥有10万名成员的医药游说团体的敦促下拒绝了这一建议时，三木谷浩史退出了这个委员会，并在一次新闻发布会上讲到，“安倍的增长战略是要减少监管障碍，培育新的业务和服务。现在却朝着相反的方向发展，实在令人沮丧……我受够了”（Layne，2013）。乐天再次提起诉讼，但最终败诉。截至2022年初，该禁令仍然有效。

对家庭预算打击最大的是高昂的食品价格（参见第78页图3.4）。这不仅是因为针对价格较低的进口产品征收关税和实行配额，也是巨型农业合作社日本农协垄断的结果。日本农协就像一只有着几十条触角的章鱼。它拥有25万名员工，经营着一家贸易企业，以高价向农民出售物资，并往往以低价购买农民的产品。日本农协拥有日本第二大银行，它的保险和贸易部门也是国内最大的企业之一。然而，由于它是自民党在日本农村地区占据主导地位的关键，因此长期以来一直不受《反垄断法》的约束。安倍晋三自己的监管改革委员会建议解散日本农协，将其批发和营销部门分拆为纯粹的私人企业，限制兼业农民加入合作社等。与之相反，安倍达成了一项协议，他声称该协议削减了日本农协的权力，但是大多数观察家认为该协议弱化了顾问小组的建议。当日本农协主席万岁章（Akira Banzai）在外国记者俱乐部发表演讲时，主持人问他：“那么，你之所以同意（与安倍达成）协议，是因为这项协议不会带来多大的变化。是这样吗?”万岁章回答说，“关于是否会有变化，现在下结论还为时过早”（FCCJ，2015）。

就职于另一个咨询委员会的学者建议，只要企业提供一大笔遣散费，就应该让它们更容易地解雇正式员工，从而提高日本劳动力市场的灵活性。他们的理由是，这将使企业拥有更大的灵活性，同时为工人提供一定的保障。来自大企业的代表宣称，他们希望拥有更大的权利以解雇正式员工，而不必被迫支付遣散费。工会代表则希望不要改变日本法律和法院判决对工人非自愿离职提供的严格保护。安倍晋三没有出面干预以打破僵局，一切事情几乎还像原来一样。相反，他试图修改法律，以使雇主可以在不支付强制性遣散费的情况下解雇正式员工，但以失败告终。

安倍晋三的支持者声称，新增就业岗位超过300万个，这是一项重大胜利，但是让妇女和老年人从事毫无希望、收入低下的非正式工作，很难被视为一种进步。安倍承诺的到2020年30%的管理岗位将由女性担任的目标也没能实现。安倍也没有采取任何措施来执行针对女性和非正式员工的同工同酬法案。

安倍的支持者还称赞其旨在改善大型上市公司内部治理的各种措施。首先，如上所述，这些大企业只雇用了一小部分劳动力。此外，在缺乏激烈竞争的情况下，改善公司治理并不一定会带来更好的企业战略和绩效。

最后，除了少数例外，第三支箭只不过是一些值得赞赏的愿望而已。尽管很多讨论过的改革措施都可能对创业起到间接的促进作用，但是其中一项可以产生极大的直接影响，这就是将企业的进入率和退出率提高一倍，达到10%。然而，安倍并没有采取任何措施来实现这一目标。另一项促进创业的措施是大幅增加外国直接投资，由外国企业收购国内企业，或者由外国企业在日本设立新的分支机构。外国直接投资有助于创业，因为与传统的国内巨头相比，外国企业更有可能与初创企业合作，也更有可能从初创企业那里采购商品。虽然在安倍执政时期外国直接投资有所增长，但是在其任期内外国直接投资并没有呈现加速增长的趋势。下文将详细介绍需要采取哪些措施以克服外国直接投资在国内面临的巨大障碍。

与其前任相比，安倍对特殊利益集团的纵容并无更加过分之处；他的缺点之所以更为突出，只是因为这与他一再做出的承诺形成了鲜明对比。安倍为何如此行事，令人费解。有人认为，他想把有限的政治资本用于安全议题。事实上他有足够的影响力同时来做这两件事。毫无疑问，安倍希望经济复苏，但是出于某种原因，他不愿采取必要的措施来实现这一目标。愤世嫉俗的人会说，他有关第三支箭的所有言论都是陈词滥调，只是为了吸引选民和外国的股市投资者，他一再劝说他们“相信我的安倍经济学”。安倍的政治顾问认为，股价上涨会提高安倍的支持率。他的一位顾问告诉他，如果他想东山再起，就必须让选民相信他有一个振兴经济的详细计划，而且这才是他的首要任务，而不是像2006年那样以安全问题为核心。他可能相信了某些顾问兜售的这种说法，即货币刺激足以使经济实现复苏。如果是这样的话，他又何必将政治资本浪费在将会疏远强大的特殊利益集团的那些措施上呢?

谈到安全问题时，安倍的脉搏就会加快，但是他对经济政策的细节问题提不起兴致。一些最初对安倍充满热情的官员告诉我，当他们向他介绍这项或那项改革时，他的眼神一片茫然，于是他们逐渐失去对安倍的兴趣。实际上，2006年，在安倍接替小泉纯一郎担任首相时（这次安倍的任期仅一年），他立即让因投票反对小泉的邮政改革而被开除的所有国会议员重新加入自民党。

安倍经常声称，他的努力是日本复兴的最后机会。历史之神如此慷慨，给了各国很多最后的机会。安倍经济学的失败并不意味着日本注定要走向灭亡，只是意味着安倍错失了自己的机会。

第三篇
谁会成为企业家？

第 7 章　风险厌恶文化还是风险与回报的权衡？

“这是不是一个先有鸡还是先有蛋的问题？”我问日本创新网络公司总裁胜又干英（Mikihide Katsumata），该企业的任务之一就是像一家风险投资企业一样投资有前途的初创企业（2017 年 10 月的采访）。我想了解，是否有太多有潜力的日本创业者因为觉得无法获得风险投资而没有去尝试，而风险投资企业又因为找不到太多的创业机会，从而无法吸引足够多的投资者资金。他的回答令人吃惊：“这不是鸡和蛋的问题，而只是蛋的问题，创业者数量不够多。直到五六年前，日本还没有多少人敢于创办一家逐步成长的企业。他们倾向于去大企业。”

从一家负责为这类机会提供资金的机构的领导者口中听到这样的话令人惊讶，但是这种观点并不罕见。相反，日本人曾反复被告知，他们过于规避风险和墨守成规，无法独立创业，以致很多人都相信了这一点。

即使这种观点有道理，它也只能说明问题的一小部分。几十年前，日本人被告知，由于文化原因，日本人喜欢储蓄，而美国人喜欢花钱。后来，经济形势的变化使日本的家庭储蓄率从两位数降至甚至比美国家庭还低的水平。不利于创业的陈词滥调与上述观点一样荒谬。几十年来，人们一直说日本人天生不喜诉讼。后来，立案费用降低了，诉讼数量猛增。如下文所述，“企业如家”和“员工忠于企业”的观念并非源于古老的文化，而是源于雇主从 20 世纪初期开始的宣传活动。实际上，很多据说历史悠久的文化传统都是现代重塑的产物，就像新酒装入旧瓶，看起来就像陈年佳酿（Vlastos，1998）。

我曾多次询问东京 20 多岁的都市职业女性，就你的希望、梦想、挫折和自我意识而言，你更像你的祖母还是纽约的同龄人？得到的回答几乎无一例外都是后者。在二战刚结束的那些年，日本还是一个非常传统的农业社会，大多数婚姻仍然是包办婚姻。现在，日本实现了高度城市化，越来越多的女性接受高等教育，包办婚姻几乎消失了。这种转变是所有国家现代化进程中的典型现象。

事实证明，对经济行为的文化解释问题重重。20 世纪 50 年代，学者们将日本经济落后的根源归咎于儒家思想，却没有意识到经济奇迹已经开始。然后，日本以及随后韩国、中国以及其他很多国家取得了成功，导致人们的态度出现了 180 度的大逆转。现在有人认为，正是儒家思想推动了这一成功。罗纳德·多尔（Ronald Dore）1977 年出版的颇具影响力的著作《认真看待日本：儒家思想对关键经济议题的认识》（*Taking Japan Seriously: A Confucian Perspective on Leading Economic Issues*）就是一个典型的例子。接下来，1997—1998 年亚洲金融危机爆发，情况又发生了逆转。现在，儒家思想又被视为裙带资本主义的罪魁祸首。很难明白，一个理论如果声称能解释一切事物，甚至是相悖的事物，它究竟能有多大的解释力（Whyte，1994）。

没有人否认国家之间的文化差异会产生一定的影响，然而这能够解释 80%的现象，还是只能解释 20%的现象？尽管文化变革是缓慢的，但是为了应对环境的变化，个人行为展示的文化变革则要迅速得多。如下文所述，正是不断变化的环境而不是文化，解释了为什么美国的创业率在过去 40 年间不断下降。无论是在日本还是在美国，深入研究这些不断变化的环境，不仅能提供更好的解释，更重要的是，它还为决策者通过改变社会经济环境来改变结果提供了工具。

不利的风险回报率

与美国人或欧洲人相比，打算创办一家富有潜力的瞪羚企业的日本人要面对更为不利的风险回报率。

考虑一下终身雇佣制，这种做法并非源自 7 世纪的圣德太子时代①，而是源自一战和二战之后自上而下推行的变革。一个人丢下一份大企业的优越正式工作，去创办一家新企业或者为其工作，如果这家新企业倒闭了，他几乎再没有机会被另一家顶尖企业录用为正式员工。那些投资于员工培训的企业不希望员工把这些技能带到其他公司，于是企业之间会自发形成“不挖墙脚”的非正式协议。因此，当被问及对创业的最大担忧时，日本受访者首先想到的就是“失去年收入有保障的稳定工作”（OECD，2013b，第 86 页），这也就不足为奇了。

除此之外，与其他地方相比，日本的银行更不愿意向没有抵押品或没有个人担保的中小企业贷款。如果企业倒闭了，借款人就不得不动用自己的房子和储蓄账户等资产进行偿付，下文将详细说明这一点。

如果一家中小企业倒闭，所有者和共同担保人可以申请个人破产，但是日本的个人破产法非常苛刻。研究表明，破产法越严

① 圣德太子（公元 574—622 年）将佛教和儒家思想引入日本，统一了相互交战的氏族部落，形成了一个统一国家，制定了一部宪章，培育了各种文化观念，比如“和”，因此受到推崇。

厉，创业率就会越低（Solomon，2014；Eberhart et al.，2017）。

在一项针对24个富裕国家的调查中（OECD，2013b，第83页），认为学校教育有助于培养主动意识和创业精神的受访者比例，经合组织国家平均为50%，而日本只有18%，排名垫底。认为学校为其提供了经营企业的技能和诀窍的受访者比例，日本也仅有20%，同样位于最后一名。

传说中日本母亲不愿让女儿嫁给企业家，她们对创业的艰辛有着清醒的认识。这与简·奥斯汀小说中极为滑稽的母亲费尽心机为女儿寻找一桩好姻缘并无二致。奥斯汀小说中的母亲知道，如果没有一桩好姻缘，在那个贵族家庭的女儿几乎没有继承权和谋生手段的时代，年轻女性将面临一贫如洗的风险。

杰弗里·查尔是一位娶了日本女人为妻的美国企业家，连续创办了多家企业，我们从他那里听到了一则经典的姻亲逸事。查尔喜欢创办新企业，使其发展到一定规模后再卖掉，然后再重新创建另一家企业。在他经营一家企业时，姻亲们很高兴他有一份收入丰厚的工作。当他卖掉企业并获利时，他们就会担心他又失业了。

另一方面，想想我的表弟，在20世纪90年代互联网繁荣时期，他在惠普公司工作。他的老板开发出了一种服务器，其容量是原来的四倍，但发热量没有增加。老板想要带着我表弟一起创办一家新公司。如果他们成功了，就会成为百万富翁。如果失败了怎么办？惠普提出收购新公司10%~15%的股份，并承诺他们可以回到原来的工作岗位。不用说，他的岳母高兴极了。①

把我的表弟带到日本，或者把日本人带到硅谷，他们每个人的行为都会与之前截然不同。

---

① 结果，由于时机不对，这家企业成了互联网泡沫破灭的牺牲品，但是我表弟很容易就找到了一份新的工作。

“规避风险，墨守成规”的说法有依据吗？

有一些被广泛引用的研究报告认为，日本人更加倾向于规避风险和墨守成规，因此缺乏企业家精神。比如，全球创业观察（Global Entrepreneurship Monitor）多次显示，日本在各类企业家精神方面都处于垫底或接近垫底的位置，包括对机会的认知（49 个国家中排名第 49 位），对创业技能的认知能力（49 个国家中排名第 49 位），担心遭受失败（49 个国家中排名第 9 位），以及将创业视为一种良好的职业选择（49 个国家中排名第 46 位，GEM，2018—2019，第 88 页）。

仔细研究这些数据可以发现，日本人并非天生就更为胆小，而是有更多的担忧。在一项调查中，大约 37%的日本男性表示，他们宁愿冒险创业，也不愿为别人打工，这一比例约为各国中位数的 80%。但是，只有 20%的人认为这是可行的，这一比例仅为典型国家的一半（OECD，2020f）。因此，最大的差别并不在于人们是否渴望成为企业家，而是在日本的情境下，人们对创业持更谨慎的态度。尽管很难纠正根深蒂固的文化倾向，但是改变一个国家不利的风险回报率没有那么困难。

关于这一主题，引用最广泛的学术研究来自吉尔特·霍夫斯泰德（Geert Hofstede）。1965 年，霍夫斯泰德创建了 IBM 欧洲分部的人事研究部门。1967 年至 1973 年，他对不同国家的 11.7 万名 IBM 员工开展了一项关于价值观差异的大型调查。他的研究经常被引用，部分原因是他收集了最全面的跨国数据。他的数据和评论似乎表明，日本人既规避风险又崇尚集体主义，霍夫斯泰德认为这两种态度都不利于创业。他在其他亚洲经济体也发现了类似的缺陷。然后，亚洲经济奇迹发生了。你瞧，霍夫斯泰德又提出了“儒家思想是有益的”观点。按照他的说法，并非所有儒家精神都有助于经济增长，只有他偏爱的那些特征才能发挥正面作用（Hofstede and Bond，1988）。

在引用霍夫斯泰德的观点时，很少有学者注意到 IBM 也有自己的文化，而且该企业会在每个国家挑选最适应其文化的人。事实证明，其他日本人表现出的态度与 IBM 员工截然不同。在上文提到的一个例子中，对于大量各式各样的态度，日本和美国的 MBA 学生有着同样的特征，比如“我热衷于捍卫自己的观点，哪怕与他人的观点有冲突”，以及“我喜欢挑战现状”。这一切听起来很像我们在 20 世纪 60 年代夏普公司看到的那种充满激情的技术冒险精神。

据说日本人墨守成规，一个常见的标志就是参加某些著名企业招聘日的大学应届毕业生，无论男女，都穿着一模一样的黑西装和白衬衫。人们由此推断，情况一直就是这样。然而，在早稻田大学讲授创业课程的泷口匡（Tadashi Takiguchi）教授给我看了一篇报纸上的文章，证明这是相当晚近才出现的现象。《日经新闻》（*Nikkei*，2010）的一篇文章刊登了两张对比鲜明的照片，两张均拍摄于日本航空公司的招聘日，一张是在 1986 年，另一张则是在 2010 年。在 1986 年的照片中，女性虽然穿着保守，但是与人们在其他国家看到的一样，彼此之间有明显的差异；在 2010 年的照片中，她们则身穿“制服”（*Nikkei*，2010）。

《日经新闻》认为这一变化源自就业机会的减少。看来确实是这样，在被称为“就业冰河期”的失去的数十年里，大学毕业生极为渴望找到一份好工作，于是开始阅读各种“求职宝典”，而后者总是建议穿上黑西装和白衬衫。自 1990 年以来，很多日本年轻人变得更加谨慎，但是也有一小部分人变得更具冒险精神，上述现象也体现了这一点。

正如已退休的心理学教授山岸俊男（Toshio Yamagishi）在著

名的“红笔”实验中证明的，被视为墨守成规的行为往往完全不是那么回事，情况要复杂得多（Yamagishi et al.，2008）。在1999年的一项实验中，给一群人一个装有四支蓝笔和一支红笔的盒子，70%的美国人选择红笔，而选择红笔的日本人只有53%。需要注意的是，即使在日本人中，选择颜色独特的笔的人也略占多数。山岸俊男认为，日本人做出选择的动机不是顺从，而是社交特性和关注荣誉。于是，他找新的参与者再次进行实验，并且告知他们是最后做出选择的人。由于不用再关注其他人的想法，选择颜色独特的笔的日本人数量上升到与美国人相同的水平。他们还被问到如果去一家商店，货架上只有一支红笔和四支蓝笔，他们如何选择。在这种情况下，不用担心会冒犯别人。结果，表示“一定会”选择颜色独特的笔的日本人比做出同样选择的美国人还略多一些。

改变教导员工要规避风险的晋升制度

我们不难发现，从事管理工作的一些员工对风险持规避态度。这在很大程度上反映了20世纪70年代从大银行开始实行的新的晋升标准，随后这种标准传到了各行各业。这种新标准被称为“genten shugi”，大致可以翻译成“扣分制”，其工作原理如下。在一个正向评估体系（katen shugi）中，以晋升为目标的工作人员如果达到或超过绩效目标，就会获得积极评价。在“扣分制”体系中，员工如果犯错或者失败，就会得到负面评价。但这是不对称的，出色的成绩不会得到额外的奖励，仅被视为尽到了自己的职责。结果可想而知。人们把注意力集中在避免犯错上，他们拒绝那些违反常规的想法。一个有可能打出全垒打的击球手会选择一垒安打，以免三振出局。人们确实在创新，但是要与当前的商业模式保持一致。这不是一种由文化特质，而是根植于一种由激励制度训练形成的行为，而这种激励制度出现得相对较晚。如果换一种制度，这种行为就会消失。然而，那些通过“扣分制”成为高管的人倾向于招募和提拔那些适应这种方法的人。虽然索尼和野村证券等很多企业已经放弃了“扣分制”，但有很多企业仍在沿用。

一项调查发现，扣分制在处理问题客户时会有损银行的业绩。这项调查询问了1 000名处于职业生涯初期和中期的银行职员，员工们在工作中面临的人事评价体系有的以扣分制为主，有的以加分制为主。前者意味着“银行职员如果失误了，就会得到不可撤销的负分”。近一半的受访者表示，他们的银行极为倚重“扣分制”。然后，该调查又询问他们银行的优势之一是不是“为企业（借款人）提供支持，直到最后一刻”。这包括一些更具挑战性的任务，比如帮助企业改进战略和管理等，而这种做法曾是日本银行业的主流。即使采用加分制的银行，也仅有55%的员工为中小企业提供此类建议和支持。更糟糕的是，在采用扣分制的银行中，只有45%的员工愿意这样做，而在那些更加依赖“扣分制”的银行中，这一比例只有20%，这真令人沮丧（Yamori and Yoneda，2019）。

对于拥有几十年历史的企业巨头来说，要改变由于效果不佳的晋升标准而形成的积弊，并非不可能，但是这往往需要一个巨大的冲击。最著名的两个改革案例，即日产和夏普，都发生在企业跌入谷底并被外国企业收购之时。值得注意的是，这两个案例都有外国企业的介入。

在1999年与雷诺公司结盟之前，日产汽车八年中有七年出现了净亏损。雷诺买下日产37%的股份之后，任命卡洛斯·戈恩（Carlos Ghosn）为CEO，他在短短一两年内就使日产的盈利状况达到了创纪录的水平。2018年6月，我遇到了东出浩教（Hironori Higashide）教授，他回忆说，“40年前，我的一位朋友加入了日产”。

这位朋友年轻时很有创造力，最终升任全球市场营销部执行经理，后来又升任质量管理部经理。“但是到了四十多岁时，他变得非常官僚。他不想尝试任何新事物，只是按要求行事。”东出浩教说，雷诺来了之后，他朋友的心态在短短两年内发生了巨大变化，因为他被要求提出解决方案。“因此，人们的心态从‘我不想犯任何错误’转变为‘我们需要做一些尝试’。”夏普在被富士康收购以后，也经历了类似的变化。

企业家有自己的文化

为了便于论证，假设典型的日本公民天生就比其他国家的公民更为规避风险，即便如此，实际情况是雄心勃勃的企业家在所有国家都是少数群体，而且他们具有独特的性格特点。当跨国研究只关注创业者时，日本的情况与其他国家类似。一项研究发现，“对自我实现和创造力的渴望，即个人主义动机，往往是日本高科技初创企业创始人的主要动力”。另一项研究则表明，在 13 个国家中，新企业创始人与非创始人的态度有所不同。实际上，日本成功的创业者与美国成功的企业家而不是与其他日本高管，有更多的共同点（Tiessen，1997，第 372 页；McGrath and McMillan，1992；Deshpande et al.，2013，第 231、244 页）。

年轻的比尔·盖茨或史蒂夫·乔布斯离经叛道，在车库里埋头苦干，这是成功企业家的典型形象。然而，这只是例外，而非普遍现象。创建世界年度企业家项目的安永会计师事务所的一项调查记录了更为常见的创业经历。在自立门户之前，半数以上的创始人曾在传统岗位上工作过一段时间。此外，他们的调查显示，在大学和传统企业环境中获得的知识和经验对他们未来的成功至关重要（Ernst and Young，2011，第 5 页）。

另一方面，并非人人都能成为企业家。研究表明，他们具有一些共同的人格特质。其中最重要的是自我效能感，即相信自己的行动能够创造理想的结果。此外，还要有一种心态作为补充，即有些事物在他人看来是一种扰乱，而他们却视之为一种机遇，同时还要接受经过计算的风险并容忍失败（Ernst and Young，2011，第 5 页）。

世界各地的企业家还往往具有一种共同的人格类型和态度，即创业取向，这包括对以下事物的渴望，比如为自己争取更高的社会地位、为自己的生活增添挑战、提高自身能力、改善家人和自己的生活质量，以及获得高收入。一项相关研究发现，美国和日本的企业家在某种程度上具有相同的人格类型，这令他们感到惊讶（Deshpande et al.，2013，第 240 页）。

一些观察家可能会反驳说，即使日本企业家与其他国家企业家具有相同的人格类型，日本培养的具有企业家人格的人也比其他国家更少。这或许有一定道理。如果大多数企业家都处于相同的工作环境，并且像“扣分制”这样的观念过于普遍，或者企业给予经理人的自主权很小，这无疑会产生影响。无论如何，正如接下来几章将要论证的那样，日本的主要障碍在于一种严苛的制度环境，与其他国家相比，激励人们尝试创业的因素较少，而且成功获得的回报更低，失败遭受的惩罚则更严厉。

即使在普遍认为具有企业家精神的国家，比如美国，创办雇用非家庭成员企业的人也只占总人口的很小一部分，在典型的经合组织国家，男性创业者仅占 3.9%，而在日本仅占 1.4%（OECD，2022f）。[①] 因此，日本只比其他经合组织国家低 2.5 个百分点。只要日本的成年人成为企业家的比例再增加两三个百分点，再加上有更多的人愿意为他们工作，就能改变日本的发展态势。如果日

① 之所以选择男性创业率，是因为日本女性创业率极低。

本能改善一些阻碍人们尝试创业、阻碍敢于创业者取得成功的因素，缩小创业方面的差距似乎是一个非常容易实现的目标。政策和政治而不是文化，将是决定日本能否走上正确道路的主要因素。如下文所述，通过观察美国企业家精神的衰落，我们可以看到同样的力量在起作用。

美国企业家精神的衰落对日本有何启示?

多数美国人还沉浸在硅谷的浪漫故事中，很少有人知道，美国的企业家精神已大不如前。40 年前，每年诞生的新企业数量占现有企业的 14%；如今，新企业的“出生率”仅为 8%。1988 年，30%的员工为成立不到 10 年的企业工作。至 2018 年，这一比例几乎减半，仅为 18%。经济学家说，这是美国 GDP 和生活水平增速令人失望的主要因素之一。

衰落的原因是什么？倾向于文化解释的人指出，在 49 个国家中，日本对失败的恐惧感排在第 9 位（GEM，2019，第 88 页）。但是，请考虑一下，在 25~34 岁的美国人中，由于害怕失败而不敢自己创业的比例从 2001 年的 24%跃升至 2015 年的 41%。对年轻人的调查显示，对成为一名企业家的渴望一如既往地强烈。然而，18~34 岁的美国人表示，因为无法获得信贷和经济风险，他们不得不望而却步（Kauffman Foundation，2011）。

想象一下，你刚刚大学毕业，和很多同龄人一样，为了支付学费，你不得不贷款 3.2 万美元。如果你是一个普通的毕业生，那么你每年的还款额将达到 4 800 美元，而你前五年的工资大约为 4.8 万美元。因此，你的还款额将高达你收入的 10%。如果你失业了，每月仍需还款 400 美元。如果你继续攻读研究生学位（有四分之一的创业者都是如此），你就又多了 6.6 万美元的债务。你可能会像奥巴马夫妇一样，直到四十多岁才还清债务，前提是你能找到一份好工作。如果你找不到好工作，或者失去了原来的工作，你可能会拖欠贷款，每五名毕业生中就有一人会遇到这个问题。到那时，别说买房或创业，就连贷款买车都很困难。

有鉴于此，当你知道一家新企业更有可能倒闭而不是成功时，你还愿意冒险放弃一份稳定的高薪工作，去一家新企业接受那份令人兴奋的工作吗？更不要说自己开办一家新公司了。

2015 年，美联储的经济学家发现，在 2000—2009 年，学生贷款在所有消费信贷中所占的比例只增加几个百分点，但导致拥有 5~9 名员工的新企业数量减少了 12%，拥有至少 20 名员工的初创企业数量减少了 6%（Ambrose et al.，2015，第 5、16 页）。考夫曼基金会对此的总结是，“由于背负沉重的学生贷款，千禧一代无法承受创业的代价”（Simon and Barr，2015）。目前，4 400 万美国人背负着 1.7 万亿美元的学生贷款。

还有一个障碍，就是美国由雇主支付的医疗保险制度。医疗保险非常昂贵，以至于很多员工不愿放弃一份提供丰厚医疗保险的工作，去创办一家无力负担这种医疗保险的初创企业，或者为其工作。奥巴马医改起到了一定的作用，但是还不足以使创办企业变得更加容易。

近年来，美国生产率增速放缓并不是因为技术创新的速度减慢，而是因为商业转换器减速，也就是说，能够将创新转化为畅销产品的企业数量增长得不像原来那么快。不仅初创企业数量减少了，而且对于推动近期创新的最重要的企业也难以扩张，因此，它们的创新无法对整体经济产生重要的影响（Bureau of Labor Statistics，2021）。

无论在美国还是在日本，证据似乎都很充分，即经济和政治状况而不是本国文化，才是决定创业率变化的最主要原因。

第 8 章 哪些群体无法成为企业家？

日本企业家如此之少，部分原因在于某些社会阶层实际上被排除在外。老年人创办的成长型企业较少，而日本正在经历严重的老龄化。与男性相比，女性在创业过程中面临更多的障碍，包括缺乏在传统企业获得的管理经验到更难从银行获得信贷等。而且，在一个初创企业很难获得融资的国家，如果不是来自富足的家庭，个人通常无法获得成功创业所需的资金。

日本的老龄化是一把双刃剑。一方面，它更为迫切地需要推动一场生产率革命；另一方面，老龄化也削弱了推动这场革命的能力。老龄化社会不仅产生的企业家更少，而且由年长的管理者经营的中小企业也表现得更差一些。

和其他国家一样，在日本，大多数创业者创办企业时的年龄为 27~43 岁，在自己创业之前，他们已经在一家较大的公司积累了经验。大多数 27 岁以下的人过于缺乏企业运作和管理他人的经验，而 43 岁以上的人接受新思想的意愿更低（参见图 8.1）。

遗憾的是，伴随着人口老龄化，越来越多的管理职位被中年人占据，留给年轻人的位置越来越少。结果，与过去相比，员工要到年纪很大时才能第一次获得管理职位。在高增长时代，日本是一个年轻的国家，1955 年年龄的中位数仅为 24 岁，到 1990 年升至 37 岁，然而，在 2019 年年龄的中位数已达到 47 岁。

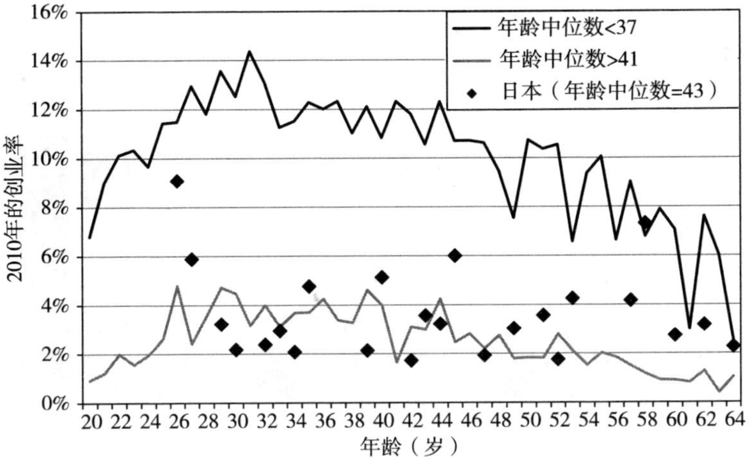

图 8.1　人口老龄化越严重的国家创业者的数量越少

注：在 40 岁之前，日本各个年龄组的创业者比例都低于年龄中位数在“41 岁以上”的灰线所代表的水平，从 50 岁开始则越来越高于灰线的位置。

资料来源：Liang et al.（2014）。

随着日本老龄化加剧，年轻员工成长为经理所需的时间越来越长。1976 年，在所有晋升到基层领导或者课长等初级管理职位的员工中，不超过 35 岁的人占 32%。到 2016 年，这一比例降至 14%。更糟糕的是，有 68%的人必须等到 40 岁以后才能做到这一点（参见图 8.2）。1976 年，25%的人在 40 岁之前就成为部门主管或者部长，这是主任以下的最高管理职位；到 2016 年，只有 10%的人能够做到这一点。那些完全没有管理经验的人可能也会创办一家中小企业，但是，除非他们能聘请到熟练的管理人员，否则业绩不会太好。无论创始人有多么宏大的愿景，缺乏管理经验都不利于企业的发展，企业甚至无法生存下来。

在 2014 年美国排名前十的高科技企业中，有一半是在之前的 20 年间成立的，其创始人的平均年龄仅为 28 岁。但是，人口更年轻只是原因之一。在那些年龄中位数低于 37 岁的国家，20~64 岁

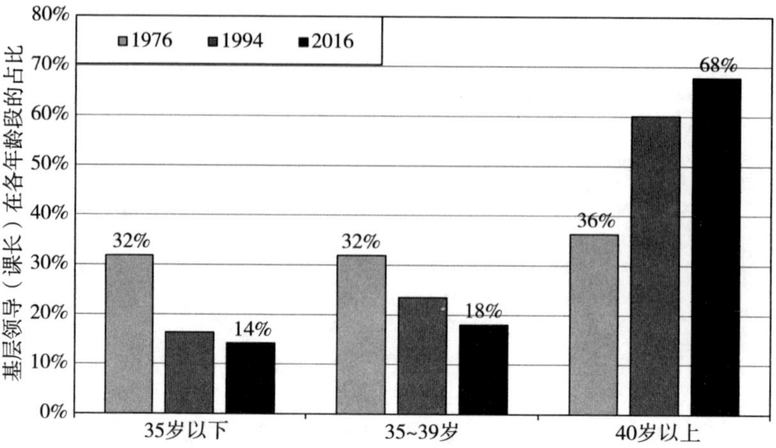

图 8.2　随着日本老龄化加剧，员工需要等待更长的时间才能成为管理人员

注：1976 年和 1994 年的数据涵盖的是至少拥有 1 000 名员工的企业。

资料来源：Dore（1996，第 9 页）；2016 年的数据来自 MHLW（2016）。

的人口中大约有 10%是雇用非家庭成员的企业家。相比之下，在年龄中位数超过 41 岁的国家中，这一比例仅为 2.5%（Liang et al.，2014，第 8 页）。

老龄化的后果不仅是初创企业数量减少，而且让日本更多的创始人年龄偏大。1979 年，四分之一的创始人年龄在 30 岁以下；到 2012 年，这一比例下降至 12%，有三分之一的中小企业是由 60 岁以上的人创建的（METI，2014，第 184 页）。之所以出现后面这个数字，是因为在大中型企业中，日本的终身雇员被迫在 60 岁左右从高薪工作岗位上退休。之前是 55 岁，而政府希望企业将这一年龄提高到 65 岁。如果他们需要工作，很多人可以开启第二职业，有时是在他们刚刚退休的企业，但是工资较低。或者，他们也可以创办一家小微企业，也许只雇用几个非家庭成员。这些年长的创始人的目标是建立老鼠企业，而不是瞪羚企业。

乌云背面也会有阳光。只要有一个系统能把新建的、规模较小的初创企业与他们联系起来，很多退休人员都可以成为宝贵的资源。他们对管理足够了解，在可能成长为瞪羚的企业中，他们可以成为那些有远见但经验不足的创始人的顾问，就像我们在拉克速尔看到的那样。

所有这一切产生了两个不利的趋势。首先，企业主或者 CEO 的年龄在提高，中小企业本身的年龄也是如此，在 18 个经合组织国家中，日本中小企业的年龄是最大的（参见图 8.3）。30 年前，中小企业 CEO 的平均退休年龄约为 62 岁，现在则约为 70 岁，并且还在上升（METI，2018a，第 357 页）。

与那些由年轻人领导的企业相比，由 60 岁或 65 岁以上者领导的中小企业明显表现更差。年长的企业主往往把确保企业生存作为首要目的，而不是采取偶尔有些冒险的措施，以便使企业能够蓬勃发展。当我听到东京一家市值处于中低水平的私募股权投资公司（日本产业推进机构）收购一家冶金企业的故事时，我就明白

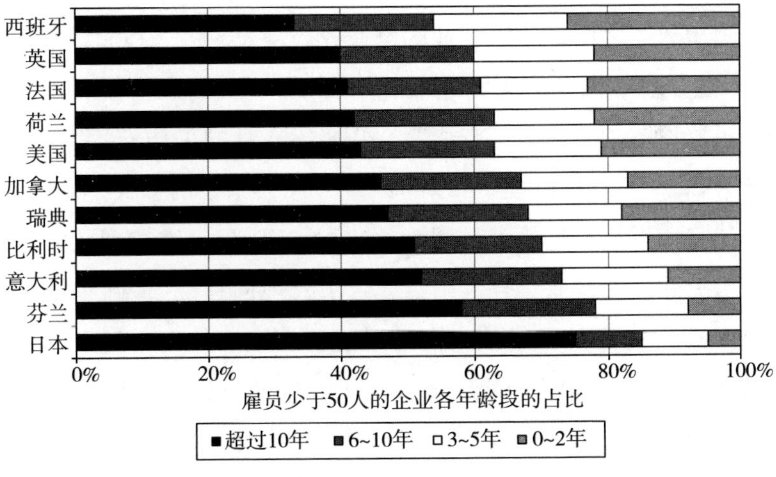

图 8.3　在经合组织国家中，日本中小企业的年龄是最大的

注：简化起见，图中只展示了 18 个国家中的 11 个。

资料来源：Criscuolo et al.（2014，第 28 页）。

了这一点。日本产业推进机构成立于2014年，其经营策略是收购那些已经表现很好但仍有潜力变得更好的企业，而这些企业的老板往往年事已高，没有明确的接班人。日本产业推进机构的CEO津坂纯曾在美国私募股权投资巨头TPG（得克萨斯太平洋集团）工作多年。他告诉我，这家冶金企业盈利丰厚，经营状况良好，但是很难做出惊人之举。该企业的CEO已经60多岁，他想退休，把最高职位交给工厂的厂长，后者43岁，并非他的亲属。但是，大多数这样的企业都会遇到困难。为了从银行获得贷款，新任CEO还必须为退休CEO获得的银行贷款提供个人担保。也就是说，如果企业倒闭，他个人要对企业的债务负责，而这位厂长根本无力承担。

结果，这位CEO将企业卖给了日本产业推进机构。所有原本对贷款犹豫不决的银行，现在都纷纷表示愿意贷款。他们认为日本产业推进机构已经完成尽职调查。日本产业推进机构仍然让这位厂长担任新的CEO。

短短数年之内，这家企业的营业收入增长3倍，利润增幅达到4倍。这是怎么做到的呢？津坂纯解释说，“我们大量投资于最先进的机器设备，并提高了产能”（2018年6月的采访）。我不禁想了解，如果只要这样做就可以的话，为什么原来的CEO不这么做呢？我问津坂纯，这是不是因为原来的CEO只想维持现状，不想冒险借款和投资，而年轻人则目光远大？他回答说：“确实如此。”年长的CEO考虑的是借款投资的风险会有多大，而年轻人考虑的则是如果不借贷投资，风险会有多大，也就是说，如果他的竞争对手使用了更先进的设备并扩大了产能，而他却没有，那么他的企业将多么脆弱。年轻的高管和企业家并不一定更能承受风险，有时，他们只是对风险在何处有不同的认识。

这个故事并非特例。由年轻管理者领导的企业更有可能接受颠覆性创新（Acemoglu et al.，2014）。经济产业省的数据显示，由更年长的管理者领导的中小企业，其表现往往不如由更年轻的管理者领导的企业。在由 70 岁及以上高管领导的中型企业中，只有 16%的企业表示利润在增加，而在由 40 岁以下高管领导的企业中，这一比例为 28%。就对未来的认识而言，只有 32%更年长的高管希望扩大企业规模，而在 40 岁以下的高管中，这一比例为 56%（METI，2013，第 126 页）。尽管很难让所有企业都实现高速增长，但是，年长的 CEO 成功的可能性小于年轻的 CEO（参见图 8.4），这往往是因为他们的视野停留在已不再有效的战略上。在那些将年迈的 CEO 换成 55~64 岁经理人的企业中，利润率总是会有明显的提高（METI，2016a，第 463 页）。

在日本关西大学讲授经营学的龟井克之（Katsuyuki Kamei）教授向我讲述了他在代沟问题上的亲身经历。通常情况下，中小企业年长的 CEO 会将其子女送到商学院学习基本的管理技能，并希望

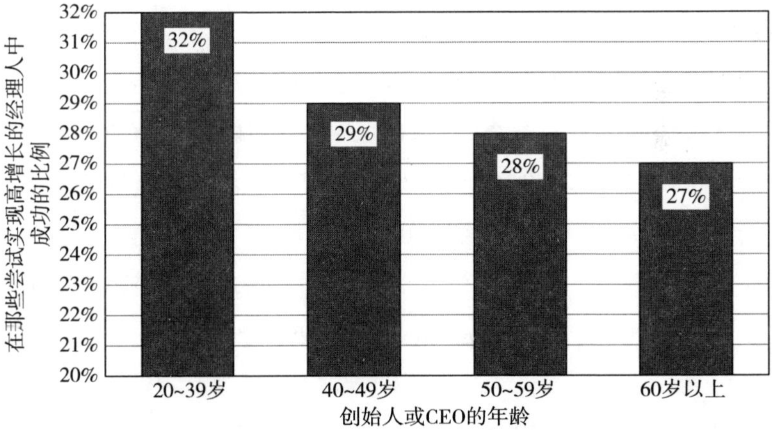

图 8.4　年长的 CEO 在实现高增长方面不太成功

注：数据显示的是以高增长为目标而不是以稳定增长或生存为目标的中小企业实现这一目标的比例。

资料来源：MITI（2017a，第 211 页）。

他们接班，而很多中小企业的高管由于采用的是在职培训的方法，因此不具备这些技能。龟井回忆说，“但是，当孩子讲‘我学到了这样那样的财务管理知识’时，他们根本听不进去。了解财务是一项非常基本的要求，然而很多中小企业的管理者实际上并不太懂。因此，这些年长的中小企业领导者很高兴看到自己的孩子获得一些技能，但是他们故步自封，无法接受任何不同的观念”（2019 年 10 月的采访）。

如果起步时规模太小，就永远无法做大

新企业如果起步时规模太小，即使能够存活下来，也无法成为大企业。那些一开始就拥有足够多设备和员工的企业不仅更有可能生存下来，而且还能茁壮成长（Audretsch，2012；Agarwal et al.，2001）。这需要资金。一项研究表明，创业者向新企业每多投入 10 万美元，营业收入就会增加 35%，雇佣人数就会增加 24%（Frid and Wyman，2016，第 26 页）。

由于在任何国家获得信贷都不是一件易事，创始人不得不依靠自己或亲朋好友的资金。在日本，这个问题更为严重。在一项针对 1 000 家日本初创企业的调查中，三分之一的企业完全依靠创始人的自有资产，在全部 1 000 家企业中，57%的资金来自创始人的自有资产。只有一半的企业从私人或政府的贷款机构那里多少获得过一些信贷（Higuchi et al.，2007；Kutsuna and Yasuda，2005）。

德国的一项研究发现，在投资不到 2 万马克的企业中，只有 45%的企业能撑过五年的时间。相比之下，投资 5 万马克或更多的企业，五年存活率为 84%（Brüderl et al.，1992，第 235 页）。在一项针对 5 000 家美国初创企业的研究中，在成立三年之后，一开

始就从银行获得过商业贷款的企业，营业收入是没有获得贷款的企业的两倍（Cole and Sokolyk，2018，第24页）。最重要的是，当潜在的创业者难以获得外部资金时，经济的整体增长率都会更低（Kambayashi，2017，第79页）。

不幸的是，潜在的创始人在其二三十岁，也就是最有可能创建瞪羚企业的时候，自己的金融资产很少。在该年龄段，每五位创始人中就有三位表示，他们的金融资产规模太小，无法满足新企业的需要（METI，2002，第54页）。

如果个人财富成了“守门员”，那么有哪些人无法通过这扇门？不是有才能的富人，也不是既无才能又无抱负的穷人。相反，是那些既有才华又有干劲的穷人。在美国，由于资金不足，有1.3%的人口无法尝试创业（Evans and Jovanovic，1989）。虽然1.3%的比例看上去微不足道，但是与当前的创业率相比，这已经是一个很大的数字了，毕竟日本男性的创业率仅为1.4%，而典型经合组织国家的创业率为3.9%（OECD，2020f）。

2010年，安田武彦（Takehiko Yasuda）在日本率先对这一问题进行了调查。他考察了600多家雇员不超过20人的企业，研究在决定一家成立10年的企业是否盈利时，哪些因素最为关键。他研究的因素包括企业及其所有者的年龄、企业规模、所有者的受教育程度、收入水平、财富、父母的职业、经商经验、性别以及前雇主企业的规模。到目前为止，财富或者说缺少财富是最重要的因素。通过比较个人资产超过3 000万日元（约23万美元）和不足500万日元（约3.8万美元）的创始人，他发现，与基准水平相比，创始人更富有的企业实现盈利的比例要高出82%（Yasuda，2010）。

在日本，由于难以获得足够的信贷，筹集必要的资金并非易事。2001年，创办一家新企业的平均成本为1 540万日元（约

11.8 万美元，METI，2002，第 56 页)。这相当于当时一名拥有大学学历的 30~34 岁男性正式员工年薪的 4.6 倍（MHLW，2002)。还有数量较少但是也不可忽略的初创企业，初始投资需要 4 000 万~8 000 万日元（31 万~62 万美元）或者更多。

由于日本的工资更多地取决于年资而非职业，年轻雇员的处境尤其艰难。2000 年，只有 25%的男性雇员收入超过 500 万日元（约 3.8 万美元)，但是，在创建 3~8 年的中小企业的创始人中，有 75%能够达到这一收入水平。只有 1%的男性雇员收入超过 1 000 万日元（约 7.7 万美元)，但是在创建不久的中小企业所有者中，约有三分之一可以达到这一收入水平（参见图 8.5)。

如果新成立的中小企业有更多机会获得信贷，那么创始人的财富多少就无关紧要了。由于缺乏这样的机会，日本 72%的初创中小企业是由更有财力的人和 40 岁以上的人创建的（Yasuda，2006，

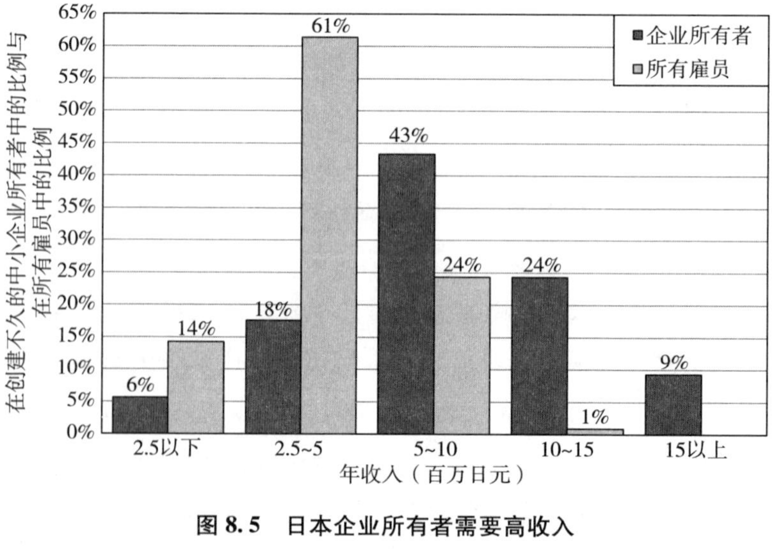

图 8.5　日本企业所有者需要高收入

注：仅指男性雇员收入，他们的收入高于女性。

资料来源：Yasuda（2006，第 16 页)；MHLW（2017c)。

第 14、16 页)。如果 40 岁以下的人创建中小企业，他们面临的资金约束会导致企业起步时规模较小，雇用的工人较少，设备投资较少，研发投入也较少。创建时间不足 10 年的中小企业如果能够获得贷款，其资本存量的扩张速度也要快得多（参见图 8.6)。得有多少潜在的瞪羚企业仅仅因为缺乏资金而未能充分发挥它们的潜力啊!

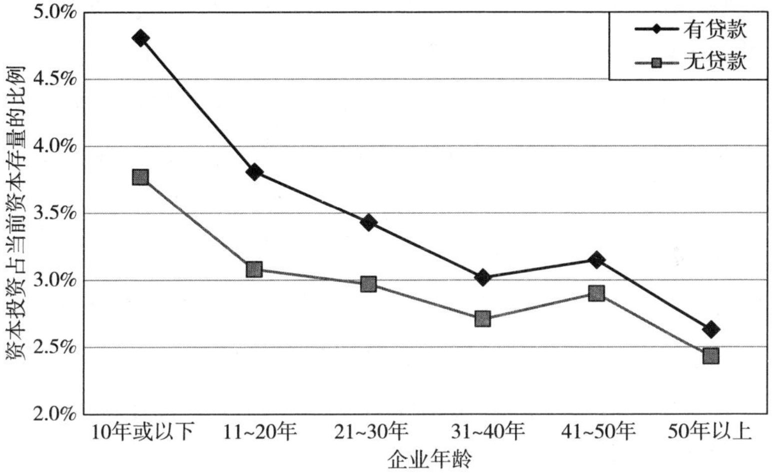

图 8.6　没有贷款的年轻中小企业无法进行大量投资

注：假如一家企业拥有价值 1 亿日元的厂房、设备和软件，如果在某年资本存量又增加了 500 万日元，那么投资率就是 5%。

资料来源：METI（2016a，第 340 页）。

对研发和创新的打击

令人惊讶的是，研发对企业成长的贡献往往比有形资产投资还要大，新建的企业似乎更是如此。对于一家有潜质的瞪羚企业来说，无论是产品创新还是流程创新都有助于吸引客户。经济产业省发现，尽管各种年龄和规模的创新型企业都增长较快，但是对于更年轻、规模更小的企业而言，创新型企业与非创新型企业之间成长速度的差异更为明显（METI，2002，第 87 页）。

不利因素是研发和创新都是有风险的。与不作尝试的企业相比，花费大量资金尝试开发专利的小企业更容易失败。但是，如果它们能够生存下来，那么发展速度就会快很多（Motohashi，2011，第 12 页）。结果并不总是在创业者的掌控之中。一个有前途的创业者可能会花费大量时间和金钱用于开发新产品或新工艺，却以失败告终。在遇到伊藤正裕（Masahiro Ito）时，我就明白了这一点。他年轻时创建了自己的公司，开发一种智能手机操作系统，他相信这个系统可以与都科摩当时占主导地位的 iMode 系统相抗衡。他并不是唯一一个这样做的人，安卓系统打败了他，他的公司也因此完蛋。幸运的是，他被一家非常成功的初创企业 Start Today 雇用，并成为该企业负责工程技术的高管。他在 Start Today 工作得很开心，但是内心深处仍希望拥有自己的企业。只要没有遭遇安卓系统对伊藤的公司那样致命的打击，信贷可以帮助企业渡过难关。因此，对于创新者而言，中小企业普遍面临的缺少银行贷款的问题将产生更为严重的影响，因为它们面临的风险更高（Okamuro，2006）。如果没有像 Start Today 这样的后备方案，又有多少年轻的创业者愿意去尝试呢?

太多的潜在创新者不愿冒这个险，而是选择通过限制研发投资来使自己的生存机会最大化。在日本的所有企业中，拥有 20~250 名员工的中型企业拥有的专利比例是经合组织国家中最低的，仅为 27%，而典型的经合组织国家的比例为 60%（OECD，2013a，第 195 页）。

壮大或者出局

必须达到某种最低的有效规模，企业才具有竞争力。当然，这一规模因行业而异。就这一规模而言，种植黄瓜的农业企业可能比组装汽车的企业小得多。然而，这里也存在一个悖论，即企业只有具备足够的竞争力并抢占一定的市场份额，或者能够获得信贷以维持发展，它才能达到最低有效规模；但是只有达到特定的规模，它才能做到这一点（Harada，2003）。

缺少贷款不仅会导致很多有前途的企业因为无法迅速达到最低有效规模而失败，还会影响它们的战略选择。比如，零售商店如果有更多的初始资本，就能够售卖种类更广泛的商品，或者允许企业开展更雄心勃勃的项目。之前的八项研究中有六项表明，初始资本越多，长期业绩就越好（Cooper et al.，1997，第19页）。

这在潜在的瞪羚企业中产生了一种非常强烈的要么壮大要么出局的趋势。能够在几年内达到最低有效规模的企业不仅能生存下来，还能继续发展壮大。随着企业的成长，它们会通过学习曲线效应和规模经济等方式提高生产率。与此同时，生产率越高，它们的竞争力也就越强，利润也会大幅上升，从而有能力进行更多的投资和研发。有些企业使用的是内部资金，有些则是因为它们现在可以吸引更多信贷。这种良性循环使良好的增长态势转变为高速增长，在少数情况下还会出现爆炸式增长，从而成为瞪羚企业。另一方面，如果这些企业未能走上快速实现最低有效规模的轨道，那么在资金耗尽以后，它们就会出局。一半的新进入企业会在短短四年内消失（Motohashi，2011，第8页）。

在日本，由于新企业难以获得信贷支持，有太多的企业家选择了回避生产行业，因为这些行业的最低有效规模过高。它还剥夺了创新型中小企业所需的喘息空间，使其无法撑过前进方向不明朗的初始阶段（Cooper et al.，1997，第14—15页）。如果企业能获得信贷，就能熬过困难时期。如果企业知道自己无法获得信贷，它就更有可能限制投资，以免陷入困境。有时，企业需要权衡利弊，决定是采取必要措施来发展壮大，还是谨慎行事以确保生存。在日本，由于中小企业缺少资金，使得天平过分向生存而非繁荣倾斜。

试想，如果决定哪些人有资格创业，哪些人没有资格创业的是初始财富而不是个人的才能或教育背景，会给日本带来什么样的后果？

职业女性：瞪羚企业隐藏的宝藏

走进日本的一家新企业，你会看到在很多传统企业中很难见到的景象，那就是有很多职业女性，甚至是女性经理人。这种差别让我们在很大程度上明白了为什么在日本更难找到企业家。女性在劳动力中占比较小的国家，企业家人数也较少。在一个典型的经合组织国家，雇用非家庭成员的新企业创始人在劳动力中的占比很小，男性仅为6%，女性仅为2%。如果有一半的人口被迫在经济中发挥较小的作用，那么潜在企业家的数量就会大为减少。

如前所述，雇主企业的典型创始人是年龄在27~43岁的人，他们至少有一些管理经验。遗憾的是，很少有女性拥有这样的管理经验，而那些拥有此类经验的女性也是在很晚的时候才拥有的。因此，日本的女性创业率在经合组织国家中是最低的，仅有0.6%的就业女性是雇用非家庭成员的雇主，而经合组织国家的中位数是2.2%。每个国家都存在性别差异，但是日本的性别差异是经合组织国家中最严重的。在日本，女性企业家的数量是男性企业家的五分之一，而在其他国家，这一比例是日本的两倍（OECD, 2022f, 2020g）。

一些障碍限制了女性创业。首先，即使在职业和教育等其他条件相同的情况下，女性的薪酬也较低。拥有大学学历的男性和女性在20~24岁时的起薪大致相同。到50~54岁时，男性的薪酬几乎涨了两倍，而女性的薪酬仅涨了一倍（MHLW，2014）。根据世界经济论坛（World Economic Forum，2020，第201—202页）的数据，在2020年的153个国家中，日本在男女工资平等方面排名第67位，在专业和技术工人数量平等方面排名第110位，在政府领导职位和企业管理职位平等方面排名第131位。

工资较低意味着女性积累的能够用于投资企业的资金较少，因此女性创办的企业可能规模更小，也更不容易成功。77%的创业女性不得不依靠自己的资金再加上家人的帮助，而男性的这一比例为53%。除此之外，银行更不愿意贷款给女性。只有12%由女性创办的企业获得了银行贷款，而男性的这一比例为26%（Higuchi et al.，2007，第180页）。

与此同时，如下文详述的那样，女性在管理职位晋升方面也会受到歧视，而那些获得管理职位的女性也是在职业生涯较晚的时候才获得的。因此，她们很少拥有经营一家不断发展的成功企业所需的经验。

所有这些歧视行为都违背了日本的《劳动基准法》，其中的表述似乎非常明确："相对于男性，雇主不得因工人是女性而在工资方面给予歧视性待遇。"此外，《男女雇佣机会均等法》禁止在晋升方面歧视妇女，甚至禁止使用看似性别中立但会导致歧视的标准。这些法律通常会被忽视，也没有任何政府机构负责执行这些法律。受害者必须花费自己的时间和金钱在法院寻求补偿。更糟糕的是，在劳动案件中无法提起集体诉讼。

一位经常在此类诉讼中代表企业的律师告诉我，他的客户经常通过稍微调整一下对工作的描述，辩称这是不同的工作，从而规避"同工同酬"原则。在这类案件中，法院几乎总是支持雇主。即使政府机构在接到投诉后发现某企业违犯了法律，也只是下达行政命令要求其纠正这一做法，而不会对其进行处罚。

部分是为了应对1986年《男女雇佣机会均等法》中的反歧视条款，企业设立了两个独立的序列，一个是以女性为主的非职业雇员（ippan shoku），即文秘岗位或者普通岗位，被戏称为“妈妈岗”，一个是以男性为主的职业雇员（sogo shouku），即管理岗。直至1992年，40%的企业还在为这一岗位序列辩护，声称这使女性可以从事“最能发挥女性特质”的工作（Gelb，2000，第391页）。在45岁时，在职位高低相同的情况下，管理岗人员的收入是普通岗人员的将近2.5倍（Futagami，2010，第10页）。截至2011年，在至少拥有1 000名员工的企业中，约有一半承认仍在使用这种双轨制。

熟悉“女性经济学”的人都听说过，安倍首相承诺在短短七年内将女性管理人员的比例从不到10%提高到30%。但是他们可能不知道，最早宣布30%这一目标的首相并不是2013年的安倍晋三，而是10年前的小泉纯一郎。安倍只是重申了同样的目标，目标达成的日期也同样是2020年。仅仅两年之后，安倍就承认这一目标无法实现，并将其削减至15%。

女性即使能够晋升到管理岗位，需要的时间也要多得多。因此，在27~43岁这一关键的年龄段，具有管理经验的女性要少得多。在一家规模较大的企业，在进入管理层的5年内，14%的男性可以晋升为课长（部门领导），而女性的这一比例仅为1%。到第20年，也就是一名大学毕业生到42岁时，三分之一的男性可以获得课长或更高的职位，而女性的这一比例仅有8%（参见图8.7）。

很多企业为了让数据好看一些，给女性一个管理岗位，但不给予她们相应的权力，她们也因此无法获得相关经验。在一项研究中，某银行的投资银行部一位38岁男性副总经理报告说，他在工作中没有看到多少真正拥有组织权力的女性经理人。“她们中有

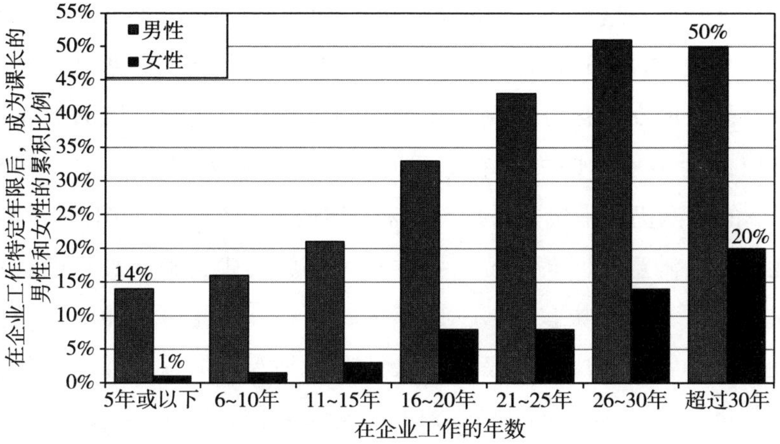

图 8.7　在管理岗位得到晋升的女性数量较少

资料来源：Yamaguchi（2016，第 9 页）。

很多人有了岗位头衔，却没有下属可以管理。"（Nemoto，2016，第 133—134 页）另一项未得到执行的法律禁止"母职惩罚"，即女性在怀孕后被迫离职或者接受降职。她们被迫在事业和家庭之间做出选择。结果，2014 年，在至少拥有 300 名员工的企业中，仅有 30%的女性课长已婚并育有子女，而男性课长的这一比例为 78%。在更高的部长级别，相应的数字分别为 33%和 81%（JILPT，2014）。

可以肯定的是，过去 30 年取得了一些进步，但是进步的速度非常缓慢。30 年前，女性在系长（*kakaricho*）职位中所占的比例不到 5%，这是职位阶梯的第一级，当时几乎都是男性；至 2020 年，女性所占比例上升到 21%。女性在课长职位中所占的比例由 2%上升到 11%。在部长职位中，女性的比例由 1.3%上升到 8.5%（Nemoto，2016，第 4 页；Olcott and Oliver，2014，第 5 页；Gender Equality Bureau，2022，第 4 页）。

取得进步的原因之一，就是人们对女性社会角色的态度发生了代际转变，这在一定程度上是由1986年的《男女雇佣机会均等法》引发的。在这部法律颁布之前，半数以上高中毕业之后继续接受教育的女性被分流到两年制的初级学院，这些学院教导女性如何成为淑女，即如何在婚姻市场上更具吸引力。当时，将近30%的婚姻仍然是包办婚姻，95%的年轻单身女性有工作，但都是无法令人满意的低薪职位。女性相信这部法律会确保真正的就业机会，这不仅意味着金钱，还意味着独立，因此纷纷涌入四年制大学。尽管这部法律并没有带来完全的平等，但是女性在四年制大学每学习一年，仍能获得较大的薪酬回报。因此，从四年制大学毕业的女性人数从当时仅占男性毕业生的三分之一激增至今天的将近80%，也就不足为奇了。

职业女性涌向瞪羚企业

对女性来说很糟糕的状况，对瞪羚企业来说却成为一个有利条件，成群结队的优秀女性寻求为瞪羚企业工作。如前所述，终身雇佣制使得招聘员工，包括招聘管理人员，成为新成立的中小企业最难克服的障碍之一。因此，很多新企业都渴望聘用这些女性，而她们也更愿意加入这些企业。办公用品在线零售商爱速客乐只是很多例子之一。它的员工人数从2002年的区区130人增加到2020年初的3 500人。其中一个原因就是，在爱速客乐公司（不是整个爱速客乐集团）的800名员工中，女性占37%，而在部长及以上级别的管理人员中，女性也占到了20%，这令人印象深刻。该公司设定的目标是女性管理人员要达到30%。如前所述，其中一位女性就是B2B战略规划部副执行官温泉纱织。

瑞可利（Recruit Holdings）是一家在企业和优秀人才之间牵线搭桥的巨头，除此之外，它还经营其他业务。早在1960年成立之初，瑞可利就发现很难招聘到男性员工。于是，它开始招聘女性，截至 2022 年初，在该公司 16 500 名日本员工中，女性占半数，在管理人员中，女性占 28%。公司于 1997 年任命了首位女性总裁。截至 2021 年，该公司的首席运营官不仅成为职位如此之高的少数女性之一，也是日经 225 家公司中最年轻的女性董事会成员。该企业的目标是至 2030 年在包括董事会成员在内的所有职位上实现性别平等。

在电视购物网站 Shop Japan（日购），哈里·希尔（Harry Hill）说，2006 年在他担任 CEO 时，30%的经理是女性，但是到 2017 年，这一比例已经升至 55%。在高层管理人员中，女性比例仅为 15%。不过，他补充说，“很明显，从现在开始 10 年或 15 年之后，这家公司很可能将由女性来管理。我想，去年我们招聘的员工中 5/6 都是女性。这并不是说我们只招女性，而是因为她们是最优秀、最有进取精神的”。

这表明有两种趋势在相互促进。一方面，潜在的瞪羚企业对员工的需求促使它们雇用更多的女性，包括女性经理。另一方面，更容易招到有才能的女性也有助于更多潜在的瞪羚企业实现起飞。

也许最令人鼓舞的消息是，女性管理人员较多的企业实现了更高的生产率和盈利能力（Yamaguchi，2011，2012）。此外，那些积极开展工作—生活平衡计划的企业也获得了更好的经济效益，这有助于女性走出家庭与事业的两难困境。如果这些企业能从落后者手中抢占市场份额，就可能迫使落后者提高自己的业务水平。然而，迄今为止，在通常情况下，管理者对这类财务状况的认知远远落后于实际情况，尤其是当企业管理者“看不到大猩猩”时。山口（Yamaguchi）的研究表明，在至少拥有 300 名员工的企业中，仅有 14%的企业实施了综合性的工作—生活平衡计划以及儿童和家庭照护计划，而大约一半的企业在这方面毫无作为。很多趋势确实都在朝着正确的方向发展，但是步伐依然缓慢。

第9章　通过企业内部创业培养企业家

大中型企业是孕育企业家的温床。实际上，有一个学术流派特别关注这个问题，其思想被概括为“知识溢出理论”。著名的企业家精神分析师佐尔坦·阿克斯及其合作者认为，大多数创业者都是一些雇员，他们看到了雇主未能察觉的机会，或者雇主在现有商业模式下无法利用这些机会（Acs et al.，2009）。最有名的案例是史蒂夫·沃兹尼亚克（Steve Wozniak），他是惠普的一名员工，与史蒂夫·乔布斯共同发明了第一台苹果电脑。按照合约，沃兹尼亚克有义务授予惠普优先购买权，但是惠普那些“西装革履”的循规蹈矩之辈却将沃兹尼亚克的发明视为业余爱好者的玩具，接下来的事情就世人皆知了。值得注意的是，在1899年到1988年的任何一年中，美国新企业的数量都与前一年新专利的数量密切相关。这意味着，如果现有企业未能利用这些专利，员工就会离开企业，另起炉灶（Acs and Varga，2005，第325页）。我们在前文已经讲过，松本康兼是如何离开科尔尼并创建拉克速尔的，因为没有其他企业将类似的想法付诸实践。

令人吃惊的是，大量外溢型创业者以前在雇主那里是作为内部创业者（*intra*preneurs）工作的，这个词并不为一般公众所熟知。企业家（*entre*preneure）创建新企业，而内部创业者则通过独立研究自己设计的项目，在已有企业内部实现自己的创新。

在一个典型国家，包括日本在内，60%的内部创业者会成为企业家。因此，除北欧国家和比利时之外，那些拥有更多内部创业者的国家往往也会产生更多企业家，这并不奇怪。问题就在这里，在日本，在所有企业员工中，只有2%被允许领导内部创业项目，相比之下，美国的这一比例为5.4%，经合组织23个富裕国家的中位数为4.3%，而日本排名倒数第四（Stam and Stenkula，2017，第16页；GEM，2013，第25页）。

内部创业开始于100年前，当时美国3M公司（明尼苏达矿业和制造公司）鼓励其研究人员将15%的时间用于自己挑选的项目，目前这家公司市值已经达到360亿美元。如果项目失败，就在内部研讨会上进行讨论。3M取得的最大的成功就来自这些失败的项目，其中最著名的是便利贴。在这个案例中，一种黏合剂没有达到预期目的，但是其他人想到了另外的用途。其他知名的内部创业产品还包括谷歌的Gmail（谷歌邮箱）、JAVA编程语言和最畅销的伊利克斯（Elixir）声学吉他琴弦。

日本最富戏剧性的内部创业故事来自索尼游戏机PlayStation的创始人久多良木健（Ken Kutaragi），这一案例也凸显了日本大象企业的困境。2021财年，游戏部门为索尼创造了27%的营业收入和29%的利润。然而，在这个项目起步时，索尼大部分的高管都与之发生过争执。久多良木健小时候喜欢拆卸玩具，看它们是如何工作的。1975年，他加入索尼，成为一名电气工程师。20世纪80年代初期，他发现女儿的任天堂游戏机音质很差。由于索尼并不从事游戏业务，他的上司允许他作为任天堂的顾问，开发一种专门的声卡。当他的芯片让任天堂的销量直线上升时，一些高管想要解雇他。幸运的是，CEO大贺典雄（Norio Ohga）支持他。也许是大贺典雄在他身上看到了自己的影子，因为两人年轻时都曾梦想成为歌剧演员。当久多良木健开发出Play-Station时，索尼的大多数领导都将它视为一种玩具而已，一些人再次想要解雇他，并将他的玩具弃之不用。大贺典雄又一次站在了他这一边。

信任并挑战你的员工

人们可能认为，日本会有更多的内部创业，是因为日本有很多有助于实现内部创业的因素。在富裕国家中，日本 25~64 岁人口中拥有大学学位的比例仅次于韩国，达到了 30%。日本在美国、日本和欧盟同时获得的三方专利数量全球领先，包括一些尖端技术领域。日本的研发费用与 GDP 之比位居世界第五。此外，研究表明，拥有更多内部创业的企业，其销售额、利润率和市场份额也更高（Pearce and Carland，1996）。根据一些学者的计算，对于增长和盈利而言，内部创新要比巨头企业大肆收购效果更好。

传统日本企业缺少的关键因素是高管对待员工的态度。如果员工被老板视为值得信赖的人，那么企业就更愿意给员工一些自由，让他们追求自己的创新梦想。美国发明家和企业家吉福德·平肖（Gifford Pinchot）于 1978 年创造了“内部创业”一词。他认为，如果企业聘用的技术人员渴望获得很高的成就，那么企业只需创造适当的环境，内部创业者就会出现。在日本，群体之间的信任度，比如在企业内部以及企业与供应商之间，通常是很高的。

那么，是什么阻碍了日本的发展？答案是管理观念。丰田公司信任自己的装配线工人，他们在发现缺陷时可以按照详细的指引暂停生产，或者就如何改进正在执行的任务提出建议，这是一回事。允许员工开发自己的项目，而不是遵循研发部门等级制度的命令，就是另一回事了。

员工自主权是促进内部创业的最重要因素之一。在一项研究中，员工被问及他们是否有权自主决定如何开展工作，以及是否有机会在工作中学习新技能。在接受调查的 21 个国家中，给出肯定答案的员工比例从希腊的 7%到丹麦的 48%不等。自主程度与内部创业之间的相关性高达 87%（Stam and Stenkula，2017）。遗憾的是，这项调查未包括日本。不过，与其他国家相比，日本高度集权的研发部门似乎更不愿意放弃控制权，正如我们之前在旭硝子玻璃的上野正敏案例中看到的那样。

因此，由于在职位晋升中采取扣分制，如果内部创业者项目失败，他的地位就会受到威胁。既然棒球可以大力表扬在比赛进行到三分之二时就出局的击球手，为什么企业就不可以呢？伊佐山元（Gen Isayama）位于硅谷的世界创新实验室帮助日本大企业与美国创新型初创企业合作，他告诉我，“我不得不去人力资源部门，问他们‘无论项目是否成功，对于那些冒着风险为这项业务做出贡献的人，能否请您确保在其晋升速度或者薪酬方面考虑他们的付出？’否则，我们就无法找到最优秀的人才与我们合作”（2018 年 3 月的采访）。伊佐山元只与愿意遵守这一规则的企业合作。他说，大多数日本企业至今仍然不愿意这样做。

在四个富裕国家中，25%的内部创业者表示，成为内部创业者，他们要承担个人风险，主要是可能失去在企业的地位（Bosma et al.，2010）。在大多数日本大企业中，风险要高得多。泷口匡在早稻田大学讲授创业课程，同时也是一家名为 WERU（早稻田大学创业研究会）的风险投资公司的领导者之一。他解释说，“传统企业的文化就是要规避这种自主观念”。他指出，即使在大学里，工程师和科学家也不承认失败是成功之母。1990 年以后，随着数字时代技术不确定性的增加，一些企业变得更加僵化。“‘扣分制’这种逃避失败的心态在一个充满不确定性的时代行不通。如果企业面临不确定性，我们就必须建立一个允许失败的系统。但是，越来越多的日本企业一直在寻求确定性，而不是想办法应对不确

定性。”（2020 年 3 月的采访）

泷口匡坚持认为，虽然日本企业很少做出这种转变，但是它们展示了这并非不可能。夏普就是一个例子，尽管它拥有精湛的技术，但是在 21 世纪第二个 10 年初期差点破产。比如，它在 2013 年创造了迄今为止世界上最高效的太阳能电池，创纪录地将 44%的太阳能转化为电能（Mathias，2013）。然而，与索尼和松下一样，尽管屡屡亏损，该企业仍将赌注押在了电视机上。从 2012 年开始，富士康收购了夏普越来越多的股份，并在 2016 年获得了控股权。获得政府支持的日本创新网络公司以技术民族主义为由提出竞购，但是夏普还是选择了富士康。现在，该企业发展良好。

泷口匡在早稻田大学和 WERU 风险投资公司的同事东出浩教指出，夏普是一个明显的例子，说明当新的管理层信任并对员工提出挑战时，企业会发生怎样的变化。富士康进入后，他们用更平衡的方式取代了扣分制的思维模式，包括对成功者的奖励。最重要的是，尝试一些非同寻常的事情却遭到失败，变得更容易被接受。此外，只要项目对企业有利，还允许员工可以将部分时间用于自己的项目。并不是每个人都能适应，很多老员工离开了夏普。但是现在，夏普又开始盈利，并生产出更优质的新产品。

瑞可利是一家全球领先的人力资源科技企业，它是日本老牌企业促进内部创业的最杰出特例之一。2022 财年，瑞可利的营业收入达到 2.87 万亿日元（约 220 亿美元），其中将近一半的收入来自海外，而 2011 年这一比例还不到 4%。2017 年，泷口匡考察了股票市场上几家由早稻田大学毕业生创建的新公司，结果发现半数创始人之前都是瑞可利的员工。

1960 年，江副浩正（Hiromasa Ezoe）创立了瑞可利，当时他还是东京大学教育心理学专业的一名学生。他的目的是为求职的大学毕业生和招募新员工的企业牵线搭桥。此后，它开始为处于职业生涯各个阶段的求职者匹配工作，近年来还扩展到其他领域。

瑞可利的发言人上田佳奈（Kana Ueda）解释说，江副浩正发展了一种企业文化，其核心价值观是“倾情投入”,“我们相信，如果员工专注于自己热爱的事业，就能发挥最大的潜能”（2022 年 4 月的采访）。1982 年，瑞可利创立了 RING 计划，以促进内部创业。该项目采取了让不同商业提案展开竞赛的形式，每年大约会有 1 000 个提案，有些提案来自同一个团队。资深员工为申请者提供建议。只有不到 1%的项目被采纳并付诸实施。优胜者将获得资助，并经营新业务。

在这一过程中，瑞可利推出了一些最热门的服务，包括以婚礼策划为主题推出了一份杂志和在线平台 Zexy（皆喜），以及提供在线学习服务的 Study Sapuri（学习辅导）。当然，并不是所有项目都能成功，但是瑞可利不会惩罚那些冒险和失败的人。上田佳奈补充说：“我们从所有这些经历中学习，吸取不成功的教训与学习成功的经验同样重要。这种方法对我们个人成长和企业成长都至关重要。”她以柏村美生（Mio Kashiwamura）为例，后者在 20 多岁时曾建议瑞可利将 Zexy 带到中国。虽然从长远来看，这个想法并不可行，但是这段经历是成长的一部分，直至今日她成为一名公司高管。“在其他公司，人们可能会认为这是一次失败的经历，但是我们认为这种经历至关重要。如果人们害怕尝试新想法，我们就失败了。我们不断鼓励人们探索新的做事方法。”

瑞可利公司本身就是一个由失败走向成功的例子。1989 年的一桩政治贿赂丑闻差点使其倒闭，后来江副浩正因此被判刑，很快 1990 年的房地产泡沫破灭又给它更致命的一击。江副浩正辞职了。然而，该企业起死回生，如今已被收入《哈佛商业评论》的案例研究集（Sucher and Gupta，2018）。

瑞可利希望员工能在公司内部开创自己的新事业，但是如果有人决心自立门户，那么瑞可利也会鼓励他们这样做。一些人做过尝试但失败了，他们又回到了瑞可利。上田佳奈本人就是一个例子，表明瑞可利吸引的是哪类人才。从著名的庆应义塾大学毕业后，她进入一家大银行工作，但是她很快就意识到，女性的身份限制了她的发展。于是，在不到一年的时间里，她跳槽到了瑞可利。

尽管瑞可利已有60年历史，但是泷口匡评论说："如今在股票市场上市的新企业，至少在其创始人仍保持创业心态的时候，可以通过提供内部创业的经验，成为未来创业者的最佳孵化器。"他提到了CyberAgent。CyberAgent创建于1998年，提供各种基于互联网的服务，2021年营业收入达到6 660亿日元（约51亿美元）。该企业也在内部开展新业务提案竞赛。入选者将成立子公司，拥有独立于总部的非同寻常的自主权，包括聘用自己的员工和独立处理日常业务。很多子公司的CEO只有20多岁。有趣的是，该计划的初衷是为了解决高技能员工流失率太高的问题，并且在这方面效果显著。该公司有一条"行为准则"，那就是"给挑战者第二次机会"。2010—2017年，这家公司新成立了111家子公司，其中23家创业失败，关门大吉。但是，它们的领导者发现，CyberAgent确实给了他们"第二次机会"（Delbridge et al.，2019）。

瑞可利和CyberAgent的行为方式似乎是在试图对抗"知识溢出"模式，即在企业内部创造机会，让富有想象力的人才觉得不离开企业也能将他们的想法付诸实践。

知易行难

培养内部创业精神，知易行难，尤其是在老牌的传统企业。

以松下为例，2016年，该公司的消费电子和家用电器部门松下电器成立了一个很小的单位，截至2019年也只有12人，专门培养内部创业者。该部门名为“游戏变革者加速器”（Game Changer Catapult，以下简称加速器）。其创始人深田昌则（Masa Fukata）曾是一名负责开发新产品的高级经理，他希望到2025年，这个“加速器”能够创建20～100家新企业，其中一些企业的年销售额可以达到1亿～3亿日元（77万～230万美元）。成立“加速器”的动力来自深田昌则注意到，“我们关闭了电视业务和其他业务，但是并没有真正创建新的业务”（2019年10月的采访）。

尽管如此，要说服松下的经理们接受这个并非出自研发部门的想法，仍是一项艰巨的任务。我们来看一个早期的提案，这是一种食物软化机。它的目标客户是吞咽普通食物有困难但又不喜欢只吃糊状食物的老年人。该产品的创意来自为松下工作了几十年的两位女性质量检查员水野时枝（Tokie Mizuno）和小川惠（Megumi Ogawa）。她们分别在看到祖父和父亲饮食有困难时萌生了这个想法。“加速器”建议松下电器推出这款产品，但是松下电器以市场太小为由拒绝了。实际上，在日本、美国和欧洲，各有大约200万人遇到了这样的问题，预计到2025年，老年人专用食品的市场规模将达到1 540亿日元（约12亿美元）。因此，当这一想法在2017年得克萨斯州的西南偏南（South by Southwest，SXSW）创意产业博览会上大放异彩时，松下电器的领导者改变了主意，试图开发这一产品，但最终还是放弃了。

幸运的是，“加速器”准备了一个备用方案。它与一位日本人创建和领导的美国风险投资基金Scrum资本共同组建了一家名为BeeEdge的合资企业。在松下的经理们放弃这个想法之后，BeeEdge投资了一家名为Gifmo的新企业来开发这款产品。这款名为Delisofter的产品看起来就像一个电饭煲，它于2020年开始销售，标价为 47 300 日元（约 363 美元）。Gifmo 预计未来几年将售出数万台产品。

在“加速器”培育的首批新企业中，有一家名为“蜜蜂产品”（Mitsubachi Products）的企业。它的第一款新产品是一台用于在家中制作高级热巧克力的机器，名为 Infini Mix。这款产品是由四十多岁的女性经理浦初美（Hatsumi Ura）开发的。这家企业还为这台机器开发了自己的巧克力。松下企业的经理们再次拒绝了这一想法，于是 BeeEdge 公司为其提供了资金。浦初美成为这家新企业的总裁。她自己也投入了一些资金，并且开始销售产品。

2016—2018 年，员工们提交了大约 120 份提案，对于一个拥有 11 000 名员工的部门来说，这是一个很小的数字。每年都会选出七项在大型展会上展示，比如东京国际科技创新大会（Slush Tokyo，Slush 这个专注于科技创新创业和投资的国际大会起源于芬兰）和得克萨斯州奥斯汀的西南偏南创意产业博览会。在展会上反响最佳的作品将获得“加速器”的资助。

当松下公司的深田昌则谈及他对“加速器”的雄心壮志时，他身上散发出的活力就像一位比其实际年龄更年轻的中层管理者。在企业巨头中，可能隐藏着很多像深田昌则这样的高级经理人。遗憾的是，大多数人在升到深田昌则这样的职位后，似乎已经失去了热情。因此，深田昌则的技能之一就是学会如何驾驭职场政治。早在 2016 年，他就获得了本间哲朗（Tetsuro Homma）的热情支持。后来，本间哲朗调任新职，他的继任者在未来几年会给予怎样的支持，还要拭目以待。

如果员工害怕提出可能会失败而且确实大多数都会失败的新想法，那么内部创业就不可能取得成功。“加速器”就是为了克服这一障碍而设计的。如果员工的建议被接受，开始开发原型并进行概念验证，内部创业者就会从常规部门转到“加速器”，在大多数情况下，会转到一家新的独立企业。如果新企业取得成功，内部创业者就会身价倍增。但是如果失败了，他可以回到松下原来的岗位工作，这是这种做法最不寻常的地方。那么，失败是否会影响他未来的晋升呢？深田昌则承认，“可能确实如此”。他自己的看法是，一个人如果进行尝试但失败了，“凭借其想法和经验，他回到松下工作是有价值的”。

最大的障碍可能是日本大多数企业巨头仍然普遍存在一种思维定式，即“只有自己发明的才是最好的”。松下内部几乎总是会想出一些理由，拒绝开发“加速器”设计的产品。深田昌则说，没有说出口的理由是“这个想法不是来自那些官方指定的产品开发者”。

希望还是有的。人力资源部门认识到，有才华的年轻人更容易被提供此类机会的企业吸引。深田昌则解释说：“人力资源部门喜欢我们的做法，因为这些充满激情的年轻人会让我们取得成功。如果他们去了其他企业，我们就会衰落。”

需要吸引充满激情的年轻员工

松下并非孤例。在很多方面，大型传统企业不得不改变方式，以适应代际观念的转变，比如前面讨论过的，处于职业生涯中期的员工招募数量有所增加。日本出现的一个新词“跨企业创业”，就体现了这种新方式。企业内创业是指在一家公司内部员工像企业家一样行事，而跨企业创业则有所不同，它指的是在企业外部尝试独立创业，同时仍然保留自己的工作。人们可以进行尝试，但是不必冒着放弃固定薪酬的风险。

传统上，日本企业不允许自己的员工从事兼职工作。但是，深田昌则解释说，如今“一些企业已经开始接受这种做法，这是因为具有企业家精神的年轻员工希望通过从事这些外部活动更快地学习，因此给了企业很大的压力”。这不仅仅是个人成就感的问题。深田昌则说，由于对终身雇佣制的信心下降，跨企业创业使员工能够“习惯充满挑战的环境，他们最终可能需要适应这种不确定的工作环境”。

深田昌则本人的经历也反映了这种观念的转变，传统企业需要应对这种观念变化。他于 2021 年底从松下退休，比通常的退休年龄提前了 5 年，以便在一家名为 Sundred 的公司为跨企业创业提供帮助和指导。他把“加速器”交给了比他年轻 15 岁的人。

第 10 章　作为创业社区的大学

2016 年 5 月，在纽约举行的一次会议上，来自日本和美国的风险投资家和潜在创业者汇聚一堂，我第一次见到了贾斯珀·程（Jasper Cheng），他是一位二十出头的年轻人，曾在一家物联网初创企业工作，后来又加入了一家规模更大的企业。这次偶然的会面让我意识到创业社区的关键作用。贾斯珀·程说："人们认为创业者都是独行侠，恰恰相反，创业是一种社会活动。"作为一名在纽约长大的优秀学生，他以为自己会去一所以培养华尔街接班人而闻名的大学，然后去华尔街工作。结果，他去了伯克利。"我在那里遇到的所有人都没有考虑过华尔街。我在伯克利的同龄人都将自己视为未来的推动者。和我一样，他们为了创造价值或者推动变革而投身于创业，或者接受来自某个生产商的邀请，因为他们认为这样可以为改变世界做出自己的贡献。我的很多同龄人一开始加入的都是谷歌这样的企业，但是往往在一两年后就会辞职，去追求自己的梦想或者加入一家刚刚起步的创业企业。"贾斯珀·程自己在伯克利读大四时，曾与一位同学共同创办了一家初创企业。尽管这次尝试以失败告终，并且他后来又加入了规模更大的企业以积累经验，但是他说自己有一天可能会再次涉足创业活动。

当我去柏林考察那里的初创企业时，了解到城里有一片区域横跨被拆毁的柏林墙，创业者可以在那里租到便宜的办公空间，下班后还可以在那里进行各种社交活动，这让我更加坚定了我的想法。在那里，我听说了“搞砸之夜”（FuckUp Nights）。每个月，满怀希望的年轻人都会聚集在一家大餐馆，在食物、酒精和友情的刺激下，讲述自己的某次尝试是如何“搞砸的”，现场会响起阵阵笑声和掌声。以欢笑迎接失败，并且从失败中吸取教训，这就是他们的目标。羞耻之心被拒之门外。硅谷的口头禅已经传遍全球：“只有失败过至少两次，才能说你是一个有种的人。”“搞砸之夜”的官方网站声称已在 90 个国家举办过类似的活动，讲述的创业失败故事有 15 000 个，参与人数达到上百万（Fuckup，2022）。

东京也有“搞砸之夜”，东京涩谷区还有一个绰号为“比特谷”（Bit Valley）的创业基地。这个基地由共享办公空间的提供者影响力工场（Impact Hub）运营。“搞砸之夜”在东京有超过 1 200 名会员，一次活动通常会有 60～100 人参加（FuckUp Nights Tokyo，2022）。

确实，“搞砸之夜”是创业企业的特殊产物，这些企业四处寻找风险投资资金，希望像火箭一样一飞冲天。普通的瞪羚企业并不认同这种文化。但是，日本人也会参与这类活动，这表明人们可以融入各种各样的文化，而不是局限于本土的思想资源。创业企业有自己全球化的文化特征，包括他们的着装方式、生活和工作地点、他们的谈话方式，而日本雄心勃勃的创业者可以完全融入其中，前文 KDDI 的故事也证明了这一点。

创造了解创业者的机会

鉴于创业是一种社会活动，认识创业者的人自己也成为创业者的概率要高得多，这也就不足为奇了。这些创业者可能是家庭成员、朋友、教授或者同事。经济产业省询问年轻人，是哪些因素激发了他们对创业的兴趣，提到最多的答案是“为了赚钱”

(32%)，紧随其后的是“受到我认识的企业家的影响”（30%）。对于正在经营一家企业或者有志于此的日本人而言，有 65%~75% 认识某位现在的企业家，通常是他们的朋友或亲戚。在那些无意创办自己企业的人中，只有 34%认识某位企业家（METI，2014，第 193、222 页）。因此，今天的创业者少意味着明天的创业者也会更少，而今天的创业者更多，则意味着未来的创业者也会更多。

大学举足轻重

无论是创建一个由朋友和导师组成的社区，还是由企业家或具有商业经验的教授直接提供一些资源，大学都扮演着至关重要的角色。

日本和其他地方一样，高中和大学的至交好友经常会一起创建一家企业。其中一个著名案例就是优则倍思（Uzabase），它是由三个年轻人于 2008 年创建的，其中两个人是高中同学。几位创始人曾在外资证券公司工作过几年，他们相信自己能提供更好的方法来收集和传播商业信息。他们创建优则倍思以提供 B2B 服务。至 2022 年，也就是在成立仅 14 年后，这家企业的员工人数已接近 800 人，营业收入也达到了 180 亿日元（约 1.38 亿美元）。琴坂将広（Masahiro Kotosaka）教授是其董事会成员，他是一位资深企业家，自 2017 年以来一直在庆应义塾大学讲授创业课程。他还是拉克速尔和艾普瑞茨（Appirits）的董事会成员，后者是一家由三名庆应义塾大学的学生创办的企业，现已上市。

1999 年至 2004 年在庆应义塾大学就读期间，琴坂将広和五六位同学创建了三家不同的企业。之后，他去了麦肯锡工作，并在牛津大学获得了管理学博士学位。为了将自己倡导的理念付诸实践，他用四年时间经营了三家 IT（信息技术）和零售企业，获利颇丰。琴坂将広若有所思地说，“20 年前，学生创业者在庆应义塾大学非常罕见，以至于有一家电视台采访我，并花了 15 分钟时间报道这件事”。大约在 2010 年左右，“创办一家有发展潜力的企业要容易得多”。原因之一是数字技术降低了创办新企业的成本。“在我们创业的时候，如果你想让人们用信用卡付款，你需要支付安全系统的费用，而那是非常昂贵的。现在，你可以直接去亚马逊或者类似的网站。”另一个重要因素是建立了一个由像他这样的人组成的生态系统，他们都是经验丰富的企业家，能够指导年轻的有志之士。“他们中的很多人都在经营风险投资或私募股权投资公司，既提供资金也提供建议。”（2017 年 10 月的采访）

我想知道，在选修他开设的本科生创业课程的 120 名学生中，有多少人打算创办自己的企业。他的回答让我大吃一惊，“一半人有这种想法。不过老实说，情况很特殊，因为庆应义塾大学湘南藤泽校区（SFC）以孵化初创企业而闻名，而这又是一门有关创业的课程”。

还有一个因素。琴坂将広邀请了一位著名的天使投资人到班上演讲。他就是 GREE 国际的 CEO 青柳直树（Naoko Aoyagi）。GREE 的母公司由乐天的前雇员田中良和（Yoshikazu Tanaka）于 2004 年创立。如今，GREE 已成为日本两大领先的在线游戏和社交网络公司之一。2022 年，它的年营业收入达到了 750 亿日元（约 5.77 亿美元），拥有 1 500 名员工。青柳直树要求琴坂将広的学生为一家初创企业准备一份商业计划书，并承诺为最佳项目提供 300 万日元（约 2.3 万美元）的资金。结果，他发现有三个项目值得资助，并承诺均予以资助。十年前，班上会有一半的人想创办自己的企业吗？“不会”，琴坂将広毫不犹豫地回答。

遗憾的是，几乎没有系统的数据可以用来考察学习过这些创业课程的学生选择了什么职业。甚至连大学似乎都没有对此进行跟踪调查。不过，琴坂将広找到了一些有价值的信息。1997 年，东京证券交易所设立了一个名为“MOTHERS”（Market Of The High-growth and Emerging Stocks，高增长新兴股票市场）的新板块，作为创新型初创企业的启动平台，类似于美国纳斯达克。通过研究 1997 年至 2017 年在 MOTHERS 板首次公开募股（IPO）的 500 家企业中近 4 000 名高管和董事的资料，琴坂将広发现了一个显著的变化。他解释说，在这些高管和董事中，“最初，几乎没有大学毕业生，一小部分人来自索尼或日本电报电话公司等大型传统企业。但是现在，进行首次公开募股的企业都是由具备真正专业经验的人领导的。他们都是大学毕业生，曾经在一些过去几十年成立的大型创新企业工作过，或者曾在外国的咨询公司或证券公司的子公司工作过”。

东京大学与 MIT 和斯坦福大学

2006 年，如果把 MIT（麻省理工学院）在世校友创建且仍在运营的企业看作一个国家，其近 2 万亿美元的全球营业收入相当于世界第 11 大经济体的 GDP。他们的员工总数达到 330 万，其中大部分在当时至少拥有 1 万名员工的企业工作。在他们的全球营业收入中，有一半来自使用了 MIT 或其他大学开发的技术的那些企业。斯坦福大学更是硕果累累。斯坦福大学的校友和教职员工创建的 4 万家仍在运营的企业创造了 2.7 万亿美元的营业收入，相当于世界第 10 大经济体的 GDP。他们的员工总数达到 540 万人（Roberts and Eesley，2011；Eesley and Miller，2012）。

而且，这一趋势还在加速发展。20 世纪 90 年代，MIT 的校友每年都会创建 900 家新企业，其中 17%的企业在 15 年内可以成长为至少拥有 100 名员工的公司。每过一年，每个毕业班的创业者人数都在增加，他们创办第一家企业的时间也在缩短。他们已经成为瞪羚企业的“生产工厂”。

这些成果并不是自然形成的，不是像无人打理的田野里长成的野花一样，而是几十年来坚定不移地辛勤培育的结果。

尽管 MIT 的毕业生早就开始创建新企业，但是直到 1961 年，该校才开设了正式的创业课程，并为培养企业家付出系统的努力。然后，在 1969 年，一小群校友组织了 MIT 校友创业研讨会项目。该小组在参与人数达 300 人后，不得不停止申请。在接下来的三年里，3 000 名校友参加了在美国 8 个城市举办的类似会议。在参加了其中一次会议之后，MIT 的 1969 届毕业生鲍勃·梅特卡夫（Bob Metcalfe）从施乐公司帕洛奥多研究中心辞职，与另外两名工程师成立了自己的企业。之后，他发明了以太网并创建了 3Com 公司，2010 年他以 27 亿美元的价格将其出售给惠普公司。

直到 1990 年，MIT 才成立了创业中心，而且仍然只有一门有关“新企业”的课程。不久之后，这所高校设立了创业方向的硕士生项目。至 2011—2012 年，MIT 在这一领域已经开设 47 门不同的课程，学生总数达 2 500 人。

很难想象没有斯坦福大学的硅谷会是什么样子。每四位硅谷技术创新者和创始人中，就有一位在斯坦福大学学习过创业课程。超过三分之一的创新者和创始人参加过竞赛、教师指导项目或者诸如此类的活动。越来越多的教职工加入初创企业的董事会。斯坦福大学教授特里·维诺格拉德（Terry Winograd）、杰弗里·乌尔曼（Jeffrey Ullman）和拉吉夫·莫特瓦尼（Rajeev Motwani）一开始为两名研究生拉里·佩奇（Larry Page）和谢尔盖·布林（Sergey Brin）提供非正式的指导，后来在其创业初期正式任职于该公司的技术顾问委员会。这家公司就是谷歌。

当然，如果不具备创业生态系统的其他要素，只凭高校的努力也不可能取得成功。这些要素包括流动性很强的劳动力市场、风险投资和私募股权投资基金等金融机构，当然还有律师事务所，这同样需要数十年才能培育起来。同样，如果没有斯坦福大学的不懈努力，这些要素也不可能发展得如此繁盛。

直到最近二三十年，日本才开始在高校设立创业计划。MIT 的毕业生与日本最负盛名的东京大学的毕业生职业道路截然不同，原因之一就在于此（Ishii et al.，1993）。东京大学创建于 1877 年，是一所国立大学，其使命是培养国家领导人。时至今日，日本大多数政府高官以及很多商界领袖都毕业于东京大学。

截至 1993 年的一项研究表明，只有 10%的东京大学毕业生希望创建自己的企业，而 MIT 毕业生的这一比例为 26%。1993 年，在 1960 年、1970 年、1980 年和 1985 年的东京大学毕业生中，只有 11%在员工人数少于 300 人的企业工作，在 MIT 的毕业生中，这一比例为 33%。只有 16%的东京大学毕业生在职业生涯中换过一次工作，MIT 毕业生的这一比例为 70%；28%的 MIT 毕业生至少换过三次工作，而东京大学毕业生的这一比例不到 1%。

这种差异大多源于两国不同的环境，而非两所大学之间的区别。但是，为了推动必要的全国性变革，大学可以发挥至关重要的作用。

创业课程与大学衍生企业

看到美国的成就，日本政府试图开设自己的创业课程。从 20 世纪 90 年代开始，日本政府鼓励大学开设创业课程。1999 年，日本效仿美国 1980 年的《拜杜法案》（Bayh-Dole Act），修改了自己的法律，允许大学拥有其教职工的研究成果并将成果商业化，以培育衍生企业（spinoff companies），这些企业有时被称为“分拆公司”（spinouts）。很多大学创建了自己的风险投资基金，以便为这些初创企业提供资金。至 2000 年，140 所高校共开设了 330 门创业课程，2010 年增至 261 所大学和 1 140 门课程（MEXT，2007，2010）。

无论是否选修创业课程，越来越多的学生发现在初创企业工作很有吸引力。《日经新闻》上的一篇文章报道学生的偏好发生的变化，“以大型贸易企业为例，它们仍然是名校毕业生的首选。然而，它们的中层管理人员带着难以置信的神情感叹道，20 多岁的年轻人越来越不重视企业声望，转而加入初创企业”（Kobayashi，2020）。每年东京大学校刊都会根据企业聘用毕业生的数量对其进行排名。日本三大银行通常占据前三名。2017 年，软件开发商 Works Applications 仍然排在第 11 位，乐天排在第 15 位。还有一些人一开始在名企工作，后来觉得没有成就感，于是跳槽到其他公司。与 2009 届相比，2018 届毕业生的三年流失率上升至 33%，提高了 8 个百分点。即使在至少拥有 1 000 名员工的企业，也有 25% 的应届毕业生在三年内离职（Jiji，2021）。

大学衍生企业的数量仍然很少，但是数量在不断增加。无论这些企业规模大小，这一过程有助于在大学创建一个创业社区，使学生有机会听教授兼企业家上课，并得到他们的指导。

最著名的一个案例就是悠绿那，这是 2002 届东京大学毕业生出云充创立的生物技术公司。如导论所述，他开发悠绿那是为了解决孟加拉国等国的营养不良问题，在斯坦福大学求学一年间，有人建议他创建自己的企业。在东京三菱银行工作一年并积攒资金之后，他辞职创办了自己的企业。2014 年，悠绿那成为第一家直接由大学研究成果转化而来并在股票市场上市的企业，截至 2023 年初，企业估值达 1 100 亿日元（约 8.46 亿美元），拥有近 880 名员工，销售额达 440 亿日元（约 3.41 亿美元）。琴坂将广也是悠绿那的董事会成员。

出云充最初是从比他高一届的农学专业同学铃木健吾（Kengo

Suzuki）那里了解到这种藻类的。两人都参加了大学里的一个俱乐部，该俱乐部会举办一些商业计划竞赛。拥有博士学位的铃木健吾成为悠绿那共同创始人，并负责研发工作。第三位共同创始人是福本隆行（Takayuki Fukumoto），他曾是一家食品企业的销售总监，比出云充年长五岁，拥有丰富的管理经验，现在担任销售主管。悠绿那公司仍在与大学进行联合研发。

悠绿那最大的问题是销售，为此它必须找到制造商和大的经销商。最后，在他第 501 次拜访大企业时，贸易巨头伊藤忠商事与其签约，负责推广和销售该产品。伊藤忠商事拥有在其绿色奶昔和酸奶中使用悠绿那裸藻粉的专有权。尽管如此，伊藤忠商事的认可还是使悠绿那的业务扩展到其他很多领域，目前与伊藤忠商事有关的业务只占其销售额的 10%。

悠绿那只是最著名的衍生企业之一，截至 2019 年，经济产业省数据库中包含的大学衍生企业已超过 2 500 家，其中只有部分企业在股票市场上市。不出所料，在这些企业中，来自东京大学的最多，有 269 家，其次是京都大学，有 191 家（METI，2020a）。

这些衍生企业大多数规模较小，其中有一半企业的员工人数不超过 5 人，其余大多数企业的员工数量为 5~20 人。在这些由大学发起的初创企业中，有一半企业的 CEO 和 CTO（首席技术官）拥有自然科学学术研究背景。重要的是，另有 18%的 CEO 曾是大企业的经理，还有 24%的 CEO 曾是中小企业的经理。尽管人数仍然很少，但是有管理人员愿意接受这些工作，这确实令人感到鼓舞（METI，2020b）。

分化的一代

并非所有教授创业课程的人都有与琴坂将広相同的经历或者

观感。季米特里·勒季谢夫（Dimitry Rtischev）就是持怀疑态度的人之一，他在学习院大学（Gakushuin University）开设创业研讨班已有十多年时间。

在勒季谢夫的学生中，很少有人将他的研讨会视为职业生涯的起点。“他们知道创业这个词听起来很酷，而且对这个话题很感兴趣。”然而，到找工作的时候，“他们中的大多数人甚至看都不看初创企业。也许好的年份会有一两个人选择初创企业”。勒季谢夫认为，这些学生的行为符合他们的最大利益。“我事先告诉他们：如果你加入一家日本的大企业，风险比加入一家初创企业更小，可能的回报却会更高。”（2017 年 10 月的采访）

有趣的是，他认为初创企业最大的障碍不是找到足够多愿意创建新企业的人，而是要找到数量比现在多得多的人愿意为他们工作。“我认为，日本有足够多的有志之士愿意创办新企业，他们并不是普通人，无论是在这里还是在美国，都是如此。”他说，更大的挑战在于如何让优秀、聪明、有上进心的人拒绝大企业的工作，转而在风险如此之高、回报如此之低的初创企业工作。大企业不仅收入高，其员工在婚姻市场上也更有吸引力。

勒季谢夫非常怀疑有什么事情能够改变风险与回报的比率。“这种制度是自我强化的。它既有利于雇主，也有利于那些一辈子在大企业稳稳当当工作的人才。双方都没有兴趣改变这种状况。”本书认为，事实证明情况并非如此。劳动力市场的僵化不再像过去那样对雇主和雇员都有利。因此，制度正在发生变化，尽管速度可能很缓慢，但是仍足以让初创企业比过去更容易招募到员工。

我请教早稻田大学的东出浩教和泷口匡，为什么讲授创业课程的教师会有如此不同的感受。他们提到了年轻一代的分化。一方面，30 年的经济停滞和更为黯淡的职业前景使大多数年轻人变得比几十年前更加谨慎和保守。2017 年，在 20 多岁的调查对象中，55%的人赞同在一家企业度过一生，而 2004 年这一比例仅为 34%。将近 90%的受访者支持终身雇佣制，这也高于 2004 年的 65%。同样，出国留学的学生越来越少，部分原因是在职位晋升时，海外留学经历没有多少帮助（Cislo and Takahashi，2017；McCrostie，2017）。与此相反，一小部分年轻人变得比过去更具冒险精神，而这一群体的数量正在增加。庆应义塾大学的东出浩教、泷口匡和琴坂将広在其课堂上看到的正是后者。也许这与庆应义塾大学和早稻田大学是有创业雄心者的首选之地有关。2019 年，这两所大学的衍生企业数量并列第 8 位，各为 85 家。

轻易不流动的明星科学家

1957 年，一些明星科学家离开肖克利半导体实验室，创建了自己的新企业仙童半导体公司，他们被称为“叛徒八人组”。他们所做的一切都是为了成立一家与前雇主竞争的企业。罗伯特·诺伊斯（Robert Noyce）是“叛徒”之一，他于 1960 年在仙童公司发明了集成电路。然后，在 1968 年，诺伊斯和戈登·摩尔（Gordon Moore）离开仙童公司，创建了英特尔，而其他人则创建了超威（AMD）、巨积（LSI Logic）、美国国家半导体（National Semiconductor）以及数十家其他企业。至 2014 年，股票市场上共有 92 家“仙童系”企业，总市值超过 2 万亿美元。最早的两家风险投资公司红杉（Sequoia）和凯鹏华盈（Kleiner Perkins Caufield & Byers）也属于仙童系。几年之内，加州北部的圣克拉拉谷就有了“硅谷”的称号。

“叛徒八人组”的故事只是最富戏剧性、时间最早的例子，我表弟的情况也是如此。通过知识溢出效应创建新企业，创造了一个极富营养的生态系统。这个系统的参与者为个人和整个系统带来的收益，远远超过任何一家企业因人才流失而遭受的损失。这就是创造性破坏的最佳案例。如今，我们有时会看到亚马逊、脸书或谷歌等科技巨头成为反托拉斯案件的被告，被指控收购或以其他方式扼杀可能与其竞争的新企业，这与上述情形恰好相反。

遗憾的是，至少到目前为止，日本还没有利用好顶尖研究人员流动带来的好处。相反，明星科学家大多为规模极大的企业工作，很少离开雇主创建企业或加入初创企业。与其他国家相比，日本的知识密集型瞪羚企业的数量很少，这是一个重要原因。与一般国家相比，顶级科学家的劳动力市场僵化程度要严重得多。

一项研究考察了激光二极管行业顶尖科学家和发明家的流动性，该行业的产品广泛用于 CD、DVD 和光纤。顶尖科学家指的是那些专利和论文最常被他人引用的科学家。在各国排名前 50 位的激光二极管科学家中，只有 5 位日本人转投了另一家企业。相比之下，26 位美国人至少跳槽一次，有些人甚至跳槽两三次。在另一份有 83 位日本顶尖激光二极管发明家的名单中，只有一位离开了原来的雇主，转投一家初创企业。相比之下，在美国 134 位顶尖发明家中，有 108 位转投了初创企业（Shimizu，2019，第 210—211 页）。对这个行业而言，这种现象算不上独特。20 世纪 90 年代，德国研发专家的跳槽比例为 43%，美国为 38%，英国为 35%，而日本仅为 6%。

在日本，除通常的劳动力流动抑制因素之外，明星科学家还面临着另一个障碍。他们大量的知识都是作为团队成员通过“潜移默化地学习”获得的，甚至可能是专门用于这个企业的。除非他们与团队中的其他人一起离开，否则他们就会失去这部分“人力资本”。另一方面，如果几个团队一起离开，一起到新的环境中去，这可能会形成一种新的趋势。这种情况在美国很常见。这一趋势目前还不明显，但是应该作为进步的晴雨表加以跟踪。人们不禁想了解，大学的衍生企业是否能成为孕育这一趋势的温室，因为它们自己的科学家可能曾与私人部门的科学家合作过。

清水（Shimizu）将现有企业与衍生企业之间的关系比作一棵结满果实的大树。无论是蒸汽机还是激光二极管，一棵大树都需要强壮的树干来发展通用技术。无数有用的应用就是树上结出的果实。现有巨头往往致力于前者，而各种各样的果实则取决于衍生企业。如果过多的顶尖人才过早离开现有巨头，树干的生长就会受阻。如果没有一个人离开，果实的种类和数量就会受到抑制。在激光二极管领域，日本的现有巨头既控制了树干，也控制了果实，而且往往处于同一技术路径。当这一路径不再适合不断变化的市场，价格也在下降时，很少有企业能够适应，于是它们会完全退出这一领域。对于每家企业及其明星科学家来说貌似合理的做法，从长远来看却未必对其有利。

第四篇
克服瞪羚成长的障碍

第 11 章　克服招募员工的障碍

你有没有想过，为什么硅谷在加州，而不是其他地方，比如微软所在的华盛顿州？其中一个原因就是加州将竞业禁止合同视为违法。这种合同暂时性地禁止员工转投其他竞争企业，或者自己开公司与前雇主竞争。当然，雇员不能窃取雇主的知识产权。相比之下，华盛顿州则实施了竞业禁止合同。正是加州对竞业禁止条款的立场，使得“叛徒八人组”推动了硅谷的发展（DeVore，2016）。

日本正式员工的终身雇佣制就像范围广泛的竞业禁止条款，在规模最大的企业中尤其如此。从丰田离职的设计工程师不能指望自己被本田聘用，甚至也不可能被非竞争领域的顶级制造商聘用。

虽然很多员工可以而且确实离开了原来的雇主，但是日本是经合组织国家中劳动力市场流动性最低的国家之一。在 27 个经合组织国家中，日本男性为同一雇主工作 10 年以上的比例位居第三，达到了 55%（参见图 11.1）。

这个数字大大低估了工作年限，因为在很多企业，最初的五年往往是某种试用期，雇主和雇员可以在这五年里看看双方是否合适。在 20 世纪 80 年代入职并且工作五年以上的全职男性正式员工中，有三分之一的人为同一个雇主工作了 30~34 年之久。在规模较大的企业，这一比例甚至更高（Kambayashi and Kato，2017①）。

① 作者慷慨地提供了该论文图表更新以后的数据。

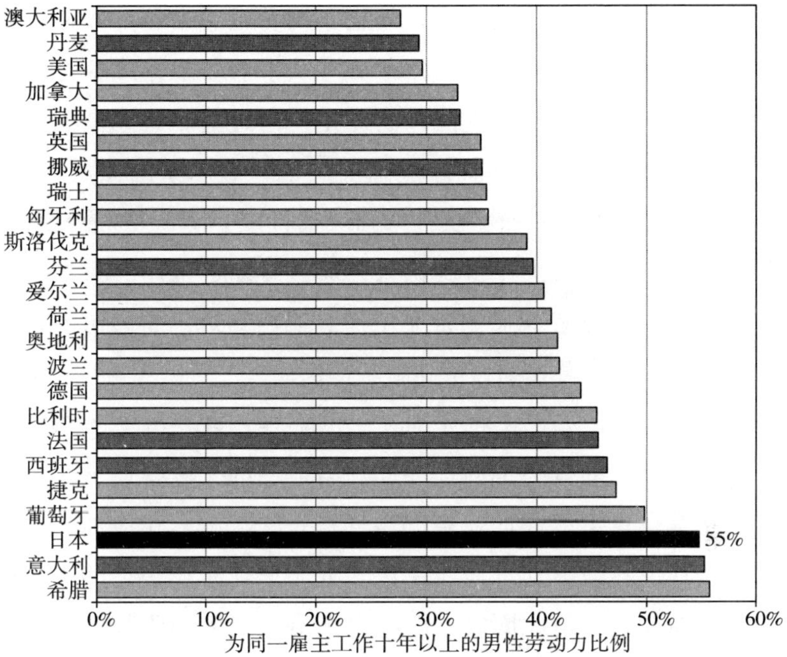

图 11.1　日本男性为同一雇主工作十年以上的占比在经合组织国家中排名第三

注：我们以男性劳动者为研究对象，因为大多数女性都是非正式员工，而且很大一部分女性在子女年幼时会暂时退出劳动力市场。

资料来源：OECD（2020e）。

如果没有合格的管理人员、技术人员和其他人才流向新的创新企业，后者如何才能起步？因此，衡量一个国家培育瞪羚企业乃至总体创新能力的标准之一，就是看它有多少劳动力流向了能够创造新专利的企业。在 9 个经合组织国家中，日本排名倒数第一。在美国企业中，拥有的专利数量每增加 10%，劳动力数量就会增加 2.2%，英国为 1.5%，法国为 1.3%，德国为 0.8%，而日本仅为 0.5%。导致这种流动性相对不足的根本原因就是终身雇佣制（Andrews et al.，2014，第 30 页）。

坏消息是，政策制定者让本已糟糕的情形雪上加霜。他们以增强劳动力市场灵活性的名义，放松了对劳动力市场的规制，使更多行业能够使用非正式员工，即那些从事兼职工作或签订临时合同的员工。如果按照日本法律的规定，向这些非正式员工支付与正式员工相同的薪酬，就像法国等其他一些国家的做法一样，那么这本无可厚非。然而相反，增强灵活性成了降低工资的借口。如果规定同工同酬的法律得到执行，那么有固定工作的人本来会更愿意创建企业或者为初创企业工作。他们知道，如果初创企业失败了，他们还能再找到一份高薪工作。

好消息是，正如下文将详细介绍的那样，如今员工的态度发生了转变，企业的行为也同样如此。与他们的父辈相比，如今的员工更愿意也更可能在职业生涯中期换一份工作。相应地，越来越多的企业也会勉为其难地雇用更多处于职业生涯中期的人，以适应这种新变化。与此同时，那些内部员工缺乏必要数字技能的企业不得不聘用有经验的专家。这一发展趋势的方向是正确的。为使其真正产生重要的影响，决策者需要采取行动。本章最后将提出具体建议。

终身雇佣制与年功序列制：优势转变为劣势

本书的一个基本前提是，除非社会制度具有某种重要功能，否则就不会产生并持续存在。不幸的是，制度在过时很久之后仍能自我维持。几十年来，总体而言，日本的劳动制度为雇主和雇员带来的收益超过了成本。在劳动力较为年轻且数量不断增加、经济快速增长、资本密集型企业巨头提供了大部分创新的条件下，即前面讨论过的创新处于熊彼特模式Ⅱ阶段，情况就是如此。比如，员工不用担心被解雇，就会欣然接受劳动节约型技术，这能够提高企业收入，也会增加工资。与此同时，企业预期员工会与其风雨同舟，也就更愿意投资于员工培训。

现在，劳动力在萎缩，经济萎靡不振，知识密集型瞪羚企业的熊彼特模式I型创新越来越举足轻重，终身雇佣制的成本日益超出其收益。如果一家企业因市场萎缩而不得不缩减规模，而法律又不允许大规模裁员，只允许通过自然减员来减少员工数量，那么这家企业不仅会有很多冗员，而且员工的平均年龄也会上升。由于日本实行年功序列制，每个员工的平均工资也会上升。在最初的应对措施中，有太多的企业创建了创造就业岗位的项目，这些项目经常亏损，但是亏损的钱要比让员工什么都不干少一些。新日铁开办了游乐园项目。如果劳动力的更替需要一代人的时间，那么，假如企业管理层习惯于某种思维定式，而且可能不愿意让分歧破坏与之相处的朋友们的和谐关系，企业就很难发生转变。难怪老企业从投资现代化设备中获得的收益较少，因为这往往需要改变企业的习惯。

这种制度难以为继，于是日渐解体。日本政府修改了法律，允许雇用更多薪酬较低且容易解雇的非正式员工，现在这些人在劳动力中的占比将近40%。

终身雇佣制始于明治维新之后的快速工业化时期，当时新的生产者缺少熟练的制造业工人。如果能够获得更高的工资，工人就会跳槽，企业之间也经常互挖墙脚。比如，一家纺织厂会将其密探派往另一家纺织厂，在那里，他们伪装成工人，散布消息说，派他们来的纺织厂有更优越的工资和工作条件。“但是，很快人们就会发现，新工厂的工资和工作条件并不比原来的工厂更好。因此……就出现了像监狱一样的工厂宿舍，用来关押工人，防止他们逃跑。”（Taira，1962，第153—154页）

在20世纪第二个十年，每年有多达80%的蓝领工人跳槽。为了制止这种现象，大约从1910年开始，雇主们开启了一场稳定就业运动，后来这种制度被称为终身雇佣制。该运动包括雇主之间签订互不挖墙脚的协议。作为这个过程的一部分，企业向工人灌输“企业如家”的观念，这体现了日本古老的文化。实际上，二战以后“承诺终身雇佣的做法并非深深植根于日本的社会文化价值观，而是植根于日本在工业化初期普遍存在的掠夺和剥削劳工的做法”（Taira，1962，第158页）。

二战期间，日本政府颁布法律，禁止某些行业的工人在未经政府许可的情况下擅自离职。战后，终身雇佣制甚至变得更加普遍，但是，随着形势逆转，现在的推动力来自劳动力。在战后初期，劳动力充裕，削弱了工人的议价能力。因此，要求得到就业保障的是工会。在20世纪60年代和70年代，法院判决使得雇主很难大规模裁员。① 直到20世纪70年代，劳动力的流动率才下降至目前如此之低的水平。

在最初的几十年里，这一制度运转良好。技术改进不仅与企业和工人的利益息息相关，而且一个长期团队的学习能力要大于团队中每个成员学习能力的总和。

实际上，在终身雇佣制盛行于日本的时期，这种做法在很多美国大企业中也相当普遍，只是不那么严格，而且呈现不同的特点。这种相似之处不足为奇，因为在当时熊彼特模式Ⅱ技术体制占主导地位的情况下，这种方法是与之相适应的，但是和其他一些做法一样，被误以为是日本特色。事实上，直到20世纪80年代，美国大企业的做法都类似于我们现在认为的日本大企业的传统模式。

---

① 1979年，法院规定解雇正式员工必须满足以下四个条件：（1）雇主解雇工人是迫不得已、不可避免的；（2）他们应尽一切可能避免解雇，比如将工人调往附属企业、停止雇用临时工和兼职工人；（3）应就解雇事宜与工会代表和雇员进行协商；（4）应制定合理的标准，并在决定解雇哪些工人时公平地采用这些标准。

在IBM、惠普、美国电话电报公司、通用电气、石油公司和三大车企等大型蓝筹企业，终身雇佣制是惯常的做法。比如，“以内部研发作为创新模式的基础，美国电话电报公司的贝尔实验室在基础研究和应用研究方面都处于领先地位……这些企业倾向于实施纵向一体化，自己控制了供应链的方方面面”（Kushida，2015，第17页）。

随着时间的推移，年功序列制成为劳工制度的一部分，这也是工会在二战以后推动形成的。工人一开始的工资相对较低，但是在企业工作的时间越长，工资会越高，直到达到退休年龄，目前大约为60岁。因此，这就有了留在企业的动力。除了这些“胡萝卜”，还有“大棒”。如果一个工人离开一家大企业，很少会有其他企业，尤其是同一行业的企业，会以与之前相当的工资雇用他。久而久之，其他胡萝卜和大棒逐渐发展起来，不仅激励工人留在企业，还让他们分享雇主的繁荣。每年两次的奖金加起来相当于年收入的三分之一，这让工人在一定程度上分享利润，这也使得工作有保障的工人愿意让企业采用一些能够提高利润的技术。虽然有些企业提供可携带的养老金，但是大多数企业仍然提供一次性退休金，如果工人跳槽，就会失去这笔钱。这是个大问题，因为不管企业规模大小，这笔钱平均而言相当于三年的工资。最后，20世纪50年代企业工会取得了辉煌的胜利，而一个工会只代表一家企业的工人，而不是某个行业的所有工人。丰田的工人更愿意与雇主的利益保持一致，而不是与日产或本田的工友们保持一致。

正如经济需要在老鼠企业、瞪羚企业和大象企业之间取得平衡一样，经济也需要在各种工作期限之间取得平衡。对于一些企业和工人来说，某种终身雇佣制可能非常适合。然而，在当前这种情形下，与几十年前相比，愿意这样做的企业和工人已经越来越少了，详情如下文所述。因此，形势正在发生变化，既有积极的一面，也有消极的一面，这并不奇怪。

世代更替

一家历史悠久的纸质媒体的公司总裁深知，除非能在网络媒体领域有所作为，否则企业将会不断衰落。遗憾的是，他自己的内部员工缺乏这方面的能力。于是，他打破传统，与企业工会达成了微妙的妥协，企业破天荒地开始招聘处于职业生涯中期的员工。只有这样，才能获得网站设计、网络营销、广告、读者点击分析等方面的专业知识。此举挽救了这家公司。

有一天，其中一位二十多岁、处于职业生涯中期的优秀员工向 CEO 打招呼说："非常感谢您给我这次机会，现在我要离职去做下一份工作了。" CEO 惊呆了，他问为什么。"是这样的，有几家企业一直关注我在这里的职业发展，其中一家为我提供了一份不错的工作。" CEO 简直不敢相信自己的耳朵，他明明给过这个家伙机会、富有挑战的工作和丰厚的报酬。他是想要涨薪吗？这位员工回答说："不，不是钱的问题。为您工作是一次重要的尝试。现在我要去做下一次尝试了。"（2019 年 10 月的采访）

Shop Japan 的哈里·希尔谈到了一次类似的经历。由于信息通信技术相关专业人才严重短缺，为了招聘和留住这些员工，企业之间的竞争变得更加激烈。实际上，有一天，他的一群数据工程师找到他，说他们想要分拆出去，成立自己的公司。欧可隆公司可以持有他们的股份，但是他们希望独立行事。如果欧可隆不同意，他们就会离职。他欣然同意。

只有 21%的年轻人听说过描述日本员工态度的术语，据说这是日本员工特有的，比如"企业战士"和"尽忠职守"。相比之下，在四十多岁的成年人中，这一比例为 55%（Murai，2015）。

这种神话将日本工薪族描绘成忠诚的工作狂，他们对"企业如家”的观念深信不疑，并乐于为了企业利益牺牲与自己家人在一起的时间。现实情况是，根据跨国民意调查，日本员工对工作状况的不满意度高于其他富裕国家的员工，而且不满意度逐年上升（Inoue，2022；Reuters，2008）。光辉国际（Korn Ferry）发现，仅有56%的日本员工感觉工作“很投入”，比23个国家的平均水平低10个百分点。不满意的原因不仅在于工作时间过长，还在于“很多工作场所允许个人发挥原创性和独创性的空间过窄，而且迟迟不赋予他们权力”（Inoue，2022）。此外，尽管存在各种不利于跳槽的因素，但是大多数跳槽者认为他们做出了正确的选择（Kyodo，2021）。简而言之，很多人之所以留在原来的企业，并不是因为他们感到幸福或者对企业忠诚，而是因为终身雇佣制和政府政策为跳槽设置了太多障碍。此外，员工工作满意度较低的企业在销售和利润方面增长得也较慢。无论对于雇员还是雇主，这种制度都不再是最佳选择。

即使那些满足于留在精英企业的员工也表示，他们不再认为自己应该为雇主牺牲家庭生活和个人成就感。要求缩短工作时长只是开始。几十年前，作为团队建设的一部分，员工每月会定期与同事或客户出去喝酒10～15次。那些宁愿花时间陪伴家人的员工则担心失去晋升机会。如今，与同事或客户喝酒已减少到每月不到5次。以前，跳槽者经常被批评不忠诚，而现在只有22%的男性正式员工认为跳槽者会受到原来同事的批评（Holbrow，2022）。

以往各省厅曾经是日本最热门的就业部门之一，现在也能感受到新人的难以驾驭。2020年，每七名30岁及以下的官员中就有一人告诉内阁人事局，他们将在几年内离开自己所在的省厅。半数受访者解释说：“我想要一份更有吸引力的工作。”加入甚至创办新企业已在年轻官员中间蔚然成风，尤其是那些曾在海外任职的官员（Suzuki，2020；Sato，2018）。

人们对个人成就感的追求日益强烈，这种追求不再局限于工作。在20世纪90年代以前，离婚主要由男性提出。依靠丈夫挣钱的女性则抵制离婚。如今，情况正好相反（Alexy，2021）。几十年前，对于女性提出离婚，社会可接受的理由包括丈夫有虐待行为或者另觅新欢。现在，女性离婚是因为她们觉得婚姻不美满、缺乏亲密感或损害了她们的自我意识。艾莉森·阿列克西（Allison Alexy）补充说，在日本，人们经常谈论这是一种基因转变。她还指出，其他国家也出现了类似的变化。

“满足感”或者“个人价值”这样的词对应于日语中的“*ikigai*”，如今，人们越来越多地提到这个词，但是赋予其新的含义（Ozawa-de Silva，2020）。对上一代人来说，拥有“*ikigai*”的感觉更多是指按照家庭和企业的道德标准实现自我价值。现在，它更多地是指在个人欲望中寻找意义。

2020年，一家名为“Project MINT”的企业诞生了，MINT是四个单词的首字母，即生命意义（Meaning）、个人价值（Ikigai）、社交网络（Network）和社会变革（Transform）。该企业致力于通过为期10周的课程教会人们如何实现生命价值。企业创始人植山智惠（Tomoe Ueyama）在为索尼工作八年之后离职，然后与很多其他企业家一样，她去了国外为自己充电。“离开索尼后，我想参与日本教育体系的改革，使其更能发挥个人的创造力。于是，我搬到了旧金山，从事教育创新方面的自由职业，并向日本教育工作者报告了这一趋势。”（2022年5月的采访）

她从来没有想过要创建自己的企业，直到她发现了一个社会问题，尤其是在老年人中，她觉得自己可以帮助解决这个问题。随着日本社会对个人多样性的接受程度越来越高，加入各种组织或社区的情况也越来越普遍。比如，不仅在企业工作，还在非政府组织从事公益活动或者加入学习社区。“日本老年女性由于在家庭、朋友和各种组织中积累了丰富的生活经验，因此自然而然地擅长在各种社区中牵线搭桥，建立网络。大多数男性工薪族则不擅长于此，因为他们的大部分时间都花在了工作上。退休之后，他们往往会感到孤独。”

在不到两年的时间里，她的企业就拥有了16名员工，即植山智惠加上15名兼职合同工，她希望继续扩大规模。最终，植山智惠希望把自己的公司带到亚洲其他国家，比如韩国和新加坡，因为在这些国家，人们从工作中获得的成就感比其他地方要少一些。

愿望与可行性

在职业生涯方面，变化最大的不是人们的偏好，而是他们觉得现在更有可能按照这些偏好行事。20年来的调查一致表明，只有一半的受访者倾向于在同一家企业工作并成为它的经理，而31%的受访者倾向于在多家企业工作，并最终成为其他企业的经理（Takahashi，2019，第14页）。

越来越少的人相信企业还能兑现终身雇佣的承诺，因此，无论如何，让人们愿意从事一份枯燥工作的安全感正在消失（Kashiwagi，2018）。日本最大的广告公司电通（Dentsu）2015年所做的一项调查表明，仅有18%的人相信，无论自己是否愿意，他们都会为同一家企业工作一辈子（Murai，2015）。

长期以来，在日本，对工作不满的人和愿意为此采取行动的人之间存在着巨大差距。1999年的一项调查发现，东京仅有60%的在职员工对自己的工作感到满意，但只有27%的人想换工作（Yashiro，2011）。人们的“愿望”往往受制于他们认为可以实现的目标。在某些情形下，人们“没有多大的梦想”。然而，正如津坂纯指出的，随着世代更替和经济状况的变化，人们的期望和行为也发生了变化。

现在，跳槽现象已经发展到足以在统计数据中凸显出来。一项开创性的研究就体现了这一点，这项研究比较了连续几个年龄段（比如 25~29 岁或 30~34 岁）的员工，以及在 1982 年和 1997 年进入劳动力市场的员工留在同一雇主处工作的比例（Kato and Kambayashi，2016；Kambayashi and Kato，2017）。在 15 年之后出生的那些人中，在同一年龄段换工作的比例要高得多（参见图 11.2）。

由于图表有点复杂，我们来看看数据。在那些已经为同一个雇主工作了 10~14 年的人中，有多少人在其雇主那里又工作了 10 年或更长时间？1982 年进入劳动力市场的 25~29 岁人群中，在为雇主工作 10 年之后，70%的人又工作了 10 年。然而，在小 15 岁的

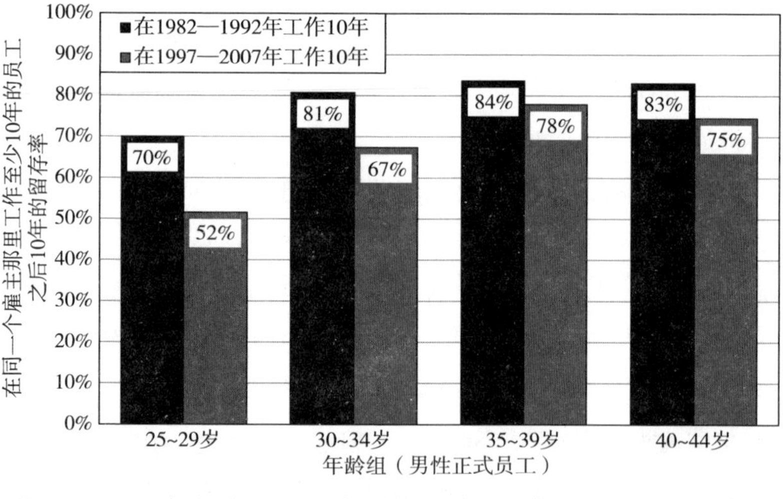

图 11.2　1997 年之后，25~44 岁男性员工为同一个雇主工作的意愿更低

资料来源：Kambayashi and Kato（2017），并根据 Kato 通过电子邮件发来的数据进行了更新。

人中，这一比例大幅下降了18个百分点，降至52%。在30~34岁的人群中也可以看到类似的变化。年龄较大的人群也有变化，但是降幅没有这么大（参见图11.2）。

供需双方同时发力

劳动力日益短缺，尤其是在技术含量很高的领域，这对人们工作态度的转变发挥了更为重要的作用。2016年，经济产业省预测，随着需求的增长，信息通信技术专业人才的缺口将从2015年的17万人增加至2020年的37万人，至2030年将达到79万人（Kogure，2019）。在这一职业以及其他职业中，企业开始互挖墙脚，争相聘用有经验的员工。这与战后直接录用毫无经验的高中或大学毕业生，并按照企业需求予以培养的做法大相径庭。他们还不得不为一些专家支付高薪。2019年，日本电气为最优秀的研发人员提供的起薪为1 000万日元（约7.7万美元），一般而言，这意味着给他们的薪水要比几年前招聘的人员更高。索尼为人工智能和其他领域的专家加薪20%。为从事特定职业的人才提供高薪，这有悖于战后主要根据资历支付薪酬的传统。最令人震惊的是，至2019年，处于职业生涯中期的工薪族如果从大企业转投国内一些初创企业，薪酬可以提高40%，这超过了他们转投上市企业所能获得的薪酬涨幅（Schaede，2020，第201页）。

Persol控股公司是由筱原欣子（Yoshiko Shinohara）于20世纪70年代创办的一家人才招聘机构，她后来成为日本首位白手起家的女性亿万富翁。这家公司不仅帮助企业寻找职业生涯中期的信息通信技术专业人才，也提供这一领域的培训项目。

招聘职业生涯中期人才的企业比例翻了一番，从1994年的35%增加到2019年的70%。这种转变包括至少拥有1 000名员工的企业，而在这些企业中，传统上最普遍的做法是采用终身雇佣制。三分之二的企业表示，他们招聘职业生涯中期人才是为了在有经验的员工退休时补充新人，而 17%的企业表示，这是为了获得企业所需的拥有各种经验和技能的员工（Abe and Hoshi, 2007①；MHLW，2022a）。

有一个令人鼓舞的现象表明供求形势发生了变化，即企业有必要为跳槽者提供工资溢价，这已扩大到各种职业。早在 2009 年，只有 13%的男性跳槽者获得了 10%以上的加薪。截至 2017 年，这一比例几乎翻了一番，达到 27%（参见图 11.3）。涨幅最大的是年轻工人。比如，在 25~29 岁的员工中，无论性别如何，跳槽者涨薪超过 10%的比例从 18%几乎翻了一番，达到 35%，而跳槽者涨薪超过 30%的比例从 4%涨了约两倍，达到 13%。

这对创业是个好消息。随着越来越多的雇主愿意雇用处于职业

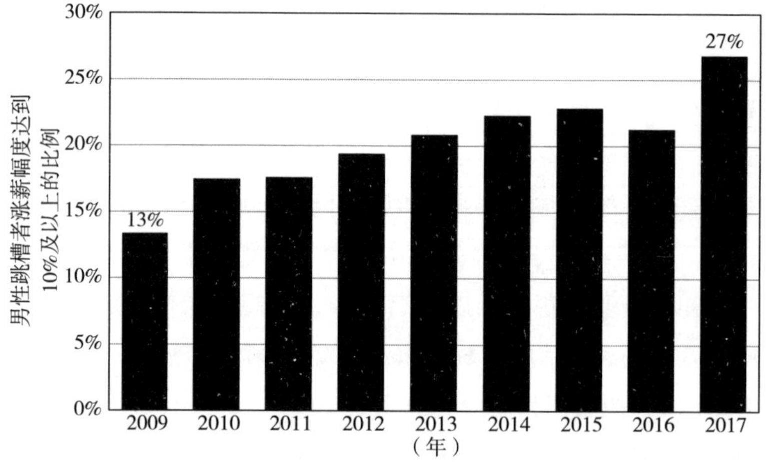

图 11.3　企业需要支付更高的薪酬才能将员工从其他企业吸引过来

资料来源：MHLW（2017d，以及其他年份）。

---

①　作者慷慨地提供了更新的数据。

生涯中期的员工，而且还提供高薪，更多的员工会感到，他们创办新企业或为新企业工作即使不成功也还有退路。尽管如此，如果日本希望本国的瞪羚企业达到欧洲甚至美国的规模，劳动力市场的流动性还需要进一步提高。

对日本有利的事对丰田也有利吗？

之所以问这个问题，是因为某种趋势对整个经济有利，并不意味着对占据主导地位的在位企业也有利。如果劳动力流动损害了它们的利益，它们就会抵制必要的变革。幸运的是，一些研究表明单个企业也能从中受益。一项研究表明，通过提高员工流动率，采用日本传统用工方式的企业可以提高利润（Yamamoto and Kuroda，2016）。当然，员工流动率过高的企业也会遇到麻烦，但是大多数日本大象企业的员工流动率都远远低于最优水平。

过去，日本员工低流动率的好处大于成本，但是现在并非如此。在终身雇佣制下，员工倾向于发展针对特定企业的技能，而不是针对特定职业或者更通用的技能。在一个稳定的技术环境中，这种做法可以很好地发挥作用。然而，在技术进步日新月异且存在不确定的情况下，企业需要通过招聘处于职业生涯中期的员工来引入新思维和新技能。因此，山本和黑田（Yamamoto and Kuroda）认为，日本劳动力市场上员工流动率的最优水平已经发生了变化，结果，“那些做出适当改变的企业，经营绩效有所改善”。根据他们的计算，目前日本能够实现利润最大化的员工流动率为每年20%，但是，实际平均流动率仅为6.7%。类似地，平均4%的职业生涯中期招聘率也太低了。他们的结论是，“采用传统用工方式的日本企业可以通过提高员工流动率来赚取更高的利润”。

如果企业发现自身经历证实了山本和黑田的结论，那么拥有最优员工流动率和职业生涯中期员工招聘率的企业就有可能从没有这样做的企业手中夺走市场份额。它们所占的劳动力份额也会增加。其他大企业看到了它们的成功，也会群起效仿。

政府应该怎么做？

政府可以通过扭转目前实施的一系列惩罚员工跳槽的政策，为合理的经济选择提供助力。

日本已经开始迈出非常重要的一步，使养老金更便于携带，也就是员工在更换企业后仍可获得自己的企业养老金。在日本 5 600 万名雇员中，大多数都参加了国民年金，该年金已经可以携带。不过，还有 1 700 万名雇员参加了额外的企业年金，其中很多人还能领取数额不菲的一次性退休补偿金，平均约为三年的工资。尽管这种一次性补偿金不可携带，但是，从 2005 年开始，日本推动了部分企业养老金可携带。截至 2018 年，参加缴费确定型养老金计划的 720 万名雇员可以携带他们的养老金福利。其余的这些雇员只有经过新企业同意，才能将其养老金福利从一家拥有待遇确定型养老金的企业转移至新企业（MHLW，2020a，2020b）。

最重要的措施是消除正式员工和非正式员工之间巨大的工资差异。这样一来，正式员工就会感到，如果他们去一家新企业碰碰运气但是失败了，还有一个后备选项。与此同时，企业将保留调整薪资水平的灵活性，非正式员工获得的收入也足够养家糊口。日本政府需要做的就是执行自己制定的法律。2008 年的《兼职工人法案》规定同工同酬，并且明确规定，如果非正式员工或者女性从事与全职男性正式员工相同的工作，不得向其支付较低的工资（Katz，2015a）。与禁止歧视女性员工的法律一样，政府并不负责调查相关违法行为并提起诉讼。迄今为止，尽管日本政府经常徒劳无功地呼吁企业提高工资，但是对执行这些法律法规毫无兴趣。

由于法院对现行劳动法的解释是，除非企业濒临倒闭，否则实际上禁止其大规模裁减正式员工，然而之前企业缩小规模可能已经使最终的裁员人数有所减少，因此，修改这些法律将会有所帮助。

日本由公共财政资助的社会安全网就像一把专为无雨之地设计的雨伞，漏洞百出。从表面上看，截至 2019 年，失业救济金看起来很慷慨。对于 45 岁以上且工作年限较长（在不同企业的工作时间可以累计）的员工，失业者在前 6 个月可获得之前工资的 70%，在后 6 个月可获得 35%。然而，对领取失业救济金的资格规定得非常严格，并且大多数非正式员工都没有资格领取，因此，实际上只有 20%的失业者可以领取救济金。结果，失业救济金与所有失业者收入损失之间的比率仅为令人沮丧的 10% ~ 15%（OECD，2018a）。日益增多的长期失业者的一个主要来源，就是青壮年男性。

最后，日本需要推行“积极扶持劳动力市场的政策”，利用再培训和就业匹配来帮助员工转到新的工作岗位上。目前，政府为企业提供补贴，以便使其继续为冗员发放工资，而日本用于积极扶持劳动力市场政策的支出仅为经合组织典型国家的三分之一。

僵化的用工制度、缺乏强大的社会安全网，是导致公众难以容忍创造性破坏的主要因素。日本需要一种新的指导原则，即需要保护员工而非就业岗位。弹性保障及其对日本的适用性将是第 17 章讨论的主题。

第 12 章　弥合数字鸿沟和研发差距

对于一个饥肠辘辘的流浪者来说，如果在他无法渡过的河对岸有一场盛宴，那么对他而言这场盛宴毫无意义。对中小企业而言，数字化带来的盛宴也是如此。

数字鸿沟的一边是宜得利家居（Nitori）这样的企业，它是一家领先的家具零售商，有时被比作宜家。该企业开始使用一种 AR（augmented reality，增强现实）的视觉工具，以拓展电子商务业务。通过智能手机的应用程序，顾客可以体验不同类型的家具。从 2012 年到 2022 年，该企业的销售额增长了一倍多。而日本很多中小企业只能望洋兴叹，因为它们大多无力雇用具备所需技能的新员工，也没有足够多的面向中小企业的咨询公司来满足它们的需求，最糟糕的是，它们根本不知道信息通信技术能给它们带来多大的帮助。它们确实不知道自己错过了什么。

过去的每一年，日本与其他国家之间的数字鸿沟就像日本巨头企业与中小企业之间的差距一样，变得越来越大。在 63 个国家中，日本数字化的总体竞争力排名第 29 位，令人沮丧（IMD，2022，第 83、102—103、109 页）。它最大的短板在于瑞士洛桑国际管理发展学院（IMD）所讲的企业灵敏度，即企业通过改变运营方式，从数字化投资中增加销售额和利润的能力。尽管日本在数字技术方面的支出排名第 41 位，但在灵敏度方面的排名是倒数第一。韩国和德国在数字技术支出方面略高于日本，但在企业灵敏度方面的排名远远高于日本，分别排在第 16 位和第 34 位。

中小企业雇用了日本 70%的劳动力，但只占研发支出的 5%，而经合组织国家的平均值为 30%。在新冠疫情期间，企业不得不远程办公，然而，74%的东京中小企业没有远程办公的计划。在这些企业中，有三分之一表示缺少合适的设备（*Economist*，2021）。

政府为消除数字鸿沟采取的行动将极大地促进瞪羚企业的创建和整体生产率的提高。然而，吸引领导者注意力的仍然是那些“闪亮的东西”。在以前，这些东西包括超导和纳米技术等标新立异的事物，如今则是人工智能和加密货币。日本软银集团 CEO 孙正义呼吁，将人工智能作为大学入学考试的必考科目。与此同时，孙正义的价值千亿美元的愿景基金（Vison Fund）几乎全部投资于海外的初创企业。安倍首相谈到，到 2025 年，每年要培养 25 万名精通人工智能的大学生。

在 63 个国家中，日本民众的数字技能排名倒数第二（IMD，2022，第 105 页）。在这种情况下，让人工智能成为必修课程真的应该作为优先考虑的事项吗？其中一个原因是，虽然日本的高中生在数学和科学测试以及合作解决问题方面，在 80 个国家中名列或接近名列前茅，但是学校教育在多个数字领域却排名倒数第一，比如教师对信息通信技术技能的了解、教授这些技能的能力以及培训这些教师所需的资源（OECD，2020j，第 265—270 页）。怎么会有这种事？一位政府教育改革顾问解释说，原因在于这些技能没有被纳入大学入学考试。因此，教师没有动力教授这些技能（Suzuki，2022）。从 2025 年开始，考试将包括与信息通信技术相关的内容，但是这仍然有问题：谁来讲授这些内容？

除此之外，在信息通信技术的基础领域，日本还严重缺乏企业所需的专业人才。迄今为止，日本政府的数字化工作主要集中在一些小目标上，比如让政府机构使用电子邮件来代替传真机，取消官员签署文件时必须使用的印章，或者让公民在线填写政府表格。

为了缩小数字鸿沟，日本真正需要的是扎扎实实的务实工作。一个良好的开端是培训更多的学生掌握日常商业信息通信技术，让中小企业可以获得低廉的咨询服务，为投资于信息通信技术和研发的初创企业提供税收减免。如果政府不做出这样的努力，拉克速尔最近在印度班加罗尔建立技术中心的举动就可能成为一个先兆。拉克速尔希望创建 10 条业务线以改造传统行业，就像它在包裹邮递领域所做的那样。其中一条业务线是信息通信技术，位于班加罗尔的机构将成为其全球业务的中心。拉克速尔的 CEO 泉佑助（Yusuke Izumi）解释说，鉴于日本国内对稀缺的信息技术专业人才的争夺如此激烈，该公司无法在国内招到足够多的员工来开展这一项目。

免费技术的高昂成本

大多数人都知道，生产新知识需要花费几个百分点的 GDP，作为从研发支出到研究型大学运营成本等方面的费用。但是人们通常不太了解的是，一个国家吸收可以免费获得的知识，比如教孩子们学习 2+2=4，成本要高得多。美国大学为每位工程专业的学生投入近 16 万美元，用于通过研究生教育体系将教授们的免费知识传授给学生。

那么，雇用这些专家的企业需要在这些方面花多少钱呢？即使所有的软件和硬件都是免费的，中小企业仍然需要雇用一些员工或者外部专家，就如何吸收并充分利用新知识向管理人员提供建议①。

由于拥有的资源和理解能力有限，日本中小企业在信息通信技术上的投入如此之少，也就不足为奇了。大企业在软件方面的投入占总投资的10%，在员工人数少于300人的企业中，这一比例仅为4%。2017年，每四家中小企业中仅有一家投资于信息技术设备或软件。但是，你不能用2012年的电脑来运行2022年的软件。早在1993年，大企业和中小企业的设备平均年龄几乎相同，分别为4.4年和4.9年。至2015年，大企业设备的平均年龄上升到6.4年，中小企业则上升到8.5年（METI，2017a，第14—15页）。

与经合组织其他国家相比，日本中小企业与大型企业的生产率差距更大，数字鸿沟正是导致这种现象的原因之一。在日本，员工人数在10~49人的企业，其人均产出仅为员工人数至少250人的企业的42%。这比经合组织典型国家低10个百分点（参见图12.1）。正如经合组织报告指出的，日本中小企业生产率低的部分原因在于“对新技术和数字化投资较少，这反映了它们的财务状况较差，人力资本匮乏，以及很多企业主年龄较大”（OECD，2019e，第52页）。

如何使用这些技术？

也许更为关键的是，太多的中小企业不知道如何充分利用信息通信技术。这一缺陷不仅影响中小企业，而且影响日本很多规模巨大的企业。几乎所有中小企业都在使用计算机和互联网，然而，大多数企业只是将计算机和互联网用于已经在做的事情，比

---

① 对内生增长理论的一个批评就是，尽管该理论有其他贡献，但是它假设知识可以被毫无成本地吸收。后来的一些模型弥补了这一缺陷（Braunerhjelm et al.，2010；Audretsch，2007）。

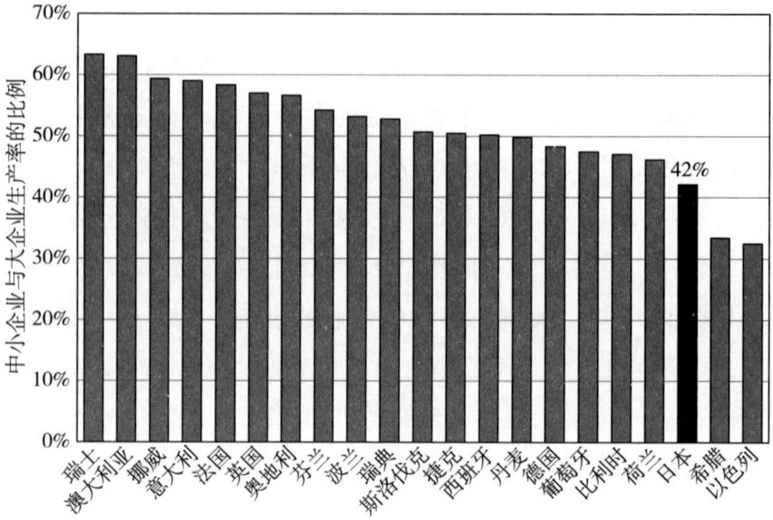

图 12.1　日本中小企业与大企业之间的生产率差距更大

注：将员工人数为 10~49 人的企业与拥有 250 名及以上员工的企业进行比较。

资料来源：OECD（2019e，第 79 页）。

如使用电子邮件接收客户订单。这虽然降低了劳动力成本，但是并没有扩大销售。另外一些企业则知道如何利用信息通信技术来改进产品线、加强对客户行为的数据分析、改善库存管理、与其他企业建立新的合作伙伴关系以及发展电子商务，从而扩大销售、增加利润、提高生产率、增加就业岗位。请回想一下发生在芬兰的啤酒和纸尿裤的故事。

在日本，使用电子商务开展 B2B 业务的中小企业最多，其中 31%的企业表示，主要目的是降低成本。排在第五位的是增加销售额，仅占 20%。在开展 B2C（企业对消费者）电子商务的中小企业中，情况则截然不同，这些工具的使用范围要小得多。增加销售额排在第一位，占 40%。当经济产业省询问那些尚未投资于信息技术的企业原因何在时，43%的企业认为最大的原因是“缺乏能够引入信息技术的人才”。紧随其后的原因是“引入信息技术的效果不明显或者不够大"，有 40%的企业选择了这一选项（METI，2016a，第 116—157 页）。

如果有更多的中小企业拥有财力和人力，能够对信息通信技术的投资和使用做出正确的决策，那么它们就真的能够发挥信息通信技术的潜力。遗憾的是，即使那些已经投资于信息通信技术的中小企业，也只有 4%的企业表示它们有足够的员工予以充分利用。真正令人吃惊的是，有 40%的大企业除了内部员工，还需要外聘顾问来帮助设计信息通信技术的使用策略。鉴于日本信息通信技术专业人员短缺，除非采取一些补救措施，否则这个问题将日益严重（METI，2016a，第 116—157 页）。

问题如何催生解决方案

一个问题的解决方案总是会产生新的问题，而新的问题往往又会催生有能力解决新问题的新企业。先进软件的兴起导致了软件工程师的短缺。在这种情况下，梦思特公司（Monstar）应运而生，它可以利用海外软件人才。梦思特是由鮄川宏树（Hiroki Inagawa）在 30 岁时和几个朋友创办的一家初创企业演变而来的，那些自己无力完成软件项目的企业把这些项目外包给梦思特。迄今为止，梦思特已经实施了 2 000 多个项目。

梦思特的出现得益于新技术和全球化的结合。全球化在创始人鮄川宏树身上也有所体现，他在澳大利亚邦德大学获得 MBA 学位，并在普华永道等美国咨询企业工作了七年。但是，全球化远比这种个人经历复杂。"我试图创建一家新的平台，让日本企业可以与海外开发者合作。我们在 2013 年启动了这个项目。"（2018 年 6 月的采访）当时，他 37 岁。客户聘请梦思特开发他们所需的软件，梦思特则利用世界各地的工程师来完成这项任务，其中大部分在亚洲。在该公司的 1 000 名员工中，有 700 人在国外。鯱川宏树要求员工来日本学习日语，以便更好地与客户沟通。

有趣的是，帮助梦思特启动的一位重要投资者是保圣那（Pasona），这是一家招聘企业，截至 2022 年，其营业收入达到 3 660 亿日元（约 28 亿美元）。鯱川宏树解释说，“由于日本工程师短缺，保圣那发现本国只能满足 10%~20%的客户需求。于是，它与我们商谈，由我们雇用海外工程师，为他们的客户工作”。另一个早期投资者是 1995 年成立的日本风险投资企业数码车库（Digital Garage）。最初，梦思特的客户是一些中型企业，但是随着时间推移，大企业也成为他们的客户，其中一些是由保圣那介绍的。这些企业通常聘请梦思特来完成自己内部员工无力承担的软件任务。鯱川宏树的目标是到 2025 年营业收入达到 10 亿美元。然而，仅有一家梦思特是不够的。

政府正在做什么？

为了解决这个问题，决策者正在采取哪些措施？简而言之，政府做得还不够。政府经常一只脚踩油门，另一只脚踩刹车。

2020 年，日本首相菅义伟提出了所谓的数字化大行动，包括从 2021 年开始创建一个新的数字化部门。然而，这几乎只是把从政府机构之间的交流到人们的纳税等各种官方表格放到网上而已。关于如何帮助中小企业缩小数字鸿沟，内容则少之又少。

经济产业省在 2020 财年申请了 390 亿日元（约 3 亿美元）的预算来帮助企业，这与欧盟在 2021—2027 年为帮助中小企业利用数字技术而编列的 113 亿美元预算相比，简直不值一提。欧盟已于 2016 年开始实施试点项目，并且发现使用了这些项目的中小企业满意度很高（European Entrepreneurs CEA-PME，2020）。

由政府所有的日本政策金融公库（Japan Finance Corporation，JFC）确实为购买 IT 设备和软件提供贷款，有些是按照标准利率，有些利率则较低。但是，政府无法替代银行。2016 年，日本政策金融公库向日本 380 万家中小企业中的 8.8 万家提供了贷款，其中 90%是员工人数少于 9 人的微型企业（BOJ，2017）。扶持力度更大的是精心设计的税收减免措施，比如加速折旧补贴，以及改善中小企业获得银行贷款的机会，详情请见第 13 章。

经济产业省的中小企业厅为中小企业提供了低成本的咨询服务，这个项目的名称为“首席信息官发展支持计划”。这又是一个政府试图填补私人市场空白的案例，而不是鼓励私人市场来完成这项任务。

就像日本政策金融公库的贷款一样，政府无法向有需求的企业提供援助，哪怕是一小部分企业。更有帮助的措施是协助聘请私人顾问，鼓励更多的外国信息通信技术专业人士来日本工作，激励更多像梦思特这样的私人企业发展，以及鼓励大学为中小企业管理人员开设实用课程。

正如中小企业需要满足一定条件才能获得首席信息官发展支持计划的帮助一样，任何财政援助也必须如此（METI，2016a，第 156 页）。

90%的政府研发支持流向了大企业

遗憾的是，对于政府是否真的希望缩小数字鸿沟，人们表示严重怀疑。请思考一个相关问题，即政府是如何使用研发补贴的。

对于日本各个年龄段的中小企业而言，将营业收入的 2.5%投资于研发的企业，其利润是其他企业的两倍多。这些利润使它们有更多的资金用于扩张规模（METI，2017a，第 399 页）。此外，如上所述，与规模较大的老企业相比，在规模较小的年轻企业，创新与增长之间的联系更为紧密。

与大多数其他富裕国家一样，日本为企业研发提供政府支持。这很有道理，因为技术是经济增长的主要源泉，而且大多数经济学家都赞同，仅靠市场力量无法为其提供足够的资金。就对研发的财政支持占 GDP 的比例而言，日本在 26 个经合组织国家中处于中游水平，约为 GDP 的 0.15%。遗憾的是，只有 12%的补贴提供给雇员少于 500 人的企业，而这些企业是最需要这种支持的。相比之下，英国的这一比例为 26%，而德国为 52%（OECD，2020h）。日本只有 8%的补贴提供给员工人数少于 250 人的企业，在经合组织国家中是最低的（参见第 57 页图 2.3）。

其中的主要原因在于，政府的大部分援助都采用了对企业利润实施税收减免的形式，而不是直接补贴。然而，税收减免只能帮助已经实现盈利的企业。就其特性而言，知识密集型瞪羚企业在创业初期由于要花钱开发产品，很可能会亏损。因此，税收减免对它没有任何帮助。一项针对近 400 家大学衍生企业的调查显示，有一半企业每年的研发费用超过 1 000 万日元（约 7.7 万美元），但是只有 40%的企业已经盈利，而在后者中，大多数企业的利润不到 5 万美元。尽管如此，如上所述，随着时间推移，研发密集型中小企业的盈利能力最终会远远超过其他企业。

相比之下，直接补贴既能帮助已经盈利的企业，也能帮助尚未盈利的企业。当然，它也会帮助那些永远无法盈利的企业。但是，在事先无法判断哪种尝试会成功的情况下，这也是鼓励社会进行更多尝试的方法之一。因此，一些国家以直接补贴的形式提供几乎全部援助。在德国，大学的分析人员对补贴申请进行筛选，以确定是否值得资助。

2015 年，对于企业与大学或公共研究机构合作进行的研发，日本额外提供30%的税收抵免。这也更有利于在位者，因为它们最有可能受邀参加此类合作。有必要邀请符合资质要求的新来者，不仅因为它们更有可能提出对大家都有帮助的新想法，而且这也有助于潜在的瞪羚企业找到客户并扩大业务（Kneller，2007，第165、203页；Rtischev，2016）。

如果政府真的有兴趣促进瞪羚企业的发展，就应该采用其他国家常用的政策，即税收抵免的长期“结转”。结转是指，如果一家企业在2020年获得了2万美元的税收抵免，但是当年没有利润，那么它可以将抵免额度结转到实现盈利的年份，比如2025年或2030年。经合组织建议实行长期结转，以避免过于偏向在位企业。经合组织警告说，对在位企业的补贴会推迟生产率较低企业的退出时间，这可能会减缓资源从生产率较低企业转向生产率较高企业。它还列举了一个案例来说明“有利于成熟企业的财政措施，比如没有结转条款的研发税收抵免”（OECD，2015c，第79页）。

少数经合组织国家确实提供了较长的结转年限，比如美国和加拿大为20年，英国是永久性的，但是日本不在其列。日本曾经提供过微不足道的一年期结转，但是，截至2015年4月，日本甚至以财政纪律的名义取消了一年期的结转。尽管安倍政府口口声声要促进高增长初创企业的发展，但是前进的方向正好相反（OECD，2010；2019h，第1页）。

日本中小企业在研发和专利中的份额在经合组织国家中排名倒数第一，政府的税收政策并不是唯一原因（参见图12.2）。然而，政府政策非但没有改善这种状况，反而使其更为恶化。政府为资金雄厚的大象企业提供税收抵免，却拒绝为真正需要抵免的潜在瞪羚企业提供支持。

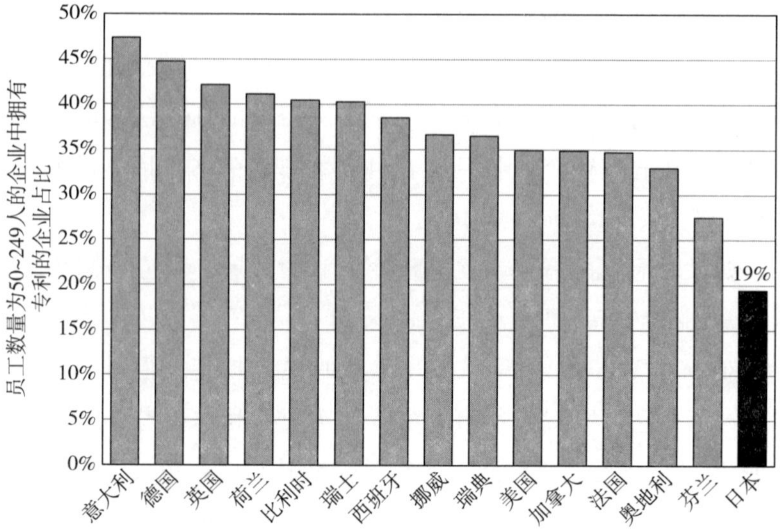

图 12.2　日本中小企业在企业研发中所占份额排名倒数第一

资料来源：OECD（2013a，第 195 页）。

第 13 章 新企业的资金来源

金融是资本主义的命脉。它决定谁能生产什么，生产多少。它日夜不停地跨越国界，将资本从一家企业转移到另一家企业。如果运作良好，它就会把信贷发放给那些有可能用好这些资金的企业，并从那些无法再做到这一点的企业收回信贷。这一过程不仅提高了生活水平，也提高了资本的回报率，也就是说 1 000 日元资本的回报率是 2%还是 5%。该体系通过银行账户、养老金和股票市场为全国家庭提供更多回报。遗憾的是，至少 40 年来，日本的金融体系一直运行得很差，把资金配置给了僵尸企业，而不是潜在的瞪羚企业。①

在所有富裕国家，初创企业在创业初期都很难获得资金。因此，大多数企业都是靠创始人、家人和朋友的资产起家的。有些企业会透支信用卡，或者将房子用作二次抵押。然而，在日本，无法获得银行信贷的情况不仅更为严重，而且在中小企业的生命周期中持续的时间也更长。在对 1 600 家成立不到 7 年的日本企业所做的一项调查中，67%的企业在筹备阶段，57%的企业在创建阶段以及最初几年，35%的企业在成长阶段，都面临筹资这一最大难

---

① 任何美国人在谈论日本金融时都应该承认，2008—2009 年全球金融风暴是美国和其他地方（不包括日本）金融集团灾难性渎职和大面积犯罪的结果。而且，美国金融崩溃的原因和后果与日本金融长期而缓慢地遭受腐蚀也有明显的区别（Katz，2009a；Rakoff，2014）。

题（Yamori et al.，2019，第 56 页）。其他调查也显示了类似的结果。

为什么信贷对瞪羚企业的形成如此重要？这是因为，如前文所述，企业在起步时如果有资金把规模做大，就更有可能存活下来，而幸存者则更有可能成为实现高增长的瞪羚企业（Audretsch，2012，第 21 页）。获得外部资金是企业在起步时做大并迅速扩张的关键。

在日本，年轻企业更难获得信贷，最有可能创建雄心勃勃的创新型企业的年轻人也是如此。这也是日本中小企业中只有 25% 的企业成立不到 10 年的原因之一，这一比例在经合组织国家中是最低的（Criscuolo et al.，2014，第 28 页）。

究其原因，主要是银行体系存在问题，并且缺少风险资本和天使投资。其他障碍包括各种易于纠正的管制措施。比如，政府的一些措施无意中为中小企业的发展设置了障碍，因为这些措施鼓励中小企业不要过度扩张，以免失去享受政府各种补助的资格。直到 1999 年，政府还将中小企业的规模限制在资本金不得超过 1 亿日元（约 77 万美元），否则就会失去中小企业的地位，从而丧失享受各种优惠的资格。当政府将这一限额提高两倍至 3 亿日元（约 230 万美元）时，很多中小企业筹集了更多的资本金。这增加了它们在经济不景气时的缓冲资金，从而降低了违约的概率，促使银行愿意为它们提供更多贷款。这反过来又使它们能够加大对厂房和现代化设备的投资，从而扩大了企业规模。

天使投资的必要性

专业的天使投资人在帮助潜在的瞪羚企业起步方面发挥着至关重要的作用。他们不仅提供初始阶段的种子资金，还提供极为重要的指导。在企业准备好让风险资本家、私募股权投资公司或者银行介入之前很长时间，天使投资人就在做这些事情。很多最优秀的天使投资人都曾是创业者。野村资本市场研究所的杉冈登志夫（Toshio Sugioka）报告说，在日本，30%的初创企业会在12个月内倒闭，主要原因是缺乏外部融资和管理经验不足。他认为，更多的天使投资将有助于解决这两个问题（Sugioka，2002）。

在美国，拥有天使投资的初创企业不仅更有可能存活下来，而且在最初几年雇用的员工要多出40%，并且能从银行和其他机构获得更多的后续融资。2019年，天使投资人共向63 730家企业投资240亿美元，平均向每家企业投资约37.6万美元。这是获得风险投资的企业数量的20倍，尽管对于后者而言，这些企业都获得了数百万美元的投资。同样重要的是，精心设计的税收抵免措施增加了天使投资的数量。美国有26个州颁布税收抵免政策。威斯康星州在2005年颁布25%的税收抵免政策之后，天使投资总额猛增了10倍（Centerfor American Progress，2020）。一个非常积极的案例，也是日本政策倡导者研究过的一个案例，就是英国的企业投资计划（OECD，2016，第88—89页）。

遗憾的是，天使投资在日本非常稀缺。比如，大学衍生企业获得的天使投资就非常稀少。2015—2019年，日本大学每年创立大约180家衍生企业，约为美国的五分之一。大多数企业的资本金数量太少，四分之一的企业仅有1 000万至5 000万日元（约7.7万至38.4万美元）。只有三分之一的企业资本金超过5 000万日元（约38.4万美元）。此外，几乎所有资金都来自企业创始人及其朋友、家人和员工。只有在1%的案例中，天使投资人是最大的股东（*Nikkei*，2014；METI，2020b）。其中很多企业未能充分发挥其潜力，还有一些企业一开始就夭折了。

资金短缺使初创企业规模太小，无法达到最低有效规模。2019

年，成立 1~3 年的日本初创企业获得的资金平均仅为 9.1 万美元，而成立 5~7 年的初创企业则获得了 250 万美元（Arnold-Parra，2021）。相比之下，全球新创企业获得的风险投资“种子资金”平均为 700 万美元。几年之后，种子资金之后的第一轮（称为 A 轮）平均融资额为 2 000 万美元，再过几年，B 轮平均融资额为 5 800 万美元（Graham，2019，第 5 页）。由于资金如此有限，难怪日本的瞪羚企业如此之少，而独角兽企业更是少之又少。

第 18 章将介绍政府内部的斗争，包括岸田执政时期，这一斗争与一项本应非常简单的改革有关，即为增加天使投资提供有效的税收激励。

企业成长缺少银行的助力

在每五家成立 10 年及以下的日本中小企业中，只有两家能够获得银行贷款，而在成立 11~20 年的企业中，这一比例不到 50%。企业存在年限越长，银行贷款愿意越强（参见图 13.1）。

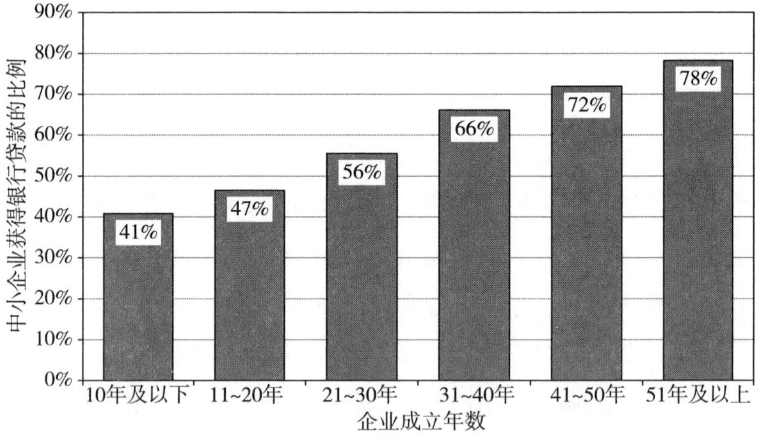

图 13.1　在成立不到 20 年的企业中，曾经获得过贷款的企业不到一半

资料来源：METI（2016a，第 338 页）。

更糟糕的是，当银行屈尊为年轻企业提供贷款时，它们收取的利率要比对存在50年的企业收取的利率高出约2个百分点（参见图13.2）。

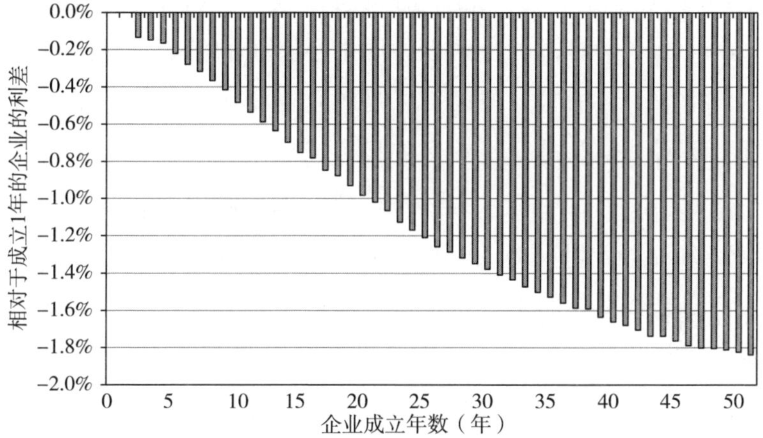

图13.2 银行向年轻企业收取更高的利率

注：借贷成本以与最年轻企业的利差来衡量，起点设为零。数据的时间范围为1995—2002年。

资料来源：Sakai et al.（2010，第1975页）。

银行当然有它们的理由。80%以上的中小企业贷款需要某种抵押品，而初创企业几乎没有抵押品。银行也更愿意贷款给那些与之有长期合作关系的企业，因为这可以为它们提供有关管理质量的软信息。顾名思义，初创企业没有什么业绩记录，因此银行认为它们缺乏进行信贷评估的可靠依据。此外，鉴于新企业极高的失败率，安全总比遗憾好（Masaji et al.，2006）。

虽然这些听起来很有道理，但是肯定不是故事的全部。比如，为什么企业年龄对贷款利率的影响远远大于企业的信用评分？信用评分最高的10%的中小企业，其平均现金流相当于利息支出的8倍多，而信用评分最低的10%的中小企业如果不借钱的话，甚至无法支付原来贷款的利息。然而，在中小企业中，这两类企业的贷款利差远远小于新企业与老企业之间的利差（IMF，2012a，第 42 页）。

在其他国家，日本面临的这些障碍并不是大问题。国际货币基金组织使用“卡普兰和津加莱斯指数”［Kaplan and Zingales (KZ) index］对日本、法国和德国中小企业的借贷条件进行了比较。该指数衡量的是，与信贷充足的企业相比，信贷不足在多大程度上阻碍了企业进行足够多的投资或雇用足够多的员工。三分之一的日本中小企业被认为存在信贷约束，而德国和法国的这一比例分别为 26%和 18%（IMF，2017a，第 33 页）。

日本只有 15%的中小企业成立时间不足 5 年，新企业缺乏信贷是主要原因之一，这一比例不到经合组织国家中位数（36%）的一半（参见第 141 页图 8.3）。

创始人的年龄至少与企业的年龄同样重要。20 多岁的创业者获得的信贷只有 30 多岁创业者的一半。经济产业省（2002，第 54 页）总结道：“创业者的年龄越小，决定个人是否创业的首要因素就越有可能是……创业时筹集足够资金的能力不足。”在二三十岁的创始人中，有 40%的人表示很难从银行筹集到外部资金，而在五十多岁的创始人中，这一比例仅为 25%（Higuchi et al.，2007，第 180 页）

同时，与男性相比，中小企业的女性创始人从商业银行获得贷款的比例要少 40%，而从政府贷款机构获得贷款的比例要少 16%。这也是在日本很难发现女性企业家的另一个原因（Higuchi et al.，2007，第 180 页）。

令人恐惧的个人担保

如果这些还不够，日本的银行还为新企业设置了另一个难以逾越的障碍：要求抵押品和/或个人担保，这种要求所占的比例远远超过了其他经合组织国家。经济产业省报告称，在雇员少于100人的企业中，80%～85%的企业必须提供抵押品才能获得贷款（METI，2002，第143页）。实际上，银行对抵押品的依赖远远超过对企业现金流潜力的评估，对小企业或新企业更是如此（Masaji et al.，2006）。日本的银行对抵押品的依赖程度也远高于其他国家，日本的这一比例为80%，而经合组织国家的中位数为45%（参见图13.3）。

顾名思义，初创企业几乎没有抵押品可以提供。于是银行要求提供“个人担保”，不仅对新企业，对85%以上的中小企业都有类似要求。抵押品抵押的是企业的资产，而个人担保则涉及所有者的个人资产，比如个人住房和金融资产。更复杂的是，很多非法人中小企业的所有者将个人资产和企业资产混在一起。这让情况更加糟糕。伊藤正裕抗议说，即使他将企业80%的资产出售给投

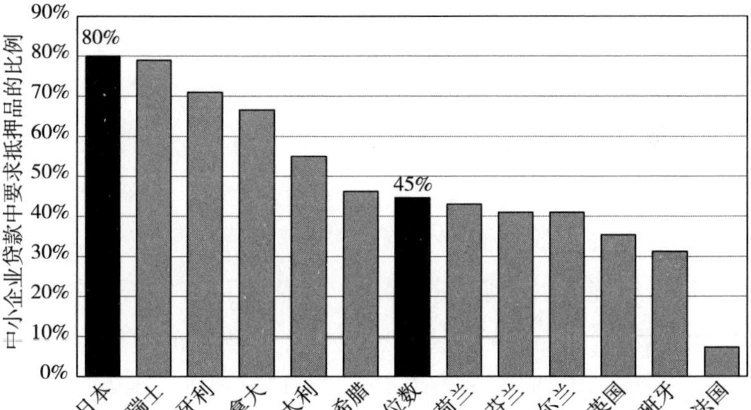

图13.3 日本的银行对抵押品的要求远超其他国家

资料来源：日本数据来自METI（2002，第143页）；其他国家数据来自OECD（2018d，第39页）。

资方，他仍需对贷款承担100%的个人担保责任。

当然，个人担保在其他地方也很常见，但是远未达到日本这种程度。据国际货币基金组织报告，2017年，一般富裕国家的银行在向中小企业提供贷款时坚持要求个人担保的比例为22%；在英国，这一比例为35%，而在日本，这一比例高达84%。国际货币基金组织讨论了依赖抵押品和个人担保的弊端。它不仅限制了为更新、更具创新性和快速增长的中小企业提供信贷，还削弱了银行进行客户资信筛选并基于风险发放贷款的积极性。“银行不一定会贷款给生产率最高的企业，而是会贷给有足够抵押品的企业。”（IMF，2017a，第32—33、45页）

实际上，这些向中小企业提供的贷款更像是个人贷款，而不是企业贷款，而且，当银行向中小企业创始人而不是中小企业本身提供贷款时，他们对企业的审查就会减少，企业的业绩也会变差。罗伯特·科尔教授及其同事对5 000家美国初创企业进行了比较。他们发现，与获得商业贷款的企业相比，那些不得不使用个人贷款的企业在三年内的营收水平要低46%（Cole and Sokolyk，2018）。

银行认为，抵押品和个人担保对借款人形成了约束，因为他们“押上了自己的筹码”。虽然这有一定的道理，但是更大的影响是这使借款人过于谨慎。是的，提供抵押或个人担保的中小企业借款人确实有更高的利润率。不过，这是为什么呢？因为借款人担心一旦违约就会失去自己的房子，所以会以有害增长的方式来极力压缩成本，比如降低投资率、减少先进机器的使用等。因此，一项研究发现，必须提供抵押或个人担保的企业，其销售额增长得较慢。“提供担保的借款人盈利能力的提高是由成本降低而非销售增长驱动的。”（Ono et al.，2008，摘要部分）

2008年，经济产业省终于认识到过度依赖抵押和个人担保引发的问题，并表示，“对于那些没有资产……但拥有颇具前景的创新或能力的中小企业而言，培育一个可以从金融机构顺利借到资金的环境，对于日本经济的活力极为重要”（METI，2008，第 179 页）。然而，该问题属于日本金融厅的管辖范围，它直到 2013 年才有所行动。日本金融厅和经济产业省的中小企业厅发布了指导方针，要求银行根据自己的自律规章，减少对个人担保的要求。传统上，此类指导方针虽然不具备正式的法律效力，但是会得到遵守。自 2014 年底开始实施以来的几年间，按贷款次数而非贷款额度计算，新增中小企业贷款中要求提供个人担保的比例逐渐减少，从 2015 年的 88%降至 2022 年初的 70%（FSA，2022）。

目前还不清楚这对年轻企业的信贷可得性有何影响。银行善于在达到政府要求的目标数字的同时，回避其政策意图。该目标数字是新增贷款超过 100 万笔，但是实际上这既包括对原有贷款的展期，也包括对新客户的贷款。可能减少个人担保要求的大部分只是前者，而这对年轻企业没有帮助。这也没有告诉我们，如果不再要求担保，银行是否会继续贷款给年轻企业，或者它们是否会代之以更高的抵押要求或政府担保。真正的影响可能需要几年时间才能搞清楚。

严厉的个人破产法

罗杰·埃伯哈特及其同事已经证明，更宽松的破产法不仅能促进更多的创业，还能提高初创企业的质量，因为它们能吸引受过更多教育、拥有更多经验和才能的个人来承担有所降低的风险。此外，根据他们的计算，企业破产法的各种改革在日本也产生了这种结果（Eberhart et al.，2017）。

然而，日本的个人破产法仍然非常苛刻。如果中小企业主选择破产，他的住房将被没收。他可以保留家具和 3 个月的生活费，金额大约相当于 1 万美元。他可以保留自己的汽车和一份最高金额约为 2 000 美元的人寿保单。在美国，中小企业主的房屋不能被没收，他可以保留一些土地以及最多约 3 万美元的存款，当然，各州情况有所不同。

2013 年，安倍政府誓言改革《民法典》，包括有关个人破产的部分。在 2017 年对该法典进行修订时，修改个人破产部分的承诺落空了（Jones Day，2017）。

后果

如果一个国家的金融体系将创业机会限制在拥有丰厚的金融资产、抵押品和收入的 40 岁以上男性，那么，尝试创建高增长企业的人如此之少，或者那些尝试的人更容易失败，这不是意料之中的事情吗？

在成立 10 年以内的中小企业中，无法获得银行贷款的企业的资本存量每年增长 3.8%，而获得贷款的企业的资本存量每年增长 4.8%（参见第 147 页图 8.6）。经过 10 年或 20 年的复合增长，这一差异会导致巨大的差距。重要的是，无法获得银行贷款对年轻企业投资的影响要大于老企业，因为后者创造了更多的利润可以用于再投资。

深尾京司（Kyoji Fukao）及其同事调查了日本中小企业与大型企业之间的生产率差距为何如此之大（参见第 202 页图 12.1）。他们的计算结果表明，三分之二的差距是由于中小企业的投资率较低（METI，2016a，第 68 页）①。投资率的差距主要是由融资约

① 一些经济学家认为，这种差距更多源自企业使用资本和劳动力的效率。然而，毫无疑问，融资约束使投资无法达到最优水平。

束造成的。研发投资也存在同样的问题。

一个本可生存下去的潜在瞪羚企业也可能会失败，因为缺少信贷会使它无法足够快地达到最低有效规模。由于存在路径依赖，其他人可能会发现自己被锁定在一个次优策略中，以后也无法纠正。那些担心因为缺乏信贷而无法度过困难时期的人，更有可能避免走上茁壮成长必需的冒险之路。

政府贷款和信用担保：帮助还是阻碍？

政府无法对信贷匮乏的问题视而不见。它试图通过日本政策金融公库提供直接贷款，以及为私人贷款提供有偿的政府担保，以此来弥补信贷缺口。在后一项计划中，如果出现了违约，得到政府支持的实体机构将向银行偿还贷款金额的 70%～90%。在 20 世纪 90 年代后期和 21 世纪初期的金融危机期间，政府偿还了 100%的贷款。遗憾的是，这些行动弊大于利。与其说它们帮助了有可能茁壮成长的初创企业，倒不如说扶持了劣质企业甚至僵尸企业。

如前所述，扶持劣质企业会阻碍更新、更有效率和更具创新性的企业进入市场（参见第 4 页图 0. 1）。由此产生的逆向选择，加上新企业缺乏资金，是阻碍日本拥有更多瞪羚企业的最大因素之一。

这些项目规模庞大。从 1997 年至 2019 年，政府直接贷款和提供担保的贷款总和平均占中小企业所有贷款总额的 21%，占年度 GDP 的 11%，令人惊讶（参见图 13. 4）。在其他经合组织国家，很少有政府直接向中小企业提供贷款。虽然大多数国家都有贷款担保计划，但是除韩国外，规模都不大。2018 年，经合组织国家的中位数仅为 GDP 的 0. 13%。

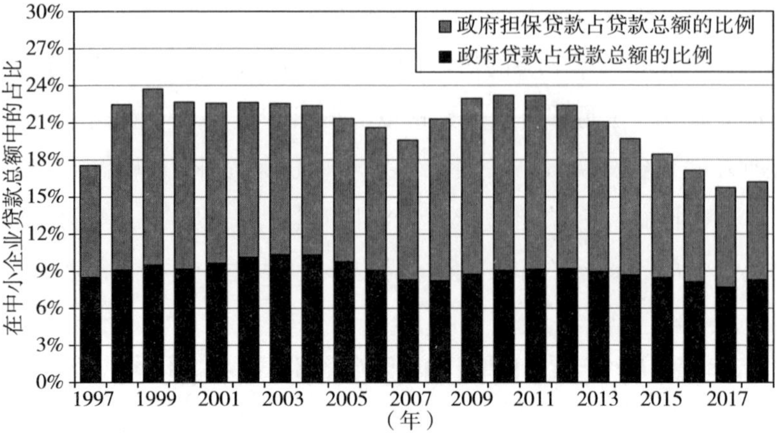

图 13.4　政府贷款和政府担保的私人贷款占所有中小企业贷款的比例

资料来源：OECD（2019a，第 144 页；2016，第 311 页）。

在过去 20 年中，日本每年使用贷款担保的中小企业比例达到惊人的 40%（JFC，2021，第 17 页）。还有几乎同样多的中小企业直接向日本政策金融公库借款。贷款担保对地区银行和信用合作社尤为重要，而这些机构历来是中小企业信贷的主要来源，比如，中小企业贷款要占到地区银行贷款总额的 17%～21%（IMF，2012b，第 30 页）。

日本政策金融公库确实有一个专注于新企业的项目，但是他们专注的是扶持夫妻店，而不是培育瞪羚企业。2016 年，新建中小企业中约有五分之一获得了此类贷款。其中一半提供给了那些仅雇用一两名员工的企业；93%的企业员工人数不足 10 人。在几年之后，当日本政策金融公库对这些接受贷款的企业进行调查时，平均每家企业仅增加了 1.3 名员工。获得这些贷款的企业总共只创造了 9.6 万个就业岗位，不到日本全部就业岗位的 0.2%（BOJ，2017）。

日本政策金融公库贷款的主要目的似乎不是填补金融体系的

空白，而是为“隐蔽性失业”提供资金，这些失业源于劳动力市场的缺陷，以及支持那些濒临倒闭的企业甚至是僵尸中小企业，这些企业为一些老年人提供了收入来源。尽管似乎没有按借款人或创业者年龄划分的贷款数据，但是很有可能大部分贷款都流向了夫妻零售店、餐馆、美发店等中小企业，这些企业为那些在55~64岁就被迫从工作岗位上早早退休，但在65岁之前无法领取私人或公共养老金的人提供了第二职业。近年来，在所有从事批发和零售以及餐饮等诸如此类业务的非法人中小企业主中，70%~80%的人年龄在60岁以上（Statistics Bureau，2017，2018）。

情况并非总是如此。20世纪50年代至60年代初期，商业银行无法动员所需的大量资金。因此，政府贷款为钢铁、机械、煤炭、电力和农业等关键领域三分之一甚至更多的投资提供了资金。随着时间推移，私人储蓄增加，银行实力增强，政府贷款越来越多地用于帮助夕阳产业（如煤炭）、易受经济变化影响的社会阶层（农民）或者受制于劳动力市场僵化的群体（55岁以上人群），以及对执政的自民党选举成功至关重要的群体，从农业和建筑业到中小企业，不一而足（Katz，1998，第85页；OECD，2019a，第143页）。

然而，正如乌尔丽克·舍德指出的那样，如今政府贷款人正在变相地履行社会福利职能（Schaede，2005，第152、171—172页）。就连这些贷款机构也认识到，它们的作用只是防止或推迟中小企业破产，而不是使其扭亏为盈。由于日本政府没有为结构性失业者提供全面的社会保障，因此它努力将公开失业保持在尽可能低的水平。此外，她还补充道：“在日本和在其他国家一样，在一定程度上，领取救济金会让人感到羞耻，因此向破产企业提供政府贷款是一种体面的方法，既能发放救济金，又能维持这些人员仍在为经济做贡献的假象。”舍德指出，政府为自己设置了一个陷阱。“只要政府没有其他适当的方法为规模很小的企业提供社会福利，那么缩减或取消这些贷款计划就可能造成严重的社会问题。”

信贷担保计划似乎也担负着同样的社会保障功能，无论它在1948年刚开始实施时多么具有建设性。借款人向政府信用担保企业支付费用。决定中小企业是否必须使用信用担保才能获得贷款的是银行，而不是借款人。2006年之前，无论风险程度如何，每个借款人支付的保险费都是一样的。

表面上的理由是，信用评估是一项劳动密集型工作，因此对于借款额仅为10万美元左右的中小企业来说成本太高。更有可能的是，在过去的几十年里，银行已经变得如此依赖抵押品，以致在培训员工时，他们“主要培训的技能是抵押品评估，而不是借款人信用风险评估”（Schaede，2005，第154页）。

直到2011年，政府才试图采取补救措施，推动建立信用评级数据库。当时的设想是，银行可以共享信息，从而分摊信用评估的成本。遗憾的是，尽管信用评级数据库收集并发布了日本400万家中小企业中大约300万家的数据，但是效果不尽如人意。虽然有多个信用登记机构，但超过一半的受访金融机构表示，这些机构没有及时提供足够的信息，使他们无法正确评估信用风险。此外，金融机构往往无法通过信用登记机构共享信用信息，部分原因在于一些本应很容易纠正的问题，比如，由于没有独有的税收识别号码，没有建立针对每位借款人具有唯一性的识别系统（IMF，2012，第46页）。虽然遭到公众的抵制，但政府于2015年开始发放此类号码，可是截至2021年，只有40%的公民选择了登记。

重点关注具有发展潜力的年轻中小企业的信贷担保计划，在经过精心设计之后，如果能够使经过严格筛选的申请者获得更多的商业银行贷款，并且政府能够追踪用户的表现，那将极有助益。但是，日本并非如此。相反，使用信用担保的借款人与日本政策金融公库的借款人类似，都是一些经营老鼠企业的老年人。此外，银行对使用担保贷款的借款人的监督力度，也不如不使用担保贷款的借款人。结果，大多数使用担保贷款的中小企业都遇到了一些困境，“盈利能力随之降低，而陷入财务困境的可能性也更高”（Uesugi et al.，2010，第19页）。

迫使商业银行支持僵尸企业

政府贷款和担保计划是相关政策的一部分，这些政策向商业银行施加压力，迫使它们为僵尸中小企业提供无休止的支持，使用的手段包括低于市场的利率和常青贷款。国际货币基金组织的报告（Lam and Shin，2012，第10页）指出，信用度较低的中小企业的借贷成本已低于银行实现盈亏平衡的利率，如今的借贷利率甚至更低。至于“常青化”，是指银行借钱给将要倒闭的中小企业以使企业能支付之前贷款的利息，这样银行就不必减记其账面价值。这使得不良贷款看起来比实际情况要少（OECD，2015a，第31页）。

2009年，在全球金融危机期间，日本国会通过了一部名为《金融促进法》的临时法案，要求金融机构应中小企业借款人的请求，给予偿还利息和本金的宽限期，甚至减免部分利息和本金。中小企业要做的就是表示它有计划在5~10年内履行偿还这些贷款的义务。作为回报，银行可以将不良贷款重新归类为正常贷款。这就减轻了银行的财务负担，使其不必减记或者完全注销总额达数万亿日元的不良贷款和可疑贷款。在2009—2013财年，即该临时法案生效期间，银行批准了410万份贷款申请中的97%，贷款总额达120万亿日元（约0.92万亿美元），占所有中小企业贷款总额的一半，相当于日本GDP的五分之一，令人感到震惊（Ono and Uesugi，2014）。

如果这还不够宽松的话，星岳雄（Takeo Hoshi）报告说，2009

年，金融厅修改了《审查手册》，“只要企业简单地声称未来有希望制订业务重组计划，该企业的贷款就可以被归类为正常贷款”（Hoshi，2011，第 4 页）。

即使在该法案于 2013 年失效以后，金融厅仍继续向银行施压，要求其继续采取宽限措施。结果，银行在 2009—2019 年共批准了 950 万笔贷款申请。由于中小企业不足 400 万家，很多申请人多次签订重组协议。更糟糕的是，在获得贷款宽限的所有中小企业中，有 40%甚至懒得制订扭亏为盈的计划，更不用说实施了（Endo，2013；Yamori et al.，2019，第 8 页；FSA，2018）。

僵尸企业的存在导致各类市场出现了产能过剩，从而降低了健康企业的利润，阻碍了它们的扩张和投资。结果，由僵尸企业主导的行业就业增长较慢，生产率较低。根据僵尸企业在各行业中所占的比例，与基准水平相比，投资每年会下降 4% ~ 36%①（Caballero et al.，2008，第 1943、1946 页）。

过去的危机表现为银行的不良贷款增加，现在通过这种会计手段，变成了经济受到的腐蚀日益加深。

零利率政策进一步削弱了银行家的技能

在这方面，金融市场最大的扭曲可能来自政府决定主要通过货币刺激政策来对抗经济停滞，也就是近乎零的利率政策。截至 2023 年初，在所有贷款中，16%的贷款利率低于 0.25%，37%的贷款利率低于 0.5%（参见图 13.5）。按照这个利率，即使僵尸化最为严重的借款人似乎也有能力偿还债务。

① 尽管这项研究涉及的是上市公司，这一点同样适用于中小企业中的僵尸企业。

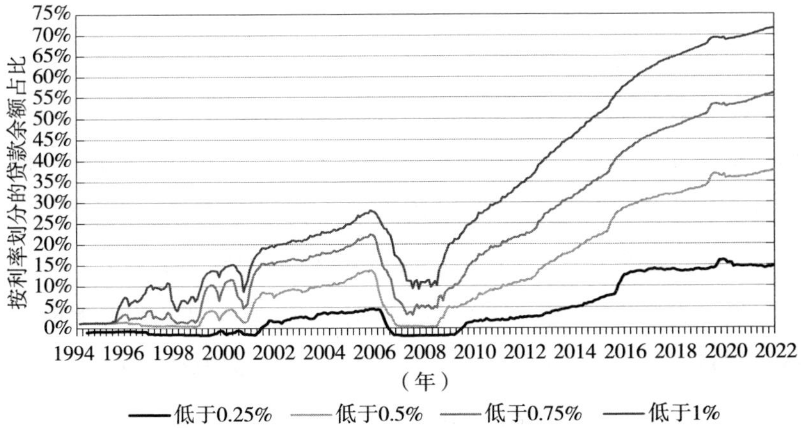

图 13.5　接近于零的利率使僵尸企业得以维持生存

资料来源：BOJ（2023b）。

正确的贷款定价应当是向信用较差的借款人收取更高的利率。取消主要的信贷定价工具，就好比对菲力牛排和碎肉收取同样的价格。在苏联人们会排队购买菲力牛排，一堆堆碎肉无人问津。商店甚至会对菲力牛排进行配给，每位顾客只能买这么多。同样的情况也发生在日本的信贷市场上。由于信贷不再按照基于风险的利率来配置，银行就需要使用其他方法，比如抵押、个人担保和政府信用担保。

整个综合征进一步削弱了银行家的技能。如果贷款的主要标准是抵押品或个人担保，还需要那些熟悉客户或者能够评估新业务发展前景的精明员工吗？如果银行在金融厅的指导下以低于市场的利率向陷入困境的中小企业贷款，还需要制定适当利率的技能吗？在一家仍在使用扣分制晋升制度的银行中，有多少银行职员愿意冒险向前景良好的新企业发放贷款呢？即使政府一下子取消了所有这些适得其反的政策，在信贷审批人员的技能得到提高之前，这些银行也不可能像真正的银行那样行事。这不是一项简单的任务，也没有取得成功的捷径。

回想高增长时代以及之后的一段时期，日本的主银行制曾获得广泛赞誉，被视为日本取得巨大成功的秘诀之一，但是如今问题严重到如此地步，实在令人痛心。评估借款人的信用度是银行最重要的功能，但也是一项困难且成本高昂的工作。仅仅依靠抵押品，成本要低得多，但是为了将一国储蓄配置于最有效的用途，以促进经济增长，这远远不够。在日本实现高增长的全盛时期，休·帕特里克（Hugh Patrick）就得出结论，认为日本的银行体系“将抵押品的使用与密集的监控结合在一起……力求区分增长前景良好但抵押品较少的潜在借款人和仅拥有充足资产的借款人”（Patrick，1994，第39—40页）。

在当时，以销售额或投资来衡量，与主银行关系密切的受困企业恢复速度要快于其他企业。其中一个原因是，银行在迫使受困企业的现任经理离职方面发挥了重要作用。此外，由银行高管担任经理或董事的企业，更有可能根据企业业绩来决定高管的更替（Hoshi et al.，2017，第3页）。

这一制度一直运转良好，直到其失去效力。由于金融环境发生了一系列变化，在20世纪70年代后期和80年代，抵押品的使用越来越多地取代了信用评估。这种恶性循环导致20世纪80年代的股票和房地产泡沫。企业用股票和房地产作为抵押品向银行借款，然后用这些资金购买更多的股票和房地产，这又增加了企业的抵押品，从而可以借更多的钱，买更多的抵押品。就银行而言，每个借款人都有优质的抵押品，但是他们忽视了系统性扭曲。当泡沫不可避免地破裂时，随之而来的就是20世纪90年代至21世纪初期的不良贷款危机，以及迄今为止四分之一世纪的接近于零的利率。最后，银行对借款企业的干预越来越少，即使试图对企业进行重组，效果也越来越差（Hoshi et al.，2017，第1页）。

高增长新兴股票市场令人失望

如果说银行未能为潜在的瞪羚企业提供机会，那么股票市场也是如此。2000 年，日本政府试图推动超级瞪羚企业的发展，在东京证券交易所为新企业建立了一个股票市场。这个市场被称为 MOTHERS。当时的官员们信心满满，认为这将复制美国纳斯达克股票市场的成功。纳斯达克的投资者为苹果、思科、星巴克、亚马逊、T-Mobile（T-移动）和特斯拉等世界著名超级明星企业的爆炸式增长提供了资金。高增长新兴股票市场远远谈不上成功。与由专业投资者和机构投资者主导的东证一部市场不同，它由散户投资者主导。这导致新企业通过首次公开募股或者后续发行股票募集到的资金非常有限。截至 2020 年，在高增长新兴股票市场上市的近 400 家企业中，没有一家销售额超过 10 亿美元，仅有四家独立的企业销售额超过 5 亿美元。相比之下，星巴克一家公司的销售额就高达 260 亿美元。在从高增长新兴股票市场升级到东证一部的企业中，只有 6 家企业的销售额超过 10 亿美元，其中大多数企业的成长方式不是挑战亚马逊、思科和特斯拉等大型在位企业，而是专注于现有企业几乎没有涉足的市场，比如在线服务、手机游戏、在线跳蚤市场或者社交网络（SPEEDA，2021；Japan Securities Research Institute，2018）。

金融、中小企业接班危机和新型金融机构的崛起

有时，需要一场危机来推动变革。就金融业而言，所需的驱动力可能就是人们通常所说的中小企业接班危机，这是老龄化和世代更替的产物。如果没有大的变革，社会失衡的问题可能很难解决。

如果说在20世纪90年代至21世纪初期，每个人都在担心有太多的僵尸企业在政府支持下苟延残喘，那么，现在又增加了一项完全不同的担忧，即有太多健康的中小企业会因为缺少接班人而倒闭。每年有多达7万家成功的中小企业倒闭，其中60%是盈利的，原因仅仅是年迈的所有者找不到合适的接班人（Kamei and Dana，2012，第61页）。根据经济产业省的数据，至2028年，将有245万家中小企业由年过七旬的总经理领导，其中大约有一半还没有找到继任者（Tsuji，2017；METI，2018a，第357页）。多达650万个工作岗位可能会消失（IMF，2019，第15—16页；Nihon M&A Center，2020，第57页）。在法人型中小企业中，仅有3%希望在CEO离任时选择关闭企业。他们希望有一位继任者让企业继续发展，但是大多数企业找不到合适的继任者（METI，2017b，第10页）。

这是由世代更替造成的一个相对较新的问题。早在20世纪80年代至90年代初期，大约95%的中小企业主都会把企业传给儿子、女儿、女婿或其他家庭成员，而不管这些年轻亲属的意愿如何。现在不一样了。对接班不感兴趣的年轻亲属反抗父母的意愿要强烈得多。至2012年，在有接班人的中小企业中，只有42%的接班人是家庭成员，另有近40%的接班人是员工（参见图13.6；METI，2014，第253页）。

这场危机反映了观念随着世代更替发生了明显变化，同时也反映了日本金融体系的缺陷，迄今为止，它正以较微弱的方式引发金融业变革。金融缺陷之一是银行要求个人担保。如前所述，员工中很多潜在的继任者无法或者不愿承担个人担保的负担。第二个缺陷是缺少足够多的企业为即将退休的CEO提供各种可选的退休建议，或者实施足够多的兼并以使这些企业继续存活下去。

这类服务和机构已经出现，14%的中小企业接受了银行、税务会计师、当地商业协会或类似合作伙伴推荐的新的所有者兼CEO；9%的中小企业自己从外部招聘了新的所有者兼CEO，有时也听取银行或会计师的建议；还有极少数中小企业将自己出售给了另一家企业或外部收购者，比例仅为1.5%。遗憾的是，这些可供选择的措施仍然远不能满足中小企业的需求。结果，没有接班人的企业要么关门，要么让现在的企业主尽可能多干几年（METI，2018a，第357页）。

以前不屑于将自己卖给其他企业的中小企业，现在正在重新考虑这个问题。在一项调查中，三分之一的中型企业表示，它们会考虑通过兼并或收购来确保企业继续经营下去。中小企业找谁来帮忙做这件事？人们会认为这是该企业的主银行的工作。然而，问题在于虽然中小企业通常都有一家主银行，但它们并没有一个主银行家，因为贷款人员往往每隔几年就会从一家分行调到另一家分行，或者从一家银行跳槽到另一家银行。因此，69%的人表示他们的首选是税务会计师，这通常是为他们工作了几十年的人，也

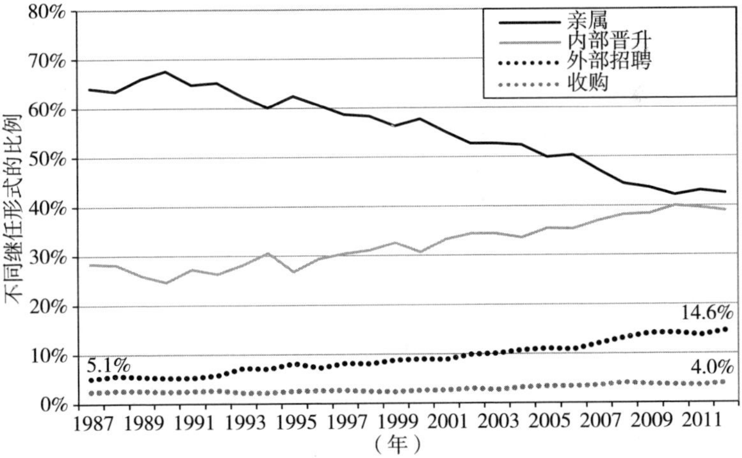

图 13.6　企业继任形式的变化

资料来源：METI（2014，第253页）。

会认识潜在的合作伙伴（Uchida，2011；METI，2017a，第266、295页）。

这种情况催生了新型的独立专业公司为其提供匹配服务，比如日本并购中心（Nihon M&A Center）、Strike公司和并购资本合伙企业（M&A Capital Partners）。2013年至2018年，由它们安排的匹配数量增加了两倍，仅日本并购中心在2017—2020年就达成了3 000多宗交易，其中80%为继任合并。在这些交易中，有五分之一的交易价格超过了10亿日元（约770万美元），目标企业员工人数超过了50人。与需求相比，这仍然是杯水车薪。2021年，政府机构和并购公司仅能为2 400家中小企业找到买家，因此，有4.4万家中小企业倒闭，其中有2.4万家仍在盈利（METI，2017a，第345页；Japan Times，2019；Dooley and Ueno，2023）。

日本并购中心由一群税务会计师于1991年创立。与其他很多瞪羚企业的创始人一样，该企业的创建者也拥有丰富的国际经验。日本并购中心的创始人和现任董事长分林保弘（Yasuhiro Wakabayashi）曾是好利获得日本公司（Olivetti Japan）的销售员，在那里他建立了一个地区银行和会计师事务所的社会关系网。现在，他们向他提供买卖双方的询价信息。该企业一半的股份由外国股东持有。2017年，《福布斯》将日本并购中心列入收入低于10亿美元的亚洲200家最佳企业名单。2022年，该企业的收入达到了444亿日元（约3.4亿美元）。

截至2023年，佐上峻作（Shunsaku Sagami）是日本最新诞生的亿万富翁之一。他于2018年创立了并购综合研究所（M&A Research Institute），时年27岁。在这家公司，他利用人工智能将面临接班人危机但是仍在盈利的中小企业与潜在买家联系起来。比如，并购综合研究所过去的一宗交易，是将一家营业收入达2亿日元（约147万美元）但是没有接班人的IT企业，出售给了寻求扩张的竞争对手，后者的营业收入达到了15亿日元（约1 100万美元）。佐上峻作有很强的动力，因为他曾目睹自己祖父的中小企业由于没有接班人而倒闭。企业上市后，佐上峻作本人也成为亿万富翁。然而，日本还需要很多这样的企业，因为在2022年最后一个季度，他只完成了33宗交易，另有427宗交易正在进行中（Lee，2023）。

此外，还有一些私募股权投资公司在收购存在接班人问题的优秀中小企业，这些私募股权投资公司虽然数量不多，但是在不断增加（Lee and Takezawa，2019；Wada，2020）。日本产业推进机构的几乎所有交易都涉及接班人问题。据报道，这些交易的金额在1亿至2亿美元不等。

在日本，私募股权投资过去被视为"秃鹫基金"。尽管有些公司确实如此，但是越来越多的人认识到，在美国等国家，很多与中小企业打交道的私募股权投资公司确实帮助企业改善了经营状况并扩大了业务。然而，日本的私募股权投资公司数量太少，很多企业只能同时处理15~20笔交易。据报道，2018年，以日本企业为目标的私募股权和风险投资交易仅有686笔。这些目标企业既包括企业巨头的衍生部门，也包括中小企业。截至2021年，日本私募股权投资协会共有52家正式会员和66家支持会员。其中很多是大银行和投资银行的私募股权投资业务部门，它们与独立的私募股权投资公司有着截然不同的文化、目标和绩效标准。相比之下，截至2014年，北美约有2 000家私募股权投资公司，西欧和北欧有1 000家。

就连全球私募股权投资基金现在也意识到了其中的机遇。目前大约有170家全球私募股权投资公司在日本投资，但是他们可能只是通过日本的投资基金提供资金，其中只有一部分涉及接班人问题。大部分资金都用于衍生企业。到目前为止，交易规模还很小。比如，2021年，贝恩资本（Bain Capital）宣布成立一家10亿美元的基金，投资面临接班人问题的中小企业。然而，按照平均每笔交易 5 000 万美元的规模计算，即与外资收购日本非关联企业的交易规模大致相同，这只能进行 20 笔交易。要产生真正的影响，需要数百亿美元。截至 2020 年，外国私募股权投资基金在日本的投资少于中国、印度、澳大利亚/新西兰和韩国，但是在日本的投资额正在快速增长（*Nikkei*，2021；Suzuki，2021）。

经济产业省成立了企业接班支持中心，以帮助那些无法从他人那里获得适当建议的中小企业。2016 年，该中心进行了近 7 000 次咨询，促成了大约 400 例接班（METI，2018a，第 361 页）。2019 年，它宣布扩大这一项目，以便每年创造 1 000~2 000 个匹配机会。

如果经常为中小企业安排各种交易的日本银行和大型贸易企业能够加入这一潮流，那对日本来说就最好不过了。这一趋势已经开始。地区银行正在迅速扩大有关中小企业接班人的咨询业务，2016 年处理了近 3 万次咨询，是 2012 年的三倍（METI，2018，第 319 页）。然而，到目前为止，日本的主要金融机构还没有为这项任务做好准备，它们通常会将客户推荐给日本并购中心，一些地区性银行也是如此。

接班人危机可能会造成社会动荡，从而凸显了对金融进行更彻底改革的必要性。要做到这一点并不容易，但是如果不能解决这一问题，民众的苦难和政治压力将会加剧。

银行业没有一招制敌的制胜武器

要取消对僵尸企业的常青贷款，或者培训银行家更有效地进行信贷评估，包括对有前途的初创企业进行评估，这些都是说起来容易，但是要在不造成社会过度动荡的情况下实现这些目标，是极其困难的。大量鸡生蛋、蛋生鸡的困境会让政策制定者步履维艰。银行没有动力去培训他们的员工来评估初创企业。只要个人担保、抵押品和政府担保在贷款决策中发挥重要的作用，银行就没有动力训练自己的员工去评估企业的前景。另一方面，如果明天所有这些支持贷款手段都消失了，银行将没有足够多训练有素的员工来应对新的环境。同样，只要几乎所有贷款的利率都低于 1%，利率就很难在信贷配给中发挥应有的作用。然而，如果日本央行过于突然地提高利率，GDP 可能会出现下滑。

要使日本成为瞪羚企业茁壮成长的地方，资金是最为棘手的障碍。鉴于世代更替和技术变革正在使劳动力市场变得更具灵活性，如果能找到一种方法，为潜在的瞪羚企业提供更多资金，很可能会涌现大量成功的瞪羚企业。第一步是利用税收激励措施，促进更多的天使投资和风险投资，为潜在的瞪羚企业提供起步的机会。但是，除非银行能够做得更好，否则瞪羚企业将无法获得成长所需的资金。

第 14 章　客户开发中的蝴蝶效应

堪萨斯州龙卷风的威力真的会因为两周前神奈川县一只蝴蝶扇动翅膀而改变吗？在特定的系统中，看似微小的变化会产生惊人的巨大差异，这种现象被称为“蝴蝶效应”。在经济领域，印度在 20 世纪 90 年代初实施了一系列相当有限的改革，使人均 GDP 增长率从改革之前 30 年间的 2%，迅速提高到改革之后 30 年间的 5%。在改革之前，这样的增长被认为是不可能的；相反，印度被认为注定要经历缓慢的“印度式经济增速”。然而，相对较小的变化却产生了巨大的成果。

在日本初创企业获得更多客户方面，我们可能不会看到完全的蝴蝶效应。然而，汇率变动、零售法改革、日本跨国企业竞争力下降，以及最重要的电子商务的兴起，都在这方面产生了巨大的连锁反应。

如果没有获得客户的能力，任何企业都无法生存，更不用说发展了。然而，在 20 世纪 70 年代至 90 年代的日本，由于现有企业的势力不断扩大，新成立的独立中小企业很难获得接触新客户的公平机会。这一困境阻碍了 B2B 和消费品销售领域的中小企业的发展。除了缺乏外部资金和难以招聘员工，难以获得客户也是日本瞪羚企业数量如此之少的最重要原因之一。

在 B2B 方面，大企业更愿意从与自己合作多年甚至数十年的供应商那里采购。企业集团内部的供应商，或者是根据母公司的规格生产零部件并将大部分产品只出售给这一家客户的分包商，又或者是三菱或住友这样的六大横向经连会的成员，被认为是最可靠的供应商。除此之外，还有各种生产商组成的非法卡特尔将新来者拒之门外，而对这些活动，日本公正交易委员会选择视而不见（Katz，1998，第45、176—177页）。汽车零部件制造商尤其臭名昭著，根据美国司法部的调查结果，有几个人被送进了监狱（DOJ，2012，2018）。

考虑一下丰田著名的准时制生产，即过早到达的零部件和过晚到达的零部件一样令人头疼，汽车制造商们表示，他们不想冒险使用新的供应商。信任和默会知识都是在反复互动中积累起来的。与此同时，小供应商意识到，除非投靠巨头企业，否则找到客户的机会很有限。结果，小型生产商越来越沦为单纯的分包商。在高峰时期，每四家制造企业中就有三家是分包商，每两家服务企业中就有一家是分包商（Whittaker，1997，第35页）。

在B2C方面，20世纪70年代，法律赋予小型零售商阻止大型零售商进入社区的权力，因此大多数零售商规模都很小。这增加了大型生产商及其分销商对零售商上架商品的影响力。它们有时会肆无忌惮地违犯《反垄断法》，如果商店或分销商售卖国内外新企业的商品，它们就会威胁不再向其供应商品。如果消费者连新企业的产品都看不到，新企业又如何发展壮大呢？

20世纪80年代中期，日元急剧升值，抬高了日本商品在出口市场上的价格，上述体制开始瓦解。因此，日本的大型跨国公司开始在海外生产，不仅是为了接近外国客户，也是为了生产可以返销至日本的产品。比如，日本汽车制造商目前在海外的产量相当于国内产量的80%。截至2019年，日本所有行业跨国公司的海外产量几乎达到国内产量的60%，是国内制造业总产量的三分之一，而在1985年时几乎为零（METI，2020d，第6页）。其他国家的跨国企业也在海外大量生产，但是这并不妨碍它们在国内扩大生产。母公司的这种转变减少了对国内分包商的需求，很多分包商因此倒闭。剩下的分包商则通过使客户群体多样化来应对。

20 世纪 90 年代初期，日本大型零售商与华盛顿方面结成联盟，帮助美国零售商开拓日本市场，促使《大店法》开始改革。这就把一些议价能力从生产商手中转移到了大型零售商手中，后者对新企业的产品持更加开放的态度。对于那些试图将新企业拒于零售业门外的大型在位企业而言，最大的打击莫过于电子商务的崛起。电子商务使新企业能够绕过占据统治地位的现有经销商，直接面对客户，下文将详细介绍这一点。这是技术如何改变社会权力平衡的一个典型范例。

在数字时代，日本大象企业的竞争力下降，这迫使它们与那些拥有自己所缺专业知识的企业合作，这些企业最初是大企业，但是随着时间推移，越来越多的新企业也加入进来。反过来讲，这种竞争力下降的问题也是封闭的企业集团制度造成的，这种制度往往使母公司对不断变化的技术一无所知。光益彰曾经写过一部关于纵向经连会的著作（Mitsumasu，2015），他告诉我，“很多日本子公司主要在其企业集团内部进行贸易，对世界其他地方发生的事情一无所知。因此，他们跟不上技术的最新发展”（2018 年 6 月的采访）。如下文所述，即使丰田公司也不得不接纳新的信息通信技术供应商，因为它们以往的集团成员无法胜任这项任务。

分包业务的减少为独立的中小企业提供了机会，使他们在 B2B 业务方面取得了更大的成功。

纵向经连会：分包的兴起

日本的纵向经连会是一个枝繁叶茂的庞然大物，由数百家法律上独立的企业组成。截至21世纪第二个10年初期，索尼集团旗下共有1 227家企业，日立为913家，丰田为511家，住友商事为578家，欧力士（Orix）金融服务公司为784家。在东京证券交易所排名前200位的企业中，平均每家企业拥有的子公司数量从1990年的45家增至2005年的108家。这些集团成员在法律上是母公司的子公司或附属企业（Mitsumasu，2015）。①

在21世纪初期，2.6万家企业集团及其5.6万家子公司雇用了1 800万名员工，占员工总数的三分之一。其中一半人在最大的290家企业集团工作。在制造业中，一半以上的员工为企业集团工作，四分之一受雇于排名前40的集团（Mitsumasu，2015）。这些数字还不包括数量多得多的分包商。尽管丰田有1 000家子公司和附属企业，但是有近4万家供应商，其中大部分是分包商。在20世纪80年代初分包活动的鼎盛时期，估计有80%的工厂工人受雇于某个法定的集团成员或分包商（METI，2018b）。光益彰告诉我，“这个份额是巨大的，你在其他国家看不到这种情况”。

在当时，分包往往意味着母公司的完全控制。这是因为大多数企业的大部分销售额都依赖于同一个客户，并根据母公司的规格生产产品。五分之一的企业将90%的产品出售给了同一个客户（METI，2016a，第89页）。

从20世纪60年代开始，根据1963年名为《中小企业基本政策》的战略文件和1970年《分包促进法案》，通产省将分包作为实现经济现代化的一种方法，促进了纵向经连会和分包的兴起。当时的想法是建立上下级企业之间的伙伴关系，而不是创建可能挑战现有企业的瞪羚企业。通产省并非完全不重视竞争。恰恰相

---

① 在一家子公司中，母公司拥有多数股权；在一家附属企业中，母公司拥有的股权不占多数，但是仍足以行使控制权。

反，与欧洲很多国家不同，通产省从未在任何主要出口行业中扶持过某个全国冠军。

当时，人们普遍认为分包对经济利大于弊。至20世纪50年代末和60年代初，日本大型制造商在提升制造业复杂性方面面临严峻挑战，而小企业则受到技术和财力的制约（Nishiguchi and Brookfield，1997，第92页）。为了应对这些挑战，大型制造商开始对其分包商进行大量投资，并在母公司的指导下提高分包商所从事工作的复杂性。

遗憾的是，即使对整个经济的影响由净收益变成了净损失，通产省仍在继续推广这种制度。“至20世纪90年代，与没有分包关系的制造商相比，分包制不再能增加母公司或分包商的利润。”（Kimura，2001，第7、11、68页）

选择生存还是力争繁盛

在日本，有太多从事B2B业务的中小企业处于极为严重的两难困境。如果它们试图在不与企业集团捆绑在一起的情况下发展壮大，就很有可能遭遇彻底的失败。部分原因在于，众所周知，与经连会深入绑定的潜在客户不愿意从新企业那里购买产品。这一特点正在逐渐弱化，详情请见下文。此外，与在困难时期可以获得母公司支持的分包商不同，独立企业如果无法获得银行贷款，在困难时期就有可能出现严重的财务问题。

另一方面，如果独立企业能够打入市场并获得成功，那么它们将比分包商增长得更快，也可以获得更高的利润率。独立的中岛螺旋桨公司（Nakashima Propeller）由一家创建于1926年的企业演变而来，现已发展成日本最大的螺旋桨制造商，在大型螺旋桨领域占全球30%的份额。中岛基善（Motoyoshi Nakashima）社长强调：“如果一家企业……仅是某个特定客户的附属，前途就不会光明。我们并不局限于仅为一两家企业供货……（或）仅向日本供货。”（EIU，2013，第 27 页；Nakashima Propeller，2019）

分包商发现自己陷入了一种依赖关系，这限制了他们的扩张。他们很少出口。“对于一家年轻的企业来说，完全以分包商的身份经营业务可能意味着为了稳定而牺牲了发展的机会。”（Yasuda，2005，第 12 页）分析师将这种牺牲比作分包商为维持自己有生之年的生活保障而支付的保险费。1991 年，当通产省询问分包商接受这种地位的主要原因时，回答最多的是业务量的稳定性（57%），其次是在开发自己的产品时遇到困难或者在营销和争取客户方面遇到困难，这两个选项各占 25%左右（Whittaker，1997，第 88 页）。

“保险费”很昂贵。一方面，它们面临着来自主要客户的巨大定价压力（Asanuma，1988，第 19 页）。除此之外，大企业还经常利用其垄断性的议价能力，将成本和风险转嫁给分包商（van Kooij，1991，第 149 页）。母公司则经常将多余的员工转移到薪酬和福利更低的附属企业。一些专家认为，随着时间推移，母公司的垄断力量已经减弱，至少对于一些具有技术或其他优势的分包商来说是这样（Whittaker，1997，第 97 页）。

重要的是，由于依赖母公司提供的技术投入，很多分包商缺乏摆脱这种依赖所需的技术或营销技能。据估计，有一半独立的中小企业进行研发，平均而言，研发费用占其总销售额的 2.6%。在分包商中，仅有 28%的企业进行研发，而在进行研发的企业中，研发费用平均仅占销售额的 2.0%（Kimura，2001，第 10 页）。此外，由于很多分包商不得不依赖母公司提供设计，因此其中很多分包商无法向其他企业推销产品，这就增强了它们的依赖性（van Kooij，1991，第 149 页）。

很多分包商相信自己的技术实力，因而对母公司不让它们成为“自己城堡的主人”心怀怨恨。在 1983 年的一项研究中，分包商说它们开发了 80%的工艺合理化新技术、一半的模具制造新技术和三分之一的机械设备新技术。然而，只有五分之一的分包商拥有与这些新技术相关的专利（Nishiguchi and Brookfield，1997，第 93 页）。切斯布罗教授认为，母公司可能会故意“限制新衍生企业的运作，以减少其成功的机会。其中一种限制是将企业局限在母公司认为具有‘战略意义’的市场上”（Chesbrough，2006b，第 137 页）。

迫使中小企业在生存与繁荣之间权衡的，并非只有日本巨头企业。日本与众不同之处在于分包的普遍性。在欧盟，21 世纪初期仅有 16%的制造业中小企业是分包商（EIM Business & Policy Research，2009，第 24 页）。20 世纪 80 年代，在从事高科技领域和装配任务的日本分包商的全部营业收入中，前三大客户分别占 85%和 95%（Nishiguchi and Brookfield，1997，第 100 页）。而在英国，这一数字仅为 50%~60%。

虽然很多中小企业的所有者真的愿意选择稳定而不是发展，但是如果情况允许，很多所有者也会选择不同的道路。很多分包商谈到，如果它们能够通过提高技术能力来增强议价能力，就有希望摆脱“像跑步机上的老鼠一样”的命运。摆脱分包是一种普遍的愿望（Whittaker，1997，第 137 页）。我们很快就会看到，当情况发生变化时，对分包的束缚也会随之改变。

解密分包隐含的社会契约

企业自己做决定，但是只能选择菜单上的选项。随着情况的变化，一些最受欢迎的选项会从菜单上消失。分包也是如此。

早在1991年，埃里克·范库伊就指出，“传统的分包模式更适合工业社会，而不是信息社会，因此在日本，它正被一种新的网络模式取代”（van Kooij，1991，第153页）。具有讽刺意味的是，分包衰落的另一个原因在于，它促进了中小企业能力的提升，从而导致更多的分包商有信心最终摆脱分包。

与所有成熟经济体一样，制造业在劳动力中的占比急剧下降。这与一小部分人利用现代农业技术就能养活整个国家的原因是一样的。现代机械使一名工厂工人能够生产过去需要两三名工人才能生产出来的产品。此外，与其他富裕国家不同，日本制造业的绝对水平不再上升。从1990年至2019年，国内外对日本制造的制成品的需求下降了7%，相比之下，对德国制成品的需求上升了38%，对美国制成品的需求上升了66%（Federal Reserve Bank of St. Louis，2020）。①

除此之外，如上所述，还有日元升值的影响。在这两个因素的影响下，制造业中小企业从1997年的31.4万家降至2014年的16.7万家（可获得的最新数据），减少了一半（METI，1997，2014）。

从政治角度来看，这代表着母公司与分包商之间相互义务关系的破裂。分包商年复一年地缴纳它们的“保险费”，但是现在需要援助时，“保单”却失效了。母公司缩减规模或者转至海外可能是不可避免的，但是，这种情况撕裂了社会结构。一些巨头企业会向以前主要为竞争对手服务的分包商采购商品，比如丰田和日产互相从对方的分包商那里采购。尽管这种更大的灵活性确实有助于整体经济的发展，但是它也会造成政治摩擦，既可能成为改

---

① 此处对制成品的需求是以总产出来衡量，而不是以GDP核算时使用的附加值来衡量。

革的动力，也可能成为改革的阻力。

多年以来，丰田一直坚持在日本生产不少于300万辆汽车，以支持其体系中近4万家的供应商，这被视为保持竞争优势的关键因素，也是迄今为止丰田在生产电动汽车方面落后的原因之一。电动汽车所需的零部件仅为传统汽车3万个零部件的一半。一些分析师认为，丰田为大势所迫，最终将不得不牺牲自己的供应商。时间会证明一切。

相比之下，微型汽车初创企业FOMM（First One Mile Mobility，第一英里移动公司）则致力于为洪水频发的泰国市场生产可漂浮的电动汽车。该企业由三位曾在大型汽车企业任职的中年经理于2013年创立。CEO鹤卷日出夫（Hideo Tsurumaki）曾在丰田的附属企业铃木公司和丰田车体公司工作过15年。在2011年的日本海啸中，他看到很多人在试图驾车逃离时，他们的汽车却沉入了水底，于是萌生了这个想法，“我知道，如果我留在那家公司，就无法造出这款汽车”（2018年6月的采访）。FOMM于2019年开始在泰国投产，并于2022年开始在日本开展小规模的营销活动。鹤卷日出夫没有受到与老供应商关系的束缚，他的汽车只有1 600个零部件。

一家外资控股的日本巨头企业走上了与丰田不同的道路，这很能说明问题。在卡洛斯·戈恩掌权的2011年，日产汽车就推出了一款电动汽车聆风，而本田汽车也在2022年初宣布，它将与通用汽车合作，在2027年之前生产一款售价为3万美元的电动汽车。然而，截至2020年，丰田汽车社长丰田章男仍对由电池驱动的电动汽车不屑一顾，称其“被过度炒作了”（Landers，2020）。

由于所有这些原因，分包制度已经变得面目全非。从1981年开始，分包商在所有中小型制造企业中所占的比例从66%骤降至1997年的45%（可以获得的最新数据），毫无疑问，现在的比例还要低得多（METI，各年数据；Kogyo Jittai Chosa in Japanese；Whittaker，1997，第 35 页）。此外，分包商只向一两家客户销售产品的传统也逐渐消失。1991 年，只有 23%的分包商将不到 30%的产品出售给自己的第一大客户；至 2014 年，这一比例几乎翻了一番，达到 40%（METI，2016a，第 89 页）。

电子商务的兴起

没有什么比电子商务的兴起更有利于独立中小企业获得客户并挑战现有企业了。乐天是当之无愧的典型代表，它帮助 5.6 万家中小企业实现了快速扩张。① 正如《福布斯》杂志提到的（Frazier，2011）："转到线上几乎是新零售商打开日本市场的唯一途径。杂乱无章的地方性限制、资格审查和排他性分销协议，使日本成为对开设新店最不友好的国家之一。在日本的大城市里，小型精品店比比皆是……但是它们不太可能向百货商店巨头发起挑战。"

在日本 1.26 亿人口中，约有 9 000 万人在线购买商品和服务，至 2022 年，他们的消费支出占零售额的比例接近 8%，约为 2010 年 2.8%的 3 倍（METI，2020d）。电子商务让消费者可以进行价格比较，这产生了降价的压力。尽管如此，就在线购物在零售总额中所占的比例而言，日本仍未跻身世界前十。第十位是加拿大，这一比例接近 14%。

服装是在线销售最多的产品之一。领先者是走走城（Zozotown），它由在线零售商 Start Today 孵化。Start Today 由时年 23 岁的前泽友作（Yusaku Maezawa）于 1998 年创办，最初是一家 CD

---

① 乐天在 2022 年因不明智地进军手机市场而出现了巨额亏损，2022 年末，标普将其债券评级降至垃圾级。但是，这无损于它在电子商务领域取得的成就。

和图书进口商。高中毕业后，“在看到早上通勤时所有疲惫的面孔之后”（Yamamoto，2016），前泽友作不想成为一名典型的日本工薪族，于是搬到了美国。作为一个摇滚乐队的成员，他开始收集自己喜欢的音乐家的 CD。在回到日本后，他于 1995 年开始以邮购方式经营进口 CD 业务。2000 年，Start Today 转向在线销售，2004 年增设了走走城，2014 年更名为 Zozo 公司。最终，在 2019 年，前泽友作以 37 亿美元的价格将 Zozo 公司卖给了日本雅虎，从而使这位 44 岁的年轻人能够创造他人生的下一个篇章。2020 年，前泽友作成为日本排名第 22 位的富豪。

日本的 B2B 电子商务让 B2C 电子商务相形见绌。B2B 的高峰出现在 2019 年，销售额达到 270 万亿日元（约 2 万亿美元），由于新冠疫情的影响，次年下降了 5%（METI，2021a）。目前，B2B 交易仍主要在属于同一纵向经连会的企业之间进行，通常使用 EDI（Electronic Data Interchange，电子数据交换）这样的封闭企业网络，而不是互联网。至 2017 年，B2B 在线交易额几乎达到所有 B2B 交易的三分之一（METI，2018c）。

日本距离实现电子商务的全部潜力仍有很长的路要走（METI，2006）。截至 2006 年（可以获得的最新数据），在日本 150 万家法人企业中，只有 18.4 万家通过互联网而不是 EDI 等封闭网络开展某种类型的电子商务，比如营销、下订单、接受订单、安排送货、提供服务等，比例仅为 12%。值得注意的是，1995 年之后成立的零售商使用电子商务的比例几乎是 1995 年之前成立的零售商的两倍。随着企业规模的扩大，电子商务的应用也更加普及。

对电子商务巨头的反竞争担忧

在电子商务领域，有件事情令人扫兴，即指控乐天、亚马逊和雅虎等在电子商务领域占主导地位的大企业做了很多寡头垄断者都会做的事情：滥用自己的垄断力量。针对它们的指控包括强行增加商户的成本、单方面更改合同、抛弃商户，就亚马逊而言，还有利用商户在亚马逊网站上的活动数据，创建自己的品牌，与供应商直接竞争。2018 年 10 月，经济产业省对 2 000 家商户进行了一项调查，绝大多数受访者对日本网络商城巨头对待他们的方式表示不满。日本公正交易委员会于 2019 年 1 月设立了一个程序，以进一步征求意见和关切（Takeuchi and Sugihara，2019）。

2020 年 2 月，日本公正交易委员会突袭了乐天总部，调查其商户对它的指控。然而，日本公正交易委员会的软弱是出了名的，它往往只是满足于企业的“业务改进计划”，而不是对企业进行处罚，即使在它们屡次违规的情况下也是如此。由于对日本公正交易委员会缺乏信心，并认为它对待国内电商巨头的态度要比对亚马逊等外资电商更为宽松，乐天的 276 家商户于 2019 年 10 月成立了自己的“联盟”，与乐天进行谈判，并向公正交易委员会施压，要求其进行更积极的干预。两个月内，乐天 4 万家商户中有 2 800 家签署了联盟请愿书。乐天联盟的领导人胜俣勇辉（Yuki Katsumata）说，他已经忍受乐天“频繁地单方面变更商业条款”有五年之久，因为他 80%的营业收入都依赖该平台，“但是，他的耐心已经耗尽”（mLex，2019）。根据日本公正交易委员会 2019 年的中期报告，乐天 93%的商户和亚马逊 73%的商户提出了类似的投诉（JFTC，2020）。

亚马逊在日本的销售额仅次于乐天，但是对它的指控却截然不同。这是因为亚马逊销售自己品牌的商品，而乐天没有。对于亚马逊是否以非法手段参与竞争，美国和欧盟都展开了反垄断调查。欧盟于 2020 年 11 月 10 日提起了控诉，亚马逊则否认了这一指控。加州也已经发起反垄断控诉，截至 2023 年 2 月，美国联邦贸易委员会正在为相关案件做准备（Reuters，2019；Chan，2020；Mattioli，2020）。

2018 年，日本公正交易委员会突袭了亚马逊总部。迄今为止，它对亚马逊的调查主要集中在指控亚马逊不公正地将财务负担转移给商户。根据该委员会对商户的调查，41%的商户称在他们销售商品之后，亚马逊开始出售类似或相同的商品。在这些案件中，83%的商品以更低的价格出售，57%的商品以更优惠的条件出售。2020 年 11 月，日本公正交易委员会表示，它将研究欧盟的有关调查，看看是否有调查结果可供日本借鉴。尽管该委员会已就其他投诉与亚马逊达成和解，但是截至 2022 年初，上述投诉似乎仍未得到解决（JFTC，2019）。

反垄断律师平山贤太郎（Kentaro Hirayama）在 2022 年 1 月评论说，“由于（针对乐天和亚马逊的各种案件）没有明确认定违法行为，因此在今后的诉讼和其他案件中很难参考这些案件……日本公正交易委员会的反应并不一定符合全球趋势，有些特殊”（Okuno，2022）。

可以肯定的是，电子商务使数以万计的中小企业蓬勃发展，但是如果没有潜在的反竞争行为，它们原本可以发展得更好。要使市场运转良好，就必须建立健康的市场机制，而公平竞争是最重要的因素之一。要想电子商务为促进瞪羚企业发展发挥应有的作用，就需要为日本公正交易委员会提供预算、人员和政治支持，使其更加积极主动。然而，这是批评家们多年来一直主张的观点，但是进展十分缓慢。

大象企业与瞪羚企业的合作

这是日本供应链体系的一个里程碑。2018 年，在丰田及其 16

家核心集团企业的前5 000家一级和二级供应商中，软件供应商的数量首次超过了传统零部件制造商。但是，从另一个角度来看，这也是一个里程碑。大多数软件供应商都是丰田供应链的新成员，它们通常不愿意加入丰田的纵向经连会。这些企业珍视自己的独立性，珍视向任何人供货的能力，也珍视与任何人进行技术合作的能力。丰田不得不接受这些条件，因为它和它的集团企业缺乏所需的专业知识。对于汽车软件和电子器件的成本，估算结果有很大的差异，德勤的一份分析报告认为，这一比例已经由2000年的18%上升到40%（Tingwall，2020）。无论如何，丰田公司社长丰田章男已经承认，如果不掌握数字化，丰田就无法生存下去（Fujimoto and Kamada，2019）。

所有这些都意味着潜在的瞪羚企业有了第二条获得客户的途径，即直接向大象企业销售产品，甚至通过开放式创新与大象企业联合开发。比如，丰田投资了日本一些领先的软件初创企业，包括向人工智能企业PF（Preferred Networks）投资了100亿日元（约7 700万美元）。PF于2014年从一家搜索引擎公司分拆出来。两名东京大学的研究生在2006年成立了这家搜索引擎公司。它是日本为数不多的独角兽企业之一。PF广泛寻找客户和合作伙伴，与多个领域的企业开展合作，并获得了其中一些企业的大量投资。这些企业包括JXTG控股（石油）、发那科（工业机器人）、日立（重型机械）、花王（化妆品）、Gree（在线游戏）、瑞穗银行和三井贸易公司。

早在2016年，我就曾与奥斯卡科技公司（OscarTech）的创始人小野隆彦（Takahiko Ono）谈论过新企业为大象企业供应产品的能力。尽管仅仅成立三年时间，它最近成功地完成一项艰巨的任务，即成为日本最大的零部件制造商之一、丰田集团成员电装公司（Denso）的供应商。奥斯卡科技开发的软件可以自动进行多核计算机处理器的并行处理。迄今为止，这种软件需要人类工程师编写代码。汽车只是众多潜在应用之一。我们在位于早稻田大学的WERU风险投资公司的办公室会面，该公司为奥斯卡科技提供了资金。当时，奥斯卡科技的销售额仅为100万美元，而市场规模为2 000万美元，小野隆彦预计到2025年将增至30亿美元。尽管奥斯卡科技是一家新企业，但是它拥有一个非同寻常的优势，即小野隆彦曾经执教的早稻田大学拥有相关专利。更重要的是，他开发的一项技术是大象企业无法创造出来的，甚至无法进行逆向工程。“有些时候，在同一家企业工作30年的人很难理解一些截然不同的东西，”他解释说，“有时企业的零部件部门会说，他们可以自己做这个，但是实际上他们做不出来。”

2020年3月，奥斯卡科技被成立于2002年的一家软件公司Fixstars收购，该公司现已在东证一部上市。该公司的客户包括东芝、佳能、日立和瑞穗证券等知名大企业。希望这些大象企业在认识到奥斯卡科技和Fixstars等瞪羚企业不可或缺之后，也能支持改革，从而催生更多的瞪羚企业。

在与一位日本医药行业的朋友交谈时，他指出日本大多数成功的新瞪羚企业都是以这样或那样的方式基于互联网和/或软件来经营的，无论是乐天和拉克速尔这样的零售商，还是爱速客乐和LINKERS这样的媒介公司，无论是梦思特和Preferred Networks这样的各种商业和个人服务的创造者，还是奥斯卡科技这样的使用先进软件的机械发明者，都是如此。这至少有两个原因。首先，在位企业在日本现有市场上占据极强的主导地位，因此，大多数新企业都采取了“蓝海战略”，即进入一个几乎没有根深蒂固的领导者或规章制度严苛的领域。它们似乎在规避“红海战略”，因为在“红海战略”中，如果不与大象企业和它们的官僚保护者合作，就无法发展壮大。其次，由于融资困难，新企业将重点放在了计算机和软件密集型领域，因为在这些领域，初始成本要比需要昂贵设备的领域低得多，比如生物技术和制药等。至少在一段时期内，这两个问题决定了日本的哪些行业有可能出现瞪羚企业。

电动汽车制造商 FOMM 是个例外，因为零部件的减少意味着成本大大降低。它也能够与历史悠久的企业达成合作协议。2017 年，FOMM 与日本最大的消费电子产品零售商之一山田电机（Yamada Denki）达成协议，后者开始销售 FOMM 的电动汽车并提供共享服务。截至 2019 年，山田电机和其他六家投资者（大多是大公司）合计已向 FOMM 注资 49 亿日元（约 3 800 万美元）。2018 年，计算机和电子产品生产巨头富士通与 FOMM 达成协议，共同开发一款用于电动汽车的电池云服务。该服务将帮助管理和提供有关驾驶状况、电池状况、车辆用户电池使用信息和更换需求的信息。2018 年，作为将其产品线向应对气候变化的世界转型的一部分，一家领先的变速器和动力总成零部件生产商爱思帝集团（Exedy）对 FOMM 进行了投资。电池驱动的电动汽车不需要变速器。

日本的大象企业能否驾驭开放式创新？

在大多数国家，开放式创新都是潜在的瞪羚企业打入 B2B 市场的重要途径，在日本尤其如此，因为开放式创新有助于克服人们不愿意向新企业采购产品或服务的传统观念。遗憾的是，不仅大多数日本巨头企业抵制开放式创新，而且一家企业即使想推动开放式创新，其内部的企业文化也会处处掣肘。亨利·切斯布罗在一份报告中指出了这一点，这份报告是他与日本顶尖企业派驻硅谷的 30 位经理共同研究的结果。“为了利用开放式创新与硅谷更有效地合作，日本企业的组织流程需要进行很多内部改革”，我们还要补充一点，与其他企业的合作也是如此（Chesbrough，2013，第 4 页）。

第一步是要明白，开放式创新不是简单地让其他人来开发技术，也不是单行道。它意味着真正的联合开发。这对习惯于单打独斗的企业来说并不容易。将日本中小企业视为平等的合作伙伴更是难上加难，因为这些大公司长期以来一直将它们视为自己的附属。

松下就是一个很好的案例（Nakazono et al.，2014）。与日本其他很多大象企业一样，松下在某种程度上也拥有丰富的开放式创新经验，但是仅限于自己与其 600 家子公司和附属企业之间。这种创新方式对集团成员开放，但是会将非成员拒之门外。松下在 21 世纪初期互联网泡沫经济破灭时遭受重创，之后开始致力于实现自身的数字化，然而，这并非松下的强项。作为努力的一部分，松下尝试了开放式创新，但以失败告终。

当我在 2019 年访问松下并与研发部门负责开放式创新的高管交谈时，他的回答很有说服力。他列举的所有开放式创新的例子都来自松下集团的成员或前成员，或者与大学研究人员合作。他补充说，松下三十年来一直在进行这种合作，只是没有称之为开放式创新。他似乎认为没有必要做出改变。

相比之下，大阪燃气公司（Osaka Gas）于 2008 年成立了开放式创新办公室，并指定具体员工负责各个研发部门的开放式创新工作。比如，2011 年，当大阪燃气的各个研发部门申请从企业外部获得 54 项不同的技术时，开放式创新办公室成功地为所有这些技术找到了合作伙伴（Nakazono et al.，2014，第 258 页）。

总体而言，根据经济产业省 2015 年的一项调查，在 195 家上市公司中，仅有 45%的企业表示，与数年前相比，它们参与了更多的开放式创新。即使在这些企业中，70%的研发仍是在企业内部或企业集团内部进行的。当大象企业参与开放式创新时，它们最喜欢的合作伙伴是日本或者外国的其他巨头。根据经济产业省的数据，在大型企业的创新活动中，只有 0.7%是与初创企业合作开展的（Schaede，2020，第 168 页）。一项研究报告指出，“企业家和初创企业不太可能被选为开放式创新的合作伙伴。企业更愿意选择供应商、大学、客户甚至竞争对手”（Japan Intellectual Property News，2018）。

我问旭硝子玻璃硅谷办事处的上野正敏，为什么日本的大象企业可以与硅谷的初创企业合作，却不能与日本的初创企业合作？他回答说，“大多数日本的大公司看不起本国的中小企业，仅把它们作为自己的供应商，不会把它们当作平等的合作伙伴”。传统上，在企业集团内部的技术合作中，方向和目标等相关内容都是由母公司决定的。他接着说，“因此，即使他们说与非集团内部的小企业一起开展开放式创新，实际上也只是外包，而不是积极的合作。从文化上说，这些公司可以将非日本的初创企业视为合作伙伴，但是只将本国的中小企业视为下属。另外，在日本国内，这些企业‘以日本的方式’行事，但在国外，它们承认有必要入乡随俗”（2018 年 3 月的采访）。

与 LINKERS 这样的牵线搭桥者合作，为迈向更加开放的创新提供了可能的“过渡区”。在与大型在位企业的会谈中，我惊讶地发现，LINKERS 被提及的次数非常多。松下“加速器”的深田昌则曾在两个项目中使用过 LINKERS。当被问及为什么他的经历看起来与松下的其他人如此不同时，深田昌则回答说，“现有的部门非常保守，所以他们无法真的与这些初创企业合作。作为一个致力于创造新产品的‘尖端’部门，我们以及自己的初创企业都必须与外部的中小企业合作”（2019 年 10 月的采访）。日本需要更多像 LINKERS 这样的企业，但是其创始人前田义弘在 2019 年告诉我，到目前为止，日本还没有其他企业在做 LINKERS 这样的事情。

2016 年，一个比日本经济团体联合会更具前瞻性的商业组织日本经济同友会（Keizai Doyukai）发布了扩大开放式创新的政策建议。除其他事项外，它还建议采取以下措施：在公共研究机构中增加能够联系各方的协调员数量；扩大对开放式创新的税收优惠政策；在企业中设立一个独立于研发部门的负责开放式创新的职位；强化国立大学内部的风险投资基金——类似于东京大学的 Edge 资本合伙公司，截至 2020 年，该基金已投资 70 多家初创企业。经济同友会的建议表明，企业不仅在控制研发方面存在内部政治问题，而且即使尽了最大努力，也很难找到合适的合作伙伴。岸田政府在其 2022 年的五年计划中把为开放式创新提供税收激励纳入其中，但是如上所述，2022 年 12 月的税收提案中并未包括任何具体措施。

一些大象企业在开放式创新方面取得的成功是先兆还是例外，让我们拭目以待。

第 15 章　全球化的重要性

经济对外开放，是整体改革进程的必要条件。

——杰弗里·萨克斯等（Jeffrey Sachs et al.，1995，第 3 页）

日本与众不同。在世界上的其他地方，各国都在努力促进经济增长，鼓励外国企业在本国建立新机构或者收购本国企业，这种投资被称为外国直接投资（FDI）。中国是这一战略最引人注目的成功案例。很多其他国家，从印度到东欧的新兴市场经济体，也都满怀热情地欢迎外国企业。外国直接投资使外国企业的新理念能够渗透到本国更广泛的经济领域，从而提高当地供应商、商业客户，有时甚至是其竞争对手的业绩。

在主要国家中，只有一个国家对这些好处予以婉拒，就是日本。联合国贸易和发展会议（以下简称联合国贸发会议）在新冠疫情前的一年，即 2019 年，对 196 个国家的外国直接投资累计总额占 GDP 的比例进行了排名。日本排名倒数（UNCTAD，2022）。

外国直接投资不是衡量全球化的唯一指标，却是影响最大的指标之一。很久以前经济学家就发现，拥有更多对外贸易和外国直接投资的国家增长得更快。

无论是对外贸易、外国直接投资、技术转让还是人员往来，富裕国家的一体化程度都比过去高得多。在 27 个经合组织国家中，对外贸易总额（进出口总额）与 GDP 之比的中位数从 1970 年的 42%翻了一番，至新冠疫情之前的 2019 年已高达 81%。与此同时，外国直接投资存量占 GDP 比例的中位数从 1980 年的 6%激增至 2019 年的 44%。

对外贸易、外国直接投资以及其他形式的全球化同时受到了左派和右派的强烈批评。其中一些批评是合理的，比如担心“热钱”流动会扰乱刚刚实现自由化的金融体系，就像 1997—1998 年发生的危机，但是，大多数批评都将其他因素造成的问题归咎于全球化。全球化与技术一样，是一种提升人均 GDP 的强大力量。但是，与节省劳动力的自动化一样，一些人在这个过程中受到了伤害，而很多国家的政府在该帮助这些人的时候却退缩了。问题不在于全球化本身，而在于社会内部的政治权力平衡。

日本全球化的进展

在某些方面，日本的全球化程度远超过一代人之前的水平。几十年前，人们很少在办公桌上看到外国品牌的个人电脑。如今，日本每三台个人电脑和笔记本电脑中就有两台使用 Windows 操作系统，另有 15%使用苹果系统。在大城市，走几条街就能看到星巴克或肯德基。

长期以来，很少有才华横溢的日本人愿意冒险为外国企业工作，部分原因是担心这些企业有一天会解雇他们。如今，年轻的毕业生蜂拥而至。领英对其数百万日本会员进行了调查，在工作满意度排名最高的 25 家企业中，有 19 家是外国企业；前十名中有八家是美国企业（Gilchrist，2019）。

1970—2000 年，日本的进出口都远低于一个拥有类似人口、人均 GDP 和 GDP 总量的国家。如今，对外贸易总额占 GDP 的比例已上升至35%左右，这一比例远比过去更接近国际水平（参见图15.1）。①

20世纪80年代初期，只有4%的日本股票由外国投资者持有。日本企业通过全球债券市场筹资也受到限制。随后，一系列改革接踵而至，有些改革是由1984年开始的日美会谈促成的，有些改革则是源自日本1998年的“金融大爆炸”。变化是巨大的。至2020年，外国投资者持有的股票几乎占东证一部所有股票的三分之一（Japan Exchange Group，2021b）。至2021年，外国投资者持有14%的日本政府债券（MOF，2022b）。

然而，在其他方面日本仍远远落在后面，包括有助于拓宽个人视野的人际交往，这一点至关重要。

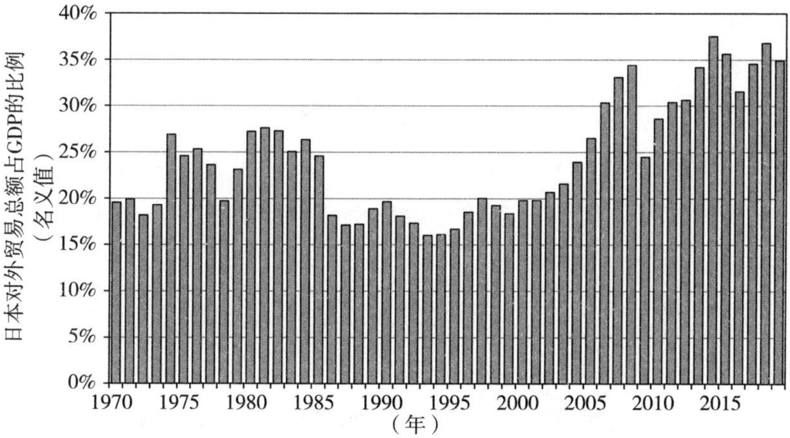

图15.1 日本对国际贸易的开放度越来越高

资料来源：World Bank（2022）。

① 早在20世纪七八十年代，日本就因制成品进口额比例较低而理所当然地受到了批评，当时这一比例仅占全部进口的20%左右。近年来，这一比例已上升至60%左右。然而，日本制成品进口总额的将近60%是由日本的海外子公司生产的，这一比例比20世纪90年代末期提高了一倍。这种模式限制了对外贸易带来的一个主要好处，也就是使国内企业面临国际竞争的压力。

我记得自己曾走进一家位于柏林的医疗设备初创企业 Scopis 的办公室。该企业开发了 AR 软件，用于引导脑外科等精细手术的操作器械。企业的几十名员工似乎大多来自其他国家，以英语作为通用语言。也许这就是该公司虽然成立仅 10 年时间，但是产品销往 50 多个国家的原因之一。同样，硅谷如果没有 70%来自美国以外的、主要是亚洲地区的技术人员，也是不可想象的。截至 2017 年，在所有就业人员中，日本只有微不足道的 0.7%是来自外国的永久居民（Japan Macro Advisors，2020c）。

我们多次看到，日本的很多新企业家都有一些海外经历，通常是在海外高校求学。在这个重要方面，日本正在倒退。虽然语言是一个因素，但是这并不能解释日本在过去 20 年中留学人数的下降趋势。出国留学的日本人从 1986 年的 1.8 万人增加到 2003 年的 6.5 万人，几乎翻了两番。然后，2016 年，这一数字回落到只有 3 万人（UNESCO，2022）。此外，只有几千人有在国外生活过至少一年的经历（McCrostie，2017）。在 27 个经合组织国家中，日本从国外大学获得学位的学生比例排名倒数第二，仅高于美国（OECD，2020i，第 231 页）。

2017 年，美国有 12%的大学教授是外国公民，这还不包括外国出生的移民。相比之下，截至 2019 年，日本大学仅有 4%的教师是外国人，中国是最主要的来源地，其次是美国和韩国（Kakuchi，2019）。

日本教授也没有通过海外教学或跨国合作研究来开阔自己的视野。在 18 个富裕国家和中等收入国家的教授中，日本的教授在海外教学和跨国合作研究方面均排名倒数第二（Rostan，2014，第 5 页）。尽管存在类似的语言问题，但是中国和韩国的教师在这方面要优于日本。此外，只有极少数日本科学家在海外工作或者与其他国家的科学家合作发表论文（Katz，2023b）。

在北美和欧洲各国，我们都能发现 CEO 中的佼佼者是来自外国的公民。在英国排名前 100 的企业中，40%的 CEO 是外国人。在法国排名前 40 的企业中，外籍 CEO 的比例是 10%；在德国排名前 30 的企业中，这一数字是 20%。在日本，从 1996 年至 2012 年，日本排名前 2 000 多名的企业中只有 13 位 CEO 是外国人（Pandey and Rhee，2015，第 204 页）。

不可否认，造成这种现象的主要原因是，大多数日本企业的 CEO 都是从企业终身雇佣的员工中挑选出来的。因此，很少有企业的新人能成为 CEO，无论日本人还是外国人。然而，这并不能解释那些晋升到高层的人为何缺乏海外工作经历。

如今，任何希望坐上高管位置的欧洲人或北美人，最好都有一些在国外工作的经验。欧洲 88%的领先企业和北美 86%的领先企业，都是如此。在《财富》世界 500 强企业中，每 10 位 CEO 中就有一位出生在美国以外的国家；有些人现在是美国公民，有些人则不是。但是在日本，只有 17%的跨国公司 CEO 在其他国家工作过。进行这项调查的博斯公司（Booz & Company）评论说，“如果一个企业的高级管理人员没有在子公司和海外业务方面做出过艰难的决策，那么由他领导的企业将很难参与全球竞争”（Ghemawat and Herman Vantrappen，2014）。如果就读国外大学或被派往海外工作的经历即使在跨国公司中也无助于晋升，那么高管还有什么动力去获得国际化经验？

几十年来，学者们已经明白，如果企业的高层管理人员曾在海外工作过，并且懂得解决问题可以有很多种方法，那么这家企业的业绩就会更好。这有助于他们制定更灵活的战略，不仅在海外，在国内也是如此。实际上，在海外工作的时间越长，对各国文化的多样性有更多的体验，对企业业绩的帮助就越大（Le and Kroll，2017，第 577 页）。同样，让外国个人和企业在本国学习或者工作，也会拓宽该国公民的思维。这就是为什么日本商业和教育的全球化水平相对较低，会造成如此严重的伤害。

为什么个人接触很重要

在一个开放的世界里，只要能够引进其他地方发明的技术，任何国家都不需要重新发明轮子。这包括把年轻人培养成企业家的经验。MIT 和斯坦福大学等大学已经花了数十年时间来学习如何大量培养企业家，日本的大学可以借鉴它们的经验。

这正是东京理科大学在 2014 年所做的事情，当时日本的大学开设创业课程已经成为一种惯例。校董事会主席、前软件产业高管中根滋（Shigeru Nakane）邀请 MIT 教授迈克尔·库苏马诺（Michael Cusumano）帮助重新规划东京理科大学的管理学院，将新的重点放在创业方面，并让其担任特别副校长兼创业创新学院院长。后者还受邀重新设计和启动了针对职业生涯中期商务人士的技术管理课程。库苏马诺不仅是讲授管理和创业课程的资深专家，还能说一口流利的日语，并在日本生活了八年时间。他从 2014 年到 2017 年一直从事这项工作，在之后继续担任顾问。

库苏马诺不得不从零开始。“东京理科大学是日本规模最大的理工科大学，拥有近 2 万名学生，但是在此之前没有开设创业课程。”（2021 年 7 月的采访）库苏马诺的核心战略是将技术创新与商业创新相结合。日本在新专利方面处于世界领先地位，但是在将一流技术转化为必备的产品并培育擅长此道的新企业方面，却表现平平。

这个问题并非日本独有。“初创企业失败，最主要的原因就是与客户的联系薄弱。实际上，预测衍生于 MIT 的初创企业成功与否的最佳指标，就是创始团队中是否有人是销售或营销专家。”在库苏马诺到来之前，东京理科大学从未追踪过有多少毕业生创建了新企业。

有鉴于此，库苏马诺在 MIT 地区创业加速计划的帮助下，创建了一家专门从事创业活动的新机构，即东京创业创新中心。同时，他还策划了创新研究生院与管理学院的合并。这是东京理科大学的学生第一次可以向每个领域的专业教师学习。他还重新设计了面向职业生涯中期学员的技术管理课程，或者像原来的课程那样强调技术创新，或者作为一门类似于 MBA 式培训的新专业。这所大学还成立了一家新的投资管理公司和一个基金，投资初创企业，并帮助管理一些创业促进活动。

2021—2022 学年，合并之后的学院入学人数增至近 2 000 人。女生所占比例从微不足道上升到大约三分之一。同样值得注意的是，在 2017 年，大约 900 名学生至少选修了一门创业课程，其中有一半学生选修了“初创企业学校”课程。

由于创始人通常会先在一家大企业工作数年以积累经验，所以上述项目可能需要一段时间才能在创办新企业方面开花结果。尽管可能已经出现了五六家初创企业，但是早期的效果可能主要体现在学生的雇主身上，有三分之二的研究生是由他们的雇主派来的。库苏马诺解释说：“毕业生可能不会成为企业家，但是我认为他们会因为这个项目而成为更好的员工。往后，他们可能有机会从雇主那里独立出来，创办自己的企业。”库苏马诺试图灌输一种在美国商学院很流行的观念，即所有 MBA 学生都需要学习创新管理和创业，即使他们永远不会成为企业家。无论是新企业还是老企业，都必须有能力将新技术和新产品商业化。

如果提出某个想法的人能够找到愿意推动这个想法并且为其摇旗呐喊的人，那么实现这个想法的时机就成熟了，其威力也会倍增。斯坦福大学政治学教授丹尼尔·冲本（Daniel Okimoto）就是如此。2015 年，刚刚退休的冲本正准备搬到新西兰，他与侄子的一番谈话不仅改变了他的生活，还改变了几十家日本顶级大象企业的数字战略。他的侄子时任谷歌高级副总裁，是计算机程序 AlphaGo 开发团队的成员，这是第一个在流行于亚洲的围棋比赛中击败人类高手的计算机程序。AlphaGo 建立在 DeepMind（深度思考）的人工智能技术之上，DeepMind 是一家被谷歌收购的英国企业。据说围棋的布局比宇宙中已知的原子数量还要多，因此这是一个重要的里程碑。

冲本以为日本的技术专家正蜂拥而至，了解谷歌取得的成就有何影响，于是就相关情况询问他的侄子。回答是“几乎没有”。而中国的技术人员却纷至沓来。忧心忡忡的冲本召集了在谷歌工作的五名昔日学生，对他们说，“我们必须做点什么，否则 10 年之后日本将发现自己沦为江河日下的国家”（2022 年 4 月的采访）。

大多数日本企业仅关注本国数字化技术的发展，却忽略了全球的动向，日本人将这种心态戏称为“加拉帕戈斯群岛综合征”（Galapagos syndrome），就像那个岛屿上与世隔绝的演化路径。这些企业认为自己做得很好，完全没有意识到自己错过了什么。即使那些在硅谷设有前哨站的企业，也缺乏深厚的人际网络。“他们自以为一切尽在掌握，”冲本回忆道，“因此，我们决定成立一个非营利性组织来弥合这一鸿沟，并将其命名为硅谷日本平台（Silicon Valley Japan Platform，SVJP）。我们没有人力，也没有资金，只有六人中的一人捐赠的 3 万美元。”

他们拥有的是与 28 家日本旗舰企业 CEO 几十年的友谊。这个小组花了一年的时间，绕过企业内部的官僚体系，直接与高层会谈，探讨成功实现数字化转型所需的条件。2015 年，日本首相安倍晋三接受了硅谷日本平台的邀请访问硅谷，并呼吁日本与硅谷开展更多的合作，这为他们注入了强心剂。

东京海上保险（Tokio Marine Insurance）是一家财产和意外事故保险公司，2015 年加入硅谷日本平台时，在硅谷还没有正式的办事处。不过，时任 CEO、现任执行董事长永野毅（Tsuyoshi Nagano）曾在加州南部奥兰治县待过八年，并与那里的科技企业建立了联系。冲本说："这使他倾向于非常积极地促进东京海上保险转型。"他任命了一位刚提拔上来的年轻经理负责新成立的数字技术部门。如今，该部门有 100 名员工。"他们中的一些人未来会成为高管，甚至是 CEO。他们的公司现在建立了这个内部部门，对即将上任的高管进行培训，让他们了解国际趋势。"

硅谷日本平台成立后，在新冠疫情之前，每年都会把日本的 CEO 带到硅谷。他们参观顶级企业，与美国同行进行交流，还访问斯坦福大学。"他们对数字技术的进步以及数字技术对其业务领域的冲击感到震惊。"

其他加入硅谷日本平台的企业，如三菱日联银行（Mitsubishi UFJ Bank）、东日本旅客铁道（JR East）、迅销公司（Fast Retailing）和日本电气，现在都在硅谷占有重要地位。它们斥资数十亿美元投资或收购初创企业，与中等规模的初创企业合作，并与谷歌和微软等巨头企业签订技术协议。

最重要的是，硅谷日本平台的部分成员，但也只是部分成员，修改了晋升标准。"员工必须有在硅谷工作的经历才能晋升。"冲本及其同事并没有与这些 CEO 讨论过这件事，而是他们顿悟的自然结果。这正是切斯布罗认为在开放式创新中必须实施的内部组织变革。

硅谷的巨头最初都不愿意加入硅谷日本平台，但是现在它们正与该平台的日本企业积极合作。"谷歌是促进更多合作的引擎，因为我们所有的日本成员企业都与谷歌签署了协议。"比如，迅销公司与谷歌签订了合同，由谷歌负责构建其库存、生产、存储、交付和客户资料的数据平台，以及“大数据”计划。日本现在是谷歌最大的客户之一。

此外，在一次成功的开放式创新中，一家大型金融服务企业的 CEO 指示他的技术人员想办法与某电子巨头合作，尽管当时两家企业还没有任何联系。当技术人员询问他们应该研究什么时，CEO 回答说：“这并不重要。你们和他们的首席技术官见面后再决定吧。”冲本说，结果，“他们最终合作了两年，创建了一个最先进的网络安全平台，他们都在使用这个平台，并将其销往国际市场”。

冲本曾强调开放式创新。“我一直倡导适用于新技术的开放式架构和开放式系统，当然，日本人对此深恶痛绝。然而，现在他们开始思考如何做到这一点。”冲本并不是第一个向日本企业宣扬开放式创新理念的人。硅谷日本平台之所以有如此大的影响力，关键在于他们与 CEO 的个人联系。至于未来，冲本的想法是，“他们是否真的接受开放式创新，还有待观察。但是，我认为他们未来必须适应它”。

如果东欧能进行经济改革，日本为什么不能？

1995 年，八个前苏联集团国家①单位工时创造的 GDP 仅为美国的 39%，而日本则高达美国的 70%。至新冠疫情和俄乌冲突之前的 2019 年，它们已增长到美国的 59%。相反，日本无法跟上步伐，下降到仅 61%。如果这种趋势继续下去，它们超过日本只是时间问题（OECD，2022a）。

---

① 这八个国家是捷克、爱沙尼亚、匈牙利、立陶宛、拉脱维亚、波兰、斯洛伐克和斯洛文尼亚。

东欧为何能如此迅速地迎头赶上？1989 年柏林墙倒塌时，65 岁以下的人几乎都没有在他们的工作中亲眼见过资本主义。很多有抱负的企业创始人甚至不一定知道利润到底是什么。

东欧通过外国直接投资引进了管理人才和最先进的机器，培养了未来的企业家。来自经合组织国家的公司要么收购原来的国有企业，要么从零开始创办新企业，并派出自己的一些管理人员。随着员工转到其他企业或自己创业，引进的知识扩散至整个经济。外国直接投资累计总额从 1992 年仅占 GDP 的 5%，激增到 2019 年的 55%。相比之下，日本的外国直接投资在 1992 年仅占 GDP 的 0.4%，几乎可以忽略不计，至 2019 年也仅上升到 4.4%，是 196 个国家中最低的（UNCTAD，2022）。

虽然外国直接投资并不是东欧国家取得进步的唯一因素，却是不可或缺的。对外贸易和外国直接投资不仅可以产生经济影响，也会产生政治影响。竞争会瓦解国内正式或非正式卡特尔，大量竞争性商品的进口也是如此，因此与出口同样重要。它打破了阻碍各种改革的国内联盟。此外，在东道国的外国企业高管往往会与支持改革的国内力量结成联盟。与对外贸易一样，外国直接投资“不仅在本国经济与世界经济体系之间建立了强有力的直接联系，而且还有效地迫使本国政府在国际竞争压力下，就改革计划的其他内容采取行动”（Sachs et al.，1995，第 2 页）。遗憾的是，东欧政治民主的结果喜忧参半。

富裕国家也同样受益于这些经济效应和联盟解体的影响。直到日本汽车制造商在美国本土建立了工厂并雇用美国工人，也就是所谓的将工厂“移植”到美国，底特律才开始认真对待使其竞争对手能够抢占市场份额的那些措施。作为回应，美国车企终于提高了自己产品的质量和耐用性。

在雷诺于 1999 年接管岌岌可危的日产汽车并使之起死回生之

前，日产年复一年地出现巨额亏损，仅1999年就亏损了70亿美元。直到1996年，日产都没有设立CFO（首席财务官），这在大多数欧美企业中已成为标配。CFO不仅仅是记账员，还是一位战略家，负责就投资、营销战略、定价等各种经营活动的财务可行性提供建议。很多CFO后来都成为CEO。即使日产最终设立了CFO，他也无法获得所有必要的信息（Paprzycki and Fukao，2008）。结果，日产不知道某款车型是否会盈利，据说这个问题在日本的企业巨头中普遍存在，一些巨头生产数百种甚至数千种不相关的产品。日产不知道它为相同的零部件支付了比雷诺更高的价格。难怪戈恩能够在短短一年内就使日产恢复了盈利。

一项对19个经合组织国家的研究证实，外国直接投资主要通过提高劳动生产率促进富裕国家的经济增长（Alam et al.，2013）。进一步地，生产率的提高部分是通过使用更好的技术，部分是通过提高管理技能。

最重要的是，外国直接投资带来的好处不仅有助于外资企业，而且会外溢到竞争对手、供应商、客户，甚至同一地区不相关的企业（Chung and Yeung，2003）。通过知识外溢，其他企业可以了解外资企业的新技术和新管理方法，而这些技术和管理方法由于某种原因在国内市场上并不存在。比如，戈恩在日产进行管理变革，或者日本移植到美国的工厂实现低残次品率生产战略。竞争压力迫使优秀企业提高自己的水平，将落后企业赶出市场，从而提高仍在经营的企业的平均生产率。随着管理人员和其他雇员从一家企业跳到另一家企业，更卓越的管理技术也随之传播开来。正是这些溢出效应带来了收益最大化。比如，随着日本汽车装配工厂增加在美国的产量，不仅这些移植工厂的供应商提高了效率，其他零部件制造商也是如此。

最后，外贸企业还能催生一大批国内企业家，曾任奥巴马政府驻日本大使的约翰·罗斯（John Roos）经营的风险投资基金 Geodesic（大地线）就发挥了这样的作用。除其他业务外，Geodesic 为美国高科技企业在日本开展经营活动提供资金。Salesforce（赛富时）就是其中之一，该公司是一家全球领先的客户关系管理软件企业，目前在日本市场影响力很大。罗斯是该企业的董事会成员。这家公司下属的 Salesforce 风险投资基金为相关领域的新企业提供资金。罗斯解释说，"Salesforce 风险投资基金有一位年轻人，最后在日本成立了自己的风险投资基金，投资于提供软件服务的企业。他能够筹集到相当多的资金，因为日本人现在希望找到方法，通过数字化真正支持和激活自己的企业管理系统"（2022 年 3 月的采访）。

日本庞大的国内市场是一柄双刃剑，罗斯继续说道。市场如此之大，以至于新企业可以在不涉足全球市场的情况下取得成功，因此可能会对海外的新事物后知后觉。"10 年前，云软件的概念还很陌生，而现在的发展令人难以置信。外国云计算企业在日本的表现非常出色。"在自动化、商业智能、数据、开发工具、信息传递、安全和在线会议等领域，也出现了类似的动向，既有面向企业的，也有面向消费者的。在这一领域，一家名为 UiPath 的企业拥有一项前沿技术，可实现各种机器人程序的自动化。这在日本是一项新技术，尽管日本在机器人技术方面处于世界领先地位，但是日本的大公司都在购买 UiPath 的产品。"这里快速发展的初创企业都去了日本。日本的专业人员先为这些企业工作，然后他们会离职，去创办自己的企业。"

外国直接投资给日本带来的好处

尽管由于外国直接投资的数额仍然太小，因此不可能准确衡量极为重要的溢出效应，但是日本的数据确实显示了外国直接投资给外资企业带来的好处。比如，比较外资企业和日本本土企业收购某一家日本本土制造业企业对这家被收购企业产生的影响。从 1994 年至 2001 年，日本制造商被外资企业收购的案例仅有 67 例，被其他日本企业收购的案例有 1 362 例。在被收购后的三年内，与被其他日本企业收购的企业相比，被外资企业收购的企业进步要大得多，其全要素生产率提高了两倍。此外，日本企业在被外资企业收购以后，利润与销售额之比有所提高，但是被国内企业收购却没有发生这种变化（Paprzycki and Fukao，2008，第 5 章）。

出现这种结果的一个重要原因是，外国直接投资使企业了解到它们以前并不了解的全球创新方法。此外，当在日本的外资企业进行研发时，它们为其他供应商、客户甚至竞争对手等其他企业带来的生产率溢出效应，是花费相同金额的国内企业的七倍。一位学者总结说，这“可能是因为外资企业的知识对国内企业来说往往是全新的”（Todo，2006，第 998 页）。

最近一篇使用 1995—2013 年制造商数据的论文报告称，“突破日本公司治理传统并由外资拥有部分所有权的企业，在出口和创新方面表现得更为强劲”（Okubo et al.，2017，第 1 页）。值得注意的是，非上市企业从外国直接投资中获得的收益远远高于在股票市场上市的企业。外资所有权在企业中的占比越大，企业的研发支出、产生的专利数量、销售增速、出口、盈利能力或资产回报率以及生产率或全要素生产率就会越高。盈利能力提高的一个原因是，在一些企业中，外国直接投资导致有形资产的资本投入减少，但是增加了对知识型资本的投资，这与前面讨论过的全球趋势是一致的。

企业从外国直接投资中获益的能力取决于它的吸收能力。已经在开展某些创新活动的企业，其企业文化对新思想持开放态度的企业，以及倾向于支付较高工资的企业，吸收能力也较强。因此，它们更有可能选择外国直接投资作为进一步改进的途径。同时，外资企业更愿意收购那些本来就表现出色的企业，使它们变得更好。

最重要的发现之一就是滚雪球效应。如果一家企业看到同一地区同一行业的其他企业引入了外国投资，它就更有可能亦步亦趋地模仿。这就好比人们如果认识一些企业家，就更有可能效仿他们从事创业活动。

外国直接投资进入以后，国内更具实力的竞争对手就会提高自己的水平。低劣的竞争者则会缩小规模，甚至倒闭。简而言之，外国直接投资不仅能使优秀企业更上一层楼，还能通过淘汰弱小企业促进整个国家的经济增长。

外国直接投资在日本遇到的主要障碍：纵向经连会

既然有这么多好处，为什么日本的外国直接投资在 196 个国家中排名倒数？

这并不是因为日本没有吸引力。恰恰相反，在一项又一项的调查中，跨国企业都将日本列为首选目的地，因为日本拥有庞大而富足的市场、受过良好教育的劳动力和客户群以及较高的技术水平。在一项针对全球高级管理人员的“外国直接投资信心调查”中，日本在 27 个富裕国家中排名第四（A. T. Kearney，2020）。

此外，公众以前的抵制情绪也已烟消云散。在 21 世纪初进行的调查中，47%的受访者认为外国企业对日本经济的影响是积极的，只有 8%的人认为是消极的。只有 4%的受访者持有曾经普遍流行的观点，即外国企业和金融家都是“秃鹫”，他们想低价收购日本企业，然后卖掉赚快钱。20%的受访者表示愿意为外国企业工作，而另外 20%的受访者则表示不愿意这样做（Paprzycki and Fukao，2008）。

尽管如此，日本仍远远落后于全球水平。星岳雄等人（Hoshi and Kiyota，2019，第 28 页）根据影响外国直接投资水平的已知因素，比如人均 GDP、人口、与其他国家的距离、自由贸易协定以及技术能力等，计算出如果日本的表现与其他国家一样，那么到 2015 年，日本的外国直接投资占 GDP 的比例将达到影响极大的 35%。仅来自美国的外国直接投资就将达到日本 GDP 的 13%。

在现实中，主要障碍在于，外国直接投资的一种主要形式，即外国企业收购健康的日本企业时会遇到结构性困难。采用这种投资方式是为了获得现成的劳动力、客户群、品牌和供应商。在典型的富裕国家，80%的外国直接投资采取了并购的形式（Carril-Caccia and Pavlova，2018），但是在日本，除近年来富士康收购夏普等几次引人注目的拯救行动以外，来自外国的并购一直很少见。

一个最基本的问题是，日本最有吸引力的企业基本上不对外国买家开放。媒体报道了一些引人注目的特例，即外国企业拯救日产、夏普和东芝等陨落的明星。实际上，如上所述，大多数外国投资者寻找的都是优质企业，这些企业不仅能帮助它们增加在日本市场的销售额，还能为母公司在全球的扩张提供资源。为什么禁止收购这些有吸引力的企业呢？有些因素是历史遗留下来的，有些因素则是目前存在的障碍。

战后的欧洲欢迎外国直接投资，将其视为除进口以外的另外一种选择，而日本则不同，多年来它一直在法律上限制进口和外国直接投资。1964 年，日本加入经合组织，必须逐步取消大多数限制。这一过程直到 1976 年才结束，直到 1980 年才写入法律。并购直到最后才放开。

在此过程中，通产省成立了资本交易自由化对策特别委员会。其中一项“对策”是促进企业之间的交叉持股，以保护管理层免受非自愿收购的影响。很快，“稳定股东”同盟持有的股份骤增，使得公开交易的股份仅剩下15%~25%。结果，与其他国家不同，日本市场上没有足够的股份可供有意收购的企业获得多数股权。

40年来，政府对外国直接投资的公开限制与其他国家没有明显差别。然而，像交叉持股制度等长期存在的障碍使外资并购保持在较低水平。

由于20世纪90年代至21世纪初期的银行危机以及“失去的数十年”，情况发生了一些变化。国内并购以及外资为濒临倒闭的日本巨头充当白衣骑士的案例大幅增加。然而，保护主义和民族主义情绪依然存在。几年以前，政府曾试图阻止富士康拯救夏普，但是以失败告终。各种规则，比如针对以股权互换形式实施“三角合并”的税收政策，使收购变得更加烦琐和昂贵。稳定持股的比例有所下降，但是仍不足以完全改变现状。

其中最重要的因素是，日本大多数有吸引力的企业都与前面讨论过的大型企业集团有着千丝万缕的联系。在某些情况下，这些企业是日本巨头的子公司或附属企业。在另外一种情况下，中小企业并非巨头正式的附属企业，却是依赖巨头的分包商。作为一种商业文化，除非迫于财务困境，否则母公司一般不会将其企业集团的成员出售给任何其他企业，无论买方是国内企业还是外国企业。

1998年金融大爆炸改革之后，国内并购如雨后春笋般涌现，企业更愿意将附属企业出售给其他日本公司。然而，从2000年开始，外国企业的收购数量停滞不前，每年约为200例（参见图15.2）。

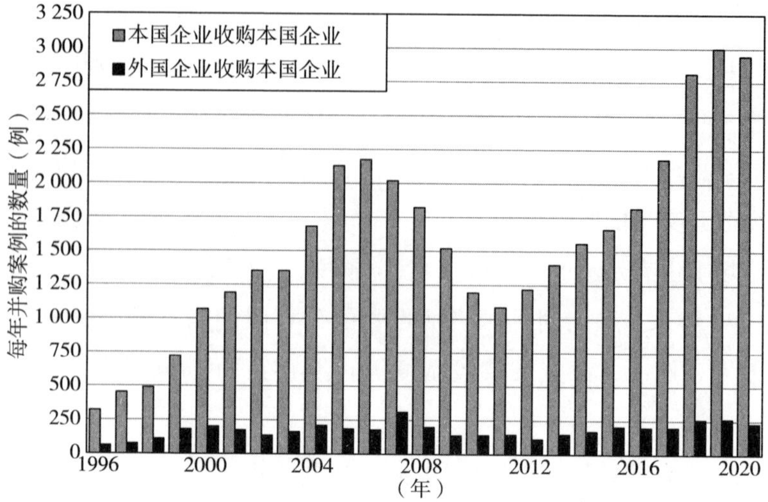

图 15.2　国内并购如雨后春笋，而国外收购则数量较少

资料来源：RECOF（2021）。

在 1996—2020 年这四分之一个世纪中，外国企业收购的企业集团成员仅有微不足道的 57 家，而收购的非附属企业则有 3 157 家。在几十个外资收购上市的企业集团成员的案例中，平均收购价格高达 2.65 亿美元。然而，在日本企业的收购名单上，这类标的很少见。相比之下，日本母公司收购了将近 1.9 万家自己或其他企业集团的成员，外加 3.8 万家非附属企业（参见图 15.3）。

模糊不清的政府政策

日本政府声称希望吸引更多的外国直接投资，经济产业省下属的日本贸易振兴机构（JETRO）则制定了各种“投资日本”的计划。然而，事实证明，当各国真正下定决心吸引更多外国直接投资时，它们就会成功。韩国的商业体系在很多方面与日本相似。1999 年，改革家金大中就任总统，他真心欢迎外国直接投资，因

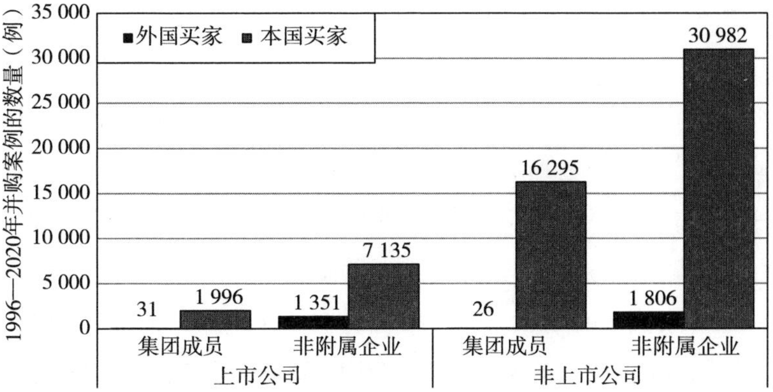

图 15.3　不向外资出售的集团企业

注：解释请见正文。

资料来源：RECOF（2021）。

为他将外国直接投资视为民主化进程的一部分。结果，外国直接投资从金大中上台之前的十年间平均占 GDP 的不到 3%，跃升到今天的 14%。邓小平也将全球化视为中国现代化的必由之路，印度在 20 世纪 90 年代初期实施改革，也出现了类似的变化（参见图 15.4）。

图 15.4　韩国、印度与日本在外国直接投资方面的对比

资料来源：UNCTAD（2022）。

在小泉纯一郎执政期间（2001—2006 年），有一段时间日本似乎也出现了类似的转变。2003 年 1 月，小泉制定了到 2006 年外国直接投资占 GDP 比例达到 2.5%的目标，2006 年他又将这一目标提高至到 2011 年达到 GDP 的 5%。他取得了成效，外国直接投资从小泉上台前一年占 GDP 的 1%增至 2008 年的 4%，翻了两番。然而，从那时起，这一上升势头就戛然而止了。

在小泉执政时期，通过美国商会（ACCJ）领导人尼古拉斯·贝内斯（Nicholas Benes）等人的积极活动，尽管遭到了日本经济团体联合会的抗议，日本政府仍在 2007 年修改了《公司法》，使来自外资的并购更加容易。外国企业第一次被允许在所谓的三角合并中使用现金购买日本企业 100%的股票，也第一次被允许在三角合并中使用自己的股票来收购企业。在这两种情况下，它们都可以令小股东出局。在三角合并中，外国买家设立一家日本子公司作为收购工具，该子公司必须满足某些条件。有意购买者仍将面临一些烦琐的规定和不利的税收待遇，包括资本收益的计算方法和股票互换的征税方式。好消息是，随着时间推移，并购规则中很多形式上的障碍已被清除，或者说，企业已经找到了规避这些障碍的方法，贝内斯和美国商会外国直接投资委员会的现任联合主席肯·勒布伦（Ken Lebrun）与布赖恩·诺顿（Bryan Norton）都这么认为。勒布伦和贝内斯在其职业生涯中都曾代表过参与外资并购的企业。

虽然进展缓慢，但是贝内斯评论说："与 2005 年相比，差别就像白天和黑夜一样大。国内并购非常普遍，在某些情况下，股东们已经迫使管理层消除了阻止收购的障碍。这种新气象可能是预期未来通过并购可以获得更多外国直接投资的最主要原因。不过，即使从日本自身利益的角度考虑，闸门打开的速度仍然太慢。"（2021 年 7 月的采访）

2006年，在继小泉之后为期一年的第一个任期内，安倍晋三认可了5%的目标，但是从未实现。2015年，当安倍政府发布“吸引外国企业来日的五项承诺”时，甚至没有提及收购现有企业的困难。

人们可能以为，作为日本贸易振兴机构“投资日本”计划的一部分，政府将会极力招揽外国买家，但是迄今为止，政府内部的一些力量阻止了这种做法。比如，为了缓解中小企业的接班人危机，内阁府日本外国直接投资促进委员会在2020年的中期报告中主张，要帮助这些中小企业寻找合适的外国合作伙伴，并“促进三方之间的企业转让（合并与收购）”。2021年6月发布的最终报告完全删除了有关外资并购的讨论。显然，有人更害怕外资收购，而不是成千上万家健康企业的倒闭，那些身居要职的知情者并没有透露这是谁干的。尽管如此，该建议曾被写入中期报告，还是让人有耳目一新的感觉。

更糟糕的是，对自己遭遇的严重失败，政府讳莫如深。财务省的报告称，流入的外国直接投资攀升至2020年的40万亿日元（约3 100亿美元）。实际上，根据国际货币基金组织、经合组织和联合国贸发会议的数据，2020年的数字仅为24万亿日元（参见图15.5）。

为何会出现如此巨大的差异？国际货币基金组织认可了两组数字，但是其中只有被称为“方向性原则”的一组数字被用于考察一国在一段时间内的外国直接投资，或者用于国家之间的比较。与此相反，财务省强调的是另一组被称为“资产/负债原则”的数字。后者虽具应用价值，但是它包括了一些与真正的外国直接投资无关的项目，比如海外子公司向其日本母公司的贷款。财务省发言人证实，此类贷款是造成差异的主要原因。在被问及财务省对数据的选择时，经合组织的一位官员回答说，“方向性原则更适

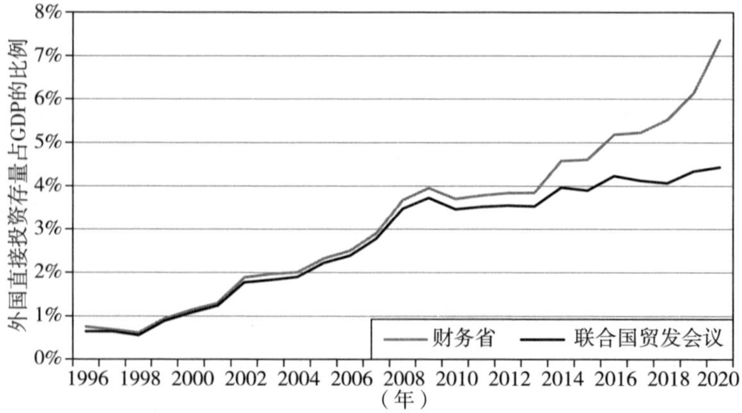

图 15.5　日本隐瞒了外国直接投资有多低

注：2020 年日本 GDP 为 539.3 万亿日元（约 5.05 万亿美元）。

资料来源：MOF（2022a）；UNCTAD（2022）。

合分析外国直接投资对经济的影响。这是按国家和行业划分的外国直接投资统计数据的推荐列报方式”（2021 年 10 月的采访）。如果承认存在问题是解决问题的前提条件，那么日本政府就有麻烦了。

企业改革与外国直接投资：美国商会的作用

在日本的美国商界领袖指出了另一个他们认为有助于增加对日并购的趋势，即公司治理改革。在安倍晋三的领导下，日本股票市场和政府的金融厅分别颁布了 2014 年《管理准则》和 2015 年《公司治理准则》。这些准则旨在让企业更加重视利润率，而不仅仅是企业规模和市场份额，因为利润率体现了效率。《公司治理准则》针对的是运营企业，而《管理准则》针对的是这些企业的机构投资者。《公司治理准则》是由时任美国商会主席贝内斯向日本政府提议的。从 2013 年开始，他与安倍的内阁官房长官盐崎恭久（Yasuhisa Shiozaki）等人进行了交谈，后者也是金融厅的主要官员。贝内斯不仅说服了他们，使他们认识到制定准则的必要性，还帮助制定了准则的相关内容。

很多美国商会的领导人认为，更加重视盈利能力不仅会提高日本的经济增速，还会带来更多的外国直接投资。一位领导人指出，“十年前，当我使用净资产收益率一词时，很多日本高管问我这个词的具体含义。但是现在不一样了”（2021 年 8 月的采访）。他认为，为了提高盈利能力，巨头企业将越来越多地专注于核心竞争力。这就需要剥离非核心部门和子公司。一些分析家将日立和资生堂等企业视为这方面的先驱，它们将健康的部门出售给外国私募股权投资公司，以便专注于最赚钱的业务。勒布伦指出，“股票市场肯定会奖励那些采取此类措施的企业”（2021 年 7 月的采访）。

最终，这一思路可能会取得成效，但是截至目前，效果并不理想。日立和资生堂是那种活跃于全球市场的企业，它们最有可能在没有外部压力的情况下提高效率。实际上，早在这两项准则颁布之前，或者在激进的投资者施加压力之前，日立就已经开始精简业务了（Stevenson and Inajima，2022）。虽然“精选和聚焦”是过去十年间董事会的热门词汇，但是很难找到数据证明已经发生了很大变化，而且我们有理由怀疑这一点。2017 年，子公司和附属企业的总数与 2007 年大致相同。日本为企业集团剥离低效率部门或附属企业提供了税收减免，但是似乎很少有企业利用这一政策（METI，2020e）。

由于预期资产剥离业务将蓬勃发展，KKR（科尔伯格·克拉维斯·罗伯茨集团）、贝恩资本、CVC（企业风险投资）和其他大约 80 家国内外私募股权投资公司正在积极备战。预期中的热潮尚未出现。自 2004 年以来，每年只有 10~20 宗出售给私募股权投资公司的国内资产剥离业务的交易价格超过 100 亿日元（约 7 700 万美元），而这一数字并没有随着时间推移而增加。典型的出售价格约为 500 亿日元（约 3.85 亿美元），只有 2017 年是明显的例外，当时贝恩资本领导的一个财团以 1 800 万美元的价格收购了东芝存储器部门 40% 的股份。交易总额也没有呈现趋势性增长（参见图 15.6）。

造成这种延迟的原因是“企业出售优质资产的压力仍然不足”，以及“董事会和股东尚未推动战略性资产剥离”（Bain & Company，2018，第 5 页）。贝恩公司补充道，相反，企业正在采取更容易的方法使净资产收益率数据变得更亮眼，比如股票回购和出售低质量资产，也就是那些无法盈利或销售额下降、竞争状况恶化的资产。虽然出售低质量资产是必要的，但这只是“低垂的果实”，还远远不够。企业需要出售那些虽然仍能盈利，但已不再符合企业整体核心战略的业务，这些业务降低了企业的整体盈利能力和效率。

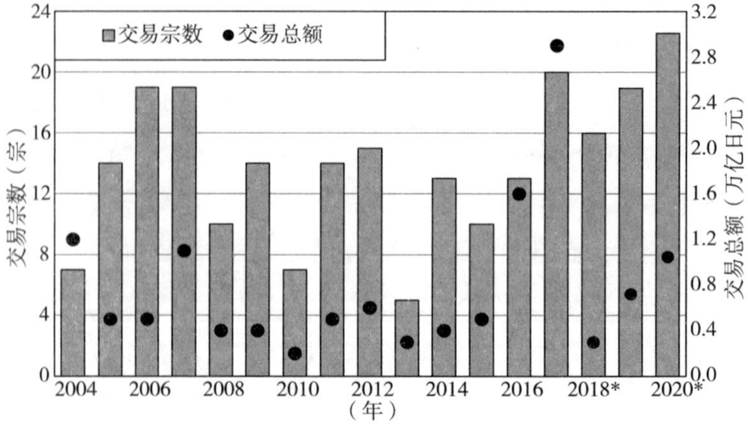

图 15.6　通过出售给私募股权投资公司实现企业资产剥离

注：仅包括国内企业的资产剥离；自 2018 年起（*），贝恩公司不再提供年度细分数据；2019—2020 年是作者根据历史上资产剥离占私募股权投资公司业务总量的比例所做的粗略估计。

资料来源：Bain & Company（2021 年及之前年份）；2018—2020 年，作者根据贝恩公司提供的数据估算而得。

在很多情况下，这些业务在另一家企业可能更有利可图，因为它们能为现有业务带来一些协同效应。

根据贝恩公司的报告，至 2022 年，有一些迹象表明情况可能正在发生变化，尽管速度很慢（Ohara，2022）。在企业剥离自身部分业务的前 50 宗并购交易中，有 8 宗属于贝恩公司所讲的“转型性”并购交易，即努力剥离非核心业务，即使它们仍有利可图。这与几年前的两个案例相比，数量有所增加。这是真正的企业改革最重要的晴雨表，但是，50 宗中只有 8 宗，表明这一趋势仍不明显。

外国私募股权投资基金也有助于催生日本的私募股权投资公司。以共同创办日本第一家私募股权投资公司优势伙伴（Advantage Partners）的笹沼泰助（Taisuke Sasanuma）为例。1992 年，他与美国人理查德·福尔瑟姆（Richard Folsom）一起创办了这家公司。两人都曾在贝恩公司获得一些基本技能。然后是津坂纯，他于 2014 年创立了日本产业推进机构，曾就职于美国私募股权投资巨头 TPG。理查德·戴克（Richard Dyck）曾在半导体领域工作多年，主要是在日本工作，现在是一家名为“日本产业伙伴”（Japan Industrial Partners）的私募股权投资公司的董事。该公司专门收购日本大型企业集团的非核心部门，收购了日立集团旗下的日立化成（Hitachi Chemical），戴克成为该企业的董事。

无论纸面上有什么规定，股东对管理层的权力都受到财务状况的限制，即日本 5 000 家最大的企业几乎不需要在股票市场上融资，因为它们内部产生的现金流经常超过对新工厂和新设备的投资。稳定股东的总体数量下降应该是提高股东权力的一股力量。然而，正如贝内斯指出的，金融厅的规定使小股东很难像在美国和英国那样采取集体行动，并向管理层提出建议。

除此之外，企业可以在没有任何实际改善的情况下让财务指标看上去更好一些。比如，如果企业使用当期利润，即扣除利息支出后的利润，来衡量净资产收益率或者资产收益率，那么日本央行不断降低利率就会使利润率更为亮眼。然而，如果用营业利润，即扣除利息前的利润，来衡量资产收益率，那么利润率的提高微乎其微。在5 000家规模最大的企业中，基于营业利润的资产收益率仅从1996—2012年的3.5%略微上升至2013—2019年（新冠疫情之前）的3.8%（参见图15.7）。更糟糕的是，正如我们前面看到的，这些企业主要通过削减工资而不是提高效率来增加利润。除非股东关心利润数据是如何得到的，否则股东权力的增加不一定会带来更具生产性的企业战略。

促进外国直接投资所需的巨大变化，需要政府和商界领袖在政策方面共同努力。但是，他们之间存在分歧。贝内斯回忆说，在小泉纯一郎时代，最大的企业联合会日本经济团体联合会成功地游说经济产业省，使跨境股票互换的税务处理变得“尽可能烦琐和困难”。相比之下，较为进步的经济同友会则欢迎将外国直接投资作为整体改革的一部分。2005年它呼吁将外国直接投资增加

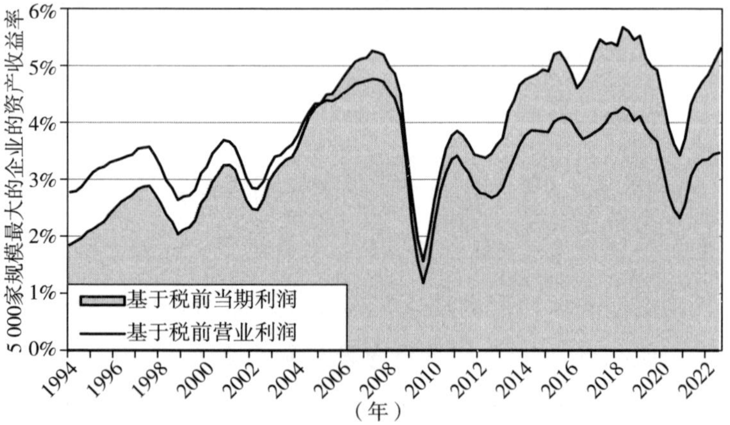

图15.7　基于当期利润与营业利润的资产收益率比较

资料来源：MOF（2023a）。

到 GDP 的 10%，并在 2005 年和 2015 年呼吁改善外资并购的税收待遇。遗憾的是，日本经济团体联合会的影响力仍然要大得多。

实际上，部分政府部门和大企业对外国直接投资的疑虑已经根深蒂固，一位杰出的美国企业高管指出，东芝管理层和经济产业省曾以“国家安全关切”为借口，试图阻止股东在 2021 年投票反对管理层，但以失败告终。他担心在其他情况下也会发生同样的事情。

如果不采取协调一致的政策行动，到 2030 年，日本的排名可能仍然乏善可陈。

第五篇
改革的政治学

第 16 章　日本战后政治经济体系的价值观

战后时期发展起来的政治经济体系是从动荡的历史中产生的，其特点是执政的保守派需要应对日益流行的社会党和共产党采取的激烈乃至暴力的阶级斗争行动。与欧洲的社会民主党不同，日本的社会党人是不折不扣的马克思主义者，他们反对日本在冷战期间与美国结盟。直到 1989 年柏林墙倒塌后，左翼才逐渐衰落，偏向于中左翼的亲资本主义政党兴起以反对保守派。

在这个大熔炉中，出现了一种具有特定核心价值观的政治经济体系，这些价值观包括平等、机会、稳定和保护弱者。如何将这些价值观转化为政策，决定了这些政策是促进还是抑制增长。正如我们将看到的，注重就业保障而非收入保障，是阻碍创造性破坏的很多因素的核心所在。今天需要的不是价值观的改变，而是再次转变价值观的应用方式，日本历史上曾发生过无数次类似的变革。通过说明日本的政治价值观在过去几十年中的发展演变，我们可以表明，本书提出的改革与这些价值观是完全一致的。

必须谨记，战后日本发端于一个贫穷的农业经济体。尽管现在人们已经知道，日本的经济奇迹在 20 世纪 50 年代初期就已经开始，但是直到 1957 年，哈佛大学著名日本问题专家埃德温・赖肖尔（Edwin Reischauer）仍在怀疑，日本的出口额是否足以支付不可或缺的粮食和原材料进口（Reischauer，1957，第 316—317 页）。

执政的自由党和民主党尽管名称不同，但是都属于保守派。它们有两个愿望，即追赶西方国家和确保拥有足够的民众支持以继续执政。由于快速的工业化使得作为保守派主要选民基础的农村人口迅速萎缩，而左翼政党往往在不断扩张的城市中获得多数人的支持，因此，一些重要的分析家担心社会党和共产党在国会中将占据多数席位。为了遏止这种威胁，自由党和民主党于1955年合并，成立了自民党。更重要的是，保守派必须解决由创造性破坏驱动的经济增长带来的核心政治问题，即它既创造了赢家，也产生了输家。除非能够以某种方式安抚从农民到纺织工人再到夫妻店店主这样的输家，否则他们就可能发起反击。

自民党的两个目标，即抵制左翼势力和安抚快速发展的受损者，经常是不谋而合的，最明显的例子就是煤炭。至20世纪50年代和60年代初期，进口石油变得比国内煤炭便宜得多。由经济产业省的前身通产省推动的现代工业非常希望改用石油。然而，这意味着几十万煤矿工人会出现严重失业。1959—1961年，当煤矿主决定裁员时，由社会主义者领导的煤矿工人工会举行了长时间的暴力罢工，与此同时，左翼分子领导了反对1960年更新《日美安保条约》的暴动。抗议活动令人震惊，以致德怀特·艾森豪威尔总统取消了访日安排，曾作为甲级战犯入狱三年的岸信介①首相也不得不下台。关闭煤矿早就遭到了强烈抵制，由此产生的威胁如此严重，以致通产省在1955年开始限制新建燃油电厂的数量。尽管通产省下属的其他部门一直在推动国内炼油行业的发展，通产省还是采取了这一措施。在1964年之前，所有用于进口的外汇都需要获得通产省的批准，因此，通产省向钢铁生产企业和公用事业企业提供外汇的交换条件，就是这些企业以高价购买国内煤炭。对于所有

① 岸信介是安倍晋三的外祖父，也是后者的偶像。

这些产业，通产省增加了国家直接补贴，一直持续到1986年。

在前大藏省官员池田勇人接替岸信介之后，他将改善全民经济状况与保护社会失败者相结合，作为其政治的中心。他启动的收入倍增计划如此成功，甚至超出了预期的目标，从而开始消除左翼存在的理由。到20世纪60年代中期，阶级斗争的言论逐渐消失，因为越来越多的调查显示，90%以上的人口开始自称为中产阶级，媒体也推动了这种自我认知的形成。

政府利用补贴、进口保护和其他手段来延缓无数夕阳产业的衰落，煤炭开采业只是其中之一。日本的政治领导人认为，形势要求他们安抚一些夕阳产业，以维持足够的公众支持来实施其促进增长的计划。用政治学家肯特·考尔德的话说，他们在“战略”与“补偿”之间寻求平衡（Calder，1988）。战略指的是一系列致力于实现经济和技术快速赶超的政策和制度。补偿指的是减缓甚至阻止衰退部门规模缩小的方法，同时为创造性破坏的受损者提高收入。

在高增长时期，补偿措施对经济增长造成的损失远不及促进增长政策的成功。此外，由于GDP每年增长9%~10%，有大量新增工作岗位可以消化夕阳产业就业岗位的减少。随着时间推移，每年有30%的工厂工人失业或离职，但是抱怨的人越来越少，因为在那个时代很容易找到更好的新工作（Moriguchi and Ono，2006，第153页）。补偿使日本在进行创造性破坏的同时，也能保持政治稳定。

补偿政治塑造了一种政治伦理，即平等和保障不仅应包括在夕阳产业工作的个人，还应包括产业本身，比如煤矿开采。新自由主义生态模式并不适合日本。

如果认为补偿政治只是体现了平等和保障的价值观，那就大错特错了。一系列促进平等和保障的措施实际上促进了经济增长。

平等、保障与增长

几十年前，经济学家，甚至是自由派经济学家都认为，平等必然以牺牲增长为代价，这就是所谓的“大权衡”。然而，如今的正统派认为，如果以正确的方式实现平等，实际上可以促进增长，这意味着主要通过改善相对弱势群体的人力资本来实现平等。经合组织已经发表了无数这方面的报告，其中一份报告的副标题是《为什么减少不平等对所有人都有益》（OECD，2015b）。一项研究通过计算得出结论，如果日本在1990—2010年没有遭遇不平等加剧的问题，那么在此期间累计的人均收入增长率将达到21%，而不是17%（Cingano，2014，第18页）。真正的问题在于，平等可以通过促进增长的方式来实现，比如北欧国家的弹性保障制度；也可以阻碍增长的方式来实现，比如今天的日本。

除了在一定程度上使用标准的再分配措施，比如从累进税到老年人社会保障，日本还采取了其他一些促进增长的措施，以实现平等和保障。最主要的三项就是全民医疗保健、全民高教育水平和高代际流动。由于存在低增长、老龄化、收入不平等现象加剧以及长期预算赤字等问题，这些成就很有可能会受到破坏。

日本不仅像除美国以外的所有富裕国家一样提供全民医疗保健，而且“在大多数方面，日本是世界上医疗保健制度最平等的国家之一”（Ikegami and Campbell，1999，第70页）。与其他国家相比，日本在疾病和预期寿命等健康方面的贫富差距小得惊人。此外，富人和穷人的保险费和自付费用占家庭收入的比例大致相同，都在7.6%到8.5%之间（Statistics Bureau，2020c）。右翼和左翼都接受了全民医疗保健，并最终于1961年在池田勇人的领导下开始着手实现这一点，随后范围不断扩大，部分原因是自民党必须与崛起的左翼政党展开竞争。

一个平等的医疗保健体系既能够促进增长，也有助于实现收入平等。父母因经济拮据而迟迟不给孩子检查视力，孩子的学业成绩、终身收入和生产效率都会大打折扣。如果没有负担得起的全民医疗保健体系，一次毁灭性的意外事故或者长期的身体或精神疾病，就可能导致一个家庭陷入贫困，或者不得不剥夺子女接受大学教育的机会。每年有 2.6%的日本家庭遭受灾难性的健康危机，远低于 20 个富裕的经合组织国家 8%的中位数（OECD，2019i，第 113 页）。尽管如此，在 10 年的时间里，如果把这一数字加总起来，在家庭中所占的比例还是相当大的。虽然最贫穷的 40%人口遭受了 80%的此类事件，但是没有人知道自己是否会成为其中的一员。

日本现在面临的问题是，它能否维持这种堪称范例的状况。老年人的人均医疗支出是年轻人的数倍（Ikegami，2014，第 35 页）。因此，到 2018 年，将近 40%的医疗保健支出都用于 75 岁以上的老年人（MHLW，2018a）。归根结底，人均 GDP 和医疗成本决定了为医疗提供资金的能力。1980 年，每 100 名劳动年龄人口只需赡养 17 名老年人，至 2020 年，这一数字上升到 50 人，预计到 2050 年将高达 72 人。

为此，政府在 1999—2019 年将每位老人的公共医疗保健支出削减了 15%。这使得自 2013 年以来，政府的医疗保健支出占 GDP 的比例基本持平，保持在 2.6%~2.7%（Cabinet Office，2020）。医疗保健总支出占 GDP 的比例从 1990 年的 6%上升至 2011 年的 10.6%，但是此后直至 2019 年，这一比例基本保持不变（OECD，2022i）。由此产生的一个后果就是健康状况的不平等开始显现。比如，现在兼职员工的死亡风险高于正式员工（Inoue et al.，2016，第 4 页）。

日本最引以为豪的一个成就就是教育公平，即孩子的教育机会不受父母经济社会地位的限制。这种公平对于收入平等、社会流动性和经济增长至关重要。而且，它还能自我强化。教育成就越平等，未来收入就越平等，这反过来又会提高下一代教育成就的平等程度。

由经合组织主持的国际学生评估项目（PISA）对各国15岁青少年进行测试。在这项著名的测试中，日本不仅在77个国家中名列前茅，2018年的阅读、数学和科学综合得分排名第六，而且与其他国家相比，学生的得分与父母的经济社会地位关系不大。这得益于政府为促进教育公平而付出的诸多努力。2018年，在日本学生数学和科学成绩的差异中，分别只有8%和9%是由父母的经济社会地位造成的，而其他富裕国家的平均值分别为13%和14%（OECD，2019j，第4—5页）。日本不仅尖子生的成绩优于大多数国家，而且成绩最差的学生也是如此。日本的成绩并不是低移民率的产物。在各国之间的分数差异中，只有1%是由移民的差异造成的（OECD，2012，第47页）。

不幸的是，过去几十年来收入不平等的加剧已开始转化为教育不平等。2009年，日本家庭年收入中位数为280万日元（约2.2万美元）。当时，只有三分之一收入低于400万日元（约3.1万美元）的家庭能送子女去上大学，而收入在400万至600万日元（3.1万至4.6万美元）的家庭有一半能做到这一点，收入超过1 000万日元（约7.7万美元）的家庭这一比例接近三分之二（Jones，2011，第34页）。日本最令人痛心的一项统计数据，就是将近三分之一成绩优秀的贫困学生表示他们预计无法完成大学学业，而在成绩相近的富裕学生中，这一比例仅为10%（OECD，2019j，第5页）。虽然这一数据并不比典型的经合组织国家更差，但是日本过去曾做得更好。

更糟糕的是，这种恶性循环还会世代相传。在日本，男性大学毕业生到三十多岁时的收入比高中毕业生高出 36%，而到 50 岁出头，当他们要送自己的孩子上大学时，他们的收入要比高中毕业生高出 56%（Research Institute for Higher Education，Hiroshima University，2020）。

经合组织的报告指出，“随着家庭年收入从不到 200 万日元（约 1.5 万美元）增加到超过 1 500 万日元（约 11.5 万美元），六年级小学生能够正确回答数学问题的比例从 63%上升到 83%，日语测试成绩也有类似的提高”（Jones，2011，第 34 页）。为什么收入如此重要？因为，尽管宪法规定义务教育是免费的，但是上公立学校也要花费家庭大量的金钱。小学和初中不收学费，但要交活动费、杂费和校服费。高中要收学费，自 2011 年起，政府开始为此提供补贴，但仅限于最贫困的家庭。结果，一个有两个孩子的家庭，如果把两个孩子都送进公立学校，12 年里每年需要支付约 8 000 美元。其中一半是用于上私人补习班或请辅导教师的费用，以帮助学生准备升学考试，这些考试将决定他们会升到哪所学校（MEXT，2019）。上大学每年还需 2.4 万美元。就业前景通常取决于就读的学校。在经合组织 27 个国家中，日本从小学到大学的公共教育支出水平最低。因此，家长必须弥补这一缺口（参见图 16.1）。

其实大可不必如此。日本可以让所有人免交高中学费。它可以像韩国一样，提供高质量的公共课外班，而不是让学生上私人补习班。财务省认为，日本无力承担更多的教育支出。实际上，日本更负担不起的是不这样做产生的后果。

如果日本想要应对人口老龄化的严峻挑战，最有效的一项措施就是减轻家庭的经济负担。在 25~35 岁年龄段的夫妇中，大约有 80%认为教育和育儿成本高昂是他们少生孩子的原因，否则，他们原本愿意生育更多的子女（Jones，2011，第 32 页）。

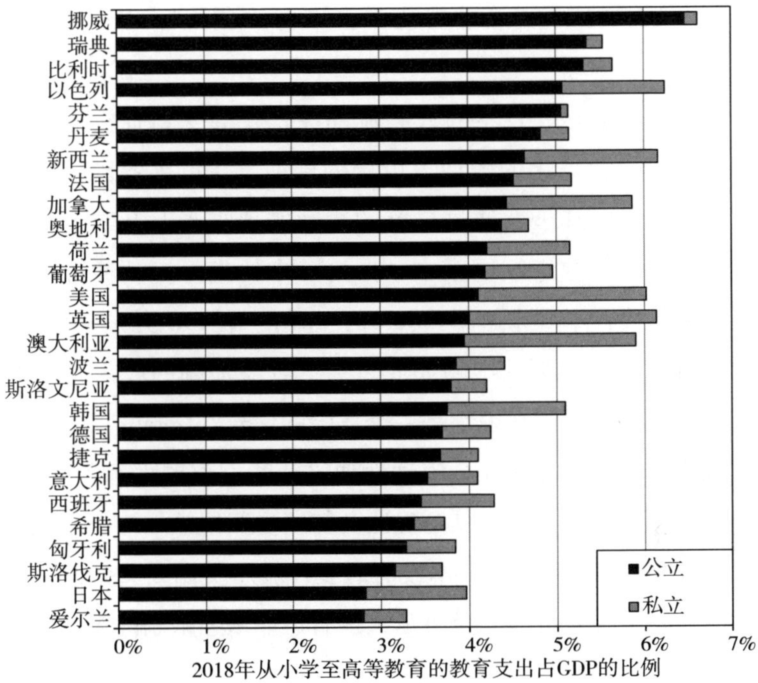

图 16.1 日本的公共教育支出最低

资料来源：OECD（2021d，第 247 页）。

1868 年的《五条誓约》是日本现代化的奠基性文件，自那时起，日本就发誓要让每个人都能追求自己的理想，有机会提高收入和地位。检验一个国家是否真的是充满机会的国度，一个重要的标准就是代际流动性。是一个人出身的家庭决定其人生际遇，还是一个人可以凭借其头脑、天赋和干劲，决定自己的人生经历？

代际收入流动性衡量的是一个人的收入有多少是由其自身行为而不是由其出生时父母的经济社会地位决定的。日本的这一数字为 65%，在 22 个国家中排名第 11 位（Jones，2018，第 196 页）。换句话说，在日本，一个人一生收入的约三分之二是由他自身的行为和环境决定的，只有三分之一取决于他父母的生活状况。

在美国，“美国梦”已今非昔比，它的这一数字为59%，在22个国家中排名第16。

现在的问题是，日本的社会流动性是否会受到日益加剧的不平等、低增长和僵化的劳动力市场的侵蚀。在世界各国，一代人的收入越平等，其子女通过自己的行动实现收入上升或下降的能力就越强。在经合组织国家中，大约一半的代际流动性可以用一代人之内的收入平等来解释（Jones，2018，第196页）。鉴于父母的收入对子女上大学的影响如此之大，日益加剧的收入不平等对个人机会和国家福利来说都是一个危险的信号（Corak，2016）。

讨论医疗、教育和社会流动性似乎让我们离题太远了。但是，在整个富裕世界，我们可以发现社会契约受到侵蚀如何引发民粹主义对创造性破坏的反击。日本没有看到民粹主义的兴起，但是，本篇讨论的问题既有可能刺激改革，也有可能增强抵制改革的力量。

解构社会契约

在过去，平等和劳动保障成为社会契约的重要组成部分。从1955年开始，工会联合会与主要企业在全国范围内进行工资谈判，工会为准备谈判会举行名为“春斗”（*Shunto*）的短期罢工。最终，“春斗”成为一种仪式，但是多年以来，它一直被用来在谈判前威胁雇主。罢工平均每年造成200万~400万个工作日的损失。随着时间推移，各家企业逐渐感到，各行业和各企业的工资涨幅保持在相当的水平更有利于劳资和谐。20世纪60年代，同等规模企业之间的工资差距大幅缩小（Moriguchi and Ono，2006，第163页）。在20世纪50年代和60年代初期，终身雇佣制、年功序列制和大额半年奖金制在大企业中普及，在一定程度上中小企业也是如此。

当自民党认为反对党最有可能通过获得城市选票而掌权时，政府就会扩大促进平等和保障的措施，比如在20世纪70年代扩大全民医疗保健和遏制环境污染。相反，当自民党感到面临的挑战较弱时，它就会实施一些削弱平等和保障以及生活水平的政策，如扩大非正式工作的范围。

社会契约为日本工人提供了平等和收入保障，却没有建立其他国家那种由政府直接提供保障的社会安全网。相反，其社会安全网是以工作为基础的。正如我们将会看到的，这最终阻碍了社会契约赖以存在的经济增长。

资本主义的三种模式

为了了解日本的背景，让我们根据表16.1中18~65岁劳动年龄人口收入平等数据，来考察三种资本主义模式。这些数据来自20世纪80年代中期。衡量收入不平等的标准是基尼系数，数值范围从0到1，数值越大，表明越不平等。

表16.1　20世纪80年代中期的三种资本主义模式

市场收入基尼系数			政府调节以后的收入基尼系数		政府的影响	
1	挪威	0.29	芬兰	0.20	荷兰	−0.14
2	丹麦	0.30	丹麦	0.22	法国	−0.12
3	芬兰	0.31	挪威	0.22	瑞典	−0.12
4	日本	0.31	瑞典	0.22	英国	−0.11
5	瑞典	0.35	荷兰	0.23	联邦德国	−0.11
6	联邦德国	0.36	联邦德国	0.25	芬兰	−0.10
7	新西兰	0.36	新西兰	0.26	新西兰	−0.10
8	加拿大	0.37	法国	0.27	意大利	−0.09

（续表）

市场收入基尼系数			政府调节以后的收入基尼系数		政府的影响	
9	荷兰	0.37	日本	0.28	澳大利亚	−0.09
10	美国	0.38	英国	0.28	加拿大	−0.08
11	澳大利亚	0.39	加拿大	0.29	丹麦	−0.08
12	英国	0.39	澳大利亚	0.30	希腊	−0.08
13	法国	0.39	意大利	0.31	挪威	−0.07
14	意大利	0.39	美国	0.33	美国	−0.05
15	希腊	0.40	希腊	0.33	日本	−0.03

注：18~65岁劳动年龄人口；基尼系数是衡量不平等程度的指标，数字越大意味着越不平等；更多解释请见正文。

资料来源：Förster and d'Ercole（2005，第25页）。

20世纪90年代的北欧模式

由市场产生的收入，包括工资和其他个人收入，平等程度较高。在经合组织的15个国家中，挪威、丹麦、芬兰和瑞典占据了前五名中的四席。此外，政府的再分配政策（税收和转移支付）使收入更加平等。在失业或者生病的情况下，政府会提供社会保障。

后里根时代的美国模式

由市场产生的收入分配是不平等的，政府的再分配政策仅略作调节。按照由市场决定的收入平等状况，美国排名第十，但是就经政府调节之后的收入平等状况而言，美国排名倒数第二，因为它在政府再分配政策方面也排名倒数第二。美国的劳动力市场非常灵活，但是在失业、生病或者年老时，政府提供的社会保护要少得多。

失去的数十年之前的日本模式

由市场决定的收入分配状况明显比其他国家更加平等。日本在15个国家中排名第四。因此，政府很少直接进行收入再分配；日本在再分配方面排名垫底。劳动力市场的灵活性较差，全社会的社会保障体系非常薄弱，以至于工人依赖工作的持续性，进而依赖雇主的生存与否。

早在20世纪80年代，日本就认为不需要建立健全的政府社会保障体系。当时不仅失业率低，贫困率也很低，在政府采取任何措施之前，劳动年龄人口的贫困率仅为11%。政府几乎没有进一步降低贫困率的措施。社会福利政策主要针对老年人。

除公开的措施之外，日本更加强调通过补偿的方式来维持僵尸企业，暗中实施转移支付。尽管公众相信平等和保障是由市场产生的，但是市场本身是被操纵的，借以维持这一假象。通过补贴和各种反竞争手段，比如衰退时期建立的卡特尔，供求关系进而价格水平被扭曲得像卷饼。被扭曲的价格反过来又成为隐性收入再分配的传送带，将收入从经济中的高效率部门转向低效率部门。高效率的制造业企业以较高的价格从低效率的国内供应商那里获得各种投入品，而这些投入品本可以较低的价格在国际市场上获得。比如，汽车制造商协会与建筑企业协会、玻璃生产商协会和其他协会就价格进行谈判。日本央行的一项研究表明，这种转移定价是经济的一个重要组成部分（Oyama，1999，第3—4页）。在这一时期，日本因各种物品的价格高于国际水平而声名狼藉。

日本政治成功的秘诀恰恰在于转移支付的隐蔽性。它让受益者自己感受不到各项福利背后的人为因素，因此，用经济学家木内隆（Takashi Kiuchi）的话讲，“社会的失败者并不觉得自己是失败者”（1996年的采访）。

随着利益集团越来越依赖这些措施，他们获得了要求继续实施这些措施者的支持。问题是，由于阻碍了创造性破坏，这种制度破坏了增长，从而种下了自身消亡的种子。

收入再分配最著名的例子在农业领域，这方面的措施更加公开，并成为国际贸易冲突的主题。农村选票一直对自民党至关重要，几十年来，自民党不得不与社会党和共产党争夺这些选票。为此，自民党提供了巨额补贴。至20世纪80年代，75%以上的农业收入来自补贴和价格支持计划，这一比例远远高于其他任何工业化国家。此外，在自称农民并获得这些补贴的人中，只有不到三分之一是全职农民。很多所谓的农民还从事建筑工作以及很多公共工程建设，臭名昭著的“绝路桥”就是一例，这种桥的修建对交通毫无助益，但是可以为选民摇摆不定的社区提供就业岗位。这也是日本食品价格如此之高的原因之一，与其他富裕国家相比，日本消费者不得不将更多的钱用于购买食物（参见第78页图3.4）。因此，看似收入分配是由市场价格决定的，实际上却是通过价格操纵进行的变相再分配。

此外，税收和土地使用法使得大多数农场规模太小，无法有效地耕作，同时也几乎不可能将“农田”转用于其他更具生产力的用途，无论农民是否真的在耕种。结果，至2015年，在除北海道以外的所有农田中，竟然有15%被其所有者弃耕了（Statistics Bureau，2016）。

在20世纪60年代末期至70年代初期，自民党担心失去另一个支持自己的堡垒，即小企业主，而当时来自小企业主的选票已经是农民的两倍。在此之前，当保守派的多数地位看似稳固时，政府通过税收减免、补贴、政府贷款和受管制的低利率等措施，偏袒大型现代企业，而不是小企业。连锁超市开始淘汰夫妻店。作为回应，小企业主们开始转向左翼。至1971年，每六名小企业主中就有一人加入了共产党下属的小企业联合会“商工会”（Min-sho），更多的人甚至在都、道、府、县以及市、町、村的地方议会中投票支持社会党或共产党。

自民党以向全国一半以上的小企业提供政府贷款的方式进行隐蔽的收入再分配，从而抵御这一威胁（参见第 220 页图 13.4）。与此同时，财务省对小企业高达收入 60% 的大规模逃税行为视而不见。

为了吸引夫妻店店主，《大店法》只是政府实施的反竞争法律中的一个例子。自民党禁止药店开设分店。当最高法院宣布这一禁令违宪时，厚生劳动省发布了一项秘密指令，要求药品生产商不得向任何此类药店销售药品。当时的厚生劳动省由未来的首相桥本龙太郎掌管，更早时候则是由其父亲掌管。不想让许可证审批拖延数年的药品企业只好照办（Katz，1998，第 82 页）。尽管作为自民党最大赞助者之一的银行进行了游说，政府还是推迟了将近 20 年才允许银行发行可以循环放贷的信用卡，因为这将损害小商店已经在经营的信贷业务。这一切扭转了历史潮流。社会党和共产党的支持率下降，在柏林墙倒塌之后，他们在选举中已经无足轻重。

辩解者声称，由于文化传统，日本人更喜欢这些提供个性化服务的小店。实际上，有关法律一经取消，顾客就抛弃了这些小店，其数量从法律修改之前 1987 年的 110 万家骤降至 2012 年的 37.4 万家（Statistics Bureau，2016）。① 反对创造性破坏的观点认为，社会无法承受这种破坏，但是夫妻店数量急剧下降表明，只要方法得当，实际情况并非如此。

与其维持这种隐性保障机制，不如直接向受益人发放现金，这样的话经济成本会低得多。如果通过这些反竞争性措施实施收

---

① 2012 年以来的数据与 1988—2012 年的数据统计口径不一致，因此未予显示。

入的转移支付，消费者和生产性行业的损失要大于受益者的收益。结果就是经济增长速度下滑。

最终，经济再也无法承受这种负担。这就是为何在1990年股票和房地产价格暴跌之后，日本经济开始了失去的数十年。

由此造成的人均GDP增长缓慢，导致大部分人口的生活水平下降。以平等、保障和增加收入的名义制定的政策，最终却使这三者都受到了侵蚀，这真是一个具有讽刺意味的悲剧。如前所述，1995—2018年，劳动年龄人口的实际人均收入中位数下降了2%。然而，这并不像美国那样，以所有其他人为代价，使富人变得更富有。在日本，2012年收入最高的0.1%人群的收入占比为2.4%，并不比20世纪60年代初期更高（Moriguchi，2015，第22页）。日本的富人和穷人都变得更穷了，只不过富人变穷的速度更慢一些。1995—2018年，收入水平处于第90分位的日本劳动年龄人口，即收入比90%的同胞都要更高的人口，其收入下降了2%，而收入水平处于第10分位的日本劳动年龄人口，其收入则大幅下降了16%（OECD，2022j）。①

从1995年至2015年，日本是"绝对贫困"② 水平上升的唯一经合组织国家，劳动年龄人口的绝对贫困率从1995年的12%上升至2015年的19%，这还是政府实施再分配政策之后的数据。这在

① 经合组织的名义数据已根据由CPI表示的通胀或者通缩进行了调整。有些读者可能会问，在人均GDP上升的情况下，个人收入的中位数怎么会下降呢？这是因为个人收入只是国民收入的一部分，国民收入还包括企业现金流和政府税收。如果税收增加，个人收入就会受到影响。如果企业赚取了大量现金流，但是没有将其用于雇用更多工人或提高工资，个人收入也会受影响。

② 通常的衡量指标被称为"相对贫困"，是指在任何特定年份，生活在收入中位数50%以下的人口占比。绝对贫困率的上升意味着，2015年生活在1995年贫困线以下的人口占比比1995年还要多，两者分别为19%和12%。

很大程度上是由于非正式员工的增加。受影响的不仅仅是贫困线以下的人群。截至 2018 年，日本第 20 分位人口的收入仅相当于第 80 分位人口的 16%，这在 28 个经合组织国家中排名倒数第五，远低于经合组织国家 21%的平均水平（OECD，2022j）。2018 年，有 740 万人不得不从事两份不同的兼职工作来维持生计，这些兼职者占全部劳动力的 11%（Van't Veld，2020）。

尽管平等和收入受到了侵蚀，但是这并没有给日本工人带来更多的保障。相反，由于缺乏强大的社会安全网，很多中产阶级如果遇到长期疾病、双职工家庭中有一方失去非正式工作、雇主倒闭等不幸遭遇，都很容易受到伤害。在任何四年中，收入处于中间五分位的日本人，即收入为第 41 分位至第 60 分位的日本人中，有 36%的人会降至更低的等级，糟糕程度在经合组织国家中排名第二（参见图 16.2）。即使那些目前拥有令人满意的收入和固定工作的人，也有理由担心他们的收入是没有保障的。

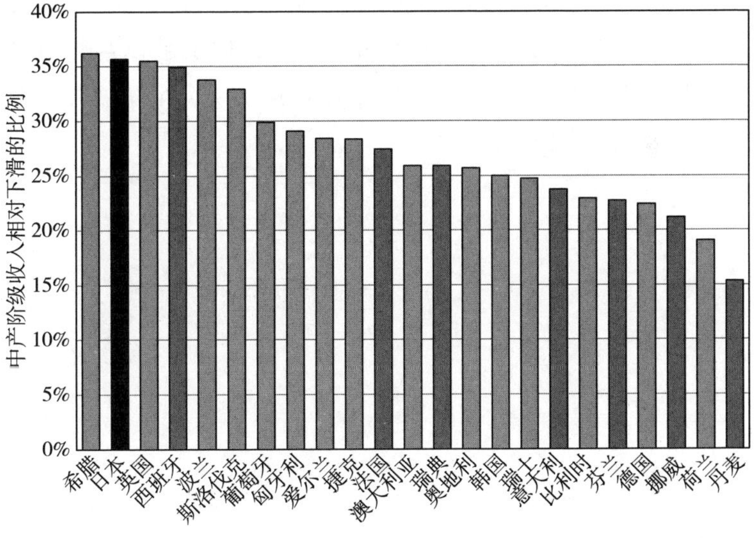

图 16.2 日本中产阶级收入相对下滑的比例位居第二名

资料来源：Jones（2018，第 51 页）。

遗憾的是，即使形势已经发生了变化，日本政府仍矢口否认有必要建立由政府直接提供保障的社会安全网，或者声称由于预算赤字，国家负担不起。21 世纪头 10 年的后半期，日本最贫困的 20%劳动年龄家庭的收入仅提高了 13%，而经合组织的平均水平为 50%，日本在 25 个经合组织国家中排名倒数第三（OECD，2013c）。

政府在社会福利方面投入了更多资金，但是几乎所有资金都用于老年人社会保障和全民医疗保健。由于日本缺乏直接针对贫困人口的社会保障体系，但迫于政治需要，政府又需要有所行动，于是继续实施隐蔽的逆向选择政策，比如向僵尸企业提供政府贷款和信贷担保。由于这种做法降低了经济增长速度，同时也侵蚀了税基，扩大了预算赤字，因此即使按照日本财务省自己的标准来看，其作用也是反生产性的。

不幸的是，上述一切问题带来的焦虑会使人们更加不愿意采用真正有效的唯一良方，即创造性破坏加上政府的社会安全网。下一章将要介绍的北欧的情况表明，日本如何能够以与自身社会伦理相协调的方式，缓解社会失衡和焦虑，再次在保障政治安定的同时进行创造性破坏。

第 17 章　弹性保障：第三条道路

日本并不信服里根和撒切尔夫人那样的解决方案，即按照“弱肉强食”或者“赢家通吃”的规则来解决经济问题。然而，在过去的四分之一个世纪里，日本有太多的改革家都在谈论，似乎这是替代当前体制的唯一选择。作为回应，反对改革的日本人指出以英美方式来运行经济会产生不良后果，以此抵制日本进行必要的改革。为了恢复平等、保障和不断提高的生活水平，日本需要找到一种不会危害经济增长的方式来实现其价值观。幸运的是，确实有这样一种可供替代的方式，并且还可以与日本的政治经济文化协调一致。这就是由北欧四国发展起来的弹性保障模式。这又回到了第 16 章表 16. 1 中探讨的三种资本主义模式。

里根—撒切尔夫人之后的英美模式，即新自由主义模式，让创造性破坏的车轮滚滚向前，即使很多人的生活被车轮碾碎也在所不惜。无论何种原因导致失业，政府都不会花费太多资金为工人提供培训项目和求职帮助，美国是唯一一个这样做的主要国家。然而，美国只为那些因对外贸易而失业的人提供微不足道的帮助。①

---

① 这就促使工会将实际上由其他原因造成的失业归咎于对外贸易。如果美国工厂的工人因进口而被迫离开本行业，他们在下一份工作中的工资会降低 20%，而欧洲仅为 3%（OECD，2005，第 47 页），这一事实有助于解释为什么“铁锈地带”的选民在 2016 年将唐纳德 · 特朗普选入了白宫（Katz，2017）。

第二种模式流行于意大利和西班牙等某些南欧国家，在一定程度上也适用于法国，而且在日本也越来越流行。调度员站在铁轨的旁边，命令火车减速，以免创造性破坏的力量过大。严格的就业保障规则减少了裁员，但是支持者们忘记了，退出壁垒也会造成进入壁垒。这反过来又会导致失业率升高，生产率增速放缓。与日本一样，正式员工受到保护，不会被大规模解雇，而其余工人则生活没有保障，工资较低，失业或非充分就业的时间较长。

丹麦首相在20世纪90年代将北欧模式命名为“弹性保障”（flexicurity），也就是将弹性（flexibility）与保障（security）两个英文单词组合在一起，从而试图将两种模式的优点相结合。这种模式通过给予市场资本主义相当自由的发挥空间来推动增长，同时又通过积极帮助人们从一份工作过渡到另一份工作，并在过渡过程中提供收入支持，从而实现收入平等并提供生活保障。这包括在失业期间提供高水平的替代性收入，并在积极扶持劳动力市场的政策方面投入大量资金。这些政策不是试图提供工作保障，保护工人的现有工作，而是提供收入和就业保障。结果，丹麦一年以上的长期失业远不像南欧模式那么普遍。在新冠疫情之前的2016—2019年，瑞典和丹麦的长期失业率仅为1%，而法国为4%，意大利和西班牙则分别超过6%和7%（OECD，2021c）。①

日本最终成为一个混合体，既有后里根时代美国薄弱的社会保障体系，又有南欧僵化和分割的劳动力市场。

北欧国家的经验尤其具有启发性，是因为日本的很多政治价值观和经历与北欧国家而不是英美国家有更多的共同之处。日本与北欧国家都奉行集体主义和平等主义的政治社会伦理，而在很

---

① 2019年，本国出生的瑞典人的总体失业率仅为4%，而移民的失业率则接近15%，其中很多人是作为难民从中东来到瑞典的。这种差异助长了反移民的民粹主义。

长一段时间，北欧都是一党民主制国家。与日本一样，北欧也存在日益严重的结构性缺陷，包括与日本类似的反竞争政策，最终在 20 世纪 90 年代初期严重的宏观经济和银行危机爆发时达到了顶峰。随后，在一系列社会民主党和中右翼政府轮流执政的情况下，这些国家进行了改革。它们治愈了宏观经济的不稳定，解决了阻碍增长的结构性缺陷，但是仍然保持了传统上对平等和保障的重视。即使曾经宣扬新自由主义的政党也发生了变化，意识到必须保留北欧模式的基本要素。

弹性保障模式在政治和经济方面的成功引发了全世界的关注。法国和西班牙的部长、中国的企业高管和匈牙利的工会都涌向斯德哥尔摩和哥本哈根，学习他们的做法。欧盟向其成员推荐了弹性保障政策（EU Commission，2007）。令人鼓舞的是，日本厚生劳动省委托丹麦专家撰写了一份报告，说明弹性保障可能会给日本带来哪些好处（Bredgaard and Larsen，2007）。日本民主党在 2009—2012 年短暂执政期间，也研究了北欧的劳工制度。令人沮丧的是，这些研究尚未对日本的政策产生影响。

瑞典社会民主党前财政大臣佩尔·努德（Par Nuder）向我解释说："我们的传统是保护人民而不是就业。作为一个依赖出口的小国，我们甚至没有想过保护自己的产业。我们必须具有很强的竞争力。"他说，秘诀在于"我们建造了社会桥梁，如果原有的经济环境无法再创造有竞争力的工作机会，就可以使之过渡到新的环境。如果你想拥有强大的资本主义，你就必须拥有强大的社会保障体系"（Katz，2009，第 24 页）。

在弹性保障模式中，社会保护和市场活力不是替代关系，而是互补关系。积极的劳工政策、收入保障以及类似的措施提供了社会保险，使人们愿意接受创造性破坏。反过来，创造性破坏也会产生更快的增长，为社会福利措施提供资金。实际上，在各类国家，这样的相互促进在私人市场上每天都会发生。比如，由于商品期货市场使农民能够在收获前几个月就为其产品获得一个有保障的价格，并将价格风险转移给其他人，农民就更愿意种植更多的粮食。结果，其他所有人都能获得更便宜的粮食。瑞典财政部国务秘书汉斯·林德布拉德（Hans Lindblad）解释说，“我们通过公共资助的社会福利制度，将风险分散到每个人身上。在日本，风险由每家企业来承担，我们认为这样风险更大”（Katz，2009b，第25页）。

早在20世纪40年代，来自瑞典工会联合会的两位经济学家就提出，同工同酬有助于高效率的企业获得更高的利润，从而扩大其规模。效率低下的行业和企业将不得不迎头赶上或者缩小规模。其结果就是工人从生产率低的行业和企业流向生产率高的行业和企业。这反过来又会扩大经济总量，提高平均工资。他们的理念被采纳，并发挥了作用。平等与效率得到了相互促进（Hibbs and Locking，2000，第775页）。

与德国或法国相比，在北欧国家裁员甚至关闭工厂成本更低，也更容易。每年有三分之一的丹麦人换工作，这一比例在经合组织国家中是最高的。其中三分之二的人辞职是为了找到更好的工作。就有关积极劳动措施的支出占GDP的比例而言，丹麦、瑞典和芬兰名列前茅，其中丹麦为2%，瑞典为1.25%（OECD，2022g）。在21世纪头10年后半期，三分之一的丹麦和瑞典成年人参加了某种由政府资助的成人教育和培训项目，这一比例在欧洲是最高的。尽管优厚的失业保险可替代低收入工人高达75%~90%的工资，但是积极扶持劳动力市场的计划可以帮助这些工人迅速过渡到新的工作岗位。

在这些积极政策上花费最多的国家，中等收入的工人向下流动的比例最低（Jones，2018，第51页）。遗憾的是，日本在积极扶持劳动力市场政策方面的投入微不足道，仅占GDP的0.15%，在 23 个富裕国家中排名第 20 位（OECD，2022g）。美国排在第 21 位。这也是在向下流动方面，日本在经合组织国家中表现糟糕的原因之一（参见第 297 页图 16.2）。

在日本经济不景气时，企业不是解雇正式员工，而是通过减少所有正式员工的工作时间和薪酬来分担痛苦。这种做法背后的道德观念令人钦佩，在大多数劳动力都是正式员工的时期或者只是出现暂时困难的情况下，这种制度行之有效。但是，当 40%的工人是非正式员工或者当企业需要缩减规模才能生存下去的时候，这种做法就行不通了。

难怪北欧人不害怕失业或离职。相反，80%的瑞典人和 75%的丹麦人表示，他们将从工作变动中获益，而欧盟其他国家的这一比例仅为 40%。

僵化分割的劳动力市场

在南欧模式中，受到保护的不是工人，而是当前的工作。这意味着雇主无论效率多么低下，也必须受到保护。然而，这种保护只适用于正式员工，即那些像在日本签订了无限期雇佣合同的工人。这些受保护工人的比例在法国为 55%，在日本为 62%，在意大利和西班牙也有相似的比例。如果人们想要这样的工作，兼职或者临时合同都不是问题。问题在于非正式员工很难获得正式员工的地位以及与之有关的晋升潜力。

劳动力市场分割现象十分严重。在西班牙，只有 30%的非正式员工可以在三年后转为永久性的正式员工，只有一半可以在 10 年后转为正式员工。在法国和意大利，分别只有 40%和 45%的临时工能够在三年之后转为永久性员工（Eurofound，2019；OECD，2015d，第 188 页）。

日本现在劳动力市场的分割程度与南欧一样严重（Nippon. com，2016；Gordon，2017），这违背了日本曾经非常重视的平等主义伦理观。仅在几十年前，非正式工作主要是为那些真心希望在孩子长大之后从事兼职工作的妇女或希望补充自己收入的养老金领取者提供的。至 2021 年，非正式员工所占的比例上升到 37%。即使他们与正式员工做同样的工作，他们的工资也低得多，奖金和养老金等福利也少很多（Osawa and Kingston，2022，第 128 页；Statistics Bureau，2022b）。

在这些非正式员工中，有 1 500 万日本员工持有固定期限的合同，而不是像正式员工那样持有无限期合同。在这些临时工中，有三分之一已为同一雇主工作了五年以上。因此，很多人已经掌握了该企业专属的技能，从而提高了工作效率。他们的临时合同会不断续签，但是永远不会晋升为正式员工。2018 年生效的一部法律规定，如果他们提出申请，雇主必须在五年之后给予他们正式员工的地位。否则，他们必须被解雇。到目前为止，该法律的效果似乎并不明显。一个漏洞是，这五年必须是连续的，已经有报道称，雇主拒绝续签合同，然后在一段时间之后重新雇用他们，以阻止他们的工作年限达到连续五年时间（*Japan Times*，2018）。还有一些人干脆被解雇，由新的非正式员工取而代之，而这些人缺乏前任员工掌握的默会知识。此外，在 2018 年的一项判决中，最高法院通过重新定义合乎宪法的“合理歧视”，强化了薪酬差距（Okunuki，2018）。

与在南欧国家一样，劳动者作为非正式员工的时间越长，成为正式员工的可能性就越低（Osawa and Kingston，2022，第 133—135 页）。大多数工人转为正式员工都是在 20 岁出头的时候。在 25~44 岁的非正式员工中，只有 14%的人成为正式员工。

简而言之，一项标榜为工人提供保护的政策，实际上只保护了一部分工人。

弹性保障行之有效

从多个维度来看，在员工的收入和保障方面，弹性保障模式的表现确实要远远优于南欧模式或当前的英美模式。

如果没有劳动生产率的持续增长，就不可能有生活水平的提高。早在 20 世纪 70 年代，日本和北欧国家都在追赶美国。至 2018 年，实行弹性保障的北欧国家生活水平要比美国高出 5%。正如我们看到的那样，日本则退步了。南欧国家的表现也不如北欧国家（OECD，2022a）。

生产率增长能够提高生活水平，但是并不能保证增长的成果能够惠及创造增长的员工。在 23 个经合组织国家中，瑞典和挪威在 1995—2019 年实际工资累计增长了 63%，位居第一。日本和意大利的增长率分别为 2% 和 3%，在四分之一个世纪中几乎没有增长，排名垫底，而西班牙的增长率为 8%，几乎一样令人沮丧（OECD，2022b）。1979—2018 年，美国员工实际工资中位数在 30 年间总共增长了区区 6%，同样惨淡（Congressional Research Service，2019，第 4 页）。

劳动年龄人口的收入平等状况如何？2018 年，在经合组织 29 个国家中，美国和英国排名倒数，意大利和西班牙紧随其后，分别位于第 25 位和第 26 位，日本排名第 22 位。法国处于中游水平（OECD，2022h）。北欧四国排名第 5 至第 8 位。

人们需要的不仅仅是丰厚的收入，还有收入保障。在 22 个经合组织国家中，丹麦、挪威和芬兰的中产阶级跌入收入最低 20% 的比例最低，分别排在第 1、第 3 和第 5 位。日本排在第 21 位，仅领先于英国；美国没有相关数据。

弹性保障的政治学

北欧国家的公众为何普遍支持弹性保障？他们认为，关键因素之一是福利的普惠性。这些福利提供给所有人，而不仅仅是“有资格获得福利的穷人”。瑞典前财政大臣努德向我解释说：“即使最富有的瑞典人也可以从这个体系中受益。如果这个体系需要明确指出是哪些人需要别人的施舍，这不是我们想要的。富人和中产阶级会质疑，如果他们得不到好处，为什么要缴这么高的税？”当我问一位瑞典企业高管，是否对缴纳如此高额的税款感到不满时，他回答说，“我们缴纳高额税款，但是我们也是得到好处的人。我们都会生病，我们都需要教育，我们都有失业的风险，我们都会变老”（2007 年 12 月的采访）。

工人们的收入、平等和保障都在不断提高，他们很少提出要求，让僵尸企业继续生存或者阻止可以促进增长的贸易开放。瑞典工会联合会的高级国际经济学家莱娜·韦斯特隆德（Lena Westerlund）表示，“我们支持自由贸易。如果没有开放的经济，瑞典的人均收入不可能达到现有水平。但是，我们希望为工人提供保障”（2007 年 12 月的采访）。另一方面，她认为由于美国工人缺乏保障，他们有理由害怕全球化。

实际上，全球化推动了北欧经济的升级，从而提高了生活水平，这也增强了民众对经济开放的支持。瑞典企业联合会首席经济学家斯特凡·弗尔斯特（Stefan Folster）解释说，丹麦于 1973 年加入欧洲共同体，1995 年瑞典、挪威和芬兰加入欧盟，在加入以后，对外贸易和外国直接投资激增。与此同时，瑞典提升了人力资本，迅速增加了博士级工程师的数量，并扩大了对正式员工的成人教育。结果，瑞典实现了技术转型。20 世纪七八十年代，瑞典最主要的出口是资源密集型产品和中等技术产品。但是到 20 世纪 90 年代，无论是在出口市场还是在国内，瑞典都开始向高科技强国转型。

弹性保障背后的理念并非一直就有。恰恰相反，就在几十年前，北欧国家有着与日本一样的缺陷。它们的变革能力给日本带来了希望，因为日本也可以做到同样的事情。弗尔斯特报告说，瑞典和日本一样，允许卡特尔的存在，这扼杀了创造性破坏。“卡特尔是合法的。这导致了国家的割裂，企业在各自的地区拥有垄断权。这种情况非常普遍。”就像日本一样，瑞典和丹麦也实施了旨在保护夫妻店的规定，从限制大型商店到规定营业时间，不一而足。加入欧盟需要结束这些扼杀增长的做法。

北欧国家从 20 世纪 90 年代的危机中恢复过来，一个原因就是，如上所述，数十年社会民主党的一党执政被政党轮换取代。这导致社会民主党和保守党为了应对危机都要向中间派靠拢，因为他们意识到以前一些有益的做法不再奏效。如果这些国家仍然维持一党民主制，很难想象最终成功的改革会进行得如此顺利。由此得到的教训就是，尽管日本在自民党执政期间仍能进行很多必要的改革，但是，如果自民党因为无法解决日本的问题而失去政权的风险更大，这些改革将会容易得多；改革的力度也可能会更大。回想一下，在 20 世纪 70 年代，正是由于害怕失去政权，在从环境污染到全民医疗保健等问题上，自民党才采取了果断的行动。

这一切听起来都是很好的学习榜样，但是不那么容易被效仿。像日本这样的国家，如何才能从现行制度转变为更类似于弹性保障的制度？丹麦前就业大臣克劳斯・约尔特・弗雷泽里克森（Claus Hjort Frederiksen）解释说：“我不相信‘放之四海而皆准’的措施。每个国家都必须采取最适合自己的做法……但是，它可以从我们的经验中吸取教训……你可以从确保某些福利不与单一雇主挂钩开始。如果存在这种制度，就无法创建弹性保障体系。”时任瑞典财政部国务秘书的汉斯·林德布拉德这样解释，“就像购买保险是为了分散风险一样，在这里，我们通过公共资助的社会福利制度将风险分散到每个人身上”（2007 年 12 月的采访）。

日本选民会接受伴随弹性保障而来的更高税收吗？有人说不会，但是，很多选民对税收的抵触很大程度上是因为他们不相信日本政府能够用好这笔钱，这也有一定的道理。另一方面，日本的全民医疗保健和社会保障依赖于政府支出。没有人期望日本会走“北欧道路”，它也不应该如此。但是，逐步采纳弹性保障方案的部分内容，建立其可信度，这并非不可能完成的任务。好消息是，自 1871 年岩仓使团①以来，在学习其他国家的最佳实践，然后根据日本的国情和价值观加以调整方面，日本已经显示出了自己的能力。

---

① 新建立的明治政府努力了解日本在 200 多年自我封闭的过程中错过的所有西方发展动向，作为这项努力的一部分，政府派出了一个由岩仓具视（Tonomi Iwakura）率领的小组前往国外。除了其他目的，该使团致力于学习西方在科学技术、政治经济和文化方面的做法，以便日本能够采纳和改造自认为对于成为一个强大现代国家最有助益的方法。岩仓使团是几个类似使团中最著名的一个。

第 18 章　改革成功的政治前景

地壳板块的移动非常缓慢，却不可阻挡。最终，张力变得不可抗拒，大地断裂，景观不再相同。此时此刻，日本的社会基础也在悄然发生着地壳运动。然而，与地壳板块不同的是，它们的力量并非无法抗拒。相反，对破坏的恐惧使抵抗力量变得强大而坚定。日本的这一过程也很难像地震那样骤然发生。然而，我们确实知道，历史的菜单上没有停滞不前这一条。如果日本不能重振过去的企业家精神，经济就会继续遭到腐蚀，民众和政治也会随之承受巨大压力。尽管全面振兴经济绝不是仅仅依靠创造出更多的瞪羚企业就能实现的，但是没有瞪羚企业，经济就不可能复苏。

日本的紧张局势源于根本性的利益冲突。日本的统治精英，即由自民党、强势省厅中的保守派领导层和以经济团体联合会为代表的大企业联盟构成的所谓“铁三角”，其政策偏好与广泛的社会政治联盟的需求相矛盾，而几十年来，精英一直依赖于这一“铁三角”的支持。超过四分之一世纪的时间里，“铁三角”一直试图通过各种微调来解决这一矛盾。这一努力之所以失败，是因为政策制定者对真正复苏所要求的更根本性改革望而却步，甚至对一些看似不会对其权力或地位构成什么威胁的简单改革也退避三舍。相反，正如上文详述的，它通过将巨额国民收入从家庭转移到企业，使情况变得更糟，比如在降低企业税率的同时提高家庭税率、通过日本央行的零利率政策将收入由家庭储蓄者转移给企业借款者，以及通过压低日元币值将收入从普通消费者转移给生产者。这种转移抑制了消费者的购买力，迫使政府依靠长期赤字来维持经济运转，并通过极低的利率来维持僵尸企业的生存（参见第 225 页图 13.5）。

自民党并非总是如此拙于适时而变。过去，当经济状况发生变化时，自民党也会巧妙地随之改变。20 世纪 70 年代，由于作为自民党主要选民基础的农民群体的减少，自民党面临失去权力的威胁。于是，它转变了政策，以吸引城市选民。通过迅速实施全民医疗保健、强有力的反污染法、保护小零售商免受效率更高的大型商店影响的法律以及增加农业补贴，自民党在不疏远原有选民的情况下吸引了新的支持者。其中一些政策在经济上是有益的，另一些则为最终的经济衰败埋下了伏笔。虽然工会从来不是支持自民党的基础力量，但是自民党绕过工会领袖以吸引蓝领工人，将其在产业工人中的得票率从 1965 年的 25%提高至 1985 年的 50%（Pempel，1998，第 7—10 页）。

如今，自民党尚未实现类似的路线调整，尽管它似乎在努力尝试。自民党之所以能保住政权，并不是因为它得到了民众的支持，而是因为反对党似乎如此软弱无能，以至于那些对自民党心怀不满的人干脆就不去投票。投票率一直在下降。

正如彭佩尔（T. J. Pempel）解释的，政治体制无力变革甚至垮台，就是因为他们的统治不像以前那样得力，形势恶化了，他们因此失去了民心。体制之所以发生变化，是因为在如何应对局势恶化的问题上，社会经济支持基础和领导集团内部都出现了裂痕（Pempel，1998）。20 世纪 90 年代中期，日本的精英官僚中也开始出现类似的趋势，因为看似简单的一段困难时期变成了“失去的数十年”。最先意识到经济下滑严重性的是通产省和财务省一些最有才华的官员。低增长不仅造成了作为自民党支持基础的不同利益集团之间的分裂，而且在各个利益集团内部也是如此。如前所述，各种针对农民的保护主义措施导致消费者要支付昂贵的食品价格。在经济增长状况良好的情况下，这种经济矛盾对人们来讲似乎微不足道，但是，当低增长意味着要在不断缩小的蛋糕中为获得更大的份额而展开争夺时，这种矛盾就变得难以容忍。

新技术使得曾经被视为铁板一块的大企业出现了分化。一些企业和行业受益于数字时代的到来，而另外一些适应能力较弱的企业和行业，比如很多生产电子产品的企业，则受到了数字时代的冲击。在乐天公司三木谷浩史的领导下，以互联网为基础的企业成立了自己的游说团体，名为日本新经济联盟。其中一些企业离开了严重偏向于传统重工业企业的日本经济团体联合会。现在，日本新经济联盟定期与政府官员和国会议员会面，为自己关心的议题进行游说，创业就是其中之一。

即使这样的裂痕也不足以实现彭佩尔所说的体制变革，即出现一个新的领导集团，拥有更好的政策形象，能够满足民众不断变化的需求，并围绕不同的经济社会联盟组织起来。富兰克林·罗斯福的新政联盟以及后来罗纳德·里根的保守联盟的崛起，就是体制变革的典型例子。任何政权都不会凭空消失，除非有什么东西能够取而代之。在日本，新的选项仍在形成过程中。将近四分之一个世纪之前，彭佩尔先知先觉地写道，“在确定任何新的平衡体制之前，可能会有更多的分裂、调整和试错。实际上，无法保证在经过一段时间之后就会出现这种一目了然的情形”（Pempel，1998，第 205 页）。

如果没有一个能够真正解决日本经济问题的政治经济方案，并且没有能力建立一个支持该方案的联盟，就不可能出现一个可以替代的领导层。好消息是，解决方案正在形成。本书中的很多观点都来自新一代学者，他们提供了真知灼见和政策建议。大约100 名政策导向型学者是经济产业省智库（成立于 2001 年的经济、贸易和产业研究所）的研究员。还有很多人在日本几家独立的智库工作，比如佳能全球事务研究所（Canon Institute of Global Affairs）大约有 50 人。创建更多独立的政策导向型智库将是一大进步。改革的最大障碍不是缺少好想法，而是缺乏将好想法付诸行动的政治意愿。

尽管体制变革看似发生在某个关键的时刻，比如一次至关重要的选举，但是它实际上是一个漫长的过程，有时会在一个关键时刻达到高潮。从创业的角度来看，当务之急是推行零敲碎打式的改革，以促进更多瞪羚企业的诞生。这不仅能带来直接的经济回报，还能提升利益集团的规模和影响力，而这些利益集团与进一步的改革息息相关。政治成本和预算成本低而经济收益和制度收益大的措施，如修改税法，为新企业提供更多研发援助；实施能催生更多天使投资人的税收激励措施；采取更多措施，帮助大学孵化新企业或者与之合作。虽然其中一些措施会损害部分现有企业集团的利益，但是也有很多现有企业集团会从中受益，比如需要与新生物技术企业开展开放式创新的制药巨头。

日本需要的是一些目光远大、意志坚强的官员，他们可以与首相官邸的决策者、国会议员和各类有实力的企业结盟。这些人的动机各不相同。自民党内一些支持创业的改革者只是想让自民党进行调整，以延续其统治。自民党和官僚机构中的其他人则会寻求提升日本的增长潜力，或解决某些特定问题，甚至是为某些特定的利益集团服务。在野党中的一些人将会寻求最终赢得选举的方法。正如一句日本谚语所讲的，他们是同床异梦。梦想不同并不重要，重要的是扎扎实实的进展将在社会上产生滚雪球效应。成功可以再接再厉。比如，像瑞可利和乐天这样的企业已经发展得如此庞大，以至于它们的很多员工都创办了自己的新企业。回想一下，1986年的《男女雇佣机会均等法》最终降低了瞪羚企业在招聘优秀员工方面的困难，因为该法案导致受过教育且雄心勃勃的女性人数激增。2022年，岸田首相提出了一项议案，尽管存在缺陷，但仍设定了在未来五年左右的时间新建10万家高增长创新型初创企业的目标。改革派官员仍在试图利用岸田文雄的呼吁来完善具体的措施（参见第19章）。

日本体制变革的漫长过程最终会导致自民党像1993年那样分裂或者像2009年那样在选举中下台，从而使日本进入政党轮流执政的新时代，还是自民党会像罗斯福时期的美国民主党和邓小平时期的中国共产党那样转变政策，一切都尚未可知。我们知道的是，如果没有某种转变，日本将继续无限期地在痛苦中挣扎。我们还知道，自民党执政基础的内部裂痕正在扩大，就支持截然不同政策的社会基础和认知基础而言，一些要素正在出现。

形势悄然变化，为体制变革创造了机会，而这种机会在10年前或20年前是不存在的。本章的重点是研究这些裂痕和调整，首先从政党开始，然后转向官僚体系、大企业、劳工和中小企业。

政客承诺实施结构性改革，但未能实现

日本选民并非感觉不到变革的必要性。21世纪以来，日本选民曾在2005年、2009年和2012年三次以压倒性多数选择了声称拥护改革的政客。这三次获胜者都未能兑现承诺。由此导致了一种极为普遍的宿命论，认为改革失败是不可避免的。然而，过度悲观与不切实际的乐观一样有害，我们将在最后一章回到这个话题。

2001年，小泉纯一郎登上首相宝座，誓言要击垮他所谓的

“旧”自民党内的“抵抗力量”。他宣称，“没有改革就没有增长”，但是在他看来，经济改革需要政治改革先行。他的口号是“改变自民党，才能改变日本”。2005 年，他清除了自民党内反对各种政治改革的国会议员，并在随后的选举中获得了压倒性的支持。遗憾的是，由于坚持政治优先导向，他唯一留下来的经济成就是与内阁成员竹中平藏合作，结束了长期的银行危机。更糟糕的是，他刚一卸任，政党政治就恢复如初。他指定的继任者安倍晋三甚至让那些被小泉纯一郎清除的国会议员重返自民党。尽管存在所有这些缺点，小泉仍然使得公众心态发生了一个重要而持久的改变，即没有改革就没有增长。甚至那些最反对改革的人也不得不自称改革者。

下一步是在 2009 年，自 1947 年以来，选民首次通过选举将执政党赶下台，这与 1993 年自民党分裂不同。与小泉纯一郎一样，反对党日本民主党也是打着转型的旗号取得了胜利。如果民主党有足够强大的执政能力，执政时间能够超过一个任期，那么一党独大的局面很可能结束。争夺选民的更激烈竞争将使日本政府能够更好地回应民众的需求，就像 20 世纪 50 年代至 70 年代那样。

遗憾的是，进入政党定期轮流执政的新时代的希望落空了。民主党不仅遭到了与自民党结盟的官僚机构、新闻界和美国政府的无情破坏，还被证明是令人难以置信的软弱无能。民主党首任首相鸠山由纪夫被很多人嘲笑为“外星人”。他的继任者菅直人则是一个希腊悲剧式人物。首先，在 2010 年欧债危机期间，菅直人听信了财务省鼓吹的观点，认为日本有可能面临类似的危机，于是将增税作为其 2010 年参议院竞选活动的核心纲领。几乎没有一个政党能通过承诺增税而赢得选举，因此，民主党的失败也就不足为奇了。对参议院的控制使自民党能够阻止民主党在众议院通过的任何立法。日本首相就是从众议院中产生的。

接着，2011 年，一场可怕的海啸夺走了 2 万人的生命，也引发了严重的核事故，官僚体系和新闻界成功地将问题归咎于菅直人，而这些问题实际上是由公用事业单位、拥护核电厂的官僚和自民党政客组成的联盟的过错，这一联盟被批评者蔑称为“核电站村”。菅直人最终黯然下台。

菅直人在民主党中的继任者随后在国会推动了不受欢迎的增税计划，结果民主党在 2012 年众议院选举中遭遇惨败。自民党和财务省组成的联盟让民主党为通过自己的税收方案付出了政治代价。安倍晋三在竞选中重点强调通过安倍经济学振兴经济，于是获得了重新执政的机会。但是，他也未能兑现自己的诺言。

更关键的是，民主党没有可信的政策纲领。可以肯定的是，民主党的观念更加现代、更具改革意识，也不那么腐朽。然而，对于选民提出的问题，即在民主党体制下日本究竟会有何不同，它却没有明确的答案。早在 1997 年，我就曾问过民主党党首鸠山由纪夫这个问题，那时我就发现了这一点。

民主党持续赢得选举之所以重要，并不是民主党本身拥有的优点，而是有助于形成一个真正具有竞争性的新选举制度。竞争对于健康的政治与健康的经济同样重要。日本政治一直缺乏竞争。自二战结束以来的 75 年中，自民党及其前身一直在执政，只有三次非常短暂的中断，即 1947—1948 年、1993—1994 年和 2009—2012 年。

愿意给自民党第二次和第三次机会的选民不会给民主党同样的机会。2009—2012 年的民主党已不复存在。它先是分裂，然后又部分重组。最终，可能会出现一个可以信赖的反对党。如果日本能够成为唯一一个永远由单一政党长期主导的富裕民主国家，这多少有些不可思议。然而，没有人能够断言这种局面何时才会被打破。

由此造成的结果是，在面对经济动荡时，政治体制并不像表面上那么稳定和一成不变。那些认为日本处于停滞状态的人言之凿凿，认为民主党的失败是必然的。在他们看来，日本人的文化特征就是喜欢一党独大，而且在未来几十年都会如此。我则从偶然性的角度来看待这段历史，认为民主党的倒台既是自作自受，也是受到了核灾难等偶然事件的影响。我的观点是，如果增长得不够快，自民党就不能再像以前那样执政了，也就是作为一个全民型政党，可以让所有选民满意。因此，寻求恢复增长的方法，仍将是一项迫切的政治任务。目前，这一紧迫性已经为采取一些有利于瞪羚企业的必要措施以及经济社会结盟关系的转变打开了大门。

无论是占主导地位的自民党还是反对党，它们使日本能够安全地进行创造性破坏的动力是什么？公众的不满情绪对自民党的主导地位造成了威胁。2009 年，当选民将自民党赶下台时，投票率高达 69%。几年前，没有人能想到会发生这样的政治地震。2012 年，当自民党重新执政时，它获得的选票比 2009 年被赶下台时还少了 200 万张。在随后的选举中，投票率持续下降。实际上，在过去几十年中投票率最低的四次选举都发生在 2012 年之后。

早在 20 世纪 60 年代，独立的摇摆选民仅占选民总数的 6%，他们在日本被称为“浮动选民”。自 20 世纪 90 年代以来，这一比例有时上升至 40%或者更高。他们中的很多人对政治非常感兴趣，与政党支持者相比，往往更年轻、更城市化，非常关心长期经济表现、环境、育儿服务等问题（Tanaka，2012）。正是小泉纯一郎吸引这些选民的能力使他在 2001 年的选举中上台，并在 2005 年大选中获得了压倒性的选民支持，这是另一次意料之外的动荡。2009 年，民主党吸引了这些选民，从而使它以极大的优势击败了自民党。

自民党没有夺回这些选民，反对党也同样如此。这些选民都待在家里，不愿出来投票。如果自民党不能提供一条真正的复兴之路，它就不得不担心自己会再次被最终振作起来的反对党赶下台。与此同时，如果反对党想要把握夺取政权的一丝希望，它就必须提供一个可信的解决方案，让这些浮动选民有理由放手一搏。无论如何，为解决低增长和大部分民众生活水平下降的问题，政治压力会一直存在。

当然，现在和将来都会存在方向相反的有利于维持现状的选举压力。大多为男性的 3 000 万正式员工确实享有工作保障，即使这是以牺牲工资为代价的，而且很多人不愿意为改善目前的局面而冒险。很多现有大象企业和业绩不佳的中小企业一样，对创造性破坏制度心存恐惧。最重要的是，正如我们已经从美国和欧洲民粹主义的兴起中看到的，当选民看到社会契约解体时，很多人会牢牢抓住他们害怕失去的东西。尽管如此，自 2001 年以来，最成功的竞选活动都是因为胜利者承诺要进行彻底的改革，即使一旦掌权，他们也是说得多，做得少。

政府省厅之间的争端

即使有再好的意愿，要想让劳动力市场变得更具流动性，或者让银行进行更高质量的信贷审查，都不是一件容易的事，也不是朝夕之间就可以实现的。另一方面，一旦克服了政治障碍，政府就可以大笔一挥，改变税收、预算和法规。

每年，日本各省厅都会提出税收修订建议。虽然某些必要的修改可能会涉及与财务省的艰苦斗争，但是后者也并非无所不能。一些简单的改革几乎不会造成税收损失，却对经济大有裨益，而且通过促进经济增长，还能在未来增加税收。其中一项必要的税制改革既简单又能发挥重要的作用，这就是前文所述的税收抵免结转制度，它可以促进潜在瞪羚企业的研发支出成倍增长。① 然而，这项措施甚至没有包含在岸田文雄 2022 年的议案中。一位支持这一措施的官员解释说，各机构和省厅中支持初创企业的改革者决定限制他们寻求的税制改革的数量，从而希望一些重要的改革能够通过财务省主税局和自民党税务委员会的审查。

日本还应该像其他国家一样，使用更直接但是经过仔细筛选的研发补贴，因为这可以为尚未盈利的企业提供即时的现金。2015 年，日本为与大学或公共研究机构合作进行的研发活动增加了 30%的信贷。目前，受邀加入此类合作研究的大多是老牌的大型企业，而非初创企业。后者应当被邀请加入，不仅是因为这对它们有帮助，还因为它们会带来新的理念（Rtischev，2016）。

几年前，我曾问连续创业者杰弗里·查尔，政府可以做些什么来激发更多的创业活动。他立刻指出了政府的采购预算，这项预算占 GDP 的比例高达 16%（OECD，2019j，第 135 页）。目前，政府对小企业青睐有加，规定了大量“预留款”，即政府采购总额中的一定比例用于向合格的中小企业采购。查尔强调，它需要做的是为新企业也“预留”资金，因为后者更有可能成为瞪羚企业。这种预留款将立即增加新企业的收入。这会产生连锁反应。银行将更愿意为营业收入规模更大也更可靠的中小企业扩张提供资金。大企业也会更愿意接受符合政府标准的新供应商。

事实证明，就在我与查尔谈话的前一年，经济产业省的中小企业厅增加了一个针对成立 10 年以内企业的预留项目，并在 2018 年设定了将这些年轻中小企业获得的政府合同份额提至 3%的目标。然而，政府远未实现自己宣布的目标。2020 财年，这类政府

① 结转可以帮助那些早年往往无法盈利的初创企业。这意味着，企业在进行更多研发时获得的税收抵免不仅适用于进行研发投资的那一年，还适用于未来 10 年或 20 年，直到企业盈利并因此享受税收抵免。

采购额仅为780亿日元（约6亿美元），仅占全国采购总额的0.8%（METI，2021b）。作为岸田“新资本主义”倡议的一部分，一些支持初创企业的官员建议将针对初创企业的采购目标从3%提高到10%，而日本经济团体联合会也将这一目标纳入自己的初创企业提案（Keidanren，2022，第15页）。然而，最终岸田的五年计划仅仅将自己局限于实现3%的目标（Cabinet Office，2022c，第16页）。

但是，没有人就如何实现这一目标提出具体建议。在很多国家，有资质的中小企业很难利用这类采购机会，部分原因在于认识不足，也是由于缺乏足够的法律和技术知识来准备投标，更不用说由数字鸿沟造成的障碍了。因此，大多数经合组织国家都举办了能力建设讲习班和其他形式的培训，以便中小企业能够参与其中。日本并没有采取这类措施（OECD，2018b，第106—107页）。

然而，设想一下各级政府将相当于其采购额2%~3%的合同授予新的中小企业。2019年，这将为那些新建的B2B中小企业提供价值1.6万亿至2.7万亿日元（120亿至210亿美元）的市场，而现有企业不愿意从这些中小企业采购商品。这十倍于政府实际为这些中小企业提供的合同金额。如果这种做法被证明是成功的，那么预留的范围还可以扩大。如果平均每家新成立的中小企业都能获得一份价值1 000万美元的合同，那么每年将有2 700家新的中小企业从中受益。

请记住，查尔的理念源于他自己的创业经历。这样的企业家数量越多，新的具体建议也就越多。这些建议付诸行动的越多，成功的企业家也就越多。这反过来又意味着有更多的个人和商业团体有能力游说官员和国会议员，推动政府咨询委员会考虑相关议题，并找到有影响力的公司支持其提案。

如今，在官僚机构内部，那些希望为新企业提供更多预留资金的人和那些仍然希望扶持效率低下的现有中小企业的人正在进行一场斗争。这种分歧否定了下述观点，即官僚机构如铁板一块，统统抵制改革。确实存在很多蓄意阻挠改革的案例，为这种观点提供支持。然而，令人惊讶的是，有很多官员经常和其他公民一样，对自己所在省厅的各种抵制改革的行为感到沮丧。如果这样的官员足够多，即使他们取得的成功看似微不足道，其合力也可以汇集为一股重要的力量。

这些改革派官员中的佼佼者往往四十多岁或五十岁出头。他们的年资足以使其掌握一定的权力，但是还没有老到颓废的地步。他们往往在国会、学术界和新闻界拥有广泛的人脉，知道如何在不激起太多抵制的情况下推动改革。

其中一位名叫石井芳明（Yoshiaki Ishii），他是经济产业省的资深官员，平易近人，非常重视官僚机构作为“国家守护者”的形象（Corbin，2014）。他于 1992 年开始在通产省中小企业厅工作，并将自己的职业生涯投身于促进创新型新企业的发展。2016 年，当我第一次见到他时，他是经济产业省经济产业政策局新事业创造推进室的主任，产业政策局致力于对整体经济进行战略思考。与专门负责特定产业的部门相比，这个部门往往更少受到庇护主义的影响。

早在 2006 年，当石井芳明担任雄心勃勃的日本《公司法》修订项目负责人时，他就成功地使有限责任公司的注册变得更加容易，而且几乎是免费的。有限责任公司的创建在美国始于 1977 年，在其他一些国家则更早，它为高增长中小企业的启动提供了支持，因为它有两个好处。与标准公司一样，如果有限责任公司拖欠债务，所有者不会失去他们的房子或其他个人财产。然而，与标准公司不同的是，有限责任公司在美国与其他拥有类似税法的国家免于双重征税。双重征税是指在企业层面对利润征税之后，在个人收到股息时又会对个人征税。

在联邦层面承认可以出于避税的目的成立有限责任企业，使得瞪羚企业纷纷涌现。在2013年美国的“高增长创新型企业”中，有59%是在有限责任公司免税法案于1988年推出之后的15年中创建的，另有17%创建于2003—2013年，而在此之前的所有年份，创建的企业仅占24%（Tachiki，2013，第66页）。

遗憾的是，尽管有限责任公司法案已在日本国会获得通过，财务省却利用其监管权力阻止有限责任公司享受税收优惠，而在其他国家有限责任公司或者类似企业都拥有这一权利。财务省主税局条件反射般地辩称，日本无法承受这种税收损失。我从与官员们的访谈中感觉到，主税局并不担心这项或那项规定本身会带来少量税收损失，而且这些损失还有可能只是暂时的。相反，它担心开创太多先例会导致大坝决堤。截至2022年初，双重征税仍然存在，而在岸田2022年的提案中甚至没有提及终止双重征税。在2022年末与我交谈的经济产业省官员也没有将其列入目标。究其原因，他们的策略是只关注少数几个问题，希望能冲破财政政策领域鹰派势力的阻力，但是即便如此，他们也难以实现自己的预期目标。这是一个典型的内部意见不一导致现状进一步僵化的案例。

石井芳明的另一项工作是改进对专业天使投资人的税收减免，而日本的专业天使投资人非常罕见。2014年，石井芳明试图弥补这一短板，提高日本对投资于特定类型企业的合格专业天使投资人的最低税收减免额。早在1997年，寺泽达也（Tatsuya Terazawa）就制定了一些激励措施，他是一位早期的改革者，20年后，他成为经济产业省负责国际事务的副大臣，这是该省内部第二高的官职。这些激励措施适用于投资研发密集型初创企业和进入新领域的初创企业的天使投资人。但是，日本财务省主税局对其施加了限制，使其几乎毫无作用。这些限制包括企业的年龄不得超过三年，天使投资总额（而不是投资于每家企业的金额）最高减税额度只有区区 10 万美元。这一最高额度远不及美国天使投资通常的规模。2019 年，美国平均每家初创企业的天使投资额为 40 万美元。日本的天使投资在 2008 年达到顶峰，但也仅相当于英国的 1%，这就不足为奇了。尽管存在这些限制，这些措施还是增强了很多日本人对天使投资的认识。石井芳明就是其中之一，他努力打破这些限制，建议天使投资人可以投资于不同年龄段的企业，可以从个人所得税中抵扣最多 40% 的投资额，亏损可以结转，并提高总抵扣额的上限（*Nikkei*，2014）。

尽管他的部分建议被采纳，但是财务省禁止提高抵扣额的上限。就像狄更斯笔下的“兜圈子办公室”，财务省主税局总能耐心地解释“为什么做不到”。然而，当大企业的相关部门进行风险投资时，他们并不反对。这些企业可以将对合格初创企业投资额的 25% 用于抵税（BDO Tax News，2020）。更糟糕的是，财务省和自民党结成的同盟提议将天使投资的最高抵扣额降至 800 万日元（约 6.1 万美元）（Deloitte，2019，第 14 页）。

偏爱大企业相关部门的风险投资，对瞪羚企业的创建具有明显的负面影响，更不用说对极少数硅谷式初创企业的影响了。独立的天使投资人和风险投资人与所投企业的财务成功有着直接的利害关系。这就是他们赚钱的方式。此外，他们通常都曾经是创业者，因此不仅能够提供资金，更重要的是，还能提供必要的指导。另一方面，从事企业风险投资的都是母公司的雇员，他们没有什么创业背景，在企业风险投资方面只工作过几年，而且他们的薪酬并不取决于投资选择是否成功。此外，母公司和初创企业的利益并不一定一致。举例来说，如果企业风险投资的主要兴趣是获取有关技术趋势的信息并加以利用，那么它就不可能投入足够的资金来促进所投资企业的发展。

在美国，独立风险投资企业的投资约占所有风险投资资金的75%~80%，而在日本，它们的投资通常只占少数。日本的好消息是，独立风险投资企业在日本所有风险投资资金中的份额已从2008年的21%上升到2020年的33%（Kushida，2022，表1）。它们是否会像在其他国家一样占据主导地位，还有待观察，但这标志着一个很大的进步。

2022年，关于对初创企业的投资，岸田政府公布了一项新的税收激励措施。散户投资者如果出售价值不超过20亿日元（约1 400万美元）上市或非上市企业的股票，只要将利润重新投资于成立不到五年的合格初创企业，就不必缴纳20%的资本利得税。遗憾的是，这项税收激励措施的设计并不完善，意味着它不可能完成为创业提供充足资金的使命。

其中一个问题是，日本的这项措施要求散户投资者把钱投向单个企业，而不是投向由专业人士管理的天使基金，后者拥有多样化的初创企业投资组合。很少有普通投资者会冒这种风险，他们也不应该冒这种风险。原因如下，虽然平均而言，美国天使基金在短短3.5年内就收回了相当于初始投资2.6倍的巨额回报，但是他们投资的初创企业有一半会亏钱。另一半赚到的钱足以产生极为可观的总体回报。如果专家们在半数情况下都会亏损，那么要求日本普通人挑选企业就是不明智的。真正的悲剧在于，日本政府错过了一个简单的解决办法，它本可以效仿非常成功的法国计划，为投资天使基金提供高额税收激励（参见第19章的讨论）。就像投资于股票共同基金一样，这样可以降低风险。

更糟糕的是，普通投资者要想把钱投到天使基金并不容易，因为日本法律规定，在任何一个基金中，投资人或者所谓的有限合伙人的数量不得超过49人。此外，为了保护普通人，这些有限合伙人只限于机构投资者或极为富有的个人，即已经在股票或债券上投资了至少1亿日元（约77万美元）的人。这一限制是产生更多天使基金的主要制约因素。

企业界的分化

人们可能认为大象企业会抵制支持瞪羚企业的改革。在大象企业中，有太多的高管都喜欢平静的生活，在其职业生涯中，他们所在企业在市场上的主导地位很少遭到威胁。因此，他们似乎很自然地会对自称为颠覆者的新一代感到不寒而栗。然而，正如在各省厅一样，技术、人口和世代更替的力量不仅在不同企业之间，也在企业内部造成了分化。

在某种程度上，所谓铁板一块的“日本企业”曾经存在过，但是现在已经时过境迁。越来越多相对较新的企业，尤其是来自新兴产业的企业，其创始人和高管都来自不同的背景。在较早成立的企业中，面向国际的企业与局限于国内市场的企业之间也存在差异。按行业和外资持股比例划分，不同企业同样存在差异。

一些大象企业通过接受对自己有所帮助的某些做法来适应变化，比如与初创企业合作进行开放式创新，但是这种做法削弱了大象企业作为一个群体抵御未来可能出现的挑战者的能力。在某些情况下，企业内部也会出现分歧，比如前文提到的旭硝子玻璃，一些高管在推动开放式创新，而研发管理层则试图维护自己在等级制度中的地位。几十年前人们就知道，企业与其各类管理人员的利益并不完全一致。

即使一些企业制度曾被视为坚不可摧的经济支柱，比如三井和三菱等著名的横向经连会，也会因为系统压力而突然崩溃。银行业危机、持续的经济停滞和全球竞争力下降使它们陷入低谷，迫使它们不仅在银行业，而且在各个领域跨越经连会进行合并

(Lewis and Inagaki, 2016)。虽然经连会企业仍然可以日进斗金，但是经连会作为一个集体已无力再决定整体经济的走势。如今最具活力的企业，比如丰田和日立，即使与横向经连会颇有历史渊源，也只是与各自的企业集团一起，按自己的步调行事。

这些压力已经在企业内部造成了巨大的分歧，内容不仅涉及企业自身的战略，还包括广泛的政策。一家名为影响图（InfluenceMap）的智库记录了企业内部有关气候变化的分歧（InfluenceMap，2017，2020）。

2011 年核泄漏事故发生后，日本启动了一个建造 40 座新燃煤发电厂的计划。其中一些已经建成，另外一些仍在建设中。此外，东京还花费纳税人的钱资助燃煤电厂的出口。该智库表示，"将重点放在煤炭上，与日本企业的战略利益不符"。在股票市场排名前 100 位的企业中，53%的企业的"商业模式倾向于在日本和全球推广可再生能源发电，而不是使用煤炭"（InfluenceMap，2017，第 3 页）。聚焦于煤炭会阻碍企业在新能源市场上的竞争力。彭博新能源财经称，2020 年至 2040 年，可再生能源项目的市场价值将达到 10 万亿美元。在国内拥有一个强大的市场，可以使企业实现规模经济，并沿着学习曲线提升效率。煤炭只是阻碍发展的因素之一，其他因素还包括，作为公用事业庇护者的经济产业省拒绝向公用事业部门施压，以促使该部门架设连接太阳能发电场或风力发电场与主干线的输电线路。

日本政府是如何通过一项损害大多数领先企业利益的政策的？仅占日本 GDP 不到 10%的七个行业，不仅主导了日本经济团体联合会在这一问题上的内部决策，还决定了哪些行业可以派代表参加经济产业省的能源咨询委员会（InfluenceMap，2020，第 5 页）。这些行业包括钢铁、电力、汽车制造、水泥、电力机械、石油/石化以及煤炭价值链，比如建造燃煤发电厂的机械企业。占 GDP

70%的部门被排除在决策之外，比如零售、金融服务、物流、建筑和房地产。后两者对开发零排放建筑很感兴趣。日本经济团体联合会主席从未担任过服务企业的 CEO。

结果，被排除在外的企业成立了自己的气候变化游说团体，如日本气候倡议（Japan Climate Initiative，JCI）。2021 年初，当菅义伟首相正在制订计划以升级日本应对气候的承诺时，300 家参与日本气候倡议的企业，其中包括很多重量级企业，呼吁政府到 2030 年将可再生能源发电量占比提高到 40%。但是，没有一家汽车制造商或主要重型机械生产商签署这项倡议（Japan Climate Initiative，2021；Katz，2021b）。

来自非政府环保组织以及热衷于 ESG（环境、社会和公司治理）议题的投资者也施加了额外压力。日本三大银行，即瑞穗、三菱日联和三井住友，感受到的压力尤其巨大。这些银行巨头一直是世界上新建燃煤发电厂的三大融资方，占全球此类融资总额的 32%，这些发电厂主要位于发展中国家（Rainforest Action Network，2019）。

2020 年 3 月，一家名为气候网络（Kiko Network）的非政府组织在瑞穗银行的年度会议上提出股东动议，迫使这家大型银行控制对煤炭企业的贷款。其他两家银行也受到了类似的压力。一个月后，这三家银行巨头以及政府宣布，原则上不再为新的燃煤发电厂提供资金。随后，东芝宣布不再接受修建燃煤发电厂的新订单。环保组织对这一变化表示欢迎，同时也对银行提出的所有防误解说明提出了警告。这些银行尚未承诺停止为现有项目提供资金。2020 年，瑞穗和三菱日联表示将在 2050 年（！）之前完全停止资助与煤炭有关的活动。毫无疑问，这些银行承受的压力会越来越大（Yamaguchi，2020）。

直到最近，像气候网络这样的非政府组织能够产生影响，这种想法听起来还有些好笑。直到1998年日本修改了法律，日本的非政府组织才能够以其现代形式存在。之前，它们甚至不能开设银行账户。2006年，当人们看到在2005年神户地震中，志愿组织往往比政府表现得还要好时，它们的权利得到了进一步扩大。

然而，至少到目前为止，我们还很难评估它们真正的影响力。比如，一位与瑞穗管理层关系密切的人士轻视气候雨林的作用，认为董事局已经朝着这个方向努力了。

尽管如此，具有社会意识的非政府组织的崛起，以及它们与希望获得更高财务回报的激进投资者结盟的能力，为汇聚各种力量打开了一扇门，而这些在以前是无法想象的。人们不会想到，那些梦想拯救热带雨林或者终止核能的人，会与那些希望获得更高股息回报或者研发投资税收抵免结转的激进投资者结成联盟。然而，这两个群体可以共同致力于设定环境、社会和公司治理议程。在实现有利于瞪羚企业的政策转变过程中，职业政客将这种貌似不可能的合作关系结合成更广泛的经济社会联盟的能力，是一个至关重要的因素。

来自企业和非政府组织的政策推动者可以利用企业之间以及企业内部的政策分歧，采取措施培育新的瞪羚企业。比如，日本的大型制药企业可以受益于研发税收抵免结转，因为这有助于它们需要与之合作的小型生物技术企业。

就连古板的日本经济团体联合会也受到了这种变化的波及。2021年6月，日本经济团体联合会任命位于东京的在线服务企业DeNA创始人兼执行主席南场智子（Tomoko Namba）为19位副会长之一。媒体强调她是第一位担任副会长的女性，但同样重要的是，她是一位企业家，在37岁时就在互联网领域创建了一家成功的企业。由于日本经济团体联合会的保守主义倾向，很多互联网企业都拒绝加入该组织。乐天的三木谷浩史就因此于2010年选择了退出。南场智子撰写了日本经济团体联合会关于初创企业生态系统的建议书，呼吁至2027年日本每年的风险资本投资以及新建初创企业的数量都要增加10倍（Appell，2022）。该建议还号召到2027年时，独角兽企业要达到100家，初创企业总数要达到10万家（Keidanren，2022；Sugihara，2022）。

就这件事情而言，既有进步，也有不足。一方面，日本经济团体联合会发布这份报告很有帮助，对于岸田政府呼吁实现同样的目标起到了积极作用，并使“日本需要更多初创企业”这一观点成为社会共识。另一方面，与岸田政府一样，日本经济团体联合会提出的实际措施相当有限。不过，即使只有日本经济团体联合会的三项实质性建议得到很好的实施，也将是一大进步。它呼吁将公共采购中为初创企业预留的份额从3%提高到10%，扩大天使投资的税收抵免范围，并征收更便于使用的股票期权税，以便更容易招募到优秀的人才。它提到了对研发费用税收抵免的细微改变，但是没有提到研发费用税收抵免结转或者对有限责任公司利润双重征税的问题（Keidanren，2022，第15、19、35、49页）。遗憾的是，几乎没有迹象表明日本经济团体联合会在2022年关于政府措施的辩论中开展了积极的游说，这些措施对实现2027年的目标而言是不可或缺的。

劳工运动对正式和非正式员工观念的转变

试想一下，如果日本的劳动力市场远不像现在这么僵化，招聘职业生涯中期员工比现在更加普遍，正式员工和非正式员工的时薪实现平等，这对创业意味着什么。在这种情况下，任何放弃正式工作岗位去创办新企业或为新企业工作的人，都会有一个可靠的后备选择，以防创业失败，而且也确实有很多人失败。对失败的惩罚将远没有现在这么严重。现在任何离开正式工作岗位的人都很难找到一份与之前的薪资接近的新工作。降低这种风险，将使日本涌现更多的创业尝试，从而也会有更多成功的企业。

与此同时，试想一下，如果那些因雇主裁员或倒闭而失业的人，知道他们有机会获得一份薪酬丰厚的好工作，这将减少政府为保住现有工作岗位而维持僵尸企业生存的压力。更多的僵尸企业将退出市场（如第 4 页图 0.1 所示），劣质企业退出的越多，新企业进入的空间就越大。

日本的用工制度僵化，这是日本制定如此多阻碍创造性破坏的政策的根本原因。不幸的是，雇主和工会以及日本 3 000 万未加入工会的正式员工，都反对进行必要的改革，因此双方都需要转变观念。雇主希望能够打着就业弹性的幌子解雇正式员工，但无须提供合理的遣散费，并且能够以低薪雇用非正式员工，以规避有关同工同酬的法案。作为回应，工会将每一项旨在增强就业弹性的政策都视为削减工资的借口，因此不信任并且拒绝几乎所有旨在减少僵化的建议，即使这些建议理论上能防止工资压榨。几年之前，政府咨询委员会的学者们曾试图打破这种僵局，但是没有成功。

此外，对于代表哪些人的利益，工会的观念也有很强的局限性。他们多数时候只代表正式员工，并且愿意让雇主以较低的工资雇用非正式员工，只要保障正式员工不被解雇。因此，工会很大程度上是劳动力市场分割和保护僵尸企业的帮凶。本章将探讨的一个好消息是，我们在这方面看到了一些积极的转变。少数工会已经开始真正努力行动起来，不仅将兼职工人纳入工会，而且还为他们争取同工同酬的权利。这样的工会越来越多。

有些人认为，随着终身雇佣制以及由此衍生的年功序列制日渐式微，劳动力市场已经在自我修复了。但是，终身雇佣制并没有衰落。相反，尽管参与这一制度的劳动力比例下降了，但是对日本3 000万工人中的大多数人来说，几乎没有什么变化，他们中的很多人都渴望获得终身雇佣制能够提供的保障。

想一想年功序列制，它能极大地激励正式员工不跳槽。在日本，工人的工资取决于他为同一雇主工作的年限，在这一点上，它超过了除韩国之外的任何其他富裕的经合组织国家。2017年，一名为同一雇主工作30年的全职男性雇员，其工资几乎是起薪的两倍。相比之下，在德国，同样的工人工资只能增长50%，而在英国、法国和意大利，仅增长30%。当然，他们的工资会上涨，但这是由其他因素造成的，而不仅仅是因为工龄（Nishimura，2020，第18页）。

过去几十年来，媒体一再过早地宣称，日本企业正在从基于年资的薪酬制度转向基于业绩或职业的薪酬制度。比如，截至2018年，58%的日本企业采用了基于业绩的薪酬制度，而1999年仅为18%（Japan Productivity Center，2020）。然而，数据显示，这只是反映了在基于年资的薪酬之外，又增加了一些基于业绩的调整。从1990年至2010年，年资工资曲线几乎没有变化。从2010年至2018年，工人在50多岁时达到的工资峰值有所下降，但这更多的是与工资缩水有关，而不是向绩效工资的转变（参见图18.1）。在特定年龄组中，由于受教育水平、企业规模和行业的不同，工资总是存在一些差异，但是职业差异的影响要微弱得多。然而，在过去几十年中，这些因素的重要性并未增加（MHLW，2020c）。经合组织2019年的一份报告得出结论，“日本基于年资的薪酬制度依然强大”（Jones and Seitani，2019，第10页）。

年资薪酬是日本正式员工跳槽频率远低于其他国家的原因之一。在50~59岁年龄组的所有工人中，如果他们在高中或大学毕业时被大企业录用，有46%的工厂工人从未更换过雇主，36%从事

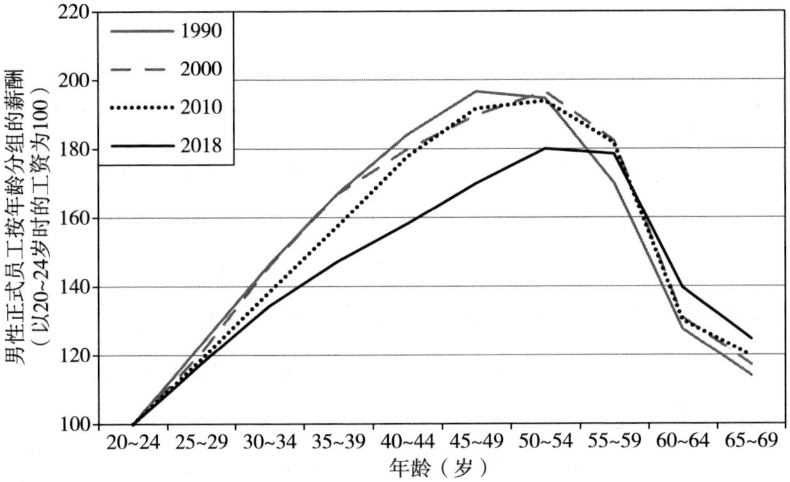

图 18.1　年资薪酬仍占主导地位

注：数据为男性正式员工的薪酬，所在企业至少有 10 名雇员。

资料来源：Statistical Yearbook（2012）；MHLW（2018b）。

其他职业的工人从未更换过雇主（Jones and Seitani，2019，第 11—12 页）。然而，正如上文所述，由于观念的代际转变，三四十岁的工人，尤其是那些从事高技能职业的工人，比其父辈更换工作的频率要高得多。

此外，该制度还存在一些漏洞，主要是因为有特殊才能的人拥有越来越强的议价能力。2020 年，富士通开始为高科技工程师提供高达 3 000 万日元（约 23 万美元）的年薪，而其 3.2 万名员工的平均年薪却保持在 800 万日元左右（约 6.1 万美元）。如果富士通希望年轻的技术工人不跳槽到其他企业，甚至是日本以外的企业，它别无选择。考虑到全球竞争和信息通信技术专业人员短缺以及其他类似的原因，丰田的工会已经接受了职业薪酬差异。发言人古川贵之（Takayuki Furukawa）如此解释工会态度的转变，“我们需要支持自己的企业，以便在劳动力短缺的情况下保障工人的工作”（Kajimoto and Nakagawa，2020）。

这些只是欲拒还迎的例外情形，迄今为止更常见的情况是，试图淡化年资薪酬的做法，将激起那些所处年龄段仍可以从该制度中受益的员工的强烈抵制。很多工会将对绩效薪酬的呼吁视为削减薪酬的另一种方法，这不无道理。一家拥有大约200名员工的百年老店，在职业生涯中期招聘中引入一批年轻的IT专家。如果不进行数字化转型，这家企业注定要倒闭。尽管如此，企业工会还是发起了反抗。工会抱怨说，为什么这些年轻的新人拿的工资比长期工作的老员工还要高？他们问，为什么不对老员工进行技术培训，让他们担任这些职位？好像轻而易举就能做到这一点似的。这让人颇为头疼，也拖慢了职业生涯中期员工的招聘速度。最后，企业与工会就薪资标准达成了解决方案，使职业生涯中期员工的招聘得以进行。

终身雇佣制在正式员工心目中的地位源于日本劳资关系的历史。与后来的神话相反，日本的劳资关系并不和谐。战后初期，日本工会成员人数和议价能力都大幅飙升，因为以美国为首的占领军第一次赋予工人集体谈判和罢工的权利。半数工人加入了工会，这些工会大多由新近合法化的社会党或共产党领导。与此同时，雇主们也同样积极地与工会的要求做斗争。因此，当时的雇主组织日本经营者团体联盟（Nikkeiren，以下简称日经联）自称为“战斗的日经联”。从1946年至1976年，日本每年罢工的工人人数在18个工业化国家中排名第六（Pempel，1998，第152页）。

渐渐地，雇主获得了更强的议价能力，工会被驯服，罢工变得几乎不为人知。生活水平的提高降低了人们的不满情绪，社会党和共产党领导层失去了民望，所谓的企业工会越来越多地取代了更具战斗精神的工会。1989年，这些分裂最终形成了一个新的、保守的工会联合会，名为日本劳动组合总联合会（Rengo），吸纳了大约70%的工会工人。在这一过程中，工会变得越来越无力。如今，工人加入工会的比例仅为六分之一（OECD，2020b）。现在，除了持续不到一天的象征性罢工，几乎再没有人罢工了（Statistics Bureau，2020a）。在工资上涨的同时，罢工率却很低，这标志着劳资双方进入了一个广受欢迎的和平时代。这正是20世纪60年代高增长时代的特点。另一方面，在工资下降时罢工率也很低，这意味着劳方处于弱势地位。这是一种普遍情形，并非日本独有。

由雇主创建的企业工会是劳动力市场改革面临的最大制度障碍之一。与全美汽车工人联合会这样代表来自众多企业的数十万工人的产业工会不同，日本的企业工会只代表特定企业的工人。比如，全丰田工会联合会由312个独立工会组成。在整个经济中，平均每个工会只有400名成员（MHLW，2017a，2017b；*Reuters*，2013）。

其结果就是，某个企业的工人与其雇主而不是与竞争企业的工人，甚至也不是本企业的非正式员工，有更多的共同利益。如果他们的雇主利润更丰厚，他们就能获得更多的奖金，其数量可高达年收入的三分之一。如果以低薪雇用非正式员工能够帮助雇主通过削减成本提高销售额，确保其生存，甚至避免裁员，那么工会成员就会觉得自己的工作更有保障。由于终身雇佣制使得找到一份新的正式工作非常困难，长期以来，保障工作一直是最优先考虑的问题，为了这个目标，工人们愿意牺牲工资，并且在经历了一开始的抵制之后，也愿意容忍雇用非正式员工。出口企业的工会是最早支持雇用非正式员工的组织之一。

日本劳动组合总联合会最初反对放松有关企业雇用非正式员工的管制，将此视为一个阴谋，认为这将导致法院撤销有关正式员工不得被裁员的判决。它最终默认了，放松这些管制措施是不可避免的，并将其游说的重点转向在放松管制的新环境中保障正式员工的工作。重要的是，大多数工会坚持区分正式员工与非正式员工。实际上，将近70%的工会仍然禁止非正式员工加入（Oh，2012）。这有助于雇主实施分而治之的策略。

非正式员工的增加，减少了工会成员在企业中所占的比例。与很多欧洲国家不同，非成员不受工会谈判达成的合同条款的保护。因此，只有17%的日本工人受到工会合同条款的保护，而经合组织国家的中位数为57%（OECD，2020b）。其结果是，尽管单个企业的正式员工可能会认为，如果雇主由于雇用非正式员工而生意兴隆，他们也能从中受益，但是实际上，这从总体上削弱了劳动力的议价能力。这是导致正式员工实际工资停滞不前的一个重要因素。

具有讽刺意味的是，法律对合同覆盖范围的限制，反而给了工会吸收非正式员工的理由，这也导致一些工会采取了某些更加积极的新行动。在加班等问题上，如果一家企业的工会拥有的工人人数不到一半，工会就会失去谈判权。很多工会现在不得不招募兼职员工，以继续拥有这些权利。到2019年，兼职员工占所有雇员的五分之一（Statistics Bureau，2020b）。据报道，至少有三分之一处于兼职地位的工人实际上从事的是全职工作（Ishii，2018，第477页）。同时，根据日本法律，临时工不能加入工会。鉴于数以百万计的临时工在同一家企业已经工作了多年，往往与全职正式工从事同样的工作，因此应该修改这一法律。

然而，在过去20年左右的时间里，出现了一种新的趋势，即工会努力吸收兼职工人加入，并在某些情况下就同工同酬以及平等的晋升机会进行谈判。2010年，吸纳兼职工人的工会比例上升至24%（Oh，2012，第513页）。至2017年，兼职工人占所有工会成员的12%，是2005年的3倍，而兼职工人中工会成员的比例翻了一番，达到8%（Rengo，2019）。2010年，行业工会联合会

UA Zensen（全国纤维化学食品流通服务普通工会同盟）成立。截至 2019 年，该工会的 170 万成员中有一半是兼职工人。

为了吸引兼职工人加入工会，要说服正式员工接纳他们或者说服雇主接受这一点并不容易。最容易成功的情形是，工会和管理层同意让兼职工人加入工会，并在正式员工和兼职工人之间实现工资和工作条件平等，有助于提高生产率、降低员工流失率、提高工人技能并增强竞争力（Oh，2012）。在一项案例研究中，一家企业接纳非正式员工加入工会，并实现薪酬和晋升机会平等，从而极大地降低了员工流失率。这提高了利润，因为员工流失的成本总和可能高达两三个月的工资，毕竟寻找和培训替代人员以及等待他们能够把工作做好，都是需要耗费成本的。

多年以来，即使在永旺（Aeon）连锁超市和三菱日联银行这样的巨型企业，企业和工会也同意接纳非正式员工加入工会。

只要这种趋势发展下去，同工同酬将成为现实，而不仅仅是一条得不到执行的法律，即使正式员工和非正式员工之间的其他一些区别依然存在，新企业在招聘有经验的优秀员工时也不会有那么多困难了。

中小企业的困境

中小企业改革既是日本最为迫切的一项改革，也是最难实现的一项改革。

中小企业雇用了 70% 的劳动力，如果不对它们进行改革，日本就无法实现总体生产率的革命。如今，与其他地方的中小企业相比，它们的生产率低得可怜。如前所述，日本拥有 10～49 名雇员的企业，其人均产出仅为拥有至少 250 名雇员的企业的 42%。而在经合组织其他国家，这一比例为 51%。如果有微型夫妻店的数据，这一差距可能会更大。

此外，正如一开始讨论的，在出现逆向选择的情况下，大量乏善可陈的中小企业和彻头彻尾的僵尸企业阻碍了更新、更优秀的中小企业的进入，这也拖累了日本的经济表现（参见第 4 页图 0.1）。

由于很多奄奄一息的中小企业相当于变相为 60 岁以上老人提供福利，因此不能简单地采用新自由主义经济政策将其逐出市场。这就需要政府提供更加完善的公共社会安全网。由于缺乏这样的安全网，中小企业构成了维持现状的重要支持力量之一。

为变革敞开大门的是，这些中小企业眼睁睁看着国家维持现状的能力正在崩溃。在过去几十年中，离岸外包和自动化使制造业中小企业减少了一半，而《大店法》的改革和便利店的兴起则使夫妻店减少了 70%。在未来几年里，如果没有解决方法，成千上万家尚能盈利的中小企业将因缺乏接班人而倒闭，从而威胁到数百万工作岗位。

与此同时，零利率政策削弱了地区性银行帮助奄奄一息的中小企业维持生存的能力。在利率如此之低的情况下，地区性银行总体上已无法通过其核心功能，即贷款收入减去存款利息，来负担运营开支（BOJ，2016；IMF，2017b）。随着利率较高的原有贷款到期，情况将进一步恶化。截至 2021 年的数据显示，地区性银行迄今为止尚能通过削减运营开支和增加手续费收入来应对这一局面。

难怪日本有一半规模最小、效率最低的中小企业消失了，这是一些只有 1~4 名员工的个体经营者或者夫妻店。早在 1986 年，日本就有 400 多万家个人独资企业，员工合计达到 1 200 万人，占私人部门员工总数的四分之一。这些主要是雇用家庭成员的家族企业，其中很多是由从正式工作岗位退休的人创建的。至 2014 年，这类企业的数量和员工人数都减少了一半。尽管有 600 万来自个人独资企业的工作岗位消失了，规模大小不一的法人企业创造的工作岗位却增加了 1 400 万个（Economic Censusfor Business Frame，各年；Economic Census Basic Survey，各年）。

如果不能维持现状，更准确地说是之前的状况，那么这些中小企业就需要一个更好的解决方案。一些效率较高的中小企业有理由成为改革派中的一员。首先，如上文所述，支持僵尸企业已经导致一些更健康的中小企业倒闭。其次，如果不进行金融改革，接班人危机仍将无法应对。在那些因接班人问题而面临倒闭的企业中，难道没有人宁愿选择改革也不愿结束自己的商业梦想吗?

从哪里开始?

政治经济改革必须按照正确的顺序来实施。以错误的顺序做正确的事情，在政治上和经济上都会产生灾难性后果。20 世纪 70 年代末期开始的中国改革开放和 20 世纪 90 年代初期开始的印度改革之所以取得成功，其天才之处就在于一开始的改革措施既能带来明显的经济回报，付出的经济或政治代价又相对较少。

就日本而言，改革的最佳起点似乎是解决初创企业外部资金匮乏和难以获得初始客户的问题。一方面，这两个问题的改善将大大增加成功的高增长初创企业数量；另一方面，这些措施所需的财政预算或者政治成本都很低。

这项工作可以从前面讨论过的内容开始，比如改进对职业天使投资基金的税收抵免；真正落实将更多政府采购额度预留给新企业的政策；研发亏损结转；终止对有限责任公司的双重征税；落实并改进 2022 年讨论过的开放式创新税收激励提案。与此同时，金融厅应当发布针对银行的指导意见，禁止向成立 10 年以内的企业收取的利率超过信用评级糟糕的老企业（参见第 213 页图

13.2）、过多拒绝女性的贷款申请，以及要求过高的个人担保。

随着这些政策激励更多的瞪羚企业诞生，这些企业在经济中的分量也会增加，从而增强对官僚机构和国会议员的游说能力。

这些措施虽然不像一些真正意义深远的政策那样具有的政治冲击力，但对于全面振兴经济是不可或缺的，比如同工同酬或者终止对僵尸的财政支持。这些财政提案都不会威胁自民党的统治，尽管它们可能会触及各种利益集团的利益。甚至很少有选民会注意到这些措施。

主要障碍来自财务省主税局以及金融厅的一些官员。如果经济产业省和内阁府的改革派以及商界的进步人士能够结成联盟，就能击败那些对任何事情都推三阻四的省厅的阻挠。如下做法也将有所帮助，即改革者让国会议员向财务省官员提出质询，因为研究结果表明，是他们未放松对新企业的信贷束缚导致了日本的经济增长放缓，从而减少了未来的税基。

自民党内部对初创企业的态度已经发生了一些变化。这主要是因为作为该党基础的大企业已经认识到，它们需要以信息通信技术为基础的瞪羚企业来帮助它们解决自身无力解决的技术难题，丰田的软件供应商、LINKERS 的发展以及日本经济团体联合会 2022 年的政策声明都表明了这一点。岸田首相在伦敦的一次重要讲话中宣称，“因此，我热切期望日本能够掀起下一波创业热潮”（Kishida，2022）。当然，前几任首相都是提出了美好的目标，却没有提出实现目标所需的措施，迄今为止，岸田文雄也没有明显的不同。但是，他将这些目标公之于众，这就为改革者提供了一个机会，可以推动实施更多的措施以实现这些目标。

作为岸田文雄付诸努力的一部分，自民党第一次成立了一个专门促进初创企业发展的“研究小组”，取名“初创企业议员联盟”。与日本经济团体联合会一样，它也呼吁将风险投资资金增加

10倍，至2027年达到10万亿日元（约770亿美元），同时风险投资公司的数量也增加10倍。值得注意的是，该联盟的负责人平井卓也（Takuya Hirai）曾在2020年担任新设的数字厅的第一任长官。在2021年日本新经济联盟的会议上，他曾与乐天的三木谷浩史在小组讨论中进行了会谈。

如果自民党中支持创业的成员可以组建一个永久性的“政策族”（*zoku*），其他党派也建立类似的核心组织，并成立跨党派研究小组，将会大有裨益。这将真正使企业家群体及其盟友更有能力对国会和官僚机构施加影响。与单纯的“研究小组”不同，自民党的“族”是由国会议员组成的团体，这些议员都是特定政策领域的专家。外国人对农业“族”在贸易谈判中的作用并不陌生。“族”通常由资深国会议员领导，往往包括之前曾在对相关议题具有裁决权的省厅工作过的国会议员，重要的是，在向内阁和国会提交提案之前，他们往往会与相关省厅进行讨论。即使他们不能将自己的想法强加于人，对于与其所代表的利益集团或理念相悖的提案，他们往往可以否决或者削弱其作用。尽管近年来“族”的权力总体上有所下降，但是它对企业家群体的影响力将会得到提升。

重振日本企业家精神的主要障碍不是缺乏可行的解决方案，而是如何让日本的政治领导层实施这些解决方案。

第 19 章　日本可以做到，但是它会去做吗？

早在 20 世纪 90 年代，日本一家名为自然资本（Shizen Capital）的风险投资企业的联合创始人马克·比文斯（Mark Bivens）就曾解释说，“如果你告诉父母你想创办一家企业，他们会把你逐出家门，或者让你永远找不到愿意和你结婚的人。如果你不幸创办了一家企业，但失败了，你就会上（银行）的黑名单，10 年内没有资格获得抵押贷款。失败是一种耻辱”（2022 年 6 月的采访）。

比文斯所说的不是日本，而是法国。在移居日本之前，他曾在那里担任风险投资家。法国在文化上反对创业的观念如此根深蒂固，以至于有人谎称小布什曾说过“法国人甚至没有企业家这个词”，这也符合人们对法国的刻板印象。短短几十年后的今天，法国给人的感觉已迥然不同。自 2000 年以来，法国新成立了接近 3.8 万家初创企业，2023 年年中时的估值为 2 930 亿美元，而 2010 年的估值仅为 110 亿美元（Dealroom.co，2023）。其中大约 2 500 家初创企业涉及深度技术，即基于复杂科学或者技术突破的解决方案。2023 年，法国拥有 36 家独角兽企业，而在十几年前，还一家都没有。相比之下，日本仅有 6 家独角兽企业，与 2018 年安倍晋三承诺的到 2023 年拥有 20 家独角兽企业的目标相去甚远。

从 2009 年至 2022 年，法国的风险投资翻了两番，达到 GDP 的 0.14%，在 28 个经合组织国家中排名第 9 位。日本的风险投资也有所增长，到 2021 年增长了两倍，达到 GDP 的 0.06%，但仍仅排名第18位（OECD，2023b）。

为什么法国比日本成功得多？令人吃惊的是，答案非常简单，那就是在20世纪90年代后期，法国政府担心，尽管本国拥有世界级的企业巨头，但是在全球竞争力方面却日渐落后于其他国家，因此为创新型新企业制订了精心设计的计划并予以实施。

在访问硅谷时，利昂内尔·若斯潘（Lionel Jospin）总理对初创企业为整个经济带来的溢出效应印象深刻。政府也认识到外部资金是不可或缺的，但是与日本一样，几乎没有种子资金帮助初创企业起步。因此，1997年政府设立了创新互助基金，旨在激励新的私人融资者。根据这项计划，普通人可以通过风险投资企业和天使投资企业对初创企业进行投资，从而获得巨额税收优惠。

他们不必像在日本那样，被迫将赌注押在一家企业上，而是可以将资金投入多样化的投资组合，这些投资组合是由政府许可并审查过的专业人士挑选的。此外，风险投资基金不像日本那样仅限于49个投资者，而是可以有数千个。这就为他们提供了实现规模经济所需的资金，以资助目标初创企业成本高昂的研发活动。初创企业本身必须符合一些标准，它应当是具有增长潜力的知识密集型创新企业，在三年内将至少三分之一的营业收入用于研究，员工人数少于500人，总部设在欧盟。

2000—2017年，公民投资于成立时间不超过7年的企业，只要持有投资达到5年时间，每年就可以将投资额的25%用于抵扣所得税，最高减免额可达1.2万欧元（约1.3万美元），已婚夫妇可减免2.4万欧元。他们可以减免被误称为“财富税”的税款，很多中产阶级都受其困扰，减免额度为投资额的一半，最高减免额为5万欧元（约5.4万美元）。此外，将利润用于再投资还免征资本利得税。

结果，在一个典型年份，有10多万人共向这些计划投资了10

亿欧元（约 10.8 亿美元），平均每个家庭投资 1 万欧元（约 1.1 万美元）。这还不包括在该计划之外投入的资金。2017 年，法国政府宣布该倡议已经实现了“改变法国民众心理状态”的目标，使他们认识到初创企业的重要性，并且缩小了奖励的规模。

尽管最初几年困难重重，细节也需要不断完善，但是该计划已渐入佳境，目前已经获得了丰厚的回报。比如，按照中位数计算，2008 年推出的基金向投资者返还的现金是其初始投资的 5 倍。2014 年推出的基金，投资回报的中位数达到了惊人的 12 倍。良性循环随之形成。充沛的资金吸引了人才，结果，现在新的初创企业每年增长大约 20%。与此同时，优秀创始人的涌入反过来又鼓励了更多专业人士进行投资。至能够获得最新数据的 2015 年，专业创业天使投资人数达到了 8 000 人。

比文斯在创新互助基金计划时也持怀疑态度，但是在他移居日本之前，已是这些专业人士中的一员。2021 年，初创企业获得的外部融资总额达到了创纪录的 124 亿欧元（约 134 亿美元）。比文斯的结论是，“法国的高科技生态系统现在已经取得了非凡的成就，我认为政府通过税收政策提供的支持是关键的催化剂”（2023 年 6 月的采访，Katz，2023c）。

如此简单的技术性措施却能产生如此巨大的影响，这似乎有悖常理。但是，这种情况经常发生，只是人们没有意识到。曾几何时，银行挤兑被视为资本主义的固有特征，并由此引发了 20 世纪 30 年代的大萧条。后来，政府设立了存款保险制度，从此以后资本主义只是出现衰退而非大萧条，这一制度对此发挥了至关重要的作用。

如果法国能够通过具体的政策措施，成功克服不利于创业的习惯和心态，为什么日本不能呢？

直接的答案是，法国的计划精心设计并予以贯彻落实，而岸田的计划则视野狭窄、设计拙劣。但是，这只是引出了另外一个问题，即为什么岸田没有提出更好的方案？直接的答案还是岸田的个性。他没有采取强硬的行动，而是把自己塑造成一个善于倾听的人，让不同的派别去解决问题，财政政策方面的鹰派势力则目光短浅，阻碍了更好措施的出台。然而，只要岸田愿意，他就能果断行事。

更深层次的答案似乎是，在经济问题上，日本将否决权赋予了太多的参与者，以至于经常出现措施被淡化，有时甚至墨守成规的情况。因此，至少有两三年的时间，他们只是在通往未来的道路上略做尝试。岸田没有坚持实施他主张的增税政策。

从 20 世纪 30 年代末至第二次世界大战，日本经历了军国主义独裁统治，此后几十年间，在日本的政治体制中，首相的决断在某种程度上似乎不够民主。在 2001 年小泉纯一郎上台之前，日本的传统是，法案不是由首相官邸或其附属机构起草，而是由法案涉及的省厅起草。因此，各省厅可以妨碍甚至违抗首相的意愿。自民党内部也有类似的过程。所以，对修正重大的路线取得共识是很困难的。性格强硬的首相可以通过在优先事项上坚持己见，从而取得胜利。但是，他只能在几项措施上采取这种方法。默认的选择是墨守成规。正因如此，日本首相被认为是富裕民主国家中最软弱的政府首脑之一。

可以把日本的决策过程想象成一个陪审团，所有决定都必须意见一致或者接近一致。然后再想象一下，审判结果与陪审员的个人利益息息相关，而这些利益又是相互冲突的，因为每个省厅都试图保护自己的委托人，或者保护就自己职权范围的议题否决各项动议的权利。大多数时候，陪审团都无法取得一致意见。现在再进一步，设想同一个陪审团就一个又一个问题开会。与会者会犹豫不决，不敢过于强硬地表达自己的观点，唯恐与那些他们不得不一直打交道的人产生矛盾。难怪会出现这样的僵局。仅举一例，近四分之一个世纪以来，经济产业省的改革派官僚一直试图为天使投资制定有效的税收激励措施，而财务省和自民党税务委员会却总是推三阻四。

当然，这种比喻过于夸张，但是也反映了这一制度的某些特点。同时，它也忽略了所有的例外情况，即政策制定者能够实施经济社会改革的重大议题，有时变革之大甚至会超出预期。例如，1986 年的《男女雇佣机会均等法》引导数百万女性进入四年制大学学习，并开启真正的职业生涯。当然，如果日本真正执行这些同工同酬和同等晋升机会的法律，女性就业人数可能远比现在多得多。1991 年对《大店法》的改革使更大规模、更高效率的商店进入了社区，取代了夫妻店，这不仅提高了分销和零售的生产率，而且由于老店主退休而新店主的数量减少，这些商店的数量减少了三分之二。这一改革造成的困难远远少于批评者的预测。在 1998 年金融大爆炸之前，外国人持有的日本公司股票或者政府和企业债券几乎为零。日本资本市场与世界潮流格格不入。现在，外国人拥有三分之一以上的公司股票和 15% 的政府债券。同年，由于财务省对银行坏账危机的处理严重失当，日本国会将有关银行问题的控制权从财务省手中夺走，并成立了一个新的实体，即金融厅。2003 年，小泉政府开始着手解决震惊世人的债务危机，这对债务人造成的伤害并没有反对改革者预期的那么严重。

要实现有效治理，就必须让这种例外情形更多地成为常态。为了克服这一制度性僵局，小泉纯一郎以及后来的安倍晋三开始使这一制度发生动摇。在一些问题上，小泉坚持首相官邸及其附属机构，而不是各省厅，不仅拥有决策权，还要起草法案。从一开始，他就被自己党内的批评者称为独裁者，甚至是法西斯主义者，只因为他做了在其他主要民主国家理所当然的事情。2005 年，小泉甚至走得更远。由于自民党议员的反对，小泉的邮政改革未能在参议院获得通过，于是他解散了国会，举行选举，并将持不同政见者驱逐出自民党。① 后来，他的继任者安倍晋三邀请这些人重返自民党。从那时起，日本首相的权力一直在扩张，而中间的起起伏伏则取决于首相们的个人能力和支持率。

尽管如此，在很多经济改革问题上，否决权依然存在。结果就是令人难以置信的挫败感，甚至是愤世嫉俗的情绪，人们常见的一句悲叹很能体现这种情绪："每个人都知道必须做些什么，专家们知道怎么做，政客谈起他们的目标口若悬河，最终，人们几乎什么都没做。"

陷入僵局的国家不止日本。在美国，党派之争如此激烈，以至于随着时间推移，国会通过的重要法案越来越少。在日本，这种情况导致了人们在希望与宿命之间摇摆不定。在三次选举中，大谈改革的政客让人们看到了希望，因而大获全胜。当这些希望破灭时，人们又陷入了宿命论。日本的一句流行语恰好体现了这种宿命论，即命该如此。

从过去几十年的经历来看，这种失败主义情绪是可以理解的。但是，毫无根据的失败主义与非理性的乐观主义一样，都具有破坏性。它让人看不到已经取得的进步，正如本书展示的那样。它忽视了社会、经济、人口和技术的发展正在改变政客们面临的困境和激励，比如中小企业的接班人危机，数字时代大象企业竞争力的丧失、与大象企业形成鲜明对比的新企业由于电子商务而崛起、新企业作为一个利益集团的扩张，以及老龄化对政府预算的

---

① 规模庞大的日本邮政同时还经营着世界上最大的银行和保险机构，是自民党国会议员的赞助费、"猪肉桶"项目资金和权力的主要来源。小泉在对邮政进行彻底私有化和改革方面取得了有限的成功，这也是他改革自民党本身的关键所在。

影响。此外，各类改革一直在进行，如过去10年实行的公司治理改革，或者金融厅关于降低个人担保在银行贷款中作用的指令。问题在于，在如此众多的议题上，改革的步伐和规模都受到了极大的限制，以致面对老龄化等导致经济衰退的力量，日本总是落后于形势。更重要的是，失败主义蒙蔽了人们的双眼，使他们看不到加速发展的手段。士气低落削弱了人们的意志。战胜这种失败主义是改革成功的必要条件。

可悲的是，日本根本不需要剧烈的变革，就可以启动复苏，比如，这里提到的一些税收激励措施将带来巨大的收益，同时又不至于造成混乱。然而，在很多情况下，一些显而易见的改革措施，即使这些改革措施不会损害任何既得利益，也会因意识形态的偏狭和惯性而受阻。实际上，日本的问题在很多方面都比美国等国家面临的一些麻烦更容易解决，因为美国存在着严重的党派对立、对民主的威胁、大量底层民众以及大部分人口糟糕的教育状况。如果有政治意愿，我建议的很多初步措施都很容易被采纳和实施。如果能够看到这些措施带来的经济收益超过了预期，而遭受的社会痛苦则少于人们的担忧，那么采取更加困难的措施就会变得更加容易。这将大大有助于对抗宿命论，重振民众的士气。

可以肯定的是，自民党即使解决不了问题，也有能力继续执政，这确实让其领导人认为他们可以用空谈代替实干。选民对无所作为的在位者给予更严厉的惩罚将大有裨益。尽管如此，自民党的统治并不妨碍采取重大行动。其他一些一党执政国家，比如中国和印度，已经实施了实质性改革。

我们无法保证变革的方向是正确的。尽管迄今为止，除一个总部设在大阪的地区性政党之外，日本还没有看到民粹主义的兴起，但是这种情况也可能会发生变化。在北美和欧洲，很多工人由于自动化和生产率提升等非人为因素失去了工作或遭遇降薪。

这些工人之前属于中左翼，现在则转向支持蛊惑人心的右翼政客，后者将矛头直指企业精英的不当行为等人为因素，指责他们引入进口产品和移民或者从事离岸外包（Frey et al.，2018；Guriev，2020）。对付破坏性的民粹主义，最好的治疗方法就是治愈滋生这种情绪的经济弊病。

在向同事展示本书的草稿时，我发现他们对这些大趋势如何以强烈而积极的方式影响日本这一观点，几乎没有反对意见。我提出的改革建议也没有遭到反对，包括这些措施的收益、政治和经济可行性，以及它们反映了已有的内在趋势这一事实。剩下的问题是，所有这些是否足以克服改革的阻力？为什么日本不会像之前屡次错失良机一样，再次错过这个机会呢？

我坦然承认，这一点无法保证。我也不能否认，主要由于缺乏政治意愿，全面改革仍需翻越崇山峻岭。我要说的是，这座高山远不像过去那么陡峭，因此改革成功的机会也大了很多。我还认为，自民党政府完全有能力采取一些初步措施，以激励创业精神再次出现飞跃。这甚至也符合他们自己的利益，因为实现经济复兴肯定有助于提高自民党的支持率。虽然这确实需要日本政治领导人推翻自民党、政府部门和私人部门中一些隐藏的强大派别和组织，但是初始改革不需要伤害社会中任何重要的利益集团。除此以外，如果最初的措施实施得当，这一进程在经济和政治方面会产生滚雪球效应，由此造成的困难也会远远小于低增长带来的问题。

我这种审慎的期望源自何处？部分原因是大势所趋，而这一趋势比以往任何时候都更具影响力。除此之外，它还源于一种直觉，一种我在研究本书的过程中产生的判断。在我职业生涯的大部分时间里，我主要接触的是日本的各类精英，比如官员、政客和企业高管。我目睹了杰出改革者的奋斗历程、他们面临的障碍、他们的成功和失望。相比之下，在过去几年中，我花时间去了解另一个日本，即日本年轻和不太年轻的企业家阶层。他们让我如沐春风。这些经历让我联想起日本过去在经济和社会领域蓬勃发展的时期，从明治时代的现代化到二战后的经济奇迹。当我与日本一家企业巨头的一位50岁左右的经理会面时——我在职业生涯的大部分时间，都在与这类精英打交道——我才真正意识到日本的另一面有多么与众不同。我笼罩在一种熟悉的沉闷氛围中，这是一种数着日子等退休的感觉。这让我明白，为什么日本过去错失了那么多机会，为什么今天的世代更替是如此令人鼓舞，甚至令人心驰神往。日本民众用他们手中的选票表明，他们渴望某种改革，即使他们无法明确表达改革的具体内容。年轻的企业家群体正在通过一点一滴地推动商业变革。政策制定者需要做的就是培育积极的趋势，并使其达到临界规模。

做正确的事对日本大有裨益，不这样做则会损失惨重。由于出人意料的趋势变化，比如观念的世代更替和技术的转变、老龄化以及低增长带来的政治压力，做正确的事情带来的初期困难和怨恨情绪，要远比日本领导人担心的少得多。而且，肯定要比试图维持现状产生的问题少得多。这正是日本这一代人面临的最大机遇。如果日本错失良机，无法重拾自己曾经非常擅长的技能，也就是创建成千上万家创新型新企业以实现超常的经济增长，那将是莫大的悲剧。

致　谢

你永远不知道一次简单的午餐谈话会产生什么结果。几年以前，哥伦比亚大学教授休·帕特里克问我一个问题，如果日本国会议员或官员让你提出5项或者10项具体措施，以促进经济复苏，比如税收变化、监管改革、政府支出或者法律条文，你有什么建议？我认为，日本最需要的是竞争更激烈的市场和更多的创业企业。但是，政府究竟能做些什么？这个问题让我走上了一条执着的调研之路，最终的成果就是这本书。

虽然调研是从日本开始的，但是很快就把我带到了柏林，柏林自由大学的维雷娜·布莱辛格-塔尔科特（Verena Blechinger-Talcott）教授邀请我去那里住上几周，研究课题不限。我选择了柏林如雨后春笋般出现的初创企业，为了安排会面，维雷娜和她的同事们给予我极大的帮助。我被深深地吸引。多年以来，我第一次有了再写一本书的念头，这次的主题是，日本政府可以采取哪些具体措施，创造更多新的创新型高增长企业。然而，我仍在忙于其他活动，包括我第20年出版关于日本的月刊《东方经济学家》（*The Oriental Economist*），这是东洋经济新报社（Toyo Keizai）的传奇编辑石桥湛山（Tanzan Ishibashi）在20世纪30年代创办的一本杂志的延续。我无法一边做这件事，一边写书。

答案来自另一次午餐，这次是与MIT教授理查德·塞缪尔斯（Richard Samuels）一起，他每年夏天在柏林自由大学担任客座教授。他注意到我很想写这本书，建议我再想想办法。回家以后，我和妻子琳达谈了谈，她也同意塞缪尔斯教授的看法，于是我向《东方经济学家》请了假，现在后者已经恢复了博客的形式，名为“日本经济观察”（Japan Economy Watch）。

为了给这个项目筹钱，我找到了史密斯·理查森基金会（Smith Richardson Foundation，SRF）的艾伦·宋（Allan Song），他鼓励我申请资助。卡内基国际事务伦理委员会（Carnegie Council for Ethicsin International Affair）的德文·斯图尔特（Devin Stewart）安排该委员会作为我申请史密斯·理查森基金会资助的机构保证人。经过同行评审，该基金会向我提供了一笔非常慷慨的赠款，该理事会也慷慨地承担起管理这笔赠款的责任。德文还向我介绍了很多日本的企业家和创业专家。

要想找到好的出版商，我需要一个代理人，为此，我需要同事的引荐。当塔格特·墨菲（Taggart Murphy）把我介绍给东京的英文代理机构的负责人哈米什·麦卡斯基尔（Hamish Macaskill）时，我如获至宝。哈米什不仅对这本书信任有加，还相信它能获得大量读者并找到优秀的出版商。他还帮我重新构思了导论部分，使其传递的信息更加鲜明。他还为我找到了牛津大学出版社这个优秀的出版商。

我在牛津大学出版社的编辑詹姆斯·库克（James Cook）正是我需要的类型。詹姆斯指出，我认为表达非常清楚的段落，并没有像我想象的那样准确地把信息传递给读者。他使我表达的观点与我用来表达这些观点的细节之间的关系更为平衡。他帮助我使整体论述更加清晰。他的建议使本书更符合我的设想。

在写作过程中，我曾征求过同事们的反馈意见。他们慷慨地提出了建议，其中最重要的莫过于哥伦比亚大学教授杰拉尔德·柯蒂斯（Gerald Curtis）。他指出，有必要将有关积极的大趋势的讨论转化为一种可信的情景，这样建议的改革才有可能实现。他的建议使本书最后几章的写作受益良多。与此同时，东洋经济新报社的前任主编和现任社长山县裕一郎（Yuichiro Yamgata）对于如何改进本书的表达方式，特别是针对日本读者如何修改，提出了建议。Greg Noble、Aurelia George Mulgan、Richard Solomon、Taggart Murphy、Christina Ahmadjian、John Campbell、Naoki Ikegami和Jake Schlesinger等人也提供了宝贵的反馈意见。石井芳明帮我引荐了日本的很多企业家，而Laurence Greenwood则向我介绍了有关硅谷的洞见。

在几年的研究过程中，我得到了担任研究助理的几位大学生的大力帮助，他们是Che Chung Hsu、Toshimitsu Ueta、Chung-Yu Lu、Kazuki Yokota和Tetsuya Aoki。我发现Yuri Nambu Stoyanov是一位出色的翻译。

最重要的是，我要感谢我的妻子琳达和女儿劳拉。琳达不仅敦促我追逐梦想，还在我经历一个作家常有的痴迷期时慷慨地予以包容，更不用说反复忍受我情绪的波动了。劳拉首先阅读了最初章节的初稿，并提出了宝贵而令人鼓舞的反馈意见。没有她们，我不可能完成这本书。

参考文献

Accounting Intelligence (2018). "Angel Investment Taxation in Japan." http://accountingintelligence.jp/en/2018/11/22/angel-investment-taxation-in-japan/.

Acemoglu, Daron, Ufuk Akcigit, and Murat Alp Celik (2014). "Young, Restless and Creative: Openness to Disruption and Creative Innovations." NBER Working Paper 19894. http://www.nber.org/papers/w19894.

Acs, Zoltan, Pontus Braunerhjelm, David B. Audretsch, and Bo Carlsson (2009). "The Knowledge Spillover Theory of Entrepreneurship." *Small Business Economics*, Vol. 32, No. 1 (January 2009), pp. 15–30.

Acs, Zoltan, William Parsons, and Spencer Tracy (2008). "High-Impact Firms: Gazelles Revisited Small Business Research Summary." *Small Business Research Summary*, No. 328 (June 2008). https://www.researchgate.net/profile/Zoltan-Acs-2/publication/267218946_High-Impact_Firms_Gazelles_Revisited/links/546160f40cf27487b4527453/High-Impact-Firms-Gazelles-Revisited.pdf

Acs, Zoltan, and Attila Varga (2005). "Entrepreneurship, Agglomeration and Technological Change." *Small Business Economics*, Vol. 24, No. 3 (April 2005), pp. 323–334.

Agarwal, Rajshree, and David B. Audretsch (2001). "Does Entry Size Matter? The Impact of the Life Cycle and Technology on Firm Survival." *The Journal of Industrial Economics*, Vol. 49, No. 1 (March 2001), pp. 21–43. http://terpconnect.umd.edu/~rajshree/research/10%20Agarwal,%20Audretsch%20-%202001.pdf.

Alam, Abdullah, M. Usman Arshad, and Wasim Ullah Rajput (2013). "Relationship of Labor Productivity, Foreign Direct Investment and Economic Growth: Evidence from OECD Countries." *Journal of Business and Management Sciences*, Vol. 1, No. 6, pp. 133–138. http://pubs.sciepub.com/jbms/1/6/3.

Alexy, Allison (2021). *Ezra Vogel Lecture*, November 9, 2021. https://youtu.be/abGDHiZXDwo.

Alon, Titan, David Berger, Robert Dent, and Benjamin Pugsley (2017). "Older and Slower: The Startup Deficit's Lasting Effects on Aggregate Productivity Growth." NBER Working Paper 23875, September 2017. http://www.nber.org/papers/w23875.

Ambrose, Brent, Larry Cordell, and Shuwei Ma (2015). *The Impact of Student Loan Debt on Small Business Formation*. Federal Reserve Bank of Philadelphia, July 2015. https://www.philadelphiafed.org/the-economy/the-impact-of-student-loan-debt-on-small-business-formation.

Kobayashi, Nobuko (2020). "Japanese Companies Can No Longer Expect Lifetime Loyalty from Workers." *Nikkei*, April 3, 2020. https://asia.nikkei.com/Opinion/Japanese-companies-can-no-longer-expect-lifetime-loyalty-from-workers.

Anelli, Massimo, Italo Colantone, and Piero Stanig (2019). "We Were the Robots: Automation and Voting Behavior in Western Europe." BAFFI CAREFIN Centre Research Paper 2019-115. https://www.econstor.eu/bitstream/10419/202831/1/dp12485.pdf.

Aoyagi, Chie, Giovanni Ganelli, and Nour Tawk (2016). "Minimum Wage as a Wage Policy Tool in Japan." IMF Working Paper WP/16/232. https://www.imf.org/en/Publications/WP/Issues/2016/12/31/Minimum-Wage-as-a-Wage-Policy-Tool-in-Japan-44412.

Appell, Douglas (2022). "Japan Plots Path to Venture Capital Relevance." *Pensions and Investments*, April 11, 2022. https://www.pionline.com/alternatives/japan-plots-path-venture-capital-relevance.

Arcese, Gabriella, Serena Flammini, Maria Claudia Lucchetti, and Olimpia Martucci (2015). "Google and Open Innovation." R&D Management Conference, Pisa, July 2015.

Arnold-Parra, Samuel (2021). "Japan's Tech Competitiveness: Why the Decline?" *Global Risk Insights*, March 7, 2021. https://globalriskinsights.com/2021/03/japans-tech-competitiveness-why-the-decline/

Asahi Shimbun (2023). "Nonregular Workers Feel Left Out of Measures to Lift Birthrate." May 17, 2023. https://www.asahi.com/ajw/articles/14898453.

Asanuma, Banri (1988). "Japanese Manufacturer-Supplier Relationships in International Perspective: The Automobile Case." Kyoto University Working Paper Number 8, September 1988. https://repository.kulib.kyoto u.ac.jp/dspace/bitstream/2433/37903/1/08.pdf.

Audretsch, David (2007). "Entrepreneurship Capital and Economic Growth." *Oxford Review of Economic Policy*, Vol. 23, No. 1 (Spring 2007), pp. 63–78. https://doi.org/10.1093/oxrep/grm001.

Audretsch, David (2012). "Determinants of High-Growth Entrepreneurship." Report prepared for the OECD/DBA International Workshop on High-Growth Firms: Local Policies and Local Determinants, Copenhagen, March 28, 2012. https://search.oecd.org/cfe/leed/Audretsch_determinants%20of%20high-growth%20firms.pdf.

Baily, M. N. (2003). "The Sources of Economic Growth in OECD Countries: A Review Article." *International Productivity Monitor*, No. 7 (Fall 2003), pp. 66–70. https://www.researchgate.net/profile/Martin-Baily/publication/24051661_The_Source_of_Economic_Growth_in_OECD_Countries_A_Review_Article/links/558c54b208ae591c19d9fc2f/The-Source-of-Economic-Growth-in-OECD-Countries-A-Review-Article.pdf.

Bain & Company (2018). "Japan Private Equity Report."

Bain & Company (2021). "Japan Private Equity Report."

BDO Tax News (2020). "Japan World Wide Tax News Issue 55—June 2020." https://www.bdo.global/en-gb/microsites/tax-newsletters/corporate-tax-news/issue-55-june-2020/japan-new-open-innovation-tax-incentive%E2%80%9D.

Birch, David (1987). *Job Creation in America*. New York: Free Press.

BOJ (2016). "Chart IV-5-3: Ratios of Banks for Which Loan-Deposit Income and Other Income Falls Short of Expenses and Distribution of Their Income-to-Expenses." *Financial System Report*, October 2016. https://www.boj.or.jp/en/research/brp/fsr/fsr161024.htm.

BOJ (2017). "Support for the Establishment of Japan Policy Finance Corporation." https://www.boj.or.jp/announcements/release_2017/data/rel170630b4.pdf (in Japanese).

BOJ (2023a). "Bank of Japan Accounts/Assets/Japanese Government Securities/Japanese Government Bonds." https://www.stat-search.boj.or.jp/index_en.html.

BOJ (2023b). "Loans and Discounts Outstanding by Interest Rate." https://www.stat-search.boj.or.jp/index_en.html.

Bosma, Niels, Erik Stam, and Sander Wennekers (2010). *Intrapreneurship: An International Study*. EIM SCALES Research Report H201005. Zoetermeer, Netherlands: EIM.

Braunerhjelm, Pontus, Zoltan J. Acs, David Audretsch, and Bo Carlsson (2010). "The Missing Link: Knowledge Diffusion and Entrepreneurship in Endogenous Growth." *Small Business Economics*, Vol. 34, No. 2 (February 2010), pp. 105–125. https://link.springer.com/article/10.1007/s11187-009-9235-1.

Bredgaard, Thomas, and Flemming Larsen (2007). "Comparing Flexicurity in Denmark and Japan." Japan Institute for Labour Policy and Training (JILPT).

Brown, McLeod (2018). "States with Most Non-Citizen College Professors." *Zippia the Career Expert*, April 11, 2018. https://www.zippia.com/advice/states-non-citizen-college-professors/

Brown, R., S. Mawson, and C. Mason (2017). "Myth-Busting and Entrepreneurship Policy: The Case of High Growth Firms." *Entrepreneurship and Regional Development*, Vol. 29, No. 5–6 (February 2017), pp. 414–443. http://dx.doi.org/10.1080/08985626.2017.1291762.

Broz, J. Lawrence, Jeffry Frieden, and Stephen Weymouth (2021). "Populism in Place: The Economic Geography of the Globalization Backlash." *International Organization*, Vol. 75, No. 2 (2021), pp. 464–494. doi:10.1017/S0020818320000314.

Brüderl, Josef, Peter Preisendörfer, and Rolf Ziegler (1992). "Survival Chances of Newly Founded Business Organizations." *American Sociological Review*, Vol. 57, No. 2 (April 1992), pp. 227–242.

Bureau of Economic Analysis (2015). "GDP by Industry." https://www.bea.gov/data/gdp/gdp-industry.

Bureau of Economic Analysis (2019). "Measuring the Digital Economy: An Update Incorporating Data from the 2018 Comprehensive Update of the Industry Economic Accounts," April 2019. https://www.bea.gov/media/5481.

Bureau of Labor Statistics (2020). "Job Openings and Labor Turnover Survey." https://www.bls.gov/data/#employment.

Bureau of Labor Statistics (2021). "The U.S. Productivity Slowdown: An Economy-Wide and Industry-Level Analysis." *Monthly Labor Review*, April 2021. https://www.bls.gov/opub/mlr/2021/article/the-us-productivity-slowdown-the-economy-wide-and-industry-level-analysis.htm.

Bureau of the Census (2016). "Firm Characteristics Data Tables." https://www.census.gov/data/tables/2016/econ/bds/2016-firm-and-estab-release-tables.html.

Bureau of the Census (2021). "Business Dynamics Statistics: Firm Age: 1978–2018." https://data.census.gov/cedsci/table?q=BDSTIMESERIES.BDSFAGE&tid=BDSTIMESERIES.BDSFAGE&hidePreview=true.

Business.com (2022). "The 10 Largest E-commerce Markets in the World by Country." https://www.business.com/articles/10-of-the-largest-ecommerce-markets-in-the-world-b/.

Caballero, Ricardo, Takeo Hoshi, and Anil K Kashyap (2008). "Zombie Lending and Depressed Restructuring in Japan." *American Economic Review*, Vol. 98, No. 5, pp. 1943–1977. https://www.aeaweb.org/articles/pdf/doi/10.1257/aer.98.5.1943.

Cabinet Office (2020). "Transfers from General Government to Households (Social Security Transfers)." Annual Report on National Accounts for 2019. https://www.esri.cao.go.jp/en/sna/data/kakuhou/files/2019/tables/2019s9_en.xlsx.

Cabinet Office (2022a). "Quarterly Estimates of GDP." https://www.esri.cao.go.jp/en/sna/sokuhou/sokuhou_top.html.

Cabinet Office (2022b). "GDP Gap and Potential Output Growth Rate." https://www5.cao.go.jp/keizai3/getsurei/2131gap.xls.

Cabinet Office (2022c). "Startup Development Five-year Plan." https://www.cas.go.jp/jp/seisaku/atarashii_sihonsyugi/pdf/sdfyplan2022en.pdf.
Calder, Kent (1988). *Crisis and Compensation: Public Policy and Political Stability in Japan*. Princeton, NJ: Princeton University Press.
Carril-Caccia, Federico, and Elena Pavlova (2018). "Foreign Direct Investment and Its Drivers: A Global and EU Perspective." *ECB Economic Bulletin*, April 2018. https://www.ecb.europa.eu/pub/economic-bulletin/articles/2018/html/ecb.ebart201804_01.en.html.
Castellacci, Fulvio, and Jinghai Zheng (2010). "Technological Regimes, Schumpeterian Patterns Of Innovation And Firm-Level Productivity Growth." *Industrial and Corporate Change*, Vol. 19, No. 6, pp. 1829–1865. http://nrl.northumbria.ac.uk/11936/1/castellacci_technological_regimes.pdf.
CB Insights (2022). "The Complete List of Unicorn Companies." https://www.cbinsights.com/research-unicorn-companies.
Center for American Progress (2020). "Mobilize More Angel Investors through a Federal Tax Credit." https://startupsusa.org/issues/capital/.
Chan, Kelvin (2020). "EU Files Antitrust Charges against Amazon over Use of Data." *Associated Press*, November 10, 2020. https://apnews.com/article/eu-files-antitrust-against-amazon-8e0222555df76c36bfbeed3289222d94.
Chang, Sea-Jin (2011). *Sony vs Samsung: The Inside Story of the Electronics Giants' Battle for Global Supremacy*. New York: Wiley.
Chesbrough, Henry (2006a). "New Puzzles and New Findings." In Henry Chesbrough, Wim Vanhaverbeke, and Joel West (eds.), *Open Innovation: Researching a New Paradigm*, pp. 15–34. Oxford: Oxford University Press.
Chesbrough, Henry (2006b). "The Open Innovation Model: Implications for Innovation in Japan." In D. H. Whittaker and R. E. Cole (eds.), *Recovering from Success: Innovation and Technology Management in Japan*, pp. 129–144. Oxford: Oxford University Press.
Chesbrough, Henry (2013). "Open Innovation: Implications for Japanese Innovation." Report to NEDO, March 10, 2013.
Chesbrough, Henry, Wim Vanhaverbeke, and Joel West, eds. (2006). *Open Innovation: Researching a New Paradigm*. Oxford: Oxford University Press.
Christensen, Clayton (1997). *The Innovator's Dilemma: When New Technologies Cause Great Firms to Fail*. Cambridge, MA: Harvard Business Review Press.
Chung, Wilbur, W. Mitchell, and B. Yeung (2003). "Foreign Direct Investment and Host Country Productivity: The American Automotive Component Industry in the 1980s." *Journal of International Business Studies*, Vol. 34, pp. 199–218. http://www.rcmewhu.com/upload/file/20150528/20150528154644_5498.pdf.
Cingano, F. (2014). "Figure 3. Estimated Consequences of Changes in Inequality on Cumulative per Capita GDP Growth (1990–2010)." In Trends in Income Inequality and its Impact on Economic Growth, OECD Social, Employment and Migration Working Papers, No. 163. http://dx.doi.org/10.1787/5jxrjncwxv6j-en.
Cislo, Connor, and Maiko Takahashi (2017). "Japan's Millennials Tend to Sacrifice Higher Earnings for Job Security, Thwarting BOJ's Economic Reforms." *Bloomberg*, July 7, 2017. https://www.japantimes.co.jp/news/2017/07/21/business/japans-millennials-tend-sacrifice-higher-earnings-job-security-thwarting-bojs-economic-reforms/#.XoDt73J7lc8.
Clayton, Richard, Akbar Sadeghi, James R. Spletzer, and David M. Talan (2013.) "High-Employment-Growth Firms: Defining and Counting Them." *Monthly Labor Review*, June 2013. https://stats.bls.gov/opub/mlr/2013/06/art1full.pdf.

Cole, Rebel, and Tatyana Sokolyk (2018). "Debt Financing, Survival, and Growth of Start-Up Firms." *Journal of Corporate Finance*, Vol. 50, pp. 609–625.
Cole, Robert (2004). "Capturing Value from Technology Assets: Strategic Approach to Standards: The Telecom Case." Speech to Kokusai Keizai Kenkyujo.
Cole, Robert (2005). "Telecom Deregulation and Telecom Competition in World Markets: Understanding Japan's Decline." Institute for Technology, Enterprise and Competitiveness, Doshisha University, Research Paper 05-03. https://www.researchgate.net/publication/228991835_Telecom_Deregulation_and_Telecom_Competition_in_World_Markets_Understanding_Japan's_Decline.
Cole, Robert (2006). "The Telecommunication Industry: A Turnaround in Japan's Global Presence." In Hugh Whittaker and Robert Cole (eds.), *Recovering from Success: Innovation and Technology Management in Japan*, pp. 31–46. Oxford: Oxford University Press.
Cole, Robert, and Yoshifumi Nakata (2014). "The Japanese Software Industry: What Went Wrong and What Can We Learn from It?" *California Management Review*, Vol. 57, No. 1 (November 2014), pp. 16–43.
Cole, Robert, and Hugh Whittaker (2006). "Introduction." In Hugh Whittaker and Robert Cole (eds.), *Recovering from Success: Innovation and Technology Management in Japan*, pp. 1–281. Oxford: Oxford University Press.
Congressional Research Service (2019). "Real Wage Trends, 1979 to 2018." https://digitalcommons.ilr.cornell.edu/cgi/viewcontent.cgi?article=3116&context=key_workplace.
Cooper, Arnold, F. Javier Gimeno-Gascón, and Carolyn Woo (1997). "Initial Human and Financial Capital as Predictors of New Venture Performance." *The Journal of Private Equity*, Vol. 1, No. 2 (Winter 1997), pp. 13–30.
Corak, Miles (2016) "Inequality from Generation to Generation: The United States in Comparison." IZA Discussion Papers, No. 9929, Institute for the Study of Labor (IZA), Bonn. https://www.econstor.eu/bitstream/10419/142368/1/dp9929.pdf.
Corbin, David (2014). "Meet Yoshiaki Ishii, the Government Official Who Can Save Startups in Japan." TechInAsia website, July 30, 2014. https://www.techinasia.com/yoshiaki-ishii-meti-save-japan-startups.
Corrado, Carol, Jonathan Haskel, Cecilia Jona-Lasinio, and Massimiliano Iommi (2013). "Innovation and Intangible Investment in Europe, Japan, and the United States." *Oxford Review of Economic Policy*, Vol. 29, No. 2 (Summer 2013), pp. 261–286.
Corrocher, Nicoletta, Franco Malerba, and Fabio Montobbio (2003). "How Do New Technologies Emerge? A Patent-Based Analysis of ICT-Related New Industrial Activities." *Innovation, Organization and Management*, Vol. 5, No. 2–3.
Council of Economic Advisers (2001). Economic Report of the President, January 2001. https://www.govinfo.gov/content/pkg/ERP-2001/pdf/ERP-2001.pdf.
Council for Promotion of Foreign Direct Investment in Japan (2020). "Policy for Formulating a Medium and Long-Term Strategy for Promoting Foreign Direct Investment in Japan 2021." July 28, 2020. http://www.invest-japan.go.jp/documents/pdf/en_2021_strategy.pdf.
Criscuolo, C., P. N. Gal, and C. Menon (2014). "The Dynamics of Employment Growth: New Evidence from 18 Countries." *OECD Science, Technology and Industry Policy Papers* no. 14, OECD Publishing. http://dx.doi.org/10.1787/5jz417hj6hg6-en.
Dealroom.co (2023). https://app.dealroom.co/companies.startups/f/company_status/not_closed/launch_year_min/anyof_2000/slug_locations/anyof_france?showStats=true&statsType=value-valuation.

Decker, Ryan, John Haltiwanger, Ron Jarmin, and Javier Miranda (2014). "The Role of Entrepreneurship in US Job Creation and Economic Dynamism." *The Journal of Economic Perspectives*, Vol. 28, No. 3 (Summer 2014) .

Delbridge, Rick, Takahiro Endo, and Jonathan Morris (2019). "Entrepreneurs or Employees? The Emergence of 'Disciplining Entrepreneurialism' in Subsidiary Organizations at Cyberagent." In *Managing Inter-organizational Collaborations: Process Views*. Emerald Publishing Limited.

Deloitte (2019). "2020 Tax Reform Proposals Announced." *Japan Inbound Tax and Legal Newsletter*, No. 49 (December 2019). https://www2.deloitte.com/jp/en/pages/tax/articles/bt/japan-inbound-tax-legal-december-2019-no49.html

Department of Justice (2012). "Acting Assistant Attorney General Sharis A. Pozen Speaks at the Briefing on Department's Enforcement Action in Auto Parts Industry." https://www.justice.gov/opa/speech/acting-assistant-attorney-general-sharis-pozen-speaks-briefing-department-s-enforcement.

Department of Justice (2018). "Japanese Auto Parts Company Pleads Guilty to Antitrust Conspiracy Involving Steel Tubes." https://www.justice.gov/opa/pr/japanese-auto-parts-company-pleads-guilty-antitrust-conspiracy-involving-steel-tubes.

Deshpande, Rohit, Amir Grinstein, Sang-Hoon Kim, and Elie Ofek (2013). "Achievement Motivation, Strategic Orientations and Business Performance in Entrepreneurial Firms." *International Marketing Review*, Vol. 30, No. 3, pp. 231–252. https://www.researchgate.net/profile/Amir_Grinstein/publication/263495208_Achievement_motivation_strategic_orientations_and_business_performance_in_entrepreneurial_firms_How_different_are_Japanese_and_American_founders/links/54ccc9c70cf24601c08b0d96.pdf.

Desvaux, Georges, Jonathan Woetzel, Tasuku Kuwabara, Michael Chui, Asta Fjeldsted, and Savador Guzman-Herrera (2015). *The Future of Japan: Reigniting Productivity and Growth*. New York: McKinsey & Company.

DeVore, Chris (2016). "Silicon Valley Keeps Winning Because Non-Competes Limit Innovation." *TechCrunch*, February 18, 2016. https://techcrunch.com/2016/02/18/silicon-valley-keeps-winning-because-non-competes-limit-innovation/.

di Lampedusa, Giuseppe (1958). *The Leopard*. New York: Pantheon.

Dooley, Ben, and Hisako Ueno (2023). "Japan's Business Owners Can't Find Successors: This Man Is Giving His Away." *New York Times*, January 3, 2023. https://www.nytimes.com/2023/01/03/business/japan-businesses-succession.html

Dore, Ronald (1987). *Taking Japan Seriously: A Confucian Perspective on Leading Economic Issues*. Stanford, CA: Stanford University Press.

Dore, Ronald (1996). *The End of Jobs for Life? Corporate Employment Systems: Japan and Elsewhere*. London: Centre for Economic Performance.

Eberhart, Roger, Charles E. Eesley, and Kathleen M. Eisenhardt (2017). "Failure Is an Option: Institutional Change, Entrepreneurial Risk, and New Firm Growth." *Organization Science*, Vol. 28, No. 1, pp. 93–112. https://pubsonline.informs.org/doi/10.1287/orsc.2017.1110.

Economic Census for Business Frame (2014). "Table 3: Enterprises, etc., Establishments and Persons Engaged by Sex, by Industry Major Groups, Size of Domestic Regular Employees (11 Groups), Legal Organization (5 Groups) and Single or Multi-Unit Enterprises within Japan (2 Groups)." https://www.e-stat.go.jp/en/stat-search/files?page=1&layout=datalist&toukei=00200552&tstat=000001072573&cycle=0&tclass1=000001074966&tclass2=000001077017&result_page=1&cycle_facet=cycle.

Economic Census for Business Frame (various years). "Tabulation of Establishments" and "Economic Census-Basic Survey 2014 for Employees." https://www.e-stat.go.jp/dbview?sid=0003134144.
Economist (2021). "A Reluctant Japan Inc at Last Enters the Digital Age." https://www.economist.com/business/2021/03/13/a-reluctant-japan-inc-at-last-enters-the-digital-age.
Edwards, Linda (1992). "The Status of Women in Japan: Has the Equal Opportunity Law Made a Difference?" Working Paper No. 71, Columbia University Center on Japanese Economy and Business. https://academiccommons.columbia.edu/doi/10.7916/D8HH6SJT/download.
Eesley, Charles, and William Miller (2012). "Impact: Stanford University's Economic Impact via Innovation and Entrepreneurship." https://engineering.stanford.edu/sites/default/files/stanford_innovation_survey_exec_summary_updatedmarch2013.pdf.
EIM Business & Policy Research and Ikei Research and Consultancy (2009). "Graph 4. Presence of SME Subcontractors and Contractors by Sector, EU-27, 2009." EU SMES and Subcontracting.
EIU Economist Intelligence Unit (2013). "Japan's Middle Market: Crucial. Competitive. Concerned," p. 27. https://www.slideshare.net/economistintelligenceunit/japans-middle-market-crucial-competitive-concerned-24041300.
Endo, Toshihide (2013). "Post-Crisis Regulation of Financial Institutions in Japan." Presentation at ADBI-JFSA Joint Conference, March 8, 2013. https://www.fsa.go.jp/frtc/kenkyu/event/20130425/19.pdf.
Ernst & Young (2011). "Nature or Nurture? Decoding the DNA of the Entrepreneur."
EU Commission (2007). Towards Common Principles of Flexicurity, Draft Council Conclusions. https://eur-lex.europa.eu/LexUriServ/LexUriServ.do?uri=COM:2007:0359:FIN:en:PDF
Eurofound (2019). "Labour Market Segmentation: Piloting New Empirical and Policy Analyses." Publications Office of the European Union, Luxembourg. https://ddd.uab.cat/pub/estudis/2019/215471/ef19033en.pdf.
European Entrepreneurs CEA-PME (2020). "Enabling the Digital Transformation of European SMEs: EU Commission (2020) Digital Innovation Hubs (DIHs) in Europe." https://ec.europa.eu/digital-single-market/en/digital-innovation-hubs.
Evans, David, and Boyan Jovanovic (1989). "An Estimated Model of Entrepreneurial Choice under Liquidity Constraints." *Journal of Political Economy*, Vol. 97, No. 4 (August 1989), pp. 808–827.
Farquhar, Brodie (2019). "Wolf Reintroduction Changes Ecosystem in Yellowstone." https://www.yellowstonepark.com/things-to-do/wolf-reintroduction-changes-ecosystem.
Federal Reserve Bank of St. Louis (2020). "Production of Total Manufacturing." https://fred.stlouisfed.org/.
Foreign Correspondents Club of Japan (2015). "Banzai, Green & Bancel: JA and International Group on Abe's JA Reform Plans," February 12, 2015. https://www.youtube.com/watch?v=p1gE_CxGmJw.
Förster, Michael, and Marco Mira d'Ercole (2005). "Figure 10. Trends in Inequality of Market and Disposable Income among the Working-Age Population." *Income Distribution and Poverty in OECD Countries in the Second Half of the 1990s*. Paris: OECD. https://www.oecd-ilibrary.org/income-distribution-and-poverty-in-oecd-countries-in-the-second-half-of-the-1990s_5lgsjhvj7422.pdf?itemId=%2Fcontent%2Fpaper%2F882106484586&mimeType=pdf.

Foster, Lucia, John Haltiwanger, and Chad Syverson (2005). "Reallocation, Firm Turnover, and Efficiency: Selection on Productivity or Profitability." NBER Working Paper 11555, Table 7. http://www.nber.org/papers/w11555.

Frazier, Donald (2011). "Japan's Newest Billionaire Racks Up Online." *Forbes*, April 6, 2011. https://www.forbes.com/forbes/2011/0425/features-yusaku-maezawa-japan-harajuku-billionaire.html?sh=292a3a0e47ec.

Frey, C. B., T. Berger, and C. Chen (2018). "Political Machinery: Did Robots Swing the 2016 US Presidential Election?" *Oxford Review of Economic Policy*, Vol. 34, No. 3, pp. 418–442. https://www.oxfordmartin.ox.ac.uk/downloads/academic/Political_Machinery_July_2018.pdf.

Frid, Casey, David Wyman, and Bentley Coffey (2016). "Effects of Wealth Inequality on Entrepreneurship." *Small Business Economics*, 47, pp. 895–920. https://link.springer.com/article/10.1007/s11187-016-9742-9.

Financial Services Agency (2018). "Changes in Lending Conditions at Financial Institutions." https://www.Financial Services Agency.go.jp/news/30/ginkou/20190628-3/02.pdf.

Financial Services Agency (2022). "About the Utilization Record of 'Guidelines for Management Guarantee.'" https://www.fsa.go.jp/news/r3/ginkou/20220623-3.xlsx.

Fuckup (2022). https://fuckupnights.com.

FuckUp Nights Tokyo (2022). https://fuckupnightstokyo.doorkeeper.jp/.

Fujimoto, Hidefumi, and Noriko Kamada (2019). "Toyota's Mighty Keiretsu System Has Met Its Match: Digitization." *Nikkei*, December 1, 2019. https://asia.nikkei.com/Business/Automobiles/Toyota-s-mighty-keiretsu-system-has-met-its-match-digitization.

Fukada, Shiho (2018). "Japan's Prisons Are a Haven for Elderly Women." *Bloomberg*, March 16, 2018. https://www.bloomberg.com/news/features/2018-03-16/japan-s-prisons-are-a-haven-for-elderly-women.

Fukao, Kyoji, and Hyeog Ug Kwon (2005). "Why Did Japan's TFP Growth Slow Down in the Lost Decade? An Empirical Analysis Based on Firm-Level Data of Manufacturing Firms." RIETI Discussion Paper Series 05-E-004. https://www.rieti.go.jp/jp/publications/dp/05e004.pdf.

Fukase, Atsuko, Takashi Mochizuki, and Eric Pfanner (2016). "Japan Inc.'s Message to Foreign Buyers: Hands Off." *Wall Street Journal*, January 23, 2016. https://www.wsj.com/articles/japan-inc-s-message-to-foreign-firms-keep-out-1453441206.

Futagami, Shiho (2010). "Non-Standard Employment in Japan: Gender Dimensions." ILO, International Institute for Labour Studies, Discussion Paper 200, February 15, 2010. https://www.ilo.org/inst/publication/discussion-papers/WCMS_192841/lang--en/index.htm

Gelb, J. (2000). "The Equal Employment Opportunity Law: A Decade of Change for Japanese Women?" *Law & Policy*, Vol. 22, No. 3–4, pp. 385–407.

GEM, Global Entrepreneurship Monitor (2013). "GEM Special Report on Employee Entrepreneurial Activity." https://www.researchgate.net/profile/Maribel_Guerrero/publication/258643022_Global_Entrepreneurship_Monitor_Special_report_on_entrepreneurial_employee_activity/links/5614372308ae983c1b405fbf/Global-Entrepreneurship-Monitor-Special-report-on-entrepreneurial-employee-activity.pdf.

GEM, Global Entrepreneurship Monitor (2018–2019). "Global Report." https://www.gemconsortium.org/report/gem-2018-2019-global-report.

Gender Equality Bureau (2021). "Numerical Targets and Updated Figures of the 4th Basic Plan for Gender Equality." https://www.gender.go.jp/about_danjo/seika_shihyo/pdf/numerical_targets_2021.pdf

Gender Equality Bureau (2022). "List of Numerical Targets of the Fifth Basic Plan for Gender Equality at Gender Equality Bureau." https://www.gender.go.jp/about_danjo/seika_shihyo/pdf/numerical_targets_2022.pdf.
Ghemawat, Pankaj, and Herman Vantrappen (2014). "Japan Slow to Attract Foreign Executive Talent." *Nikkei*, April 24, 2014. https://asia.nikkei.com/Business/Japan-slow-to-attract-foreign-executive-talent.
Gilchrist, Karen (2019). "These Are the Best Companies to Work for in Japan in 2019, According to LinkedIn." *CNBC*, April 2, 2019. https://www.cnbc.com/2019/04/03/linkedin-top-companies-to-work-for-in-japan-2019-flipkart-amazon-oyo.html.
Glen Royal of Scotland Journal (2022). "The Lawyer's Dulles Bag: A Timeless Success in Three Careers." http://glenroyal.global/journal/interview-09-motoe-taichiro/.
Gordon, Andrew (2017). "New and Enduring Dual Structures of Employment in Japan: The Rise of Non-Regular Labor, 1980s–2010s." *Social Science Japan Journal*, Vol. 20, No. 1, pp. 9–36. https://academic.oup.com/ssjj/article-pdf/20/1/9/10852601/jyw042.pdf.
Graham, Alex (2019). "State of the Venture Capital Industry 2019." https://www.toptal.com/finance/venture-capital-consultants/state-of-venture-capital-industry-2019.
Guriev, S. (2020). "Labor Market Performance and the Rise of Populism." *IZA World of Labor*, July 8, 2020. https://wol.iza.org/articles/labor-market-performance-and-the-rise-of-populism/long.
Halberstam, David (1993). *The Fifties*. New York: Villard.
Harada, Nobuyuki (2003). "Who Succeeds as an Entrepreneur? An Analysis of the Post-Entry Performance of New Firms in Japan." *Japan and the World Economy*, Vol. 15, pp. 211–222.
Hathaway, Ian (2018). "High-Growth Firms and Cities in the US: An Analysis of the Inc. 5000." *Brookings Institution*, February 5, 2018. https://www.brookings.edu/research/high-growth-firms-and-cities-in-the-us-an-analysis-of-the-inc-5000/.
Henrekson, Magnus, and Dan Johansson (2010). "Gazelles as Job Creators: A Survey and Interpretation of the Evidence." *Small Business Economics*, Vol. 35, pp. 227–244. https://link.springer.com/content/pdf/10.1007/s11187-009-9172-z.pdf.
Hibbs, Douglas, and Håkan Locking (2000). "Wage Dispersion and Productive Efficiency: Evidence for Sweden." *Journal of Labor Economics*, Vol. 18, No. 4 (October 2000), pp. 755–782.
Hicks, J. R. (1935). "Annual Survey of Economic Theory: The Theory of Monopoly." *Econometrica*, Vol. 3, No. 1 (January 1935): pp. 1–20.
Higuchi, Yoshio, Yoshiaki Murakami, and Masaaki Suzuki (2007). *The Growth and Exit of Startups*. Tokyo: National Life Finance Corp. (in Japanese).
Hiroshima University (2017). "Number of Graduates, Universities (Undergraduates) and Junior Colleges." https://rihe.hiroshima-u.ac.jp/en//?smd_process_download=1&download_id=5313.
Hoefle, Manfred (2017). "Big Company Disease." https://www.managerism.org/topics/size-and-complexity/lesson-no-43.
Hofstede, Geert, and Michael Harris Bond (1988). "The Confucius Connection: From Cultural Roots to Economic Growth." *Organizational Dynamics*, Vol. 16, No. 4 (Spring 1988), pp. 5–21.
Holbrow, Hilary J. (2022). "Changing Employment Norms and Women in Japanese Workplaces." Presentation to the Japan Forum for Innovation & Technology, University of California, San Diego, April 5, 2022. https://www.youtube.com/watch?v=mELdHiZjeWI.

Hoshi, Takei (2011). "The Hidden Risks in Japan's Financial System." https://www.nira.or.jp/pdf/e_opinion4.pdf.

Hoshi, Takeo, Anil Kashyap, and David Scharfstein (1990). "The Role of Banks in Reducing the Costs of Financial Distress in Japan." NBER Working Paper 3435. https://www.nber.org/papers/w3435.pdf.

Hoshi, Takeo, and Kozo Kiyota (2019). "Potential for Inward Foreign Direct Investment in Japan." NBER Working Paper Working Paper 25680. http://www.nber.org/papers/w25680.

Hoshi, Takeo, Satoshi Koibuchi, and Ulrike Schaede. (2017). "The Decline in Bank-Led Corporate Restructuring in Japan: 1981–2010." NBER Working Paper 23715. http://www.nber.org/papers/w23715.

Huston, Larry, and Nakkil Sabab (2006). "Connect and Develop: Inside Procter & Gamble's New Model for Innovation." *Harvard Business Review*, March 2006. https://hbr.org/2006/03/connect-and-develop-inside-procter-gambles-new-model-for-innovation

Ikeda, Naoshi, Kotaro Inoue, and Sho Watanabe (2017). "Enjoying the Quiet Life: Corporate Decision-Making by Entrenched Managers." NBER Working Paper 23804, September 2017. http://www.nber.org/papers/w23804 (abstract).

Ikegami, Naoki, ed. (2014). *Universal Health Coverage for Inclusive and Sustainable Development: Lessons from Japan*. Washington, DC: World Bank.

Ikegami, Naoki, and John Campbell (1999). "Health Care Reform in Japan: The Virtues of Muddling Through." *Health Affairs*, Vol. 18, No. 3, pp. 56–75. https://www.healthaffairs.org/doi/pdf/10.1377/hlthaff.18.3.56.

IMD (2022). IMD World Digital Competitiveness Ranking 2022. https://www.imd.org/centers/world-competitiveness-center/rankings/world-digital-competitiveness/.

IMF (2012a). "Japan: Selected Issues." IMF Country Report No. 12/209, p. 46. https://www.imf.org/~/media/Websites/IMF/imported-full-text-pdf/external/pubs/ft/scr/2012/_cr12209.ashx.

IMF (2012b). "Table 6. Japan: Estimated Share of Credit Guarantees for SMEs, by Bank." Japan: Financial Sector Assessment Program—Technical Note on Credit Intermediation IMF Country Report No. 12/262. https://www.elibrary.imf.org/view/IMF002/13088-9781475510454/13088-9781475510454/13088-9781475510454.xml?rskey=YJLMs8&result=1&highlight=true.

IMF (2017a). "Financial Sector Assessment Program." IMF Country Report No. 17/283, pp. 32–33. https://www.imf.org/en/Publications/CR/Issues/2017/09/18/Japan-Financial-Sector-Assessment-Program-Technical-Note-Long-Term-Challenges-for-Financial-45261.

IMF (2017b). "Japan Financial System Stability Assessment." IMF Country Report No. 17/244, p. 45. https://www.imf.org/-/media/Files/Publications/CR/2017/cr17283.ashx.

IMF (2019). "Productivity Drag from Small and Medium-Sized Enterprises in Japan." Working Paper WP/19/137. https://www.imf.org/en/Publications/WP/Issues/2019/07/01/Productivity-Drag-from-Small-and-Medium-Sized-Enterprises-in-Japan-46951.

InfluenceMap (2017). "Japan's Energy Choices Towards 2020: How Its Shift to Coal Is Misaligned with the Strategic Interests of Japan Inc." November 2017. https://influencemap.org/report/Solving-Climate-Change-Can-Japan-Show-Leadership-ac0c71365ca3e2cf3c6cbbd5ecd1a914.

InfluenceMap (2020). "Japanese Industry Groups and Climate Policy: Corporate Influencing of Japan's Climate and Energy Choices." August 2020. https://influencemap.org/presentation/Japanese-Industry-Groups-and-Climate-Policy-899704d005cb96359cc5b5e2a9b18a84.

Inoue, Mariko, Mariko Nishikitani, and Shinobu Tsurugano (2016). "Female Non Regular Workers in Japan: Their Current Status and Health." *Industrial Health*, Vol. 54, pp. 521–527. https://www.jstage.jst.go.jp/article/indhealth/advpub/0/advpub_2016-0105/_pdf https://doi.org/10.1596/978-1-4648-0408-3.

Inoue, Takayuki (2022). "Why Japanese Workers Remain Dissatisfied with Their Jobs." *Nikkei*, May 12, 2022. https://asia.nikkei.com/Sp.otlight/Datawatch/Why-Japanese-workers-remain-dissatisfied-with-their-jobs

Ishii, Masamichi, Yoshiko Yokoo, and Yukihiro Hirano (1993). "Comparative Study on Career Distribution and Job Consciousness of Engineering Graduates in Japan and the US." Science and Technology Agency, March 1993. https://nistep.repo.nii.ac.jp/record/4536/files/NISTEP-RM028-FullE.pdf

Ishii, Tomoaki (2018). "Employment Conditions and Emerging Labour Movements of Non-Regular Workers in Japan." *Asia Pacific Journal of Human Resources*, Vol. 56, pp. 474–491. https://www.researchgate.net/profile/Tomoaki_Ishii2/publication/323610796_Employment_conditions_and_emerging_labour_movements_of_non-regular_workers_in_Japan/links/5e1c301d92851c8364c8f8d9/Employment-conditions-and-emerging-labour-movements-of-non-regular-workers-in-Japan.pdf.

Japan Climate Initiative (2021). "Calling for an Ambitious 2030 Target for Japan to Realize the Paris Agreement Goal." April 19, 2021. https://japanclimate.org/english/news-topics/call-for-ambitious-2030-target/.

Japan Exchange Group (2021a). "Summary of Earnings Digests by Listed Companies." https://www.jpx.co.jp/english/markets/statistics-equities/examination/.

Japan Exchange Group (2021b). "Ownership by Investor Category." https://www.jpx.co.jp/english/markets/statistics-equities/examination/01-archives-01.html.

Japan Intellectual Property News (2018). "Japan Still a Developing Nation on Open Innovation." August 3, 2018. http://japanip.blogspot.com/2018/08/japan-still-developing-nation-in-open.html.

Japan Macro Advisors (2020a). "Wages and Hours Worked." https://www.japanmacroadvisors.com/page/category/economic-indicators/labor-markets/wage-and-hours-worked/.

Japan Macro Advisors (2020b). "Demographics." https://www.japanmacroadvisors.com/page/category/economic-indicators/labor-markets/japan-population/.

Japan Macro Advisors (2020c). "Labor Markets: Immigration to Japan." https://www.japanmacroadvisors.com/index.php/page/category/economic-indicators/labor-markets/immigration-to-japan/.

Japan Securities Research Institute (2018). "Securities Market in Japan 2018." https://www.jsri.or.jp/publish/english/english_09.html.

Japan Times (2018). "Editorial: Job Security for Irregular Workers." February 2, 2018. https://www.japantimes.co.jp/opinion/2018/02/12/editorials/job-security-irregular-workers/#.Xx16g-d7lc8.

Japan Times (2019). "Industry Ministry to Craft Comprehensive Package to Support Third-Party Business Succession." August 24, 2019. https://www.japantimes.co.jp/news/2019/08/24/business/industry-ministry-craft-comprehensive-package-support-third-party-business-succession/#.Xu0xE-d7lc8.

JEITA, Japan Electronics and Information Technologies Association (2020). "Production Forecasts for the Global Electronics and Information Technology Industries." https://www.jeita.or.jp/english/press/2020/1216.pdf.
JFC (2021). "Guide to Japan Finance Corporation 2021." https://www.jfc.go.jp/n/english/pdf/2021jfc_e_a.pdf.
JFTC (2019). "Press Release Regarding Interim Report of Survey on the Trading Practices of Digital Platformers." April 17, 2019. https://www.jftc.go.jp/houdou/pressrelease/2019/apr/190417.html.
JFTC (2020). Press Conference, November 11, 2020. https://www.jftc.go.jp/houdou/teirei/2020/oct_dec/201111.html.
Jiji Press (2021). "New Graduates' Turn Japan in Japan Shows First Fall in Three Years." October 22, 2021. https://www.japantimes.co.jp/news/2021/10/22/national/graduate-turnover-japan-fall-3-ye–s.
JILPT (2006). "Labor Unions' Efforts in Organizing Part-Time Workers." www.jil.go.jp/english/reports/documents/jilpt-research/no48.pdf.
JILPT (2014). "Survey on Administrative Position." *Career and Compatibility Support for Male and Female Regular Employees*. March 2014. https://www.jil.go.jp/institute/research/2014/documents/0119.pdf.
Jo, Yoon, Misaki Matsumura, and David Weinstein (2019). "The Impact of E-Commerce on Relative Prices and Consumer Welfare," December 2, 2019. NBER Working Paper 26506. https://www.nber.org/papers/w26506.
Johnstone, Bob (1999). *We Were Burning: Japanese Entrepreneurs and the Frontier of the Electronics Age*. New York. Basic Books.
Jones Day (2017). "Civil Code." *Japan Legal Update*, Vol. 25 (May 2017). https://www.jonesday.com/en/insights/2017/05/japan-legal-update--vol25.
Jones, Randall (2011). "Education Reform in Japan." OECD Economics Department Working Papers No. 888. https://dx.doi.org/10.1787/5kg58z7g95np-en.
Jones, Randall (2018). "A Broken Social Elevator? How to Promote Social Mobility." http://dx.doi.org/10.1787/9789264301085-en.
Jones, Randall, and Haruki Seitani (2019). "Labour Market Reform in Japan to Cope with a Shrinking and Ageing Population." OECD Economics Department Working Papers No. 1568, p. 10. https://www.oecd-ilibrary.org/deliver/73665992-en.pdf?itemId=%2Fcontent%2Fpaper%2F73665992-en&mimeType=pdf.
JPC, Japan Productivty Center (2020). https://www.jpc-net.jp/movement/whitepaper.html (in Japanese).
Kahneman, Daniel (2011). *Thinking, Fast and Slow*. New York: Farrar, Straus and Giroux.
Kajimoto, Tetsushi, and Izumi Nakagawa (2020). "Japan's Efforts to Raise Wages Wane as Firms Embrace Merit-Based Pay." *Reuters*, February 11, 2020. https://www.reuters.com/article/us-japan-economy-wages/japans-efforts-to-raise-wages-wane-as-firms-embrace-merit-based-pay-idUSKBN2052SN.
Kakuchi, Suvendrini (2019). "Frustrated International Academics Sense Discrimination." *University World News*, October 5, 2019. https://www.universityworldnews.com/post.php?story=20190930115905942.
Kambayashi, Ryo (2017). "Declining Self-Employment in Japan Revisited: A Short Survey." *Social Science Japan Journal*, Vol. 20, No. 1, p. 79. https://academic.oup.com/ssjj/article/20/1/73/2866301.

Kambayashi, Ryo, and Takao Kato (2017). "Long-Term Employment and Job Security over the Past 25 Years: A Comparative Study of Japan and the United States." *ILR Review*, Vol. 70, No. 2 (March 2017), pp. 359–394. https://journals.sagepub.com/doi/10.1177/0019793916653956.

Kamei, Katsuyuki, and Leo-Paul Dana (2012). "Examining the Impact of New Policy Facilitating SME Succession in Japan: From a Viewpoint of Risk Management in Family Business." *International Journal of Entrepreneurship and Small Business*, Vol. 16, No. 1, pp. 60–70.

Karp, Andrew (2017). "Vision Monday's Top Labs–2017," September 11, 2017. https://www.visionmonday.com/vm-reports/top-labs/article/vision-mondays-top-labs-2017-in-alphabetical-order/.

Kashiwagi, Shigeo (2018). "Young Japanese Must Prepare for an End to Jobs for Life." *Nikkei*, December 4, 2018. https://asia.nikkei.com/Opinion/Young-Japanese-must-prepare-for-an-end-to-jobs-for-life.

Kato, Takao, and Ryu Kambayashi (2016). "Trends in Long-Term Employment Practices since the 1980s" (in Japanese). *Keizai Kenkyu*, Vol. 67, No. 4, pp. 307–325. http://hermes-ir.lib.hit-u.ac.jp/rs/handle/10086/28208.

Katz, Richard (1998). *Japan: The System That Soured: The Rise and Fall of the Japanese Economic Miracle*. Armonk, NY: M. E. Sharpe.

Katz, Richard (2002). *The Long Road to Economic Revival*. Armonk, NY: M. E. Sharpe.

Katz, Richard (2009a). "The Japan Fallacy: Today's U.S. Financial Crisis Is Not Like Tokyo's Lost Decade." *Foreign Affairs*, Vol. 88, No. 2 (March/April 2009), pp. 9–14. https://www.foreignaffairs.com/articles/united-states/2009-03-01/japan-fallacy

Katz, Richard (2009b). "A Nordic Mirror: Why Structural Reform Has Proceeded Faster in Scandinavia than in Japan." Center on Japanese Economy and Business Working Paper Series, No. 265, October 2008. http://academiccommons.columbia.edu:8080/ac/handle/10022/AC:P:15774.

Katz, Richard (2014). "Voodoo Abenomics: Japan's Failed Comeback Plan." *Foreign Affairs*, Vol. 93, No. 4 (July–August 2014), pp. 133–141. https://www.foreignaffairs.com/articles/asia/2014-06-16/voodoo-abenomics.

Katz, Richard (2015a). "To Raise Wages, Enforce The Labor Laws, Part 1." *The Oriental Economist Alert*, August 14, 2015. https://richardkatz.substack.com/p/to-raise-wages-enforce-the-labor.

Katz, Richard (2015b). "The Myth of Currency Manipulation." *The International Economy*, Vol. 29, No. 3 (Summer 2015), p. 40. http://www.international-economy.com/TIE_Su15_Katz.pdf

Katz, Richard (2017). "How to Fight Anti-Trade Populism: Interview with C. Fred Bergsten." *The International Economy*, Vol. 31, No. 3 (Winter 2017), pp. 26–29. http://www.international-economy.com/TIE_Su17_Katz_Bergsten.pdf

Katz, Richard (2020). "How Will Suga Deal with Regional Banks' Perilous Financing?" *Toyo Keizai*, September 20, 2020. https://toyokeizai.net/articles/-/377371 (English) and https://toyokeizai.net/articles/-/376501 (Japanese).

Katz, Richard (2021a). "Korea Has Surpassed Japan in Per Capita GD." https://richardkatz.substack.com/p/korea-has-surpassed-japan-in-per.

Katz, Richard (2021b). "Japan's Looming Climate Showdown." *Foreign Affairs* (April 21, 2021). https://www.foreignaffairs.com/articles/japan/2021-04-21/japans-looming-climate-showdown

Katz, Richard (2021c). "Why Wages Slowed More in Japan than Elsewhere." https://richardkatz.substack.com/p/why-wages-slowed-more-in-japan-than.
Katz, Richard (2022a). "The Heisei Economy: Explaining the Lost Decades." In Noriko Miurai, Jeff Kingston, and Tina Burrett (eds.), *Japan in the Heisei Era (1989–2019)*. New York: Taylor and Francis.
Katz, Richard (2022b). "MOF: Crying Wolf for a Half-Century." https://richardkatz.substack.com/p/mof-crying-wolf-for-a-half-century?s=w
Katz, Richard (2022c). "Kishida May Raise Corporate Taxes, Part I." https://richardkatz.substack.com/p/corporate-tax-hikes-tokyo-is-thinking.
Katz, Richard (2022d). "Why Kishida Retreated from 'New Form of Capitalism.'" June 11, 2022. https://richardkatz.substack.com/p/kishida-retreats-from-new-form-of.
Katz, Richard (2023a). "Reading the Mind of BOJ Chief Ueda." https://richardkatz.substack.com/p/reading-the-mind-of-boj-chief-ueda
Katz, Richard (2023b). "Restoring Japan's Leadership in Innovation, Part II." https://richardkatz.substack.com/p/restoring-japans-leadership-in-innovation-466
Katz, Richard (2023c). "Learning from the French Revolution in Startups." https://richardkatz.substack.com/p/learning-from-the-french-revolution.
Kauffman Foundation (2011). "Young Invincibles Policy Brief." https://www.kauffman.org/wp-content/uploads/2011/11/millennials_study.pdf.
Kawai, Hiroki, and Shujiro Urata (2002). "Entry of Small and Medium Enterprises and Economic Dynamism in Japan." *Small Business Economics*, Vol. 18, No. 1–3, Special Issue: Small Firm Dynamism in East Asia (February–May 2002), p. 41.
Kearney. A. T. (2020). "Strategy for Promoting Direct Investment in Japan." http://www.invest-japan.go.jp/committee/chuchoki.pdf (in Japanese).
Keidanren (2022). "Startup Breakthrough Vision: Aiming for 10X10X," March 15, 2022. https://www.keidanren.or.jp/policy/2022/024.html (in Japanese).
Kimura, Fukunari (2001). "Subcontracting and the Performance of Small and Medium Firms in Japan." World Bank Institute, June 2001. http://citeseerx.ist.psu.edu/viewdoc/download?doi=10.1.1.200.9974&rep=rep1&type=pdf.
Kneller, Robert (2007). *Bridging Islands: Venture Companies and the Future of Japanese and American Industry*. Oxford: Oxford University Press.
Kneller, Robert (2010). "The Importance of New Companies for Drug Discovery: Origins of a Decade of New Drugs." *Nature Reviews Drug Discovery*, Vol. 9 (November 2010), p. 867.
Kneller, Robert (2013). "Review of Maki Umemura, The Japanese Pharmaceutical Industry: Its Evolution and Current Challenges." *Journal of Japanese Studies*, Vol. 39, No. 1 (Winter 2013), pp. 235–240.
Kobayashi, Nobuko (2020). "Japanese Companies Can No Longer Expect Lifetime Loyalty from Workers." *Nikkei* April 3, 2020. https://asia.nikkei.com/Opinion/Japanese-companies-can-no-longer-expect-lifetime-loyalty-from-workers.
Kogure, Noriyasu (2019). "Shortage of IT Human Resources in the Digital Era." *NRI Journal*, July 8, 2019. https://www.nri.com/en/journal/2019/0708.
Krugman, Paul (2014). "Notes on Japan." *New York Times*, October 28, 2014. https://krugman.blogs.nytimes.com/2014/10/28/notes-on-japan/.
Kushida, Kenji (2011). "Leading without Followers: How Politics and Market Dynamics Trapped Innovations in Japan's Domestic 'Galapagos' Telecommunications Sector." *Journal of Industry, Competition and Trade*, Vol. 11, pp. 279–307. https://doi.org/10.1007/s10842-011-0104-7.

Kushida, Kenji (2015). "A Strategic Overview of the Silicon Valley Ecosystem: Towards Effectively 'Harnessing' Silicon Valley." Stanford Silicon Valley New Japan Project, March 15, 2015. http://www.stanford-svnj.org/s/Silicon-Valley-Ecosystem-Overview-2015-m8b8.pdf.

Kushida, Kenji (2022). "Japan's Venture Capital Industry: Snapshot of Growth and Transformation." Carnegie Endowment for International Peace, October 17, 2022. https://carnegieendowment.org/2022/10/17/japan-s-venture-capital-industry-snapshot-of-growth-and-transformation-pub-88187.

Kutsuna, Kenji, and Takehiko Yasuda (2005) "Chapter 6: Funding of Startups." Japanese Startups Tokyo: Hakutoushyobo (in Japanese).

Kyodo (2021). "Slightly More than Half Happy with Job Switch in Japan: Gov't Survey," November 21, 2021. https://english.kyodonews.net/news/2021/11/e0e8f20f476c-more-than-half-in-japan-happy-with-job-switch-govt-survey.html.

Fukao, Kyoji (2004). "Why Did Japan's TFP Growth Slow Down in the Lost Decade? An Empirical Analysis Based on Firm-Level Data of Manufacturing Firms." Paper prepared for the 6th Annual CIRJE-TCER Macro Conference, December 11–12, 2004, Tokyo.

Lam, W. Raphael, and Jongsoon Shin (2012). "What Role Can Financial Policies Play in Revitalizing SMEs in Japan?" IMF Working Paper WP/12/291. https://www.academia.edu/download/53670002/wp12291_3.pdf.

Landers, Peter (2020) "Toyota's Chief Says Electric Vehicles Are Overhyped." *Wall Street Journal*, December 17, 2020. https://www.wsj.com/articles/toyotas-chief-says-electric-vehicles-are-overhyped-11608196665.

Landini, Fabio, Keun Lee, and Franco Malerba. 2017. "A History-Friendly Model of the Successive Changes in Industrial Leadership and the Catch-up by Latecomers." *Research Policy*, Vol. 46, No. 2 (March 2017), pp. 431–446.

Layne, Nathan (2013). "Rakuten CEO Slams Abenomics Failings as Quits Japan Panel." *Reuters*, November 6, 2013. https://www.reuters.com/article/us-japan-economy-rakuten/rakuten-ceo-slams-abenomics-failings-as-quits-japan-panel-idUSBRE9A50I920131106.

Le, Son, and Mark Kroll (2017). "CEO International Experience: Effects on Strategic Change and Firm Performance." *Journal of International Business Studies*, Vol. 48, No. 5 (June–July 2017), pp. 573–595. https://link.springer.com/article/10.1057/s41267-017-0080-1.

Lee, Yoojung, Min Jeong Lee, and Komaki Ito (2021). "Entrepreneur Mentored by Rakuten Billionaire Becomes One Himself." *Bloomberg*, September 30, 2021. https://www.bloomberg.com/news/articles/2021-09-30/entrepreneur-mentored-by-rakuten-billionaire-becomes-one-himself.

Lee, Yoojung, and Shiho Takezawa (2019). "Asian Business Bloodlines on Brink as Lack of Heirs Pushes Owners into Arms of Private Equity." *Japan Times*, August 1, 2019. https://www.japantimes.co.jp/news/2019/08/01/business/asian-business-bloodlines-brink-lack-heirs-pushes-owners-arms-private-equity/#.Xm4ldXJ7lc9.

Lee, Zinnia (2023). "Super Active 32-Year-Old Dealmaker Is Japan's Newest Billionaire." *Forbes*, April 28, 2023. https://www.forbes.com/sites/zinnialee/2023/04/28/super-active-32-year-old-dealmaker-is-japans-newest-billionaire/?sh=46552eae4334.

Lewis, William, Hans Gersbach, Tom Jansen, and Koji Sakate (1993). "The Secret to Competitiveness—Competition." *McKinsey Quarterly*, November 1993. https://www.mckinsey.com/featured-insights/employment-and-growth/the-secret-to-competitiveness-and-competition.

Liang, James, Hui Wang, and Edward P. Lazear. (2014) "Demographics and Entrepreneurship." NBER Working Paper Working Paper 20506. http://www.nber.org/papers/w20506.
Lewis, Leo, and Kana Inagaki (2016). "Japanese Companies Bury the Hatchet to Survive." *Financial Times*, November 4, 2016. https://www.ft.com/content/6880b266-a23c-11e6-82c3-4351ce86813f.
Lowy Institute (2023). "Asia Power Index." https://power.lowyinstitute.org/.
M3 Inc (2020). "About M3." https://corporate.m3.com/en/corporate/.
Malerba, Franco, and Luigi Orsenigo (1996). "Schumpeterian Patterns of Innovation Are Technology-Specific." *Research Policy*, Vol. 25, pp. 451–478.
Masaji, Kano, Uchida Hirofumi, Gregory Udell, and Watanabe Wako (2006). "Information Verifiability, Bank Organization, Bank Competition and Bank-Borrower Relationships." RIETI Discussion Paper Series 06-E-003. https://www.rieti.go.jp/jp/publications/dp/06e003.pdf
Mathias (2013). "Solar Cell Efficiency World Record Set by Sharp: 44.4%." *CleanTechnica*, June 23, 2013. https://cleantechnica.com/2013/06/23/solar-cell-efficiency-world-record-set-by-sharp-44-4/.
Mattioli, Dana (2020). "Amazon Scooped Up Data from Its Own Sellers to Launch Competing Products." *Wall Street Journal*, April 23, 2020. https://www.wsj.com/articles/amazon-scooped-up-data-from-its-own-sellers-to-launch-competing-products-11587650015.
McCrostie, James (2017). "More Japanese May Be Studying Abroad, but Not for Long." *Japan Times*, September 8, 2017. https://www.japantimes.co.jp/community/2017/08/09/issues/japanese-may-studying-abroad-not-long/#.XoDwT3J7lc8.
McGrath, Rita Gunther, Ian C. MacMillan, and Sari Scheinberg. (1992). "Elitists, Risk-Takers, and Rugged Individualists? An Exploratory Analysis of Cultural Differences between Entrepreneurs and Non-Entrepreneurs."
McKinsey (2018). "Rethinking Car Software and Electronics Architecture." https://www.mckinsey.com/industries/automotive-and-assembly/our-insights/rethinking-car-software-and-electronics-architecture.
McLain, Sean (2018). "Honda Took Pride in Doing Everything Itself: The Cost of Technology Made That Impossible." *Wall Street Journal*, August 5, 2018. https://www.wsj.com/articles/honda-took-pride-in-doing-everything-itself-the-cost-of-technology-made-that-impossible-1533484840.
McSparron-Edwards, Allison (2016). "Spectacular Growth: Are You a Gazelle." UK: Consultix.
METI (1997, 2014). "Number of Enterprises by Industry, Legal Status, Size of Capital and Number of Persons Employed." Report by Enterprise of the Manufacturing Census. https://www.meti.go.jp/english/statistics/tyo/kougyo/index.html.
METI (2002). "SME White Paper 2002." https://www.chusho.meti.go.jp/sme_english/whitepaper/whitepaper.html.
METI (2006). "Table 25: Enterprises; by Date of Establishment (9 Groups; for Japan), Industry (Major Groups) and Engagement in Electronic Commerce." Enterprise and Establishment Census. https://www.e-stat.go.jp/en/stat-search/file-download?statInfId=000001129840&fileKind=0.
METI (2008). "White Paper on Small and Medium Enterprises."
METI (2010). "Current Status and Issues Facing Japanese Industries," February 2010.

METI (2013). "White Paper on Small and Medium Enterprises." https://www.chusho.meti.go.jp/pamflet/hakusyo/H25/download/2013hakusho_eng.pdf.
METI (2014). "White Paper on Small and Medium Enterprises in Japan." https://www.chusho.meti.go.jp/pamflet/hakusyo/H26/download/2014hakusho_eng.pdf.
METI (2016a). "White Paper on Small and Medium Enterprises." https://www.chusho.meti.go.jp/pamflet/hakusyo/H28/PDF/2016shohaku_eng.pdf.
METI (2016b). "Survey on the Actual Situation of Ventures from Universities" (in Japanese). https://www.meti.go.jp/policy/innovation_corp/start-ups/r1venturereport_r.pdf.
METI (2017a). "White Paper on Small and Medium Enterprises in Japan." https://www.chusho.meti.go.jp/pamflet/hakusyo/H29/PDF/2017hakusho_eng.pdf.
METI (2017b). "White Paper on Small Enterprises in Japan." https://www.chusho.meti.go.jp/pamflet/hakusyo/H29/download/2017shokibogaiyou_eng.pdf.
METI (2018a). "White Paper on SMEs 2018." https://www.chusho.meti.go.jp/sme_english/whitepaper/whitepaper.html.
METI (2018b). "Percentage of Number of Primary Contractors and Subcontractors." Preliminary Report on the Basic Survey on the Information and Communications Industry, March 7, 2018. https://www.meti.go.jp/english/statistics/tyo/joho/pdf/2017joho.pdf.
METI (2018c). "Infrastructure Development (Market Survey on Electronic Commerce)." http://www.meti.go.jp/press/2018/04/20180425001/20180425001-2.pdfa (in Japanese).
METI (2020a). "Report Compiled on Results of Survey on University-Oriented Venture Businesses." https://www.meti.go.jp/english/press/2020/0515_002.html.
METI (2020b). "Survey on the Actual Situation of Ventures from Universities" (in Japanese). kobayashi-yuki4@meti.go.jp.
METI (2020c). "Overseas Production Ratio of Overseas Affiliates in Manufacturing Industries." Survey on Overseas Business Activities. https://www.meti.go.jp/english/statistics/tyo/kaigaizi/pdf/h2c413je.pdf.
METI (2020d). "Summary of Market Research on Electronic Commerce," July 22, 2020. https://www.meti.go.jp/policy/it_policy/statistics/outlook/ie_outlook.html (in Japanese).
METI (2020e). "Business Restructuring Study Group to be Inaugurated Jan. 29, 2020." https://www.meti.go.jp/english/press/2020/0129_003.html.
METI (2021a). "Results of FY2020 E-Commerce Market Survey Compiled July 30." https://www.meti.go.jp/english/press/2021/0730_002.html.
METI (2021b). "Basic Policy of National Contracts Regarding SMEs" (in Japanese), September 24, 2021. https://www.chusho.meti.go.jp/keiei/torihiki/kankouju/hoshin/r3.pdf and updates at https://www.chusho.meti.go.jp/keiei/torihiki/kankoju.htm.
METI (various years). "Kogyo Jittai Chosa (Manufacturing Current Status Investigation)" (in Japanese).
MEXT (2007). "For Comprehensive Measures to Promote Entrepreneurial Activities at Universities." https://www.mext.go.jp/a_menu/shinkou/sangaku/08040317/003.pdf (in Japanese).
MEXT (2010). "Industrial Technology Human Resource Development Support Project (Entrepreneur Human Resource Development Project)." https://dl.ndl.go.jp/view/download/digidepo_11241268_po_E001473.pdf?contentNo=1&alternativeNo=.

MEXT (2019). "Survey of Household Expenditure on Education per Student (Annual Amount), 2018." Statistical Abstract. https://www.mext.go.jp/en/publication/statistics/title02/detail02/1379369.htm and https://www.mext.go.jp/b_menu/toukei/002/002b/1417059_00003.htm.

MGI—McKinsey Global Institute (1992). *Service Sector Productivity*. Washington, DC: MGI - McKinsey Global Institute, Exhibit 2E-11.

MGI—McKinsey Global Institute (1993). *Manufacturing Productivity*. Washington, DC: MGI - McKinsey Global Institute.

MGI—McKinsey Global Institute (1996). *Capital Productivity*. Washington, DC: MGI - McKinsey Global Institute

MGI—McKinsey Global Institute (2012). "Trading Myths: Addressing Misconceptions about Trade, Jobs, and Competitiveness, May 2012, pp. 3, 4, 20. https://www.mckinsey.com/~/media/McKinsey/Featured%20Insights/Employment%20and%20Growth/Six%20myths%20about%20trade/MGI%20Trading%20myths_Full_Report_May%202012.ashx

MHLW (2002). "Basic Survey on Wage Structure in 2001." https://www.mhlw.go.jp/toukei/itiran/roudou/chingin/kouzou/z01/ippan8.html.

MHLW (2014a). "Contractual Cash Earnings, Scheduled Cash Earnings and Annual Special Cash Earnings by Type of Employment." http://www.mhlw.go.jp/english/database/db-l/basicsurvey/xls/2014a.xls.

MHLW (2014b). "Survey on Employment Trends." https://www.mhlw.go.jp/english/database/db-l/employment_trends_2014.html.

MHLW (2016). "Wage Structure Basic Survey." http://www.e-stat.go.jp/SG1/estat/NewList.do?tid=000001011429.

MHLW (2017a). "Table 1: Trends in Number of Labour Unions, Labour Union Membership and Estimated Unionization Rate." https://www.mhlw.go.jp/english/database/db-l/labour_unions.html.

MHLW (2017b). "Table 5 :Trends in Labour Union Membership and Estimated Unionization Rate of Part-Time Employees." https://www.mhlw.go.jp/english/database/db-l/dl/2017table5.pdf.

MHLW (2017c). "Percentage of Workers by Wage Class, Gender, Age Group." Overview of 2017 Basic Survey on Wage Structure. https://www.mhlw.go.jp/toukei/itiran/roudou/chingin/kouzou/z2017/dl/13.pdf (Japanese only).

MHLW (2017d, other years). "Table 20: Number of Hired Employees by Age Group, Sex and Change in Wages" Yearbook of Labor Statistics. https://www.mhlw.go.jp/english/database/db-yl/2017/xls/020.xls.

MHLW (2017e). "Survey on Employment Trends." https://www.mhlw.go.jp/english/database/db-yl/2017/xls/019.xls.

MHLW (2018a). "Handbook of Health and Welfare Statistics 2018." https://www.mhlw.go.jp/english/database/db-hh/xlsx/5-27.xlsx.

MHLW (2018b). "Contractual Cash Earnings, Scheduled Cash Earnings and Annual Special Cash Earnings by Type of Employment." Basic Survey on Wage Structure. https://www.mhlw.go.jp/english/database/db-l/basicsurvey/xls/2018a.xls.

MHLW (2020a). "The 15th Social Security Deliberation Corporate Pension." https://www.mhlw.go.jp/content/10600000/000677554.pdf and https://www.mhlw.go.jp/content/000520816.pdf.

MHLW (2020b). "Portability between Corporate Pensions." https://www.pfa.or.jp/kanyu/seminar/setsumeikai/2020/files/setsumeikai_2020_02.pdf

MHLW (2020c). "Variation of Wages for Workers at Companies with More than 1000 Employees." Basic Survey on Wage Structures. https://www.e-stat.go.jp/stat-search/files?page=1&toukei=00450091&tstat=000001011429.

MHLW (2022a). "Table 3: Percentage of Establishments by Industry, Company Size and Mid-Career Hires of Regular Workers." Survey of Labor Trends. https://www.e-stat.go.jp/stat-search/files?page=1&layout=datalist&toukei=00450072&tstat=000001018522&cycle=0&tclass1=000001018558&tclass2=000001018568&stat_infid=000032177559&tclass3val=0.

Ministry of Internal Affairs and Communications (2017). "Table 16: Population (Persons Engaged in Work) by Sex, Marital Status, Education, Age, Number of Persons Engaged in Enterprise, Status in Employment, Type of Employment, Whether Starting a Business for Oneself – Japan." https://www.e-stat.go.jp/en/stat-search/file-download?statInfId=000031738323&fileKind=0.

Mitsumasu, Akira (2015). *Control and Coordination of Subsidiaries in Japanese Corporate Groups*. Singapore: World Scientific. Kindle edition.

mLex (2019). "Rakuten Faces Japanese Vendors' Protest as They Form Union," December 4, 2019. https://mlexmarketinsight.com/news-hub/editors-picks/area-of-expertise/antitrust/rakuten-faces-japanese-vendors-protest-as-they-form-union.

MOF (2022a). "Table 6d-1-1: International Investment Position." https://www.mof.go.jp/policy/international_policy/reference/iip/6IIP.xls.

MOF (2022b). "JGBs Holdings by Foreign Investors." https://www.mof.go.jp/english/policy/jgbs/reference/Others/holdings02.pdf.

MOF (2023a). "Corporate Financial Statements." http://www.mof.go.jp/english/pri/reference/ssc/results_index.htm.

MOF (2023b). "Central Government Debt." https://www.mof.go.jp/english/jgbs/reference/gbb/index.htm.

Morelix, Arnobio (2013). "3 Facts You Probably Didn't Know about Venture Capital and Entrepreneurship." Currents Kauffman Foundation, May 13, 2016. https://www.kauffman.org/currents/three-facts-you-probably-didnt-know-about-and-venture-capital-and-entrepreneurship/.

Moriguchi, Chiaki (2015). "Table 2-b: Top Income Shares in Japan, 1947–2012." Top Income Shares and Income Mobility in Japan. https://www.aeaweb.org/conference/2016/retrieve.php?pdfid=14187&tk=keZ8h2yE.

Moriguchi, Chiaki, and Hiroshi Ono (2006). "Japanese Lifetime Employment: A Century's Perspective." In Magnus Blomström and Sumner La Croix (eds.), *Institutional Change in Japan*. pp. 152–176. New York: Routledge.

Morishita, Kae (2022). "Japan Celebrates Having the Most Companies That Are a Century Old." *Asahi Shimbun*, June 13, 2022. https://www.asahi.com/ajw/articles/14635072.

Motohashi, Kazuyuki (2011). "Innovation and Entrepreneurship: A First Look at Linkage Data of Japanese Patent and Enterprise Census." RIETI Discussion Paper Series 11-E-007, February 2011. https://www.rieti.go.jp/jp/publications/dp/11e007.pdf.

Mulgan, Aurelia George (2018). *The Abe Administration and the Rise of the Prime Ministerial Executive*. London and New York: Routledge

Murai, Shusuke (2015). "Almost 30% of Young People Don't Want to Work for a Company, Survey Finds." Japan Times, August 14, 2015. https://www.japantimes.co.jp/news/2015/08/14/national/social-issues/almost-30-young-people-dont-want-work-company-survey-finds/.

Nakamura, Gen, and Tatsuya Okada, Shinichiro Ibusuki (2014). "Japan's Materials Industry Facilities Literally Falling Apart." *Nikkei*, July 2, 2014. https://asia.nikkei.com/Business/Japan-s-materials-industry-facilities-literally-falling-apart.

Nakashima Propeller (2019). "Company Profile." https://www.nakashima.co.jp/eng/company/history.html.

Nakazono, Hiroyuki, Takashi Hikino, and Asli Colpan (2014). "Corporate Groups and Open Innovation: The Case of Panasonic in Japan." In Refik Culpan (ed.), *Open Innovation through Strategic Alliances*, pp. 253–276. New York: Palgrave Macmillan, Kindle edition.

Naoshi, Ikeda, Kotaro Inoue, and Sho Watanabe (2017) ."Enjoying the Quiet Life: Corporate Decision-Making by Entrenched Managers." NBER Working Paper 23804. http://www.nber.org/papers/w23804.

NEDO, New Energy and Industrial Technology Organization (2018). "Data Collection Regarding the Global Competitive Position of Japanese Manufacturing and Software Firms." https://www.nedo.go.jp/koubo/NA2_100050.html(in Japanese).

Nemoto, Kumiko (2016). *Too Few Women at the Top*. Ithaca, NY: Cornell University Press.

Nihon M&A Center (2020). "IR Report for Q2 Fiscal 2020." https://www.nihon-ma.co.jp/ir/pdf/210430_presentation1_en.pdf.

Nikkei (2010). "Job-Seeking Ice Age—Hiding One's Personality," September 16, 2010. https://www.nikkei.com/article/DGKDZO14757260W0A910C1MM0000/.

Nikkei (2014). "Japan Eyes Bigger Tax Break for Angel Investors," May 3, 2014. https://asia.nikkei.com/Economy/Japan-eyes-bigger-tax-break-for-angel-investors.

Nikkei (2018). "Major Japanese Companies Set for R&D Spending Binge," July 25, 2018. https://asia.nikkei.com/Business/Business-trends/Major-Japanese-companies-set-for-R-D-spending-binge.

Nikkei (2021). "Bain Creates $1bn Business Succession Fund Focused on Japan," April 26, 2021. https://asia.nikkei.com/Business/Business-trends/Bain-creates-1bn-business-succession-fund-focused-on-Japan

Nippon.com (2016). "Regular Full-Time Positions Increasingly Elusive for Japanese Workers." Citing data from MHLW's Survey of Employment Conditions 2014. https://www.nippon.com/en/features/h00133/

Nishiguchi, Toshihiro, and Jonathan Brookfield (1997). "The Evolution of Japanese Subcontracting." *MIT Sloan Management Review*, Vol. 39, No. 1 (Fall 1997), pp. 89–101. https://search.proquest.com/docview/224965800?pq-origsite=gscholar&fromopenview=true.

Nishimura, Itaru (2020). "Wages in Japan Part I: Why Does Japanese Wage Curve Have a Strong Seniority Element?" *Japan Labor Issues*, Vol. 4, No. 23 (May–June 2020), pp. 17–21. https://www.jil.go.jp/english/jli/documents/2020/023-04.pdf.

Noguchi, Yukio (1994). "Dismantle the 1940 Setup to Restructure the Economy." *Economic Eye* 15 (Autumn), pp. 25–28.

Noguchi, Yukio (1998). "The 1940 System: Japan under the Wartime Economy." *The American Economic Review*, Vol. 88, No. 2 (May 1998), pp. 404–407.

OECD (2001). Economic Outlook, Vol. 2001/1, No. 69 (June). library.org/economics/data/oecd-economic-outlook-statistics-and-projections/oecd-economic-outlook-no-69_data-00097-en

OECD (2009). "Employment Outlook 2009." https://www.oecd-ilibrary.org/oecd-employment-outlook-2009_5ksj0t54txbn.pdf?itemId=%2Fcontent%2Fpublication%2Fempl_outlook-2009-en&mimeType=pdf.

OECD (2010). "R&D Tax Incentives: Rationale, Design, Evaluation." https://www.oecd.org/sti/ind/46352862.pdf
OECD (2012). "Lessons from PISA for Japan, Strong Performers and Successful Reformers in Education," p. 47. http://dx.doi.org/10.1787/9789264118539-en.
OECD (2013a). "Science, Technology and Industry Scoreboard." https://www.oecd-ilibrary.org/oecd-science-technology-and-industry-scoreboard-2013_5k44x0hx8vxr.pdf?itemId=%2Fcontent%2Fpublication%2Fsti_scoreboard-2013-en&mimeType=pdf.
OECD (2013b). "Entrepreneurship at a Glance." https://www.oecd-ilibrary.org/industry-and-services/entrepreneurship-at-a-glance-2013_entrepreneur_aag-2013-en.
OECD (2013c). "Figure 21: Assistance to Low-Income Households Is Small in Japan." Economic Survey of Japan, 2013. https://www.oecd-ilibrary.org/oecd-economic-surveys-japan-2013_5k9475btsqjf.pdf?itemId=%2Fcontent%2Fpublication%2Feco_surveys-jpn-2013-en&mimeType=pdf.
OECD (2014). "Entrepreneurship at a Glance." https://www.oecd-ilibrary.org/industry-and-services/entrepreneurship-at-a-glance-2014_entrepreneur_aag-2014-en.
OECD (2015a). "Economic Survey of Japan 2015." http://dx.doi.org/10.1787/eco_surveys-jpn-2015-en.
OECD (2015b). *In It Together: Why Less Inequality Benefits All*. Paris: OECD Publishing. http://dx.doi.org/10.1787/9789264235120-en.
OECD (2015c). "The Innovation Imperative." https://read.oecd.org/10.1787/9789264239814-en?format=pdf.
OECD (2015d). "Employment Outlook 2015: Figure 4.7: Transition Probabilities from Unemployment and Temporary Work to Permanent Work." http://dx.doi.org/10.1787/888933239873.
OECD (2015e). "Science, Technology and Industry Scoreboard." https://www.oecd-ilibrary.org/oecd-science-technology-and-industry-scoreboard-2015_5jrxmkwcht8r.pdf?itemId=%2Fcontent%2Fpublication%2Fsti_scoreboard-2015-en&mimeType=pdf.
OECD (2016). "Financing SMEs and Entrepreneurs." https://www.oecd-ilibrary.org/financing-smes-and-entrepreneurs-2016_5jrqdkqh527d.pdf?itemId=%2Fcontent%2Fpublication%2Ffin_sme_ent-2016-en&mimeType=pdf.
OECD (2017a). "Public Expenditure and Participant Stocks on Labor Market Programs." https://stats.oecd.org/Index.aspx#.
OECD (2018a). "Unemployment-Benefit Coverage: Recent Trends and Their Drivers." Employment Outlook 2018. https://www.oecd-ilibrary.org/oecd-employment-outlook-2018_5j8s9ztvbcjd.pdf?itemId=%2Fcontent%2Fpublication%2Fempl_outlook-2018-en&mimeType=pdf.
OECD (2018b). "SMEs in Public Procurement." https://doi.org/10.1787/9789264307476-en.
OECD (2018c). "Financing for SMEs and Entrepreneurs, 2018." https://www.oecd-ilibrary.org/financing-smes-and-entrepreneurs-2018_5j90hl4ksj44.pdf?itemId=%2Fcontent%2Fpublication%2Ffin_sme_ent-2018-en&mimeType=pdf.
OECD (2018d). *Financing SMEs Scoreboard*. http://dx.doi.org/10.1787/888933665523.
OECD (2019a). "Financing SMEs and Entrepreneurs 2019: An OECD Scoreboard." https://www.oecd-ilibrary.org/deliver/fin_sme_ent-2019-en.pdf?itemId=%2Fcontent%2Fpublication%2Ffin_sme_ent-2019-en&mimeType=pdf.

OECD (2019a). "SDBS Business Demography Indicators (ISIC Rev. 4)." https://stats.oecd.org/Index.aspx?QueryId=45529.
OECD (2019b). *Measuring the Digital Transformation: A Roadmap for the Future.* Paris: OECD Publishing. https://doi.org/10.1787/9789264311992-en.
OECD (2019d). OECD Economic Surveys, Japan, April 2019." https://www.oecd-ilibrary.org/deliver/fd63f374-en..pdf?itemId=%2Fcontent%2Fpublication%2Ffd63f374-en&mimeType=pdf
OECD (2019e). "Compendium of Productivity Indicators 2019." https://www.oecd-ilibrary.org/industry-and-services/labour-productivity-in-smes-and-large-firms-manufacturing-and-business-services_6c6023d8-en.
OECD (2019f). "Pensions at a Glance 2019." https://stats.oecd.org/Index.aspx?QueryId=69414.
OECD (2019g). "Growth in GDP per Capita, Productivity and ULC." http://stats.oecd.org/Index.aspx?DataSetCode=PDB_GR#.
OECD (2019h). "R&D Tax Incentives: Japan, 2019." http://www.oecd.org/sti/rd-tax-stats-japan.pdf.
OECD (2019i). "Fig 5.13: Share of Households with Catastrophic Health Spending." Health at a Glance 2019. https://www.oecd-ilibrary.org/deliver/4dd50c09-en.pdf?itemId=%2Fcontent%2Fpublication%2F4dd50c09-en&mimeType=pdf.
OECD (2019j). "PISA 2018 Results, Japan," p. 5. https://www.oecd.org/pisa/publications/pisa-2018-results.htm.
OECD (2020a). "Median Disposable Income (Current Prices)." https://stats.oecd.org/Index.aspx?QueryId=66599#.
OECD (2020b). "Trade Union Density" and "Collective Bargaining Coverage." https://stats.oecd.org/Index.aspx?QueryId=90648#.
OECD (2020c). "Share of Self-Employed Who Are Employers, by Sex." https://stats.oecd.org/index.aspx?queryid=70935.
OECD (2020d). "National Accounts 5: Final Consumption Expenditure of Households." https://stats.oecd.org/Index.aspx?DataSetCode=SNA_TABLE5.
OECD (2020e). "Employment by Job Tenure Intervals." https://stats.oecd.org/Index.aspx?DataSetCode=TENURE_FREQ.
OECD (2020f). "Attitude towards Entrepreneurial Risk, by Sex" and "Feasibility of Self-Employment, by Sex." Social Protection and Well-Being. https://stats.oecd.org/index.aspx?queryid=54676#.
OECD (2020g). "Female vs Male Entrepreneurs in Japan." https://www.oecd.org/sdd/business-stats/FBS-Japan.pdf.
OECD (2020h). "Business Enterprise R&D Expenditure by Source of Funds and Number of Persons Employed." https://stats.oecd.org/Index.aspx?DataSetCode=BERD_SOF_SIZE.
OECD (2020i). *Education at a Glance 2020.* Paris: OECD. https://www.oecd-ilibrary.org/deliver/69096873-en.pdf?itemId=%2Fcontent%2Fpublication%2F69096873-en&mimeType=pdf.
OECD (2020j). "PISA 2018 Results (Volume V): Effective Policies, Successful Schools." https://doi.org/10.1787/ca768d40-en.
OECD (2021a). "High Growth Enterprises." SDBS Business Demography Indicators (ISIC Rev. 4). https://stats.oecd.org/Index.aspx?QueryId=45529.
OECD (2021b). "Economic Outlook Statistical Annex." https://www.oecd.org/economy/outlook/statistical-annex/.

OECD (2021c). "Incidence of Unemployment by Duration." https://stats.oecd.org/Index.aspx?DataSetCode=AVD_DUR.
OECD (2021d). *Education at a Glance 2021*. Paris: OECD. https://stat.link/n2rbd1.
OECD (2022a). "Level of GDP per Capita and Productivity." https://stats.oecd.org/Index.aspx?QueryId=54369.
OECD (2022b). "Dataset: Average Annual Wages." https://stats.oecd.org/Index.aspx?QueryId=25148.
OECD (2022c). "Patents." https://data.oecd.org/rd/triadic-patent-families.htm.
OECD (2022d). "Population with Tertiary Education." https://data.oecd.org/eduatt/population-with-tertiary-education.htm#indicator-chart.
OECD (2022e). "Contributions to Labour Productivity Growth." https://stats.oecd.org/Index.aspx?QueryId=66347.
OECD (2022f). "Share of Employed Who Are Employers, by Sex." https://stats.oecd.org/index.aspx?queryid=70935.
OECD (2022g). "Public Expenditure on Labor Market Programs." 2017 data. https://stats.oecd.org/Index.aspx?DataSetCode=LMPEXP.
OECD (2022h). "Gini (Disposable Income Post-Government Measures, 18–65 Age Group." Income Distribution Database: by measure. https://stats.oecd.org/index.aspx?queryid=66670#.
OECD (2022i). "Healthcare Expenditure and Finance." https://stats.oecd.org/Index.aspx#.
OECD (2022j). "Inequality by Country." Income Distribution Database. https://stats.oecd.org/Index.aspx?QueryId=66599#.
OECD (2023a). "Economic Outlook Statistical Annex." https://www.oecd.org/economy/outlook/statistical-annex/.
OECD (2023b). "Dataset: Venture Capital Investments." https://stats.oecd.org/Index.aspx#.
Oh, Hak-Soo (2015). "The Unionization of Part-time Workers in Japan." *The Journal of Industrial Relations*, Vol. 54 No. 4, pp. 510–524.
Ohara, Takashi, and Bain & Company (2022). "Japan M&A: The Emergence of Transformative M&A." Bain & Company, February 8, 2022. https://www.bain.com/insights/japan-m-and-a-report-2022/.
Oikawa, Akira (2019). "Japan's R&D Spending Hits Record for Nearly Half of Companies." *Nikkei Asian Review*, September 14, 2019. https://asia.nikkei.com/Business/Business-trends/Japan-s-R-D-spending-hits-record-for-nearly-half-of-companies.
Okamuro, Hiroyuki (2006). "Determinants of R&D Activities by Small Manufacturers in the Deflation Economy" (in Japanese). *Commerce and Finance*, Vol. 54, No. 6, pp. 5–19. https://hermes-ir.lib.hit-u.ac.jp/rs/bitstream/10086/17625/1/0100902301.pdf.
Okamuro, Hiroyuki (2008). *Survival of New Firms in an Industry Agglomeration: An Empirical Analysis Using Telephone Directory of Tokyo*. Graduate School of Economics and Institute of Economic Research, Hitotsubashi University. http://www.thebhc.org/publications/BEHonline/2008/okamuro.pdf.
Okaseri, Hiroyuki (2017). "Analysis of Voting Results on Shareholder Proposals." Short Review, November 30, 2017, Nikko Research Center. https://www.nikko-research.co.jp/en/nfi-review/791/.
Okubo, Toshihiro, Alexander Wagner, and Kazuo Yamada (2017). "Does Foreign Ownership Explain Company Export and Innovation Decisions? Evidence from Japan." Research Institute of Economy, Trade and Industry (RIETI), Discussion Paper Series 17-E-099. https://www.rieti.go.jp/jp/publications/dp/17e099.pdf.

Okuno, Hiroki (2022). "FOCUS: From Apple to local Platforms, Japan Tackles Unfair Digital Trade." *Kyodo News*, January 31, 2022. https://english.kyodonews.net/news/2022/01/7ff76f760acd-focus-from-apple-to-local-platforms-japan-tackles-unfair-digital-trade.html.

Okunuki, Hifumi (2018). "Two Japan Supreme Court Cases Clarify When Discrimination against Fixed-Term Workers Is OK." *Japan Times*, June 24, 2018. https://www.japantimes.co.jp/community/2018/06/24/issues/two-japan-supreme-court-cases-clarify-discrimination-fixed-term-workers-ok/.

Olcott, George, and Nick Oliver (2014). "The Impact of Foreign Ownership on Gender and Employment Relations in Large Japanese Companies." *Work, Employment & Society*, Vol. 28, No. 2 (April 2014), pp. 206–224.

Ono, Arito, Koji Sakai, and Iichiro Uesugi (2008). "The Effects of Collateral on SME Performance in Japan." RIETI Discussion Paper Series 08-E-037. https://www.rieti.go.jp/jp/publications/dp/08e037.pdf.

Ono, Arito, and Iichiro Uesugi (2014). "SME Financing in Japan during the Global Financial Crisis: Evidence from Firm Surveys." Hitotsubashi University Repository Working Paper Series No. 6. http://hermes-ir.lib.hit-u.ac.jp/rs/bitstream/10086/26435/1/wp006.pdf.

Osawa, Machiko, and Jeff Kingston (2022). "Precaritization of Work in Japan." In Noriko Murai, Jeff Kingston, and Tina Burrett (eds.), *Japan in the Heisei Era (1989–2019)*, pp. 127–139. New York: Taylor and Francis.

Oyama, Tsuyoshi (1999). *Stagnation and Structural Adjustments of Nonmanufacturing Industries during the 1990s*. Tokyo: BOJ. http://www.boj.or.jp/en/ronbun/ronbun_f.htm.

Ozawa-de Silva, Chikako (2020). "In the Eyes of Others: Loneliness and Relational Meaning in Life among Japanese College Students." *Transcultural Psychiatry*, Vol. 57, No. 5, pp. 623–634. doi:10.1177/1363461519899757.

Pandey, S., and S. Rhee (2015). "An Inductive Study of Foreign CEOs of Japanese Firms." *Journal of Leadership & Organizational Studies*, Vol. 22, No. 2, pp. 202–216.

Paprzycki, Ralph, and Kyoji Fukao (2008). *Foreign Direct Investment in Japan: Multinationals' Role in Growth and Globalization*. Cambridge: Cambridge University Press, Kindle edition.

Patrick, Hugh (1994). "The Relevance of Japanese Finance and Its Main Bank System." In Masahiko Aoki and Hugh Patrick (eds.), *The Japanese Main Bank System: Its Relevance for Developing and Transforming Economies*, pp. 353–408. Oxford: Oxford University Press.

Paul, Justin, Philippe Hermel, and Archana Srivatava (2017). "Entrepreneurial Intentions: Theory and Evidence from Asia, America, and Europe." *Journal of International Entrepreneurship*, Vol. 15, No. 3, pp. 324–351. http://dx.doi.org/10.1007/s10843-017-0208-1.

Pearce, James, and James Carland, III (1996). "Intrapreneurship and Innovation in Manufacturing Firms: An Empirical Study of Performance Implications." *Academy of Entrepreneurship Journal*, Vol. 1, No. 2 (Fall 1996), pp. 153–171.

Pempel, T. J. (1998). *Regime Shift: Comparative Dynamics of the Japanese Political Economy*. Ithaca, NY, and London: Cornell University Press.

Penn World (2021). "Tables 9.1." https://www.rug.nl/ggdc/docs/pwt91.xlsx.

Penn World (2022). "Tables 10.0." https://www.rug.nl/ggdc/docs/pwt100.xlsx.

Prime Minister's Office of Japan (2022). "Speech by Prime Minister Kishida Fumio at the Guildhall in London." May 5, 2022. https://japan.kantei.go.jp/101_kishida/statement/202205/_00002.html

Rainforest Action Network (2019). "Banking on Coal Power—League Table." Banking on Climate Change: Fossil Fuel Finance Report Card 2019. https://www.ran.org/publications/banking-on-climate-change-2019/.

Rakoff, Jed (2014). "The Financial Crisis: Why Have No High-Level Executives Been Prosecuted?" *New York Review of Books*, January 9, 2014. https://www.nybooks.com/articles/2014/01/09/financial-crisis-why-no-executive-prosecutions/

Rapp, William. (1976). "Firm Size and Japan's Export Structure: A Microview of Japan's Changing Export Competitiveness since Meiji." In Hugh Patrick (ed.), *Japanese Industrialization and Its Social Consequences*, pp. 201–248. Berkeley: University of California Press.

RECOF M&A database (2021). https://madb.recofdata.co.jp/.

Reischauer, Edwin (1957). *The United States and Japan*. New York: Viking Press.

Rengo (2019). JUTC-Rengo 2018–19. http://www.jtuc-rengo.org/about/data/rengo2018-2019.pdf.

Research Institute for Higher Education, Hiroshima University (2020). "Figure 136, 137: Annual Earnings by Educational Background." Statistics of Japanese Higher Education. https://rihe.hiroshima-u.ac.jp/en/statistics/synthesis/.

Retherford, Robert, Naohiro Ogawa, and Satomi Sakamoto (1996). "Values and Fertility Change in Japan." *Population Studies*, Vol. 50, No. 1 (March 1996), pp. 5–25. http://www.jstor.org/stable/2175027?origin=JSTOR-pdf.

Reuters (2008). "Japanese Workers More Unhappy, Government Report Says." July 22, 2008. https://www.reuters.com/article/us-japan-labour/japanese-workers-more-unhappy-government-report-says-idUST30904520080722.

Reuters (2013). "Toyota Labour Federation to Push gor Higher Wages-Media." https://www.reuters.com/article/instant-article/idUSL4N0JK0S920131205.

Reuters (2019). "Japan Anti-Trust Regulator Accepts Amazon Japan Improvement Plan." September 10, 2020. https://sports.yahoo.com/japan-anti-trust-regulator-accepts-061939128.html.

Roberts, Edward, and Charles Eesley (2011). "Entrepreneurial Impact: The Role of MIT—An Updated Report." *Foundations and Trends in Entrepreneurship,* Vol. 7, Nos. 1–2 (August 2011), pp. 1–149. DOI: 10.1561/0300000030.

Rostan, Mike (2014). "The International Mobility of Faculty," January 2014. https://www.researchgate.net/profile/Ester-Hoehle/publication/278658754_The_International_Mobility_of_Faculty/links/573dbf2308aea45ee842d3d1/The-International-Mobility-of-Faculty.pdf.

Rothaermel, Frank (2001). "Incumbent's Advantage through Exploiting Complementary Assets via Interfirm Cooperation." *Strategic Management Journal*, Vol. 22, pp. 687–699.

Rtischev Dimitry (2016). "How the Sunk Costs of Incumbents Make Entrants Important for Innovation: A Model and Implications for Policy" *Gakushuin Economic Papers*, Vol. 52, No. 4, pp. 175–188. https://core.ac.uk/download/pdf/292915808.pdf.

Sachs, Jeffrey, and Andrew Warner (1995). "Economic Reform and the Process of Global Integration." *Brookings Papers on Economic Activity*, Vol. 26. https://www.gsid.nagoya-u.ac.jp/sotsubo/Papers/Sachs_Warner_1995.pdf.

Sakai, Koji, Iichiro Uesugi, and Tsutomu Watanabe (2010). "Firm Age and the Evolution of Borrowing Costs: Evidence from Japanese Small Firms." *Journal of Banking & Finance*, Vol. 34, No. 8 (August 2010), pp. 1970–1981.

Sakakibara, Mariko, and Michael E. Porter (2001). "Competing at Home to Win Abroad: Evidence from Japanese Industry." *The Review of Economics and Statistics*, Vol. 83, No. 2 (May 2001), pp. 310–322.
Sato, Fumika (2018). "Startups Not Status: Japan's Top Grads Rethink Success." *Nikkei*, February 25, 2018. https://asia.nikkei.com/Business/Business-trends/Startups-not-status-Japan-s-top-grads-rethink-success.
Schaede, Ulrike (2005). "The 'Middle-Risk Gap' and Financial System Reform: Small-Firm Financing in Japan." *Monetary and Economic Studies*, Vol. 23, No. 1 (February 2005), pp. 149–176. http://citeseerx.ist.psu.edu/viewdoc/download?doi=10.1.1.598.341&rep=rep1&type=pdf.
Schaede, Ulrike (2020). *The Business Reinvention of Japan: How to Make Sense of the New Japan and Why It Matters*. Stanford, CA: Stanford University Press.
Sharp (2020). "Corporate Profile" Company Information. http://global.sharp/corporate/img/info/his/h_company/pdf_en/materials.pdf.
Shimizu, Hiroshi (2019). *General Purpose Technology, Spin-Out, and Innovation: Technological Development of Laser Diodes in the United States and Japan*. Singapore: Springer.
Simon, Ruth, and Caelainn Barr (2015). "Endangered Species: Young U.S. Entrepreneurs." *Wall Street Journal*, January 2, 2015. https://www.wsj.com/articles/endangered-species-young-u-s-entrepreneurs-1420246116.
Simons, Daniel (2010). "Counter-Intuition." Video of presentation at TEDxUIUC at https://youtu.be/eb4TM19DYDY.
Solomon, Richard (2014). "How Not to Lose Your Home When Going Bankrupt in Japan." *Beacon Reports*, April 21, 2014. https://beaconreports.net/en/going-broke-japan/.
SPEEDA (2021). March 3, 2001. https://jp.ub-speeda.com/.
Stam, Erik, and Mikael Stenkula (2017). "Intrapreneurship in Sweden: An International Perspective." *Financial and Institutional Reforms for an Entrepreneurial Society (FIRES)*. http://www.projectfires.eu/wp-content/uploads/2017/01/D5.4-Complete-paper.pdf
Stangler, Dane (2010). "High-Growth Firms and the Future of the American Economy." Kauffman Foundation, March 2010. https://www.kauffman.org/entrepreneurship/reports/firm-formation-and-growth-series/highgrowth-firms-and-the-future-of-the-american-economy/.
Statistical Yearbook (2012). "Table 16-12: Monthly Contractual Earnings of Regular Employees by Size of Enterprise, Industry and Age Group." https://www.stat.go.jp/data/nenkan/back61/zuhyou/y1612000.xls.
Statistical Yearbook (2015). "Table 13-2: Establishments, Employees, Annual Sales of Goods, Value of Goods in Stock and Sales Floor Space of Wholesale and Retail Trade by Legal Organization and Size of Employees." https://www.stat.go.jp/data/nenkan/back64/zuhyou/y1302000.xls.
Statistics Bureau (2016). "Farm Households by Degree of Engagement and Size of Operating Cultivated Land (2005 to 2015)." Statistics Yearbook 2016. https://www.stat.go.jp/data/nenkan/65nenkan/zuhyou/y650802000.xls.
Statistics Bureau (2017). "Table 16: Population (Persons Engaged in Work) by Sex, Marital Status, Education, Age, Number of Persons Engaged in Enterprise, Status in Employment, Type of Employment, Whether Starting a Business for Oneself—Japan." 2017 Employment Status Survey. https://www.e-stat.go.jp/en/stat-search/file-download?statInfId=000031738323&fileKind=0.

Statistics Bureau (2018). “Table 4:4 Distribution of Establishments by Major Group of Industries, When Establishments Opened, When Current Businesses Commenced and Age Group of Business Proprietors.” Unincorporated Enterprise Survey. https://www.e-stat.go.jp/en/stat-search/file-download?statInfId=000031833319&fileKind=0.
Statistics Bureau (2019). “Yearly Average of Monthly Disbursements per Household—Two-or-more-person Households (2000～2017).” https://www.stat.go.jp/data/kakei/longtime/zuhyou/18-01-an.xls.
Statistics Bureau (2020). “Table 3: Monthly Receipts and Disbursements per Decile.” https://www.e-stat.go.jp/en/stat-search/file-download?statInfId=000031353440&fileKind=0 https://newrepublic.com/article/153870/inequality-death-america-life-expectancy-gap.
Statistics Bureau (2020a). “Labour Disputes (2010 to 2016).” https://www.stat.go.jp/data/nenkan/68nenkan/zuhyou/y681929000.xls.
Statistics Bureau (2020b). “Amounts of Savings and Liabilities Held per Household.” https://www.e-stat.go.jp/en/stat-search/file-download?statInfId=000031821255&fileKind=0.
Statistics Bureau (2020c.) “Table 3: Monthly Receipts and Disbursements per Decile.” https://www.e-stat.go.jp/en/stat-search/file-download?statInfId=000031353440&fileKind=0 https://newrepublic.com/article/153870/inequality-death-america-life-expectancy-gap.
Statistics Bureau (2022a). “Consumer Price Index, Percentage Change from Year Before.” https://www.e-stat.go.jp/en/stat-search/file-download?statInfId=000031431706&fileKind=1.
Statistics Bureau (2022b). “Employed Person by Age Group (Ten-Year Group) and Employee by Age Group (Ten-Year Group) and Type of Employment.” https://www.e-stat.go.jp/en/stat-search/file-download?statInfId=000021915916&fileKind=0.
Statistics Bureau (2022c). “18-2-bn Yearly Average of Monthly Receipts and Disbursements per Household by Yearly Income Quintile Group, and by Number of Household Members (Workers’ Households).” https://www.stat.go.jp/data/kakei/longtime/zuhyou/n1602000.xls.
Stevenson, Reed, and Tsuyoshi Inajima (2022). “Hitachi’s $18 Billion Divestment Drive Kept Activists at Bay.” *Bloomberg*, January 19, 2022. https://www.bloomberg.com/news/articles/2022-01-19/hitachi-s-18-billion-divestment-drive-kept-activists-at-bay.
Sucher, Sandra J., and Shalene Gupta (2018). “Globalizing Japan’s Dream Machine: Recruit Holdings Co., Ltd.” Harvard Business School Case 318-130, April 2018.
Sugihara, Junichi (2022) .“Japan’s Top Business Lobby Wants to See 100 Unicorns by 2027.” *Nikkei*, March 12, 2022. https://asia.nikkei.com/Business/Startups/Japan-s-top-business-lobby-wants-to-see-100-unicorns-by-2027.
Sugioka, Toshio (2002). “Angel Investment in Japan.” *Capital Research Journal*, Vol. 5, No. 4, pp. 9–14. http://www.nicmr.com/nicmr/english/report/backno/2002win.html.
Suzuki, Daisuke (2020). “Entrepreneurship Beckons Japan’s Bright Young Bureaucrats.” *Nikkei*, November 14, 2020. https://asia.nikkei.com/Business/Startups/Entrepreneurship-beckons-Japan-s-bright-young-bureaucrats.
Suzuki, Kan (2022). “Japan’s Education System: What’s Good about It and What Needs to Change?” *Japan Zoominar*, May 3, 2022. https://youtu.be/TQ1AciEfEOs.
Suzuki, Kenjiro, and Narushi Nakai (2022). “Japan’s Midcareer Job Seekers Flock to Startups.” *Nikkei*, March 13, 2022. https://asia.nikkei.com/Spotlight/Datawatch/Japan-s-midcareer-job-seekers-flock-to-startups.

Suzuki, Wataru (2021). "Private Equity Bets Big on Japan." *Nikkei*, April 19, 2021. https://asia.nikkei.com/Business/Business-trends/Private-equity-bets-big-on-Japan-5-things-to-know.

Suzuki, Yosuke (2022). "Middle-Aged Job-Hopping Booms in Japan." *Nikkei*, April 24, 2022. https://asia.nikkei.com/Spotlight/Datawatch/Middle-aged-job-hopping-booms-in-Japan

Tachiki, Dennis (2013). "High Growth Innovative Enterprises: A Research Note on Japan." *Tamagawa University, Faculty of Business Administration Bulletin*, Vol. 21, pp. 61–75.

Taira, Koji (1962). "The Characteristics of Japanese Labor Markets." *Economic Development and Cultural Change*, Vol. 10, No. 2, Part 1 (January 1962), pp. 150–168.

Takahashi, Koji (2019). "Long-Term Employment as a Social Norm: An Analysis of the JILPT Survey on Working Life (1999–2015)." *Japan Labor Issues*, Vol. 3, No. 19 (November 2019), pp. 12–17. https://www.jil.go.jp/english/jli/documents/2019/019-03.pdf.

Takenoshita, Hirohisa (2008). "Voluntary and Involuntary Job Mobility in Japan: Resource, Reward and Labor Market Structure." *Sociological Theory and Methods*, Vol. 23, No. 2, pp. 85–104.

Takeuchi, Kosuke, and Junichi Sugihara (2019). "Japan Antitrust Probe to Target Amazon, Rakuten and Beyond." *Nikkei*, February 27, 2019. https://asia.nikkei.com/Economy/Japan-antitrust-probe-to-target-Amazon-Rakuten-and-beyond.

Tanaka, Aiji (2012). "Japan's Independent Voters, Yesterday and Today." *Nippon.com: Your Doorway to Japan*. August 16, 2012. https://www.nippon.com/en/in-depth/a01104/.

Terazawa, Tatsuya (2001). "Monetary Policy: A Drug or Anesthesia?" Research Institute for Economy, Trade, and Industry, February 20, 2001. https://www.rieti.go.jp/en/miyakodayori/010.html.

Thierry, Isckia, and Denis Lescop (2009). "Open Innovation within Business Ecosystems: A Tale from Amazon.com." *Communications & Strategies*, No. 74 (2nd quarter 2009), pp. 37–54.

Tiessen, James (1997). "Individualism, Collectivism, and Entrepreneurship: A Framework for International Comparative Research." *Journal of Business Venturing*, Vol. 12, pp. 367–384.

Tingwall, Eric (2020). "Electronics Account for 40 Percent of the Cost of a New Car." *Car and Driver*, May 2, 2020. https://www.caranddriver.com/features/a32034437/computer-chips-in-cars/

Todo, Yasuyuki (2006). "Knowledge Spillovers from Foreign Direct Investment in R&D: Evidence from Japanese Firm-level Data." *Journal of Asian Economics*, Vol. 17, No. 6, pp. 996–1013. https://www.sciencedirect.com/science/article/abs/pii/S1049007806001369.

Tsuji, Takashi (2017). "Japan's 1.2 Million Heirless Businesses at Risk of Closure." *Nikkei*, October 9, 2017. https://asia.nikkei.com/Economy/Japan-s-1.2-million-heirless-businesses-at-risk-of-closure2.

Uchida, Hirofumi (2011). "What Do Banks Evaluate When They Screen Borrowers? Soft Information, Hard Information and Collateral." *Journal of Financial Services Research*, Vol. 40, No. 1–2, pp. 29–48. http://dx.doi.org/10.1007/s10693-010-0100-9.

Uesugi, Ichiro, Koji Sakai, and Guy Yamashiro (2010). "The Effectiveness of Public Credit Guarantees in the Japanese Loan Market." *Journal of the Japanese and International Economies*, Vol. 24, No. 4, pp. 457–480. http://hermes-ir.lib.hit-u.ac.jp/rs/bitstream/10086/16255/1/pie_dp400.pdf.

UNCTAD (2022). "Foreign Direct Investment: Inward and Outward Flows and Stock, Annual." https://unctadstat.unctad.org/wds/TableViewer/tableView.aspx?ReportId=96740.

UNESCO (2022). "Students from a Given Country Studying Abroad (Outbound Mobile Students)." http://data.un.org/Data.aspx?d=UNESCO&f=series%3AED_FSOABS.

Usami, Jun, Arthur Mitchell, Nels Hansen, Shino Asayama, and Marina Tatsumi (2019). "Japan's 2019 Proxy Season Results Announced (Shareholder Activism Update)." *White & Case*, September 12, 2019. https://www.whitecase.com/publications/alert/japans-2019-proxy-season-results-announced-shareholder-activism-update.

van Kooij, Eric (1991). "Japanese Subcontracting at a Crossroads." *Small Business Economics*, Vol. 3, No. 2 (June 1991), pp. 145–154.

Van 't Veld, Erika (2020). "8 Side Jobs for Foreigners to Make Extra Money in Japan." *Gaijin Pot*, April 29, 2020. https://blog.gaijinpot.com/8-side-jobs-for-foreigners-to-make-extra-money-in-japan/

Vlastos, Stephen, ed. (1998). *Mirror of Modernity: Invented Traditions of Modern Japan*. Berkeley: University of California Press.

Wada, Taizo (2020). "Global Money Pours into Japan-Focused Funds at Near Record Levels." *Nikkei*, March 14, 2020. https://asia.nikkei.com/Business/Finance/Global-money-pours-into-Japan-focused-funds-at-near-record-levels.

Watanabe, Susumu (1970). "Entrepreneurship in Small Enterprises in Japanese Manufacturing." *International Labour Review*, Vol. 102, No. 6, pp. 531–576.

Whittaker, Hugh (1997). *Small Firms in the Japanese Economy*. Cambridge: Cambridge University Press.

Whittaker, Hugh, and Robert Cole, eds. (2006). *Recovering from Success: Innovation and Technology Management in Japan*. Oxford: Oxford University Press.

Whyte, Martin King. (1994). "Review of Gilbert Rozman's The East Asian Region: Confucian Heritage and Its Modern Adaptation." *Contemporary Sociology*, Vol. 23, No. 1 (January 1994), pp. 39–40.

Wolfe, Benjamin (2016). "Businesses Spent $341 Billion on R&D Performed in the United States in 2014." National Science Foundation: Info Brief, August 2016, NSF 16-315, Table 1. https://nsf.gov/statistics/2016/nsf16315/nsf16315.pdf.

World Bank (2000 and assorted years). "World Integrated Trade Solution." https://wits.worldbank.org/CountryProfile/en/Country/JPN/Year/2000/TradeFlow/Export/Partner/all/Product/Transp#.

World Bank (2022). "World Development Indicators." https://databank.worldbank.org/source/world-development-indicators#.

World Economic Forum (2020). "Global Gender Gap Report 2020." http://www3.weforum.org/docs/WEF_GGGR_2020.pdf.

Yamagishi, Toshio, Hirofumi Hashimoto, and Joanna Schug (2008). "Preferences Versus Strategies as Explanations for Culture-Specific Behavior." *Psychological Science*, Vol. 19, No. 6, pp. 579–584. https://journals.sagepub.com/doi/10.1111/j.1467-9280.2008.02126.x.

Yamaguchi, Kazuo (2011). "Labor Productivity and Gender Equality: Why Do Japanese Firms Keep Failing, What They Should Do, and What The Government Should Do?" RIETI Discussion Paper 11-J-069. https://www.rieti.go.jp/en/publications/summary/11100003.html (only in Japanese).

Yamaguchi, Kazuo (2012). "Promote Women's Participation to Improve Productivity." *Nikkei*, July 16, 2012. https://www.rieti.go.jp/en/papers/contribution/yamaguchi/06.html.

Yamaguchi, Kazuo (2016). "Determinants of the Gender Gap in the Proportion of Managers among White-Collar Regular Workers in Japan." *Japan Labor Review*, Vol. 13, No. 3 (Summer 2016), pp. 7–31. https://www.jil.go.jp/english/JLR/documents/2016/JLR51_yamaguchi.pdf.

Yamaguchi, Yuzo (2020). "Japanese Megabanks Face Growing Investor Pressure To Fight Climate Change." S&P Market Intelligence Platform, June 9, 2020. https://www.spglobal.com/marketintelligence/en/news-insights/latest-news-headlines/japanese-megabanks-face-growing-investor-pressure-to-fight-climate-change-58972698.

Yamamoto, Mari, and Jake Adelstein (2016). "Meet Yusaku Maezawa, The Billionaire Entrepreneur Rocking the Art World." *The Daily Beast*, May 13, 2016. https://www.thedailybeast.com/meet-yusaku-maezawa-the-billionaire-entrepreneur-rocking-the-art-world

Yamamoto, Isamu, and Sachiko Kuroda (2016). "The Effect of Labor Turnover on Firm Performance among Japanese Firms" (only in Japanese). REITI Discussion Paper Series 16-J-062, December 2016. https://www.rieti.go.jp/jp/publications/dp/16j062.pdf.

Yamori, Nobuyoshi (2019). "The Effects of the Financing Facilitation Act after the Global Financial Crisis: Has the Easing of Repayment Conditions Revived Underperforming Firms?" *Journal of Risk and Financial Management*, Vol. 12, No. 2, pp. 63–79. https://www.mdpi.com/1911-8074/12/2/63/pdf

Yamori, Nobuyoshi, Yoshihiro Asai, Masao Ojima, Kei Tomimura, and Koji Yoneda, eds. (2019). *Roles of Financial Institutions and Credit Guarantees in Regional Revitalization in Japan*. Singapore: Springer.

Yamori, Nobuyoshi, and Kei Tomimura (2019). "How Regional Financial Institutions Can Promote Regional Revitalization in Japan: Results from a 2017 Survey on Regional Finance." In Nobuyoshi Yamori, Yoshihiro Asai, Masao Ojima, Kei Tomimura, and Koji Yoneda (eds.), *Roles of Financial Institutions and Credit Guarantees in Regional Revitalization in Japan*, pp. 1–23. Singapore: Springer.

Yashiro, Naohiro (2011). "Myths about Japanese Employment Practices: An Increasing Insider–Outsider Conflict of Interests." *Contemporary Japan*, Vol. 23, No. 2, pp. 133–155. https://www.degruyter.com/downloadpdf/journals/cj/23/2/article-p133.xml.

Yashiro, Naohiro (2019). "Serious Flaws in Japan's New 'Equal Pay for Equal Work' Law." *East Asia Forum*, November 8, 2019. https://www.eastasiaforum.org/2019/11/08/serious-flaws-in-japans-new-equal-pay-for-equal-work-law/

Yasuda, Takehiko (2005). "Firm Growth, Size, Age and Behavior in Japanese Manufacturing." *Small Business Economics* 24 (January): 1–15.

Yasuda, Takehiko (2006). "Programs to Stimulate Startups and Entrepreneurship in Japan: Experiences and Lessons." PowerPoint, January 10, 2006.

Yasuda, Takehiko (2010). "Business Startups: An Analysis of Selection and Post-Startup Performance." RIETI Discussion Paper Series 10-J-020, February 2010. https://www.rieti.go.jp/jp/publications/dp/10j020.pdf.

Yomiuri (2014). "Number of People Unable to Go to Grocery Stores to Reach 5.98 Million in 2025," October 24, 2014.

译后记

长期以来，由于日本复杂而深远的历史渊源以及与中国相似的文化背景、发展经历与发展模式，国内学术界和实务界始终关注日本经济。但是，自21世纪初期以来，随着中国经济规模超越日本，国内对日本经济的关注度有所降低。至2024年，按购买力平价计算，中国的GDP大约相当于日本的六倍，尽管按人均水平计算，中国的GDP仍然只相当于日本的一半。可能在很多人看来，日本俨然是一个在很多方面已经被我们超越的对手，“失去的二十年”甚至“三十年”成为日本经济走向衰败的代名词。

然而，自新冠疫情结束以来，日本似乎又重新回到了实务界的视野之中。这一方面是因为近几年来中国经济的走势与20世纪90年代以来的日本经济呈现出一些较为明显的相似性，比如增长速度的趋势性放缓、房地产市场的重新平衡、有效需求不足与通缩的迹象，甚至是与欧美发达国家的贸易摩擦。另一方面则是因为日本近两年来似乎已经逐步走出了长期经济疲软的阴影。尽管经济增速难以恢复至泡沫经济破灭之前的水平，但是自2021年以来日本经济一直保持正增长，年均增速将近1%，失业率也维持在3%以内。更重要的是，以CPI衡量的通胀率接近3%，超过了央行设定的2%的通胀目标，长期困扰日本经济的通缩终于结束。在泡沫经济破灭三十年之后，日本似乎看到了真正的曙光。

如果确实如此，日本经济是如何走出低谷的？有哪些政策调整和体制变革是值得我们借鉴的？日本未来前进的道路上仍有哪些障碍有待克服？理查德·卡茨的这部著作正是这些重要问题的回答。作者是一位长期关注日本经济的美国专栏作家，并在纽约州立大学石溪分校和纽约大学讲授日本经济等课程。在过去的二十年间，他主持编辑有九十年历史的《东方经济学家》，为英语世界的读者提供关于日本以及其他亚洲经济体的深入分析。卡茨出版的前两部著作分别是1998年的《日本体制之困：日本经济奇迹的兴衰》和2003年《日本涅槃：漫长的复苏之路》，与本书一起，构成了讲述日本如何由泡沫破灭走向经济复苏的三部曲。

卡茨对日本政界、学界和商界进行了广泛而深入的访谈，在此基础上分析了日本经济走出困境必须克服的顽疾，其中令人感受至深的一点就是，在某个发展阶段曾经发挥过关键作用的体制优势，在另一个发展阶段却会成为经济增长的桎梏，只有打破枷锁，才能使经济脱胎换骨，进而以新的面貌进入新的阶段。比如，终身雇佣制和年功序列制曾被认为是日本发展模式别具一格的特征，甚至开创了一种与经典模式不同的资本主义模式。但是，日本的经验表明，这种用工制度并非日本特殊的传统文化的产物，也并非一种具有普适性的制度，而是产生于二战前后特定的历史背景，并且仅仅适用于后发优势较强的赶超阶段的制度。劳动力市场转向更具弹性的体制架构，是日本经济进入后赶超阶段必须完成的转型。

另一方面，阻碍体制随发展阶段适时而变的并非人们的理念，而是个人、企业、组织或政府部门之间的利益冲突。在经济高速增长时期，日本一些小微企业最终成长为世界知名的企业或企业集团。这些企业的发展壮大受益于特定的政策或制度，比如政府有倾向性的产业政策和对国内市场的保护，还有经连会企业之间通过主银行和交叉持股而逃避市场竞争的压力。在经济赶超结束或接近结束时，规模收益递增转为了递减，经济增长需要更多地依靠创新而非增长。但是，作为创新主力的中小企业或作者所强调的“瞪羚企业”，在原有的体制下既难以获得必要的市场，也难以获得必要的人才和资金。因为瞪羚企业的成长必然会削弱目前规模巨大的大象企业的市场地位和竞争优势，正是这种利益之争阻碍了政策和体制更为迅速和顺利的转型，也许这就是日本经济复苏如此艰难的原因。

“青山遮不住，毕竟东流去。”只要有适当的制度条件，政策和体制的调整终究还是会实现，尽管可能需要很长的时间，并且付出极大的代价。日本过去三十多年实施的政策和经济社会体制转型的经验，对于包括中国在内的发展中国家，特别是发展模式相似的赶超经济体，具有明显的借鉴意义，值得深入研究。

最后，可以简单比较一下理查德·卡茨的这部著作与伊藤隆敏和星岳雄合著的《繁荣与停滞：日本经济发展和转型》（中信出版集团，2022）。《繁荣与停滞》是一部关于日本经济的教科书，对日本战后的经济增长做了全景式的深入分析，尽管也用了一章的篇幅专门介绍“失去的二十年”，但是这并非全书最重要的内容，尤其是该书英文版完成于 2020 年，尚未分析近年来日本经济的复苏。本书则侧重于日本近年来新的发展动向，特别关注微观企业的变化，并以此作为切入点，结合丰富的人物访谈和案例分析，分析企业经营环境、政府政策和社会体制的变革。因此，这两部著作在内容和风格方面具有很强的互补性，通过相互比较和印证，有助于深化我们对日本经济的了解。

郭金兴
2025 年 7 月于南开园